厦门大学南强丛书
XIAMENDAXUE NANQIANG CONGSHU
【第五辑】

国际移民政策研究

李明欢 / 著

厦门大学出版社
XIAMEN UNIVERSITY PRESS
国家一级出版社
全国百佳图书出版单位

本研究得到国家社科基金、中华人民共和国国务院侨务办公室、厦门大学公共事务学院 211 项目支持

本书出版得到厦门大学《南强丛书》支持

谨此一并致谢！

总 序

　　厦门大学由著名华侨领袖陈嘉庚先生于 1921 年创办,有着厚重的文化底蕴和光荣的传统,是中国近代教育史上第一所由华侨出资创办的高等学府。陈嘉庚先生所处的年代,是中国社会最贫穷、最落后、饱受外侮和欺凌的年代。陈嘉庚先生非常想改变这种状况,他明确提出:中国要变化,关键要提高国人素质。要提高国人素质,关键是要办好教育。基于教育救国的理念,陈嘉庚先生毅然个人倾资创办厦门大学,并明确提出要把厦大建成"南方之强"。陈嘉庚先生以此作为厦大的奋斗目标,蕴涵着他对厦门大学的殷切期望,代表着厦门大学师生的志向。

　　在厦门大学建校 70 周年之际,厦门大学出版社出版了首辑《南强丛书》,共 15 部学术专著,影响极佳,广受赞誉,为校庆 70 周年献上了一份厚礼。此后,逢五逢十校庆,《南强丛书》又相继出版数辑,使得《南强丛书》成为厦大的一个学术品牌。值此建校 90 周年之际,再遴选一批优秀之作出版,是全校师生员工的一个愿望。入选这批厦门大学《南强丛书》的著作多为本校优势学科、特色学科的前沿研究成果。作者中有资深教授,有全国重点学科的学术带头人,有新近在学界崭露头角的新秀,他们都在各自的学术领域中受到瞩目。这批学术著作的出版,为厦门大学 90 周年校庆增添了喜悦和光彩。

　　至此,本《丛书》已出版了五辑。可以说,每一辑都从一个侧面反映了厦大奋斗的足迹和努力的成果,丛书的每一部著作都是厦大发展与进步的一个见证,都是厦大人探索未知、追求真理、为民谋利、为国争光精神的一种体现。我想这样的一种精神一定会一辑又一辑地往下传。

大学出版社对大学的教学科研可以起到推动作用,可以促进它所在大学的整个学术水平的提升。在 90 年前,厦门大学就把"研究高深学术,养成专门人才,阐扬世界文化"作为自己的三大任务。厦门大学出版社作为厦门大学的有机组成部分,它的目标与大学的发展目标是相一致的。学校一直把出版社作为教学科研的一个重要的支撑条件,在努力提高它的水平和影响力的过程中,真正使出版社成为厦门大学的一个窗口。厦门大学《南强丛书》的出版汇聚了著作者及厦门大学出版社所有同仁的心血与汗水,为厦门大学的建设与发展作出了一份特有的贡献,我要借此机会表示我由衷的感谢。我期望厦门大学《南强丛书》不仅在国内学术界产生反响,更希望其影响被及海外,在世界各地都能看到它的身影。这是我,也是全校师生的共同心愿。

厦 门 大 学 校 长　　朱崇实
《南强丛书》编委会主任
2011 年 2 月 26 日

目录

总　序

绪　论　国际移民政策定义

　　"国际移民"是伴随着全球化进程而迅速拓展，并波及当今世界各国人口、经济、社会、文化、政治等方方面面的一个引人注目的社会现象；在此大背景下相关国家不断制定、修正并公之于世的"国际移民政策"，则是其以本国利益为主导，力图对人口跨境流动进行全面选择、有效管理的制度性建构。当贸易、金融的大量跨境流动已经成为当代人习以为常的现象时，迅速高涨的涌动于世界各个角落的人的跨境迁移，被当代一些理论家们描述为继商品、资本之后"全球化的第三大浪潮"。而且，这一空前规模之移民潮对于世界历史进程的影响，迄今尚未被人们所充分认识到。[①]

　　根据联合国经济与社会事务部人口司公布的统计数据：2010 年全球跨国移民人口已经达到 2.14 亿，其绝对数量超过了既往任何时代。跨国移民人口占全世界人口的 3.1%，换言之，全球大约每 30 人中就有一人是"跨国移民"，而在工业化国家中，这一比例更高达每 10 人中就有 1 名跨国移民。仅美国和加拿大每年就要接收 140 万外国移民。[②] 因此，当今时代被认为是

---

　　①　Jason DeParle，Global Migration：A World Ever More on the Move，*The New York Times*，June 25，2010.

　　②　联合国经济与社会事务部人口司（United Nations Department of Economic and Social Affairs Population Division）根据其所建立的全球人口数据库提出：2010 年全世界跨国移民人口总数总计达到 213943812 人。笔者以为，国际移民总量难以精确到个位数，但其大致总量，即 2.14 亿则应当是比较可取的。详见联合国"移民数据库"（http://esa. un. org/migration/index. asp？ panel＝1）。此处数据同时参考"国际移民组织"（International Organization for Migration，IOM）网站提供的资料（http://www. iom. int/jahia/Jahia/about-migration/facts-and-figures/global-estimates-and-trends♯1）。

"移民的时代"。① 前联合国秘书长安南曾经对移民的奋斗精神高度评价,他认为:"为更美好的生活而奋斗是人类进步的终极动力。有史以来,迁移不仅改善了无数个人的命运,而且改善了全人类的命运。"②

随着当今世界商品、资本、信息的大幅度跨境流动,势不可挡的全球化趋势必然在开拓普通人视野的同时,导致劳动力市场的跨国化,进而促使人口在就业上呈现高度流动性,在生活环境的选择上呈现广泛趋优性,迁移日渐成为现代人生活方式中习以为常的组成部分。联合国开发计划署"2009年人类发展报告"以"跨越障碍:人口流动与发展"为题,对全球人口流动大趋势进行了全面分析,明确指出:寻求更佳机会、改善自身生活水准,是当代国际移民的基本追求。然而,由于跨境迁移受到政策和经济的制约,与富人相比,穷人要跨越迁移障碍的难度更大。鉴于未来数十年世界各地人口构成与经济发展的不平衡还将延续,全球人口流动的压力势必继续加大。③ 可以说,时至今日,全世界已没有任何一个国家能够完全置身于国际移民潮之外,其不同之处仅仅在于:有的是移民迁出国,有的是移民输入国,有的是移民过境国,但在许多情况下,则是三种现象在同一国家内相互交织,比肩并存。因此,了解国际移民动向,解读国际移民政策,是全球化时代的一大重要课题。

中国是一个有着悠久移民历史的大国。自改革开放以来,我国通过不同途径跨国、跨境迁移的人口数量可观。④ 对于中国改革开放 30 年来基本属于自发形成的跨境移民潮,急需了解其发展、变化及趋势,总结其影响、经

---

① Stephen Castles & Mark J. Miller, *The Age of Migration*, *International Population Movements in the Modern World*, Houndmills: the MacMillan Press, 1993.

② Kofi A. Annan, In Praise of Migration, *The Wall Street Journal*, June 8, 2006.

③ 联合国开发计划署(United Nations Development Programme, UNDP):"2009 年人类发展报告"《跨越障碍:人口流动与发展》(Overcoming Barriers: Human Mobility and Development, NY: UNDP),此后简称"联合国开发计划署:《跨越障碍:人口流动与发展》",2009年,第 46 页。该报告最先以英文出版,不久亦在网上发布了报告全文的中译本。本研究在援引该报告内容时,以英文报告为准,标注英文报告页码。笔者在翻译时参考了网上中文版的译文,并根据个人的理解做了一些修改。下同,不另说明。

④ 关于中国自改革开放以来跨国、跨境流动的人口,不同统计数据显示从 500 万到上千万。"跨国"是从中国本土迁移到国外,"跨境"则是从中国大陆往香港、澳门、台湾地区迁移,虽然并未跨越国界,却跨越了相应政府管辖权的边境。本书第六章"走向世界的中国人"将着重探讨这一问题。

验及教训。我国目前的基本国情是:国内普通劳动力市场依然供大于求,高级专业人才则相对紧缺。如何在深入了解发达国家移民政策的基础上,制定符合中国国情的移民政策,既促进中国劳动力合情合理地加入国际劳动力大市场的竞争,争取更广阔的生存空间,又能有效吸引境外专门人才为我所用,为人口正常跨境流动提供必要的政策性支持,是为紧要。有鉴于此,结合中国实情,对"国际移民政策"进行深入探讨,对不同国家的移民政策进行比较研究,无疑对中国自身也具有重要的理论意义和紧迫的现实意义。

本章为全书之绪论:首先界定国际移民的基本定义,介绍当代国际移民概况与类别,评述国际学术界围绕国际移民政策所开展的研究概况及主要热点问题,并陈述本研究的主要方法和基本思路。

一、国际移民定义、类别与概况

在正式解读国际移民政策之前,必须首先对国际移民的定义、类别进行基本界定。

虽然早在国家形成、国界划定之前,人类的先民们就一直翻山越岭,泅江渡河,艰难跋涉,在迁徙中寻找机会,在适应中建立家园,因而也就一直在不同程度上,不断地跨越地理、生态、人文等各种各样不同的边界。然而,现代意义上的"国际移民",则无疑是近代民族国家从概念到实体都清晰化之后,才作为一个具有特殊意义的社会现象,进入当代人密切关注的视野之内;才形成一个蕴涵特定意义的专有概念,并融入学术界热烈探讨的话语之中。

(一)国际移民定义

"国际移民"是一个复杂的社会现象,情况千差万别。究竟哪些人属于"国际移民",是一个曾经长期处于模糊状态而且迄今仍存在一些不同界定标准的概念。

1922 年,第四届国际劳工大会(the Fourth Session of the International Labour Conference)首次提出:由于"国际移民"涉及不同国家,因此,世界各国应当就如何界定"国际移民"制定一个统一的衡量标准。大会建议各与会国相互协商,就"移出"、"移入"等涉及国际移民的基本概念进行明确界定。

1953 年,联合国经济与社会事务部统计司(Department of Economic and Social Affairs Statistics Division,UN)首次就如何进行"国际移民数据统计"提出一系列标准化建议,主要针对的群体是"非当地原居民的永久性移民(包括已入籍、未入籍者)"。该项公文提出:此类人员应包括两类人,一类人"以长期居留为目的并在该国住满一年以上";另一类则为"原居民中的长期外移者",包括那些"旨在留居国外并且已在国外住满一年以上者(包括已入籍、未入籍者)"。这是第一次以联合国的名义明确提出:以在外国居住"一年以上"作为"国际移民"的标准。[①]

1976 年,因应形势需求,联合国经济与社会事务部统计司对上述规定进行了修订,新条例规定:国际移民包括"以长期居留为目的,已经在移入国住满一年以上,并且仍然居住在该国,也包括有意在移入国长期居留但并未连续居住满一年者,或曾经居住过一年以上但目前并不住在该国者"。由于1976 年的规定太过烦琐,缺乏可操作性,因此,联合国经济与社会事务部统计司于1977 年对相关规定再次修订,并于1998 年正式公布了《国际移民数据统计建议》(*Recommendations on Statistics of International Migration*,以下简称《1998 建议》),[②]对涉及国际移民的近百个专门术语进行规范与界定,力图使联合国各成员国提交的相关数据能够具有可比性。虽然国际移民学界的一些专家学者仍然持有不同看法,但相关国家统计机构在对国际移民进行统计时,则基本依据《1998 建议》的标准。

《1998 建议》对当代"国际移民"做了简繁等多种不同定义。关于"国际移民"的简要定义如下:

> 国际移民系指任何一位改变了常住国的人。但因为娱乐、度假、商务、医疗或宗教等原因而短期出国者,不包括在内。[③]

---

① ESCAP(Economic and Social Commission for Asia and the Pacific):*Expert Group Meeting on ESCAP Regional Census Programme*:*Country Paper on International Migration Statistics-India*,2006,p.2.

② DESASD (Department of Economic and Social Affairs Statistics Division,UN),*Recommendations on Statistics of International Migration*,Statistical Papers Series M,No. 58,Rev. 1,New York:United Nations,1998.

③ DESASD (Department of Economic and Social Affairs Statistics Division,UN),*Recommendations on Statistics of International Migration*,Statistical Papers Series M,No. 58,Rev. 1,New York:United Nations,1998,p. 17.

　　作为对以上基本定义的补充,《1998 建议》又将"国际移民"分为"长期移民"和"短期移民",并进一步界定如下:

　　　　长期移民系迁移到其祖籍国以外的另一个国家至少一年(12 个月)以上,迁移的目的国实际上成为其新的常住国。就移出国而言,此人是"长期外迁的国际移民"(Long-term emigrant);就移入国而言,此人则为"长期迁入的国际移民"(Long-term immigrant)。①

　　　　短期移民系迁移到其祖籍国以外的另一个国家至少 3 个月以上、一年(12 个月)以下。但如果出国的目的是休闲度假、探访亲朋、经商公务、治病疗养或宗教朝拜,则不包括在内。②

　　"国际移民组织"(International Organization for Migration,IOM)系以"服务移民,共同获益"为宗旨、具有重要影响力的国际组织。该组织也对"国际移民"制定专门定义:

　　　　国际移民系离开祖籍国或此前的常住国,跨越国家边界,为了定居性目的而永久性地,或在一定时期内生活于另一国家的人。③

　　国际移民组织(IOM)特别强调"国际移民"与"社会发展"的关系,认为:移民与发展在互动中影响着全球化时代的历史进程,并且在人类文明进程中发挥重要作用。因此:

　　　　当我们探讨"移民与发展"时,我们所指的"移民"是那些不受任何外在因素胁迫、由个人自主作出移民选择的人;不包括那些难民、流亡者或被迫离开家园的人。④

　　比较以上权威机构的定义,我们可以看到关于"国际移民"定义的三个基本要点:一是跨越主权国家边界,二是在异国居住的时间跨度,三是迁移的目的性。

　　然而,在现实生活中,由于当今世界千变万化的形势,由于不同国家的

---

①　DESASD (Department of Economic and Social Affairs Statistics Division,UN),*Recommendations on Statistics of International Migration*,Statistical Papers Series M,No. 58,Rev. 1,New York:United Nations,1998,p. 95.

②　DESASD (Department of Economic and Social Affairs Statistics Division,UN),*Recommendations on Statistics of International Migration*,Statistical Papers Series M,No. 58,Rev. 1,New York:United Nations,1998,p. 95.

③　IOM(国际移民组织),*Glossary on Migration*,Geneva:IOM,2004,p. 33.

④　详见"国际移民组织"网页"国际移民与发展"专题(http://www.iom.int/jahia/Jahia/pid/271)。

政策规定,再加上人们约定俗成的观念影响,"国际移民"实际还包括多个值得关注的实质性问题:

其一,因国界变更而产生的依然住在原居地的"没有迁移"的"国际移民"。审视世界上众多民族国家边境变迁的历史过程,人们不难发现,政治边境的划分,可能将某一人群的传统生活地域人为地划入不同国度,因而出现"跨界民族"长期跨越边界两地生活;也可能出现某一人群自身并未流动,却因重划国境而成为"国际移民"的特殊现象。例如,在前苏东地区,由于苏联解体,南斯拉夫内战后导致分裂等因素,根据新划定的边界和新的主权国家权力,数千万原本属于"苏联"的国民,如今成为解体后相继独立的立陶宛、拉脱维亚、爱沙尼亚、乌克兰、哈萨克斯坦等十多个国家的公民,而前"南斯拉夫"的公民,如今也成为塞黑、克罗地亚、波黑、马其顿、斯洛文尼亚等国的公民。这些人本人虽然没有"跨国流动",但是,因为他们的生存在政治上"跨越了主权国家的边界",因此在联合国相关机构的统计数据中,他们亦被列入"国际移民"群体。

其二,虽然没有离开本人出生国,但与住在国主体民族之族性不同且持外籍护照的"外国人",往往约定俗成地被视为"国际移民"。例如,出生并居住在美国,却自愿选择持中华人民共和国护照的华裔;或者,出生在中国,却持他国护照的非华裔,这两种情况与以上由权威机构公布的"国际移民"定义不尽相符,但在现实中却往往因民间社会的约定俗成而被视为"国际移民"。

其三,虽然因母亲在外国工作、旅游度假或临时避难等原因而在非母亲的祖籍国出生,但出生不久即一直在母亲的祖籍国成长,根据"居住在非出生地原则",此类人员亦被划入"国际移民",但在现实生活中,这部分人往往从认同、文化到行为举止都与本国同龄人相似。

其四,在异国他乡长期居住却不列入"国际移民"的人群。例如,各国派驻他国的外交人员和军事人员、跨国驻扎的联合国维和部队官兵等,虽然也在异国他乡长期居住,但因为其迁移是受祖籍国或国际机构派遣的非个人行为,因此即便"在异国连续居住一年以上",也不被视为"国际移民"。

其五,由于主权国家边界与人文边界的非重合性,一些国际移民虽然生活在异国。但与异国生活区本地民众处于同一文化圈;反之,有些移民虽然在国境内流动,却跨越了文化的边界。例如,从菲律宾南部迁移到马来西亚的沙巴地区,虽跨越国界但两地文化相似;反之,中国西藏的藏族或中国新疆的维吾尔族迁移到中国的东南沿海地区,虽然同在一国境内,但文化习俗的差异却十分明显。[①]

此外,笔者在长期研究中还接触到国际移民中的诸多特例,例如,那些长期到处旅行却不在任何一个国家长期定居的人,那些持有双重乃至多重国籍的人,那些被跨国收养者,那些由没有合法身份的父母在非祖籍国土地上养育的后代,那些长期在跨越当代国家边境的特定地区生活的游牧族群(Nomads),等等。诸如此类,均为对国际移民进行界定时必须融入考评的问题。

了解国际移民中存在的不同现象,对国际移民做出比较切合实际的界定,是研究国际移民政策的首要前提。笔者认为,“跨越主权国家边界”是界定“国际移民”最重要的基本原则,文化边界对移民的生存方式、自我认同存在影响,但政治边界的作用却不是文化边界所能替代或超越的。因此,综合联合国、国际移民组织(IOM)等权威机构的相关定义及说明,并结合本人的长期研究经验,笔者对本书的研究对象“国际移民”做如下界定:

> 跨越主权国家边界,以非官方身份在非本人出生国居住达一年以上,即为“国际移民”。他们可能在迁移后加入新的国家的国籍;也可能仍然保持原来国家的国籍,仅持有效居住证件在异国居住;还有些人则可能同时持有多个国家的国籍。这是一个跨越国家政治边界生存的特殊人群。

(二) 国际移民类别

人口迁移古已有之。早在两千多年前,相距遥远的中国和意大利商人,就开拓了贯通欧亚大陆的著名的“丝绸之路”。自15世纪欧洲航海者开辟新航路并“发现”新大陆之后,大规模的殖民扩张即成为当时世界性迁移的主流。欧洲殖民者仗着坚船利炮,成为新大陆的主宰,形成从欧洲流向其他各大洲的移民潮。伴随着殖民新领地种植园经济的兴起,伴随着一座座矿山的开发,殖民者在亚非地区大肆掳掠、贩运黑奴、苦力的罪恶行径,迫使数

---

① 有鉴于此,在2008年于日本东京举行的一次国际学术研讨会上,有日本学者在与笔者交流时特地以中国少数民族迁徙为例,提出:学术界的“移民研究”不应当只是依照“国界”对移民进行“国际”、“国内”之划分,而更应当重视人口的“跨文化迁移与适应”。此说有一定道理。但是,当民族国家仍然是当今世界政治格局之主体时,国籍、国界对于跨国移民之政治认同的影响,依然应当是国际移民研究的题中应有之义。

以千万计的劳动者离开家园,越洋迁移,在国际移民历史上留下了血泪交织的一页。殖民迁移在血与火的历程中左右了世界百年历史进程,并直接影响了世界种族人口的分布与结构。

第二次世界大战后风起云涌的民族独立运动,开创了人类历史发展的新纪元,也改变了国际移民的结构与趋向。当今世界的国际人口迁移,较之历史上任何时期都呈现出更加多样化的状态。随着跨国迁移的目的、原因、路径在新形势下发生的诸多新变化,当今国际移民也就呈现出多种不同类型。

如果以迁移的数量为准,可区分为:个别迁移、小群体迁移、大规模迁移等;

如果以迁移的距离为准,可区分为:短程迁移、长途迁移,或跨洋迁移、洲际迁移等;

如果以迁移的动机为准,可区分为:生存性迁移、发展性迁移,或自愿迁移、被动迁移等;

如果以法律角度衡量,可区分为:合法迁移、非法迁移,或正规迁移、非正规迁移等;

如果以时间为序,可区分为:短期迁移、长期迁移,或临时迁移、永久迁移等;

如果以迁移者的身份为准,可区分为:独立迁移、依附迁移,或工作迁移、家庭团聚迁移、避难迁移、投资迁移、学习迁移等。

在此,笔者以跨国迁移者的目的为主要分类标准,将当代国际移民的主要迁移类型,划分为工作性、团聚性、学习性、投资性、休闲性和托庇性等六大类。具体分析如下。

1. 工作性迁移

为改善个人和家庭的命运而跨国迁移,是当今国际移民的一大重要原因。因此,为了获得更高收益或更优良的工作环境的原因而离开其祖籍国前往另一国家工作,构成当今国际移民的一大重要迁移类型。

此类移民除了在跨越国境、受雇于他国之共同点之外,还可再进一步划分出如下不同类型:

技工移民(skilled migrant workers):掌握了符合接纳国相关规定的技术移民工人,能够得到比其原居国更好的待遇或自认为更合适的发展机会,一般在居住期限、改换工作及家庭团聚等方面均享有优惠待遇。

合约制移民工(contract migrant workers):根据合同安排前往非祖籍国工作者,相关合同对于其所从事工作的种类、时间均有明确限制,即合同工人不得在未获移入国主管当局批准的情况下自行改换雇主,也不可以自行更换工作。合同到期后,无论其所从事项目是否结束,均必须回国。如果延期,则必须在到期之前就完成合同延期的相关申请手续,获得移入国主管当局的正式批准。

季节性移民工(seasonal migrant workers):因为工作的季节性限制,仅在一年中的某个季节受雇于外国雇主。此类移民工人往往呈现每年季节性循环流动的共性。

非固定移民工(temporary migrant workers):在一定时期内,受雇于本人常住国以外的另一国家,担任某一特定职务或从事某一特定工作。临时移民工人可以更换雇主,可以在不离开受雇国的情况下延长雇佣期限。

项目制移民工(project-tied migrant workers):由移民工人的雇主带往他国,在一定时期内从事特定项目工作的工人。雇主必须负责提供完成项目所需的资源。雇主或项目中介机构必须保证在项目完成后,所有因该项目而进入该国的移民工人必须离开该国。

边境工人(frontier workers):保持自己在本国国境内的居住地,但一般每天或至少每周一次往来穿梭于在邻国边境地区的工作地点与家庭所在地之间。

往返流动移民工(itinerant workers):因工作职业关系,虽然在一个国家有固定住所,但经常需要前往另一国家或另一些国家短期工作的人。

2.团聚性迁移

"家庭团聚"是团聚性迁移的最重要构成部分。按照《世界人权宣言》等国际性公约的规定,"家庭是基本的社会单元,家庭成员拥有一起居住的权利,这一权利应当得到尊重、保护、帮助和支持。而且,这一权利不仅限于居住在其祖籍国的公民,也得到国际法律的保护"。① 因此,当家庭成员之一被另一国正式接纳为移民,或者,当一位家庭成员作为移民先驱在异国他乡立

---

① 详见《世界人权宣言》(1948 年)第 16 条。

足之后,其直系亲属均有权通过申请"家庭团聚"到该国团聚定居。虽然不同国家对"直系亲属"的具体定义有所不同,但最基本的原则都包括了移民的配偶及未成年子女。此外,跨国收养的外籍儿童、不婚同居的外籍性伴侣(同性或异性),以及需要由移民赡养的年老父母等,也在近年"家庭团聚"类移民申请中日渐增加。

依照迁移目的,笔者将返回家乡或原居地、祖籍国的回归性迁移,也归入此类"团聚性迁移"。此类回归性迁移,又包括自愿、非自愿两类。

要而言之,因不同原因在国外生活一定时期后返回祖籍国(或原居地),并打算在那里长期生活或至少生活一年以上者,属于回归移民(returning migrants),或曰团聚性的回归迁移。

自愿类的回归性迁移即中国习惯称呼的"归侨"。20世纪50年代,中华人民共和国成立后欣欣向荣的面貌,曾经吸引业已在东南亚国家长期生活的数十万海外华侨,主动返回其祖籍国参加社会主义建设,"归侨"成为在中华人民共和国公民中享有一些特殊政策待遇的群体。近年来从海外学成归来的新一代"海归",也属自愿回归。

另一个比较典型的例子是以色列。犹太人自公元前亡国之后,曾经长期流离失所。以色列复国后,很快吸引了大批世界各地"流离失所"的犹太人"回归家园",而以色列国家也一直将吸引世界各地的犹太人回归作为重要国策。

再一类比较常见的团聚性迁移是"难民"回归,即因种种原因成为"难民",并在异国他乡"避难"一段时期之后,由于原籍地情况改善,自愿返回其原籍地。例如,20世纪70年代印度支那发生重大政治事变,曾经造成了上百万战争难民冒死出逃,并被不同国家所接纳安置。进入20世纪80年代后期,随着印度支那本土形势变化,印支三国逐渐进入和平发展的新时期,数十万被收留在泰国、马来西亚和香港等地难民营的印支难民,在联合国难民组织的援助下,陆续返回家乡。

"非自愿回归"的情况则比较复杂。有的在异国寻求庇护未果,按照返回原居地原则,被移入国政府或相关国际组织遣返;或者,个人不愿返回原居地,但又没有其他选择,只好被动回返。

按照国际法的相关规定,"驱逐出境"是主权国家的国家行为,"回国"是基本人权。因此,无论是主权国或难民的临时居住国、拘留地当局,都不能在违背难民或战俘本人意愿的情况下,强迫其回国。根据现行国际法原则,如果有证据表明相关战俘或难民在回国后有可能遭到政治迫害,那就不仅不允许对其强行遣返,而且还必须为其提供临时性乃至永久性的难民保护。

3.学习性迁移

前往外国求学的留学生,是学习性迁移的主体。按照规定,相关申请人在被求学目的国的正式教学机构接纳之后,即可申请以学生身份在该国求学。

另一类比较特殊的"学习性迁移"是到外国的企事业单位接受技术培训,即通过办理相关手续后,到另一国家接受在岗职业培训。相关法令一般都明确规定外国受训者只能在指定的厂矿机构工作,其接受培训的时间受到严格限制,在培训期满后,必须离开受训国,返回原派出国。

例如,日本近年来大量从发展中国家招收"研修生",其在日本的"研修"期基本在一年以上,因此可以划归此类"学习性迁移"的外国移民。然而,必须指出的是,日本企业从外国招收的研修生虽然以"技能学习培训"为名进入日本,实际上大多被安排到第一线生产部门,从事全日制的生产性工作。可是,由于当事人进入日本的目的是"学习",因而雇主往往得以据此为由,不向其提供应有的工资和福利待遇,这已经成为一个引起相关国家密切关注的问题。

4.投资性迁移

在目的国投入了该国移民法所规定的一定数额的资金;或者,在该国创业并为当地人提供规定数额的工作机会,从而获准移民该国的外国人,即为"投资移民"。

例如,就投资金额而言,根据 2007 年的数据,在欢迎投资移民的发达国家中,加拿大要求的投资金额是 40 万加元(约合 250 万元人民币),新西兰为 100 万新西兰元(约 400 万元人民币),澳大利亚则为 150 万澳元(约 850 万元人民币),各国规定不一,差距明显。不过,在金额之外,不同国家还往往制定更详细的要求。例如,新西兰曾规定可以通过"银行定期存款方式"投资,美国曾规定投资申请人必须"投资 50 万美元在美国政府核准之地区中心,该投资应直接或间接创造 10 个就业机会"。

由于投资移民可以为移入国带来直接利益,因此受到世界绝大多数国家的欢迎。以美国为例,美国为"投资移民"开出的优惠条件包括:对投资移民没有受教育程度的限制;没有语言能力的要求;不需要具备直接经营企业的能力;不需要担保人;不需要等候期;投资移民不需要直接经营其所投资的企业,可以在移民后仍然在美国内外不同地方从事自己愿意从事的事业,等等。

但是,另一个值得注意的趋势是,一些发达国家已经开始提高投资移民的门槛,或限制投资地区、投资行业,或对投资移民自身素质提出要求。例如,加拿大 2008 年公布的"投资移民"资格要求中,不仅有关于投资金额的数量规定,而且明确要求投资人必须"至少有 2 年以上经营管理经验,并能够成功地操作、控制或领导某个企业",投资对象必须是"加拿大移民部认可的投资机构"。①

进入 21 世纪以来,业已持续二三十年的中国民营经济的高速发展,促使越来越多的企业家拥有"投资迁移"的经济实力。因此,从美、加、澳等富人们耳熟能详的发达国家,到中美小国伯利兹、加勒比海圣基茨和尼维斯联邦的"投资移民"记录中,源自中国的投资移民越来越引人注目。北京因私出入境中介机构协会的数据显示,2009 年到美国投资移民的 EB-5 类签证的中国申报人数已经翻了一番,从 2008 年的 500 人上升到超过 1000 人。进入 2010 年,关于中国富豪移民海外、中国财富流失他国的消息,成为国内外各大华文媒体报道、评论的热点。②

5.休闲性迁移

这是近年来增长较快的一种跨国迁移方式,既有大富豪一掷千金,迁移到自认为更合适的地方置业生活(如英国伦敦近年来已经成为俄罗斯新富豪的移居之地);也有一些高消费国家的中产阶级老龄人口,将生活地点迁移到消费水平较低的国家,以求在有限的收入内最大限度提高自己的生活质量。此类"跨国养老",随着欧盟内部边界的开放,从生活费昂贵的西欧到生活费用相对低廉,但气候环境舒适、文化差异较小的南欧养老的发展势头已经显现。

例如,一名每月拿 1200 欧元养老金的荷兰人,在荷兰除衣食温饱外,不可能雇佣专人为其服务。但如果以同样收入移居到南欧的西班牙、葡萄牙、希腊等消费水平较低的国家生活,就有可能在海边租住一套舒适的住房,既享受海边美景及灿烂阳光,又能请帮工为其打理家务,生活质量可能明显提

---

① 关于不同国家投资移民政策的相关规定及影响,本书第二章将详细探讨。

② 《中国内地富豪移民海外人数倍增》,新加坡《联合早报》2010 年 5 月 27 日;《中国精英移民海外进行时》,《南方周末》2010 年 6 月 4 日;《浙商成中国第三波移民潮主力》,《都市快报》2010 年 6 月 26 日等。

高。冬天到南欧,夏天回西欧,已经成为西欧国家一些中产阶级退休老人希冀的生活方式。

又如,近年来出现日本、韩国退休人士到中国青岛、大连等城市买房养老的情况,也是以在日本、韩国的收入及储蓄,到中国享受更加舒适的生活。

有经济学家提出,此类跨国休闲、养老者构成了一个"生活成本套利"群体。根据经济学家谢国忠 2007 年的观察与分析:一套坐落在城市中心的 150 平方米的公寓,在上海大约值 350 万元人民币,在青岛值 180 万元,在烟台值 100 万元,在韩国首都首尔则可能高达 900 万元。如果一个韩国人卖掉他在首尔的房子,把家搬到烟台,他的下半生靠省下的那 800 万元,大可以衣食无忧,这就是"最伟大的套利"。①

6.托庇性迁移

"托庇"指依靠别人的庇护,"托庇性迁移"即指通过迁移以获得另一国的保护。此类迁移情况相对较为复杂,分为主动与被动两大类型。

被动的托庇性迁移主要包括两类情况。一是因为原居地遭受严重自然灾害而跨国寻求救济、保护的移民;二是遭受种族、宗教或政治迫害而不得不逃离本国、寻求他国庇护的"难民"。联合国 1951 年通过的《关于难民地位的公约》第 1 条乙款对"难民"定义如下:

> 因有正当理由畏惧由于种族、宗教、国籍、属于某一社会团体或具有某种政治见解(而遭迫害)的原因留在其本国之外,并且由于此项畏惧而不能或不愿受该国保护的人,或者不具有国籍并由于上述事情留在他以前经常居住国家以外而现在不能或者由于上述畏惧不愿返回该国的人。

联合国国际难民署是为国际难民提供援助的专门机构。根据国际法的相关规定,各主权国家可以对进入本国申请庇护的外籍或无国籍人士进行审核,申请人一旦被接收国认定为"难民"后,接收国就必须依照人道主义原则,尊重难民在该国生活、工作及宗教信仰的基本权利。

另一个值得注意的动向是,近年来许多国家已经注意到全球气候变暖可能在不久的将来引发相当规模的人口流动。因为,全球温室气体的持续排放可能导致土地沙化,增加自然灾害发生的频率,尤其是造成全球海平面

---

① 谢国忠:《最伟大的套利》,《财经》2007 年第 7 期。

上升。专家估计,海平面若上升1米,可能直接影响约1.45亿人的生存。^① 就国家而言,太平洋上美丽的岛国如马尔代夫、基里巴斯、图瓦卢、瓦努阿图等,都将成为全球温室效应的直接受害者。近年来,海平面上升已经使这些岛国民众的饮用水源、住房、道路、公共设施受到海水的侵袭,并且面临整个国家在不久的将来可能被海水完全吞没的威胁。在2009年12月召开的哥本哈根全球气候变化大会上,这些因全球气候变暖而面临"亡国"威胁的岛国代表纷纷登台发言,强烈要求世界各国执行更严厉的减排计划。与此同时,这些国家提出的另一共同要求是:各发达国家应当开放接纳这些国家移民的大门,允许移民先驱们在新的国家建立小型社区,一旦这些国家遭遇"灭顶之灾",更多民众将能够比较顺利地迁移到业已建立在安全国度的社区,继续生活、工作。"气候难民"因而成为2009年哥本哈根会议的一个关键词。

与以上被动性逃难不同,主动的"托庇性迁移"是当事人通过跨国迁移维护或追求自身的特殊利益。以企业家或商人的跨国避税为例。

随着全球化时代跨国经营情况日趋普遍,跨国纳税人面对竞争激烈的国际市场,在利益机制驱动下,利用不同国家税法,或不同国家国际税收协定的差别、漏洞、特例或模糊规定,设法规避或减轻其纳税总额。在跨国避税的诸多方式中,通过实际上或名义上的跨国迁移而改变个人的国籍身份;或者,虽然迁移进入某一国境内经营,却避免成为该国居民,都是比较常见的方式。

在当今世界上,巴哈马、百慕大两个岛国,以及列支敦士登、卢森堡、中国香港等地,都是著名的国际避税地。例如,巴哈马不仅不征收所得税、公司税、遗产税、继承税,不征收对股息、利息、特许权使用费的预提税,也不征收工资税,甚至连营业税也没有,因而吸引了众多国际著名大公司、大银行的老板、投资人在这里"注册",设立"总部",同时自由自在地在世界其他地区经营其业务。

个人所得税利率也呈现国别之间的巨大差异。例如,时至21世纪初,中国的香港依然享受"纳税人天堂"的"美誉":在全世界居于同一发展水平的国家和地区中,香港的个人所得税率是最低的。有调查显示,在香港,一个年工资为4.58万美元、抚养四口之家的职员,按规定合法交纳其所得税

---

① 联合国开发计划署:《跨越障碍:人口流动与发展》,2009年,第45页。

和其他税金之后,其税后总收入为全年工资总额的95.7%。但如果同一收入水平者生活在瑞典,那么,在扣除个人所得税后能够拿到手的,仅为全年工资总额的57.2%。[①]

总之,以上六大类基本囊括了当今国际移民的主要类别。还必须指出的是,以上各种不同类型的迁移可能相互转化。以留学生为例,出国留学属于"学习性迁移",因为迁移者所持乃"学习签证",仅在持有者本人正式在校学习期间有效,学习期满后就必须离境。但是,不少学生在完成学业后,通过进入当地就业市场正式就业,随之也就可能顺理成章地从"学习性迁移"转变为"工作性迁移"。又如,为工作目的而到异国务工的劳动者,在工作期间与当地国人恋爱结婚,就可能从"工作迁移"转而申请"团聚迁移",以当地国公民的外籍配偶身份,正式移民该国。

(三)国际移民概况

了解当今国际移民基本状况及发展趋势,是我们解读国际移民政策的必要知识准备。在当今世界上,伴随着商品、资本、信息的跨境流通网络向全世界的每个角落全面延伸,人口跨境流动的规模和范围也与日俱增,成为全球化进程中一个越来越引人注目的社会现象,并且越来越广泛地融入了当代人的生活领域。

根据联合国2006年公布的统计数据,2005年全世界国际移民总人数约为1.91亿。从1990年到2005年的15年间,世界移民的绝对人口总数增加了3600万。就增长比例而言,则从1990—1995年的年均增长1.4%上升到2000　2005年的1.9%。而且,因为通过跨国迁移改善个人的生存状况,实现个人的理想和希望,是众多普通民众走上移民道路的基本动因,所以,经济收入高、就业机会多、社会福利好的国家,自然具有强烈的吸引力。1990—2005年的15年间,北美接纳的外国移民数增长了1690万,欧洲增长了1470万。2005年的全球1.91亿跨国移民中,60.5%(1.15亿)生活在发达国家,其中三分之一在欧洲,四分之一在北美(详见表0-1)。

---

①　参阅"纳税服务网"信息"各国税率孰高孰低"(http://www.cnnsr.com.cn/jtym/news/xwzx/20051103/2005110315103411659.shtml)。

表 0-1　　国际移民地区分布与发展趋势(1990—2005 年)

主要地区　　　　类别	国际移民人数（百万）		增加数（百万）	国际移民分布比例	
	1990 年	2005 年	1990—2005 年	1990 年	2005 年
全世界	154.8	190.6	35.8	100.0	100.0
较发达地区	82.4	115.4	33.0	53.2	60.5
较不发达地区	72.5	75.2	2.8	46.8	39.5
最不发达地区	11.0	10.5	−0.5	7.1	5.5
非洲	16.4	17.1	0.7	10.6	9.0
亚洲	49.8	53.3	3.5	32.2	28.0
拉美与加勒比	7.0	6.6	−0.3	4.5	3.5
北美洲	27.6	44.5	16.9	17.8	23.3
欧洲	49.4	64.1	14.7	31.9	33.6
大洋洲	4.8	5.0	0.3	3.1	2.6

资料来源：Population Division of the United Nations Secretariat，*Trends in Total Migrant Stock：The 2005 Revision*（POP/DB/MIG/Rev. 2005），database in digital form，2006. 转引自：Economic and Social Council，UN，2006，*World Population Monitoring，Focusing on International Migration and Development*，p. 4.

在席卷全球的国际移民潮中，不同国家、地区呈现出不同特色。在此，笔者依据所能查找到的相关数据，整理、制作成表 0-2，以求能够从比较的角度，对当代不同国别国际移民的概况及趋势，作一比较直观的展示。表 0-3 是 1990 年与 2005 年世界各国中国际移民人口总量在排行榜中位居前 20 位的国家和地区，自 20 世纪 90 年代以来 15 年间发生的变化，值得关注。为分析方便起见，在表 0-3 数据的基础上，笔者又根据各国国际移民总量增长、国际移民在全球总量中的比例排名情况，制作了表 0-4 与表 0-5，侧重显示不同国家移民数量和比例的相对变化趋势。

表 0-2　当代国际移民概况

类别＼排序	1	2	3	4	5
1. 跨国迁移人口数量*	欧洲 5610 万	亚洲 4970 万	北美 4080 万	非洲 1620 万	拉美 590 万
2. 跨国迁移人口总量与本地人口的比例*	大洋洲 19.1％	北美 13％	欧洲 7.7％	非洲 2.1％	拉美 1.1％
3. 接纳外国专业移民最多的国家	美国** 37 万	日本* 12.9 万	加拿大* 8.62 万	英国* 3.9 万	澳大利亚** 3 万
4. 使用外国劳动力最多的国家**	美国 1668 万	德国 357 万	澳大利亚 237 万	法国 153 万	英国 110 万
5. 外国劳动力与本国劳动力比例最高的国家**	卢森堡 57.3％	澳大利亚 24.6％	瑞士 18.1％	美国 11.7％	奥地利 10.02％
6. 向国外移民最多的国家***	墨西哥 600 万	孟加拉 410 万	阿富汗 410 万	缺	缺
7. 接收本国移民汇款量最多的国家(美元)****	印度 115 亿	墨西哥 65 亿	埃及 37 亿	缺	缺
8. 移民汇款占外资投入比例最高的国家*****	摩洛哥 66％	埃及 突尼斯 51％	佛得角 35％	尼日利亚 30％	贝宁 布基纳法索 27％
9. 接纳跨国难民申请量最多的国家******	德国 2236733	美国 1056100	英国 611645	法国 436329	荷兰 420792

＊　2000 年统计数。

＊＊　1999 年统计数。

＊＊＊　1970—1995 年累计总数。

＊＊＊＊　原数据未标明确切的统计年度,但从前后文分析可能是 2001 年的数据。

＊＊＊＊＊　1983—2002 年的年均统计数。

＊＊＊＊＊＊　1990—2001 年累计统计数。这是收到的难民申请数,而不是获准接纳的难民数。

资料来源:第 1 至第 9 项数据根据国际移民组织网站提供的相关数据整理制表(http://www.iom.int);第 10 项数据根据国际移民信息网站提供的数据整理(http://www.migrationinformation.org)。

表 0-3　1990 年与 2005 年国际移民人口总量在全世界排名前 20 位的国家与地区

排名	1990 年			1990年:2005年	2005 年		
	国家或地区	移民总量（百万）	占总数百分比（%）	排名变化	国家或地区	移民总量（百万）	占总数百分比（%）
1	美国	23.3	15.0	=	美国	38.4	20.2
2	俄罗斯	11.5	7.4	=	俄罗斯	12.1	6.4
3	印度	7.4	4.8	↘	德国	10.1	5.3
4	乌克兰	7.1	4.6	=	乌克兰	6.8	3.6
5	巴基斯坦	6.6	4.2	↘	法国	6.5	3.4
6	德国	5.9	3.8	↗	沙特阿拉伯	6.4	3.3
7	法国	5.9	3.8	↗	加拿大	6.1	3.2
8	沙特阿拉伯	4.7	3.1	↗	印度	5.7	3.0
9	加拿大	4.3	2.8	↗	英国	5.4	2.8
10	澳大利亚	4.0	2.6	↘	*西班牙	4.8	2.5
11	伊朗	3.8	2.5	↓	澳大利亚	4.1	2.2
12	英国	3.8	2.4	↗	巴基斯坦	3.3	1.7
13	哈萨克斯坦	3.6	2.3	↘	*阿联酋	3.2	1.7
14	中国香港特别行政区	2.2	1.4	=	香港特别行政区	3.0	1.6
15	科特迪瓦	2.0	1.3	↘	以色列	2.7	1.4
16	乌兹别克斯坦	1.7	1.1	↓	*意大利	2.5	1.3
17	阿根廷	1.6	1.1	↓	哈萨克斯坦	2.5	1.3
18	以色列	1.6	1.1	↗	科特迪瓦	2.4	1.2
19	科威特	1.6	1.0	↓	*约旦	2.2	1.2
20	瑞士	1.4	0.9	↓	*日本	2.0	1.1

说明:为使表格中所展示的变化趋势更为鲜明,本书作者对所引用表格在编排上做了两点改动:

(1)中间排名变化栏系本书作者添加,其中,=表示前后两个年份排名相等,↘表示 2005 年排名比 1990 年下降,↗表示 2005 年排名比 1990 年上升,↓表示在 2005 年排名中跌出前 20 名。

(2)国名前加 * 号的 5 个国家是在 2005 年排行榜中新出现的。

资料来源:Population Division of the United Nations Secretariat, *Trends in Total Migrant Stock:The 2005 Revision*(POP/DB/MIG/Rev. 2005), database in digital form, 2006. 转引自:Economic and Social Council, UN, 2006, *World Population Monitoring, Focusing on International Migration and Development*, p. 4.

表 0-4　1990 年与 2005 年 15 国家或地区国际移民总量增长比较

排名	国家或地区	1990 年	2005 年	2005 年与 1990 年相比
		移民总量(百万)		(百万)
1	美国	23.3	38.4	+ 15.1
2	德国	5.9	10.1	+ 4.2
3	加拿大	4.3	6.1	+ 1.8
4	沙特阿拉伯	4.7	6.4	+ 1.7
5	英国	3.8	5.4	+ 1.6
6	中国香港特别行政区	2.2	3.0	+ 0.8
7	俄罗斯	11.5	12.1	+ 0.6
8	法国	5.9	6.5	+ 0.6
9	以色列	1.6	2.7	+1.1
10	科特迪瓦	2.0	2.4	+0.4
11	澳大利亚	4.0	4.1	+ 0.1
12	乌克兰	7.1	6.8	− 0.3
13	哈萨克斯坦	3.6	2.5	−1.1
14	印度	7.4	5.7	−1.7
15	巴基斯坦	6.6	3.3	− 3.3
	总计	93.9	115.5	+21.6

资料来源:在表 0-3 的基础上计算制作。

表 0-5　1990 年与 2005 年 15 国家或地区国际移民在全世界国际移民
总人数中所占比例变化比较

排名	国家或地区	1990 年	2005 年	2005 年与 1990 年相比
		移民占总量百分比(%)		(%)
1	美国	15.0	20.2	+5.2
2	德国	3.8	5.3	+1.5
3	加拿大	2.8	3.2	+0.4
4	澳大利亚	2.6	2.2	−0.4
5	英国	2.4	2.8	+0.4
6	以色列	1.1	1.4	+0.3
7	沙特阿拉伯	3.1	3.3	+0.2
8	中国香港特别行政区	1.4	1.6	+0.2
9	科特迪瓦	1.3	1.2	−0.1
10	法国	3.8	3.4	−0.4
11	俄罗斯	7.4	6.4	−1.0
12	乌克兰	4.6	3.6	−1.0
13	哈萨克斯坦	2.3	1.3	−1.0
14	印度	4.8	3.0	−1.8
15	巴基斯坦	4.2	1.7	−2.5
	总计	60.6	60.6	

资料来源:本表系在表 0-3 的基础上计算制作。

　　分析比较相关统计数据,笔者认为有两点值得注意。其一,统计者在进行类别区分时,将我们所习惯的全世界五大洲中的"美洲"区分为北美、拉美两个地区,与欧洲、亚洲、非洲、大洋洲并列。虽然统计者没有具体说明如此区分的原因,但很可能是为了突出北美、拉美在经济发展上的巨大差异所引发的不同移民流向。笔者以为,在国际移民研究中作此区分是有道理的。

　　其二,统计者将中国"香港特别行政区"单独进行统计,但没有具体说明其关于"香港外国移民"的统计标准,因为,自20世纪90年代以来,香港非华裔外籍人口大约在总人口的3％～5％之间徘徊,因此,1990年的220万国际移民及2005年的300万国际移民的统计数,估计是将从中国内地移居香港的人口都计入"国际移民"。如果说在香港回归之前,将来自中国内地的移民列入"跨境迁移"的"国际移民"还情有可原的话,那么,在1997年香港业已回归中国之后,如此统计显然不合适。但此处系依据原数据进行比较,不作改动,特别说明。

　　笔者以为,表0-1至表0-5所显示的数据,比较清晰地展示了国际移民的基本概况,并有助于我们分析当前不同国家国际移民发展变化的基本趋势。

　　第一,必须指出的一点是,在跨国迁移人口总量排行榜上,虽然亚洲跨国迁移人数的绝对数在六大区域中位居第二,但由于亚洲人口基数巨大,其相对比例则位居六大区域之末。强调这一点,对于正确认识当代中国跨国人口迁移在世界人口流动中的地位十分必要。因为,由于中国在人口基数、意识形态、潜在社会竞争力等多方面的原因,国际社会,尤其是中国的周边国家或地区(东南亚、俄罗斯、日本)对中国跨国迁移的人口数量、迁移动向一直密切关注,有西方学者不无忧虑地提出:中国经济政治改革的发展,势必进一步打开中国人口向外流动的大门;然而,一旦中国的改革倒退,则会引发巨大的难民潮。言下之意,当代中国人大量跨境流动的趋势无法避免。因此,以联合国机构公布的数据反驳一些西方学者的不实之辞,是为有理有利之举。

　　第二,研究国际移民问题,不能不特别关注美国的政策及影响。从以上统计数据中可以明显看出,无论是绝对总量或是相对比例,美国一直是高居榜首的全球第一移民大国。笔者注意到,以2005年与1990年相比,美国的国际移民总量增长了1510万,不仅远远高出第二位以下的其他国家,而且,即便将紧随其后的10个国家的移民增长总量相加,其总和也才达到1290

万,比美国一国的增长量还少整整 220 万。再就相对比例而言,美国的地位同样十分突出,2005 年比 1990 年在相对比例上增加 5.2%,也远远高出其他各国。美国的跨境移民人口超过其人口总数的 12%,换言之,全美国平均每 9 人中就有 1 人是国际移民,而且,这一统计数据还不包括在美国境内实际生存、打工的数以千万计的无证移民。由此足以证明,美国能够拥有如今在世界上高居榜首的经济地位,千千万万来自世界不同国家移民的贡献功不可没。

第三,高收入国家是当今国际移民的主要接纳国。[①] 表 0-2 显示,在"接纳专业移民最多"、"使用外国劳动力最多"、"外国劳动力与本国劳动力比例最高"等 3 个项目中,排列在前 5 位的全是当今世界的发达国家。比较 1990 年与 2005 年的两次排名表,可以看到一批在后一次排名中"异军突起"的国家,而这些国家也都是当今世界银行划定的"高收入国家"。例如,德国在 1990 年排名中名列第六,2005 年上升到名列第三,而且无论是绝对增长总量或相对增长比例,都仅次于美国位居第二;西班牙在 1990 年尚属榜上无名,但在 2005 年排行榜上则跃升到第 10 位;排名第 13 的阿联酋,排名第 16 的意大利,排名第 19 的约旦和第 20 的日本,也都是 2005 年新进入前 20 名的移民接纳国。由此可见,当今世界发达国家和高收入国家无不从国际移民中获得了可观的人才、人力资源。

第四,在排行榜中位居前列的俄罗斯、乌克兰、印度、巴基斯坦等国的情况则与美国及大多数移民国家有所不同。相关国家政治风云变幻导致的国家边界重构,是影响这些国家移民总量的最重要因素。例如,第二次世界大战后原英属印度在独立时分别宣布成立印度、巴基斯坦两个独立的共和国。1971 年,原为巴基斯坦一部分的东巴基斯坦又宣布成立自主独立的孟加拉人民共和国。印巴次大陆发生的这一连串重大历史事件,曾相继引发不同民族、不同宗教信仰的民众为躲避潜在威胁的大迁移。作为如此事变的直接反映,就是在当今的印度、巴基斯坦和孟加拉国内,都存在大量"国际移

---

① 世界银行将当今世界各国按人均国民收入区分为低收入、中低收入、中高收入和高收入国家四大类。其标准若干年调整公布一次。根据世界银行于 2004 年公布的标准,人均国民收入在 10066 美元以上的国家为"高收入国家",是年总计有 55 个国家被划定为"高收入国家"。详见世界银行数据库(World Bank databanks, DDP)(http://web.worldbank.org/WBSITE/EXTERNAL/DATASTATISTICS/0,, contentMDK:20420458 ~ menuPK:64133156~pagePK:64133150~piPK:64133175~theSitePK:239419,00.html).

民"。又,如前所述,20世纪90年代伴随苏联解体、东欧剧变而新成立的一批独立国家,直接导致大批民众个人虽然没有流动,但国境线的变更却使他们在政治上"跨越了主权国家的边界",因此也就成为一大批特殊的"国际移民"。

第五,国际移民是移民群体进行理性选择的结果,国际移民流向在一定程度上是相关社会经济发展的晴雨表。且以过去20年南欧与拉美移民流向的逆转为例。20世纪60—70年代,西欧经济强劲增长,大批西班牙、意大利、葡萄牙、希腊等南欧国家的劳动力纷纷北上打工。但是,自20世纪80—90年代后,随着南欧经济跃升,西欧经济疲软,不仅原本北上打工的南欧人相继返回原居国,而且还吸引了来自非洲、亚洲的新移民纷纷进入当地劳动力市场。以外国移民的净接纳数为例。西班牙在20世纪90年代前半期,年均接纳移民3.3万人;进入90年代后半期则翻了一番,增加到年均接纳6.6万人;进入21世纪后,又猛增到年均接纳外来移民48.3万人,其中65%来自发展中国家,35%来自其他发达国家。① 拉美的情况则正好是个反证。20世纪中叶之前,拉美地区以移民流入为主,但随着该地区传统的移民接纳国智利、阿根廷、委内瑞拉等相继出现政局动荡,经济滑坡,不仅外来移民纷纷离境,本国民众也出现向外迁移浪潮。表0-1数据显示,近15年来国际人口跨境流动量在最不发达地区也出现明显下降趋势,究其原因,主要是近十余年来,随着阿富汗、卢旺达等曾经产生大量跨境难民的最不发达国家局势渐渐回归正常,共有2100万难民通过各种途径返回本国。由联合国难民署记载在案的难民总数已经从1990年的1590万下降到2005年的920万。②

第六,国际移民对原居地经济、社会、政治等都产生了直接而深远的影响。从表0-2的第7、8两项数据可以明显看出:跨国劳动力迁移给原居地带来了可观的经济效益。另外,根据阿根廷《民族报》报道:拉美各国移民每年向国内寄回的劳务汇款高达380亿美元。该报还报道:墨西哥2003年获得的移民汇款额高达145亿美元,超过该国的旅游收入,成为该国继石油出口

① Economic and Social Council，UN(联合国经济与社会理事会)，*World Population Monitoring*，*Focusing on International Migration and Development*，UN：E/CN.9/2006/3，2006，p. 7.

② Economic and Social Council，UN(联合国经济与社会理事会)，*World Population Monitoring*，*Focusing on International Migration and Development*，UN：E/CN.9/2006/3，2006，p. 5.

之后的第二大外汇来源。① 另一个未列入表 0-2 的劳务输出大国是菲律宾，2002 年该国收到的外劳汇款超过 75 亿美元，相当于这个国家的国防预算，三倍于菲律宾同年所得的海外援助。②

联合国开发计划署"2009 年人类发展报告"采用"人类发展指数"（Human Development Index，HDI）对移民影响度进行测量，并且将某一特定国家全体居民的 HDI，与所有出生于该国，但不论其现居住何处之总人口的 HDI 进行比较。例如，该研究既测量生活在菲律宾的菲律宾国民的 HDI，同时也测量"包括菲律宾在世界各地移民在内的所有出生于菲律宾之菲律宾人"的 HDI。按照这一方法对 100 个可以获得所需数据的国家进行测量后，该研究发现：13 个国家以"人"为基准的 HDI 比以"国"为基准的 HDI 至少高出 10 个百分点；9 个国家的前一指数比后一指数高出 5～10 个百分点。该研究同时还对 1990—2000 年 10 年间 HDI 的提升数据进行比较后发现：在得以获得相应数据的 90 个国家中，11 个国家前一指数的提高水平比后一指数平均高出 5 个百分点以上。最突出的是乌干达，该国以"乌干达人"为统计基准的 HDI 上升幅度，比以"乌干达国"为统计基准的 HDI 上升幅度高出近 3 倍。③

因此，国际移民组织（IOM）一再强调：发达国家接纳来自发展中国家的劳动力，给他们提供劳动谋生的机会，比给予发展中国家任何有限经济援助所产生的减贫效应，都更加直接，更具实效。④

随着国际移民以空前规模在全球流动，几乎全球所有国家都在不同程度上受到国际移民的影响，而且，国际移民大潮使众多主权国家不得不直接面对从人权正义到国家安全等一系列问题的尖锐挑战，由此，国际移民政策已不再是单一国家可以自说自话的内政，而是全球化时代国际社会必须共同面对的一个重大课题。

---

① 《拉美侨汇每年 380 亿美元》，《参考消息》2004 年 4 月 30 日。

② 《他们支持了一个国家的生存：菲律宾海外劳工素描》，《参考消息》2004 年 5 月 6 日。

③ 联合国开发计划署：《跨越障碍：人口流动与发展》，2009 年，第 14 页。

④ 详见"国际移民组织"网页"国际移民与发展"专题（http://www.iom.int/jahia/Jahia/pid/271）。

二、国际移民政策研究热点与理论

国际移民的主要特征是跨越主权国家边界的流动,因此,从对公民"出入境权"的认可与规范,到对入境之外来移民的接纳或排斥,乃至对于外来移民后代的一体认知等等,都大大越出了移民群体自身能够左右的范畴,必须从移民群体生存的大环境,尤其是从跨国层面进行探讨,必须"到政治领域去寻找,说得准确些,要到政府的重要角色中去寻找。政治方面的影响今天决不可低估。再没有什么因素能比准入政策更影响移民的流向和规模了"。有学者甚至直截了当地提出:"移民是政策的产物。"①从政策科学角度切入国际移民政策研究,是国际移民研究中不可或缺的重要环节,具有重要的现实意义和理论意义。

(一)国际移民政策的内涵与外延

国际移民政策是各国公共政策中一个特殊的组成部分,依据其所指向的特殊问题与目标设定而形成的内涵外延,依据方案抉择和预期效果而构建的结构模式,以及在当代全球化大趋势下面向未来的创新变化,是我们首先必须关注的主要内容。

社会现实需求是推动学术研究发展的直接动力。近半个世纪以来国际移民潮持续高涨,民族国家面临如何应对移民出入国境之需求的大量棘手问题,尤其在发达国家,数以千万计外来移民的流入,使其面对空前严峻的移民接纳、族群融合、社会安定等重要问题;移民流出国政府与移民接纳国政府之间的政策协调,以及联合国及其下属的国际难民署(UNHCR)、国际劳工组织(ILO)、国际移民组织(IOM)等相关国际机构与团体越来越主动进行国际移民政策干预,无不将什么才是合理、合法、有效的国际移民政策问题,提上重要的议事日程。国际移民政策的制定与实施,既是众多国家政府必须认真面对的严峻问题,也已成为当今国际政治中一个极其敏感,且无法回避的重要话题。

---

① 华金·阿朗戈:《移民研究的评析》,《国际社会科学杂志》2001 年第 3 期。

承认民族国家(nation-state)或主权国家(sovereignty)拥有控制国境、界定国民身份之威权,是国际移民(international migration)或跨国移民(transnational migration)政策具有合法性的首要前提,因此,任何一个主权国家都有权制定本国独立的国际移民政策。

国际移民政策的制定与运作需要遵循两大基本原则:尊重国家主权,尊重移民人权。国际移民政策虽然基本由主权国家自行制定,但因为其所指向的是一个跨境流动的客体,其运作范围必然超出单一主权国家之外,具有规范国际社会秩序的重要功能,因此也就在一定程度上具有国际政治的意义。地球是人类的共同家园,迁徙自由是人的基本权利,然而,在民族国家时代,"地球村"仍然只是一个文学话语,至多还可能是一个基于技术层面的想象,"全球资源的合理有效共享"至少在现阶段仍然是水中月,镜中花。当今世界仍然是由政治、经济、文化迥异的一个个独立的利益共同体组成的国际社会,各国政府无不以维护本国主权与领土完整、保护本国国民利益为至高无上的神圣职责。因此,全球化趋势下主权国家的利益维护与基本人权意识的增强,构成不同国家国际移民政策博弈的大背景。

国际移民政策的具体内涵,可以区分为制约本国国民跨境外迁及接纳非本国国民跨境移入两大部分。世界各国政府制定的移民政策,包括对移民的出入境权利、规模流向、民族地域构成、福利权益等进行规范管理。虽然不同国家的移民政策各有不同,但基本结构是共同的,即包括公民出境、入境、定居、入籍、遣返的基本条件与处理程序。

就本国国民而言,国际移民政策的内涵主要包括:确认本国国民可以移居他国的基本权利,规定本国国民不得出国的特殊限制,保护本国在外国生活之移民的基本权益,确认本国在外国民回归祖籍国的权利,保护其在祖籍国的基本权益等。

就入境外国移民而言,国际移民政策则主要包括:制定允许外国人迁移入境(或过境)的基本条件;确认合法外国移民在本国生活工作的法律地位;确定外国移民入籍本国的基本条件;驱逐非法入境的外国人;或者,当突发性战争或大规模自然灾害发生时,如何处置突然跨国涌入之大量难民的特殊问题等。

国际移民政策的基本指向是国家的边境管理、签证发放、国籍获得及与之相关的外来移民在本国境内所应享有的公民权益。以国际移民群体的社会进程为基准,国际移民政策可以分为以边境线为界的出入境控制,以及移民入境后的社会管理两个阶段。前一阶段主要是身份确认、准出或准入审核及相关的证件发放,是时限相对短暂的一次性过程;而后一阶段则涉及移民的安居、谋生、教育、认同、归化、福利乃至移民后代的权益及发展,是一个漫长、复杂的社会过程。因此,就国际移民个体而言,在其跨境迁移、生存、发展的生命历程中,完全可能经历不同的政策时代,需要应对不同政策的影响,同时也承受不同政策的社会后果。

国际移民政策的适用范围,主要是跨国迁移的人群及其亲属,包括已经迁移和潜在的计划迁移的人群及其亲属。这是一个动态变化的群体,总量及构成都可能处于不断变化之中,近半个世纪来所表现的是一个不断增长的趋势。移民群体既要接受移出国移民政策的制约,更要接受移入国政府移民政策的管辖,有时还需要遵从过境国的相关移民政策。因此,移民政策的外延是比较宽泛的,由一个主权国家政府制定的国际移民政策,除了对其本国国民具有管辖权之外,更多的是指向从其他国家进入本国的"外来者"(the outsiders)或曰"他者"(the others)。

(二)国际移民政策研究热点与难点

国际移民政策既是涉及国家主权的重要问题,又与国际移民个人的命运息息相关,因此,国际移民学界在探讨国际移民的理论与实践问题时,也有越来越多的学者及学术研究机构在不同程度上进入国际移民政策研究领域。由于国际移民政策研究范围广泛,内容丰富,且涉及不同国家、不同语言,远非笔者所能完全掌握。在此,仅以中英文出版物为基础,对主要研究机构和学术杂志、主要研究热点及难点,略作评述。

1. 国际性学术研究机构与刊物

美国是当今世界第一移民大国,因此,目前国际上最有影响的国际移民研究机构与杂志,或直接设于美国本土,或与美国密切相关。目前国际移民学界公认的两大学术杂志是《国际移民评论》(*International Migration Review*,IMR)和《国际移民》(*International Migration*,IM)。前者由美国学术机构主办,后者虽然由总部设在日内瓦的国际移民组织(IOM)主办,但其编辑部也设在美国。这两本杂志作为国际移民学界的高层学术平台,从其创刊伊始,国际移民政策就一直是其重点探讨的话题之一。

《国际移民评论》由美国纽约移民研究中心(Center for Migration Studies of New York,CMS)主办。该中心成立于 1964 年,旨在组织专业人员从事与支持国际移民研究,并为国际移民研究者提供一个相互交流的平台。
由该中心主办的"全美移民与难民政策法律年会"(Annual National Legal
Conference on Immigration and Refugee Policy),是美国移民政策研究的重
要学术平台之一。《国际移民评论》季刊由该中心创办并于 1966 年秋正式
发行,支持鼓励世界各国学者从社会学、人口学、历史学、经济学、政治学、法
学等不同领域,共同参与国际移民、族群、难民问题研究。经过近半个世纪
的努力,该刊目前已被公认为国际移民学界具有重要影响力的期刊(leading
journal)。

　　《国际移民》由"国际移民组织"(International Organization for Migra-
tion,IOM)主办。"国际移民组织"的前身是成立于 1951 年的"欧洲移民问
题政府间临时委员会"(Provisional Intergovernmental Committee for the
Movement of Migrants from Europe),当时仅是一个临时性、地域性的政府
间组织,旨在协调安置二战结束后在西欧国家间存在的大约 1100 万流离失
所的人口。次年,鉴于移民安置不可能一蹴而就,该组织将名称中的"临时"
去掉,改为一个相对固定的常设机构。此后,随着客观形势的不断发展变
化,欧洲各国政府发现他们所面对的并非仅仅是欧洲国家间的移民问题,欧
洲以外国家也迫切需要有一个进行政府间协调的国际性机构,因此,顺应形
势需求,该组织于 1980 年正式注册为一个国际性的移民协调机构,易名为
"移民问题国际委员会"(International Committee for Migration)。1989 年,
该委员会又再度对名称及基本宗旨进行修订,从而确定了现在的名称、基本
宗旨与运作模式。根据国际移民组织正式公布的信息,该组织是非政治性
的人道主义团体,旨在通过与各国合作处理移民问题,推动与规范移民流
动,促进移民与发展。截至 2007 年底,国际移民组织共有 125 个成员国,约
5600 名工作人员,每年预算近 8 亿美元。《国际移民》是国际移民组织主办,
由美国乔治敦大学国际移民研究院负责编辑的英文学术刊物,是国际移民
学者关注的又一重要学术论坛。《国际移民》杂志的办刊宗旨是:"全面关注
涉及国际移民领域的相关政策研究,注重全世界所有地区移民政策的比较
研究。"[①]该刊创刊近半个世纪以来,已成为探讨国际移民政策的重要学术
平台。

───────────

　　① 详见《国际移民》杂志介绍:"Product Information"(http://www3. interscience. wi-
ley. com/journal/121626988/grouphome/ProductInformation. html)。

社会科学引文索引(Social Science Citation Index,SSCI)由美国科学信息研究所创建,收录目前世界上具有较广泛影响的社会科学期刊,内容覆盖人类学、法律、经济、历史、地理、心理学等 55 个领域,是目前国际学术界通行的用以对不同国家和地区的社会科学论文进行检索的数据库。收录于该数据库的学术刊物中,除上面提及的两本刊物外,还有三份以“移民”为研究主题,即《欧洲移民与法律》(European Journal of Migration and Law)、《种族与移民研究》(Journal of Ethnic and Migration Studies,JEMS)、《亚太移民研究》(Asian and Pacific Migration Journal,APMJ)。这三份杂志虽然在内容上涵盖了国内移民与国际移民,但基本以国际移民研究居多。

《种族与移民研究》(Journal of Ethnic and Migration Studies, JEMS),原名《新共同体》(New Community),创刊于 1965 年,由欧洲移民与种族研究中心(Centre for European Migration and Ethnic Studies)和英国苏塞克斯大学的苏塞克斯移民研究中心(Sussex Centre for Migration at the University of Sussex)主办,编辑部设在苏塞克斯,由英国著名的罗德里格出版社(Routledge)出版。该期刊关注种族争端、民族歧视、种族主义、民族主义、公民权等政治问题的研究,而且,在比较研究方面,既注重欧洲不同国家之间的比较,也强调欧洲国家与北美、亚洲等国家之间的比较。该期刊还特别强调研究者应当加入相关政策的辩论中,并特别鼓励为创新性的政策制定提出建设性意见的研究。

《欧洲移民与法律》(European Journal of Migration and Law)是 1999 年才创刊的一本刊物,由荷兰奈梅根大学“移民法研究中心”(Centre for Migration Law of the University of Nijmegen)和总部设在布鲁塞尔的“移民政策小组”(Migration Policy Group)共同主办,编辑部设在荷兰。伴随欧洲一体化进程加速,移民与法律问题成为欧洲各国政府必须面对的紧迫问题,该杂志正是在这一背景下正式创刊。该杂志强调以社会学角度审视移民与移民政策,尤其注重探讨欧盟国家地区的移民法律与政策,追踪移民政策的改革与发展,关注移民动向与社会安全,旨在为政府和公共机构官员、学术界、律师和非政府组织人员提供一个探讨欧洲移民问题的平台。

《亚太移民研究》(Asian and Pacific Migration Journal,APMJ)是 SSCI 数据库中唯一在欧美地区之外编辑出版的以移民为主题的杂志。该杂志的出版地是亚洲的移民大国菲律宾,主办单位是位于首都马尼拉的斯卡拉布里尼移民中心(Scalabrini Migration Center,SMC)。该中心创办于

1987 年,是一个非营利的研究机构,旨在鼓励亚洲的移民学者从社会人口、经济、政治、心理、历史、立法、宗教等不同角度,研究亚洲的移民和难民问题。该中心同时也是联合国教科文组织亚太移民研究网络的成员。1992年,该中心创办了《亚太移民研究》,成为亚太地区唯一以移民为主旨的学术期刊。该刊虽然以亚太移民为主要研究对象,但作者来自世界各地,内容既包括亚太各国国内的人口迁移,也涉及亚太地区人口向亚太地区的其他国家及亚太以外世界各地的迁移。作为立足于第三世界的国际性杂志,该刊物在主题选择上没有忽略对非移民大国、非显性移民群体的研究,例如,在英国餐饮业打工的泰国移民妇女[1],在海湾国家从事家政服务的尼泊尔移民工人[2],在日本的汤加移民[3],在巴黎的菲律宾移民[4],在中国香港、马来西亚的孟加拉移民[5]。此类研究为探讨移民潮中的小群体及相关国家和地区的移民政策提供了重要的信息资料。

除了以上被收录到 SSCI 的著名国际移民研究刊物之外,位于美国首都华盛顿的"移民政策研究院"(Migration Policy Institute,MPI)也是当今在国际移民学界具有重要影响的研究机构。移民政策研究院获得"卡内基国际和平基金"(Carnegie Endowment for International Peace)的支持,于 2001 年7 月 1 日正式成立,是进入新世纪后才成立的直接以"移民政策"为名的研究机构。该研究院以"独立、无党派、非营利智库"为宗旨,强调积极、智慧的国际移民治理,认为只有制定并实施切实有效的国际移民政策,方能使移民和他们的家庭、移民的原居地和移入地、移民的原籍国和移入国共同受益。该研究院特别关注在国际、国内及地方层面上实施的移民和难民政策,邀请来自世界各地的专家学者对每一时期引人注目的焦点问题进行分析、追踪和评述。研究院提出了如下四大具有指导性的基本原则:

---

[1]　Patreeya Kitcharoen, An Ethnography of Restaurant Workers: Thai Women in England, *Asian and Pacific Migration Journal*, Vol. 16, No. 4, 2007.

[2]　Tom O'Neill, "Our Nepali work is very good": Nepali Domestic Workers as Transnational Subjects, *Asian and Pacific Migration Journal*, Vol. 16, No. 3, 2007.

[3]　Raelyn Lolohea Esau, Tongan Immigrants in Japan, *Asian and Pacific Migration Journal*, Vol. 16, No. 2, 2007.

[4]　Asuncion Fresnoza-Flot & Antoine Pécoud, Emergence of Entrepreneurship among Filipino Migrants in Paris, *Asian and Pacific Migration Journal*, Vol. 16, No. 1, 2007.

[5]　Ahsan Ullah & Pranab Kumar Panday, Remitting Money to Bangladesh: What Do Migrants Prefer? *Asian and Pacific Migration Journal*, Vol. 16, No. 1, 2007.

（1）移民政策和难民政策必须公正、智慧、透明，必须以移民权益为基础，唯有如此方能有效促进社会融合，提高经济活力，增进社会安全；

（2）只要给移民机会，他们就可能成为贡献者并创造新的社会和经济财富；

（3）所有关心移民政策及其社会影响的各界人士及专家学者们必须携手合作，为移民政策的制定提供充分的资料，并进行公正分析，才能促进移民与融合政策的合理制定及有效实施；

（4）移民政策研究不能局限于单一国家之内，必须加强国际层面的比较研究，必须在世界范围内积累移民资料，共享政策执行中积累的实践经验。

移民政策研究院主要通过互联网传播信息，其网站内容十分丰富，从数据、新闻到研究论文，应有尽有。可以说，成功的网站策划、维护与持续不断的内容更新，是使移民政策研究院能够在建立后短短数年内就具有相当高知名度的重要原因。①

虽然以上研究机构及杂志基本以美国和欧洲为基地，并且以英语为基本工作语言，但参与学者来自世界各国，基本汇集了当代国际学术界的主要研究成果。因此，在当今学术信息爆炸的时代，从具有国际影响力的学术机构及其出版物中搜索、查询信息资源，是获取相对可靠的信息和数据，了解主要学术观点和流派的有效途径。当然，由于国际移民政策具有明显的国家利益导向，许多学者也不能不受制于其国家、民族立场，因此，既从中汲取信息，又批判性地阅读和使用相关材料，是为基本原则。

中国迄今尚无全面完整的国际移民法律法规，相关政策也比较零散。在相当长的历史时期内，中国从民间、政界到学术界都习惯于将生活在中国国境之外的具有中华民族血统的人群统称为"华侨华人"，中国关于人口跨境迁移的相关研究机构，也归属于"华侨华人研究"。在由著名爱国华侨领袖陈嘉庚创办的厦门大学，在行政关系上隶属于中国国务院侨务办公室的暨南大学、华侨大学等高校，都设有以华侨华人研究为主旨的专门研究机构；在北京大学、中国社会科学院民族学与人类学研究所等单位，则设有华侨华人研究中心，聚集了一批专注于华侨华人研究的专家学者，出版了关于华侨华人研究的丰富的学术成果。由中国华侨历史研究所主办的《华侨华

---

①　相关材料可参阅移民政策研究院网站主页（http://www.migrationpolicy.org/）。

人历史研究》,是迄今中国国内唯一以华侨华人为研究对象的重要学术期刊。

然而,必须强调指出的是,中国习惯指称的"华侨华人"在定义与内涵上都与国际通行的"国际移民"有所不同。中国习惯所说的"几千万海外华侨华人",既包括出生地是中国的移民,也包括大批在居住国出生、成长但具有中华民族血统的华裔。按照联合国相关组织对于"国际移民"的严格界定,因为他们在出生后并没有跨国生活的经历,所以并不是"国际移民"。①

中国人跨国迁移的历史可谓源远流长。且不论世界各地"唐人街"的出现可以追溯到千百年前外迁"住蕃"的华人,②仅以 20 世纪下半叶而言,先有从中国香港、台湾迁移到欧洲、北美的源源不绝的移民流,后有中国改革开放后不断高涨的移民潮,普通民众对于"国际移民政策"已渐渐从陌生转向熟悉与关注,从历史上闽粤地区民众将"到东南亚谋生"约定俗成地称之为"下南洋",到如今民众话语中的"去移民",已经清晰地反映出当今中国普通民众的移民观念开始与国际法律与习俗接轨。

与此相应,中国学术界也开始形成专注于国际移民研究的团队,并建立以"国际移民研究"为主旨的学术机构。山东大学移民研究所是中华人民共和国第一个以国际移民为主要研究对象的研究机构,根据该所所长宋全成教授的介绍,该所依据移民问题需要跨学科研究的特点,组成了涉及社会学、经济学、法学、人类学、政治学、历史学等多学科的科研队伍,下设国际移民研究室和(世界银行/亚洲开发银行/国内)非自愿移民研究室,主要研究国际移民理论、移民现状、移民动因、移民问题和移民政策。

从中国移民是世界移民潮组成部分的基点出发,结合中国移民的特点加入国际移民研究对话,增进国际移民学界对于中国移民问题的正确认识与合理关注,回应国际上某些人在中国移民问题上带有攻击性的偏见与挑

---

① 在这一问题上,有的中国学者不假思索地提出:"目前在海外的中国籍移民达 3500 万人,约占国际移民总额的 18.3%。"见陈敏:《"人才外流"的利弊分析:留学决策引出的新视角》,《世界经济文汇》2007 年第 6 期。有的则极不负责任地断言:"中国海外移民是世界最大的移民群体。"见李慎明、王逸舟主编:《全球政治与安全报告(2007 年)》,社会科学文献出版社 2007 年版,第 198 页。这都是既不了解情况,又不进行必要分析即做出的草率论断。

② 宋代朱彧在《萍洲可谈》卷二中提及:"北人(华人)过海外,是岁不归者谓之住蕃。"后人常以此"住蕃"华人为"无华侨之名,却有华侨之实"。详见朱杰勤:《东南亚华侨史丛书总序》,李学民、黄昆章:《印尼华侨史》,广东高等教育出版社 1987 年版,第 3 页。

衅,是我们中国国际移民学研究者义不容辞的学术职责。

2. 国际移民政策研究热点

国际移民政策跨越国家的外交与内政,在当今时代,仍是各相关国家政府以国家利益为主导的决策选择,因此,虽然在当今世界上,没有任何一个国家政府敢于公开反对人权、人道、利益共享等国际社会公认的基本准则,但是,在实际政策的制定与实施过程中,则存在诸多相悖之处。国际移民政策研究的热点,无不与此相关。笔者以为,出境、入境、定居是国际移民政策的三大基本构成,本书拟以此为序,对相关研究热点做一归纳与评述。

(1)公民出境政策

"出境权"或曰"出国权"被认为是"国家法律中最为明确和无可辩驳的权利",出境指的是"人人有权按照个人的意志离开国籍所在国家、居住地或任何其当时逗留的其他国家"。① 在国际移民政策中,关于出境权的规定相对比较简洁,争议较少。按照公认的国际法原则:"为了暂时的目的或永久的目的而离开一国领土的权利,已经被诸多国家的宪法予以明文确认。"②但是,该基本权利也受到一定的限制,"一个人离开某国国境的权利仅仅受制于一些合理的限制,这些限制对于防止国家安全或公共秩序面临的清楚并且现存的危险而言是必要的,或是为了与国家健康规则相一致,并且这样的限制必须是由法律所规定,清楚且具体,不受制于专横的运用也不会毁损权利的本质"。③

联合国于 1966 年通过、1976 年生效的《公民权利和政治权利国际公约》,规定一国对于国民出境的限制不应受到他国的干涉,并对限制出国的范围进行明确规定,包括:当事人有可能到国外从事威胁本国安全的活动,有充分理由证明当事人犯有某项罪行,当事人欠税或负有经济债务,未成年人需得到父母或监护人的同意才能出境。而且,在发展中国家代表的强烈要求下,公约也认可发展中国家可以"要求技术娴熟或训练有素的人向培训他们的社会支付教育费用。为此,这样被要求为其原籍国服务一段时间的

---

① Dephne A. Dukelow:《加拿大法字典》,转引自刘国福:《移民法:出入境权研究》,中国法律出版社 2006 年版,第 89 页。

② Richard Plender 著,翁里、徐公社译:《国际移民法》,中国人民公安大学出版社 2006 年版,第 79 页。

③ Richard Plender 著,翁里、徐公社译:《国际移民法》,中国人民公安大学出版社 2006 年版,第 85 页。

现象并不罕见,而这个时期的长短则要根据国家需要和培训的程度来决定"。[①]

虽然有以上国际公约,但不同国家在具体执行时却有所选择与调整。例如,古巴和朝鲜是长期对公民出境实行严格限制的国家,按其规定,除了外交官或外交部门工作人员,以及受国家正式派遣的公务人员之外,政府政策不允许任何普通公民以私人理由出国旅行。那些以身试法偷越国境者,会受到严厉惩罚。[②] 这是极端的例子。

目前世界上绝大多数国家的宪法是在明确承认公民出境权的前提下,依据其本国的地理位置、法律传统、政治环境、社会经济等不同因素,就出境权制定一些补充性、约束性的政策。例如,美国《移民和国籍法》(*Immigration and Nationality Act*)授权美国总统在国家处于战争或紧急状态时,可以限制美国公民或外国人的离境行为。苏联曾经规定,对于存在以下特殊情形的人员严禁其出境,包括:掌握国家秘密或因影响国家安全曾被记录在案,早期逗留国外时曾经犯有侵害国家利益行为,出国可能导致侵犯其他公民的实际权利及合法利益。在埃及,根据规定,没有履行强制性兵役的埃及男子不可以出国旅游或者定居。21 岁以下未婚女子未取得父亲同意,不可以申请护照。21 岁以上未婚女子未经警察审查,不可以申请护照。已婚女子要申请护照,必须取得丈夫同意后方可办理。[③]

中国曾经对公民出境有过十分严格的限制,例如,必须先获得外国入境许可后才能申领护照并办理出国手续(20 世纪 80 年代之前);持有护照及移入国签证后,还必须持有移出地公安局签发的"出境证"(20 世纪 80 年代末到 90 年代初);"专业人士"出国必须履行完成服务期的规定,未完成服务期者必须缴交钱款(20 世纪 90 年代中期之前),等等。这些规定有的由中国中央政府所规定,有些则加入了地方政府的"解释",因此各地执行情况不尽相同。但是,就总体趋势而言,进入 21 世纪后,中国政府对于出境权的规定已经与国际法的基本原则相符合,公民申领护照的手续已经大大简化,目前中

---

① Richard Plender 著,翁里、徐公社译:《国际移民法》,中国人民公安大学出版社 2006 年版,第 111 页。

② 刘国福在《移民法:出入境权研究》(2006 年)一书中,曾引用美国的报道,列举古巴曾经将那些违反规定企图出国的古巴公民投入监狱,甚至处以极刑(第 90 页)。

③ Peter Baehr, Swinehart, Theresa & Smith Jacqueline 主编:《发展中国家人权 1996 年年鉴》,转引自刘国福:《移民法:出入境权研究》,中国法律出版社 2006 年版,第 70 页。

国人在办理跨国迁移手续方面所受到的限制,更多的是受制于迁移目的国的政策。

关于出境权讨论的一大热点问题是专业技术人才的原籍国是否可以对该特殊群体跨境迁移进行限制。有的主张对人才自由向外流动进行严格限制,因为:一个国家的高等教育是纳税人的集体投资,高等教育的受益者理应首先对社会的给予进行回报,人才外流会使发展中国家失去本已短缺的宝贵资源,降低公共教育投资的回报,阻碍经济增长。例如,俄罗斯总理普京在2008年5月29日会见俄罗斯科学院代表时就明确指出:政府将通过签订长期合同、改善住房以及提供其他福利等措施,阻止人才外流。①

除了科技人才之外,另一个近年来引起世人关注的"人才流失"现象是一些优秀运动员"改换国籍"。在2004年的雅典奥运会上,前阿尔巴尼亚籍和苏联籍的举重运动员成为希腊队的代表,肯尼亚优秀中长跑运动员穿上了卡塔尔的队服,而围绕乒乓球项目的"国际比赛",则时常成为中国乒乓球运动员"海外兵团"与本土兵团之间的角逐。在一些国际乒乓球的顶级赛事上,人们时常可以看到,虽然比赛双方选手身穿不同国家队服,佩戴不同国家国徽,代表不同国家,却大多是黄皮肤、黑头发,以汉语为母语的中国人。在2010年南非足球世界杯赛场上,德国队23名参赛队员中,11人有移民背景;法国队有13名移民球员,其中7人来自非洲,5人来自加勒比海地区,1人来自西班牙,即便主帅多梅内克,也是第二代西班牙移民;而来自巴西的移民球员对于增强日本队实力的作用,亦为球迷们所周知。总之,在2010年南非世界杯736名参赛球员中,共有145名"移民"在为移入国的足球队效力,难怪有人称之为一届"全球化的世界杯"。②

运动人才的跨国自由流动,已经引起一些发展中国家政府的关注,并提出必须进行限制的动议。在赫尔辛基举行的国际田联第45届全会上,非洲小国厄立特里亚就曾代表众多非洲国家提出议案,主张运动员必须在改换国籍六年之后(原规定为三年),才能代表新国家参赛。此方案虽然遭到否决,但其所代表的由政府出台政策,对某些公民的出国权加以限制的潜在意义,却是国际移民政策研究中一个新的热点问题。

---

① 《新华网》2008年5月31日消息:"普京承诺重金阻止人才外流"(http://news. xinhuanet. com/newscenter/2008-05/31/content_8281035. htm)。

② 《移民潮席卷世界杯:德国成标本,法国全靠外援》,《辽宁日报》2010年7月1日。

（2）非公民入境政策

就当今国际社会的现实而言,所谓"迁徙自由"更多地被认定为"离开一个国家,包括其本国的基本人权","迁徙自由"的另一面,即"准许入境"或"接纳定居"的权利,则融入了主权国家权利的内涵,因此,"必须在迁徙自由与定居自由之间做出区分。因为它是经由公民意志的民主程序而合法化的,由于难以控制定居,各国便限制入境"。[①] 可以说,在当今世界上,已经没有任何一个国家对外来移民敞开自由进入的大门。

如前所述,当今世界人口流动的主要趋势是从发展中国家朝向发达国家,从相对较低收入国家朝向相对较高收入国家,从较封闭国家朝向较自由国家,因此,高收入、较发达、较自由国家是当今吸引国际移民的主要接纳国。由于国际移民政策是国家利益的体现,追求国家利益、实现国家利益既是当今任何一个主权国家国际移民政策的基本出发点,也是其追求的基本目标指向,并被认为天经地义,因此,关于国际移民政策的研究具有强烈的以国家利益为导向的政治性。

《控制移民:一个全球视野下的问题》(Controlling Immigration: A Global Perspective)一书的作者就当今发达国家国际移民政策中接纳外来移民政策的基本动向,提出了两个假设,即"趋同假设"(convergence hypothesis)和"鸿沟假设"(gap hypothesis)。作者认为,所有工业国或曰劳动力输入国的国际移民政策,将在以下三个方面明显"趋同":第一,各工业国将在加强对外来劳动力移民的控制,特别是加强对来自较不发达国家的无证劳工和难民的控制方面,明显趋同;第二,各工业国将在采取更强有力措施,促进业已定居本国的外来移民融入主流社会方面,明显趋同;第三,各工业国普通民众对政府控制移民的支持力度,也将明显趋同。然而,与此同时,各国尤其是发达国家在实施国际移民政策的具体实践中,在政权主体制定政策的主观目的与政策实施的实际结果之间,不仅会出现差异,而且目的与后果相左的差异趋势会越来越凸显,甚至出现明显的"鸿沟"。更重要的是,发达国家民众可能把对政府的不满转嫁到全体外来移民身上,而不论这些外来移民是否具有在该国生活、工作的合法身份,由此,自认为是本国主人的

---

① 塔皮诺斯:《全球化、区域整合、跨国移民》,《国际社会科学杂志》2001 年第 3 期。

国民与新的外来移民之间的鸿沟将成为社会不安定的因素。[①]

当代以接纳外来移民为主的发达国家接纳移民的总体趋势是加强选择性和控制性,但值得注意的是,未来世界人口与劳动力的增长与分布却是极不平衡的。根据国际人口专家 2009 年的预测,全球人口将会在未来 40 年中再增长三分之一,而新增人口的绝大多数都在发展中国家,世界上包括德国、日本、韩国和俄罗斯在内的五分之一国家的人口将会缩减,六分之一国家(全部为发展中国家,而且除了 3 个国家外全部是非洲国家)在未来 40 年中人口总数将会翻番。[②] 如此,一方面是发展中国家劳动力和工作适龄人口的比例急剧攀升,新增就业岗位难以满足新就业人口的需求,另一方面是发达国家人口萎缩,但移入准入政策却又趋于挑剔与严厉,其结果必然导致非法移民增加,或通过寻求政治避难,使经济移民与政治难民之间的界限模糊不清。[③] 按国际移民组织(IOM)的估计,目前全世界"无证迁移"人口在 2000 万～3000 万之间,约占全球国际移民总数的 10%～15%。[④]

当今世界各国国际移民政策的基本原则,都是从本国利益出发实施有选择地接纳,但接纳的具体条件、规定及实施途径各不相同。

第一类是选择性地接纳长期移民,按照移民申请者的年龄、技能、社会关系等进行积分,规定可以被接纳的基本分值标准。同时,对于业已移居本国的移民,促进其融入本国社会。传统的移民国家如美国、加拿大、澳大利亚、新西兰等,均可归入此类。

第二类是以合约方式雇佣使用外来移民,但不接纳其进入本国社会,此类国家以中东石油国家最具代表性。这些国家雇佣大量外国移民工人,但不允许其在本国永久居留,更不可能入籍,不允许移民工人申请家庭团聚,移民不能享受基本权益。尽管移民人数不断增长,但这些国家绝不承认自己是移民国家。并拒绝接纳移民入籍,拒绝移民享有与本国人同样的权利。

第三类国家在移民接纳政策上比较模糊,随意性较强。此类国家大多

[①] Wayne A. Cornelius, Philip L. Martin & James F. Hollifield, *Controlling Immigration: A Global Perspective*, Stanford: Stanford University Press, 1994。

[②] 联合国开发计划署:《跨越障碍:人口流动与发展》,2009 年,第 43 页。

[③] 塔皮诺斯:《全球化、区域整合、跨国移民》,《国际社会科学杂志》2001 年第 3 期。

[④] 详见国际移民组织网站资料"全球移民人口估计与趋势"(Global Estimates and Trends) (http://www. iom. int/jahia/Jahia/about-migration/facts-and-figures/global-estimates-and-trends#1)。

属于较贫穷的发展中国家,虽然也不断有人出出进进,但以经贸、公务或旅游等为主,希望长期移居或定居这些国家的人数不多,移民接纳问题尚未引起公众社会的关注,社会矛盾还不突出,政府也未出台专门的政策,不存在制定明确移民接纳政策的客观需求。

不同国家之间,尤其是移民接纳国与移民迁出国之间基于各自国家利益而形成的矛盾,构成当今无法建构统一的国际移民政策的根本原因,也是当今国际移民政策探讨中又一热点问题之所在。

(3)外来移民管理

如果说在什么条件下允许他国公民入境在国际移民政策研究中存在诸多争议的话,那么,在什么条件下,来自其他国家且文化、种族不同的移民,才能够获准在移入国长期定居,乃至成为移入国的公民并享有与当地国民同等的权益,则更是在围绕国际移民政策的制定与探讨中争论最多、在实践中歧义最大、在研究中热点难点最多的问题。

在历史上,美国曾经以自己卓有成效的大规模融合外来移民的"大熔炉"政策自豪。众所周知,美国是一个移民国家,如何协调族群关系,一直是美国社会发展的重大问题。1782 年,法国裔美国学者埃克托·圣约翰·克雷夫科尔(Hector St. John Crevecoeur)形象地提出了"熔炉论"。他认为:美国已经并且仍然继续将来自不同民族的个人熔化成一个新的人种——"美国人"。该理论得到不少人的赞同,并不断被延伸、发展,相关理论虽然在具体表述上各有不同,但基本上都认为:各外来民族应当而且必然会在美国这个"上帝的伟大的熔炉"中熔化为具有同一性的"美国人"。

以美国模式为标准样本形成的"同化政策",是"熔炉论"的普遍性表述。按照美国芝加哥学派的著名学者罗伯特·E. 帕克(Robert E. Park)为 1930 年版《社会科学百科全书》"社会同化"所下的定义:"社会同化指的是生活在同一区域内的一些具有不同种族源流、不同文化传统的群体之间形成一种共同文化的过程,这种文化的共性至少应当达到足以使国家得以延续的程度。"主张"同化模式"的学者多认为,跨境移民在接受国一般要经历定居、适应和同化三个阶段。移民进入接受国时,由于大多不懂或不能熟练掌握当地语言,缺乏进入主流社会的渠道,因此只能先在边缘地区设法落脚立足,廉价出卖自己的劳动力以求生。由于存在与主流社会的隔阂,移民靠群体内部的互助互帮克服困难,由此可能进而形成移民小社区。在定居、适应的过程中,有的移民可能较先获得"成功"而得以提升自己在移入国的社会地位,其表现往往是:他们在居住地点上离开原先的移民社区而进入当地社会的中上层住宅区;在社会交往中力图进入主流社会的交往网络;在行为举止上以主流社会的上层人士为样板,最终褪尽自己的"异性"而被主流社会接纳为"自己人"。这些"先进者"作为同源移民族群的榜样,将为其同伴积极仿效。于是,越来越多的移民将接受主流社会的文化,认同于主流族群,进而实现完全同化。

然而,20世纪60年代欧美民权运动兴起,对传统权威提出了多方位的挑战。在此伏彼起的民权运动中,关于"文化多元"的争论迅速走出书斋,成为引人注目的政治问题。1971年,"多元文化"作为解决国内种族、民族矛盾的理论基础,率先在加拿大被纳入应对不同国家移民问题的重要国策,随后又相继被瑞典、澳大利亚等多个西方国家正式采纳。进入20世纪80年代,在70年代因经济高涨而引入了大量外籍劳工的西欧国家普遍面临如何缓解"外劳"与本国人矛盾的问题,由此,英、法、荷、比、丹等国相继在不同程度上实施允许外来移民保持其文化的"多元文化政策"。在不曾正式宣布实施"多元文化政策"的美国,不少学校也纷纷开设"多元文化课程"。作为对"同化论"的反叛,"多元文化模式"在20世纪70—80年代被广泛推崇,"多元文化论"吸引了众多移民研究学者的高度关注。

然而,自进入新世纪后,由于震惊世界的2001年美国"9·11"恐怖袭击事件、2005年7月7日伦敦地铁爆炸案、2005年10月巴黎郊区骚乱案等一系列涉及跨国移民的大事件相继发生,多元文化从学术理论到政策实践都遭遇严峻挑战。极右派势力借反恐行动迅速抬头,在"国家利益"、"爱国主义"大纛的庇护下,曾经被万千民众唾弃的极端民族主义乃至种族主义竟然得以重新登堂入室,必须对外来移民实施强迫同化或强制排斥的论调,重又回到国际移民政策的话语之中。强化民族血缘纽带的国际移民政策,无论在移出国或移入国,都成为政府公开进行宣传的口号。

中国的情况则不同。在相当长的历史时期内,中国作为世界第一人口大国,一直以人口向外迁移为主流。由于不存在外来移民入居中国的客观需求,中国政府也就没有接纳外国移民的政策准备。但是,进入21世纪后,中华人民共和国经济的高速发展,使中国呈现出前所未有的吸引力,进入中国经商、就业的外国人数量突然急剧攀升,在中国的北京、广州、上海等大城市,在浙江义乌等世界著名的小商品集散中心,突然出现了引人注目的外国人的聚居点,他们举家定居中国,却因为中国严格的"绿卡制度"而难以得到长期定居的合法身份,因此成为一群身份不明的外国移民。2009 年 7 月 16 日,一则关于"广州 300 非洲人冲击派出所"的新闻登上了中外诸多报刊,该意外事件的发生,使原本处于社会边缘的话题,立时升温,"广州的非洲人"、"中国的外国移民"等令当代大多数中国人颇为陌生的话题,以前所未有的高亮度,吸引了全社会的关注。当中国作为世界人口第一大国而仍然对本国人口增长实施世界上最为严格的控制手段时,如何制定妥善的政策以应对数以百万计的外来移民以及数量更大的潜在移民,已经尖锐地提到了政府的议事日程上。

冷战两极格局终结后民族、宗教矛盾的凸显,促使以非西方族群为主的国际移民与主流社会的相互融合问题更形尖锐,西方学术界为之号脉诊病者纷至沓来,但经得起社会实践检验的济世良方仍然千呼万唤出不来,因而也就成为国际移民学研究者们依然不懈探求的具有本质性的重要问题。

(三)国际移民政策研究的理论视角

国际移民学界长期以来对于国际移民的迁移动因、社会影响等进行了广泛的研究,从推拉理论(push-pull)、新古典主义经济理论(neoclassical e-conomics)、新经济移民理论(the new economics of migration)、劳动力市场分割理论(segmented labor market theory)、世界体系理论(world systems theory)等不同视角,力图建构起国际移民研究的理论体系,深化对国际移民自身及所涉及的社会问题的认识。国际移民理论对于我们正确解读国际移民政策,同样具有重要意义。然而,由于笔者本人已经在另外的专著及文集中,结合国际移民动态对上述理论进行阐述,在此不再赘述。[①]

国际移民政策作为公共政策的组成部分,其制定、实施与影响,具有政策科学自身的特点。政策科学要求超越社会科学零碎的专门化,确立起一种全新的、统一的认识观,从关心社会中人的基本问题出发,"关心解释政策制定和政策执行过程,关心搜集数据并提供对特定时期政策问题的解释",而且,政策科学还要求"采取一种全球观点,强调政策的历史脉络尤其是面向未来,重视对变化、创新和革命的研究"。政策研究关注问题界定、目标确

---

① 李明欢:《20 世纪西方国际移民理论》,《厦门大学学报》2000 年第 4 期;李明欢:《欧洲华侨华人史》第 1 章,中国华侨出版社 2002 年版。

立、方案设计、效果预测和方案抉择等相互关联又相互区别的环节。[①]

当代国际移民学界以西方学者为主体,围绕国际移民政策理论展开不同方向的探索与热烈争论。虽然众说纷纭,但笔者以为,基本可以区分出三个各有侧重的理论取向:强调市场决定的经济导向论,注重政治内涵的文明冲突论和新制度主义论,以及更强调国际政治领域民族国家政府间相互制衡的全球化和跨国主义理论。相关探索以不同力度突出政策制定主体、政策外在环境或政策对象博弈能力的重要性,在不同程度上强调市场需求、政治利益、种族文化对于国际移民政策选择、制定与执行的特殊作用。本书拟从不同理论探索的基本假设和诠释出发,梳理其主要论点及体系建构,并对不同理论的整合运用进行比较。

1. 经济理性选择与国际移民政策

市场决定论,或曰经济理性选择理论,是国际移民政策理论探索中颇具影响力的一个流派。以美国学者为代表的一批移民学者认为,"主要是市场力量决定移民,这是一个长期主宰移民学界的正统观念"。[②] 自 20 世纪 80 年代以来,对西方国家政策制定者们产生重大影响的新自由主义经济学家们一再强调,国家政策必须听从于市场的力量,违背"移民市场"的国家移民政策干预,其结果往往只会是事与愿违。[③]

在曾经对西方国家移民政策产生过重大影响的新自由主义经济理论中,以美国著名自由主义经济学家西蒙(Julian Simon)提出的"西蒙原理"(Simon Principle)影响最大。"西蒙原理"的假定是:国家将不断接受外来移民,直至移民的经济贡献趋"零"为止。[④] 欧美国家国际移民政策受"西蒙原理"的直接或潜在影响主要表现在:移民的经济贡献成为相关国家制定国际移民政策的最重要原则。以北美两个移民大国美国和加拿大的移民政策走向为例。1978 年加拿大的《移民法令》将人道同情、家庭团聚和经济贡献作

---

① 陈振明:《政策科学的"研究纲领"》,《中国社会科学》1997 年第 4 期。

② Stephen Castles, The Factors that Make and Unmake Migration Policies, *International Migration Review*, Vol. 38, No. 3, 2004, p. 854.

③ G. J. Bojas, Economic Theory and International Migration, *International Migration Review*, Vol. 23, No. 3, 1989, pp. 457~485; Jonas Widgren & Philip Martin, Managing migration: The Role of Economic Instrument, *International Migration*, Vol. 40, No. 5, 2002, pp. 213~229.

④ J. Simon, Immigrants, Taxes and Welfare in the United States, *Population and Development Review*, Vol. 10, No. 1, 1984, pp. 55~59.

为移民政策的三个基本原则,但 20 世纪 80 年代之后,则一步步地在实际执行中以移民对加拿大的经济贡献作为移民政策修订的首要原则,其具体表现之一就是在移民计分中提高移民教育水准、个人专业技能的比重,同时强化对于家庭团聚类的政策限制。在美国,以移民经济贡献为导向的政策的最主要表现,就是拒绝向入境移民提供公共财政支持,限制移民享受社会福利。在号称"社会福利天堂"的西欧国家,同样也越来越多地对外来移民享受本国福利进行多方限制。[①] 将"移民接纳"与"移民外迁"纳入国家经济需求的统筹考量之中,是当今相关国家在制定或修订国际移民政策时的基本取向。

从经济学理论出发探讨"市场力量"对于国际移民政策所产生的影响,还可再区分为移民自身理性选择、移民流动的外部运作两个层面。

其一,市场力量体现在移民选择的经济理性中,成为国际移民政策制定的重要影响因子。移民是一桩"生意"(migration as a business),[②]或曰是一桩"家庭的生意"(migration as a family business)。[③] 移民是人力投资的一种形式,有成本,有收益,当潜在的移民及其家庭根据成本与收益决定是否移民时,经济效益的影响力度显而易见。美国移民学者道格拉斯·S. 马赛(Douglas S. Massey)和菲利普·格西亚·伊斯帕那(Felipe Garcia Espana)曾经根据人力资本理论,构建了移民迁移与收益的理论模型,并发表在国际顶尖学术杂志《科学》(Science)上。根据他们的研究,在时间范围 $t = 0 \sim N$ 的范围内,移民选择的影响因子可以通过如下方程式显示:

$$ER(0) = \int_o^n \left[P_1(t) P_2(t) r_d(t) - P_3(t) r_o \right] e^{-rt} dt - C(0)$$

其中,$ER(0)$ 是跨国移民在迁移前预期的纯收益,t 是时间变量。根据研究者的分析,迁移纯收益一共会受到七个基本因素的影响,其中,第一组的三个因素源自目的国,包括:目的国入境居留管制(P_1)、在目的国的工作机会(P_2)、可能收入(r_d);中间组的两个因素源自原居地,包括:留在家中受

① DeVoretz, Immigration Policy: Methods of Economic Assessment, *International Migration Review*, Vol. 40, No. 2, 2006, pp. 390~418.

② John Salt & Jeremy Stein, Migration as a Business: The Case of Trafficking, *International Migration*, Vol. 35, No. 4, 1997, pp. 467~494.

③ Emma Herman, Migration as a Family Business: The Role of Personal Networks in the Mobility Phase of Migration, *International Migration*, Vol. 44, No. 4, 2006, pp. 191~230.

雇的可能性(P_3)、可能收益(r_o);第三组因素是未来货币贬值的可能性(e);而最后一项则为迁移成本(C)。换言之,根据作者的分析,在影响潜在迁移者对纯收益的理想模式计算中,目的国的移民政策只是七个因素中的一个因素而已,其余都取决于市场经济的作用及影响。[①]

其二,国际移民政策对于移民流向、选择等方面的制约,其结果往往导致出现以牟利为目的的商业运作型的"移民业",从而在另一重市场层面上直接左右国际移民政策的走向。因为,当一国政府试图对跨国移民进行控制时,一个新的市场即全球移民市场就会应运而生,并推波助澜。"移民业"(migration business)由劳工招募者和移民中介机构组成,从合法或非法的移民活动中获利。这种市场与非正式社会网络相关联,并伴随着移民需求的增长而增长。移民网络与移民业相结合,或通过运作将"移民者"这一特殊"商品"包装成适应相关国家移民政策所能接纳的对象,或设法绕过乃至冲破国家政策限制而将移民送入迁移目的国。国际移民是全球化向纵深发展必然凸显的核心元素。各国政府仅仅欢迎商品、资本、信息流动,却禁止人口流动的做法归根到底是行不通的,因为,当客观大环境为人口跨境流动提供了可能与便利之时,任何政策性的严禁措施,结果只会诱发灰色地下产业。"移民业"的运作链中包括招募机构、律师、代办、走私犯以及其他居间者。这类人既能帮助移民,也可以盘剥他们。移民业一旦出现,从其自身利益出发,就强烈希望移民活动源源不绝,他们往往使得政府控制或制止移民的努力徒劳无功。[②]

许多学者在意识到经济理性选择对于国际移民政策不可抗拒的影响力的同时,也指出这一趋势对于劳工者利益的潜在伤害。因为,全球化如同不可阻挡的"压路机",按照大投资者和大企业主们设定的逻辑向政治和经济的国际化目标驱动前进;与此相应,全球化时代国际劳动力的大规模跨国流动,以发展中国家的廉价劳动力进入高收入发达国家劳动力市场竞争为主导,最终可能导致以全体劳动者的工资和生活条件恶化为代价,从而潜在地鼓励奔向野蛮的国际竞争,导致北方劳动者工作与生活条件的下降,与南方的生活条件趋同。正是在这一意义上,"全球化把劳工运动 100 年来的成就

① 　Douglas S. Massey & Felipe García Espana, The Social Process of International Migration, *Science*, New Series, Vol. 237, 1987, p. 4816.

② 　斯蒂芬·卡斯尔斯:《21 世纪初的国际移民:全球性的趋势和问题》,《国际社会科学杂志》2001 年第 3 期。

一扫而光"。① 市场的胜利,无论是在国家还是在国际层次上,都意味着许多当权者已不再把极端不平等视作一个问题,而是把它作为提高经济体制效率的关键。②

2. 新制度主义与国际移民政策

一些学者对崇拜市场力量的理论严加批评,认为"任何以经济为主要立论的移民理论,在充满政治考虑和政府干预的国际移民面前,无不狼狈周章",因为,"除了社会文化因素之外,移民规模不大的原因还要到政治领域去寻找,说得准确些,要到政府的重要角色中去寻找。政治方面的影响今天决不可低估。再没有什么因素能比准入政策更影响移民的流向和规模了"。③ 有的学者并以欧盟国家的移民政策为例,明确指出"移民政策的决定因素是政治,而非经济利益"。④

新制度主义是近年来影响国际移民政策研究的一个重要理论视角。新制度主义政治学的主要特点之一是重新把政治制度置于社会的核心地位,恢复国家在政治学研究中的中心地位,强调国家和政治机构的自主性,强调规则、程序和意识的标准是政治的基本特征,关注国家作为一种制度形态与社会有机体之间的相互依存和相互影响,突出国家实施制度变迁的动机以及国家在制度变迁中的作用。根据新制度主义政治学的基本理念,政治制度和政治组织自身就应当成为政策分析的出发点。而且,任何一个制度同时又在由若干不同制度构成的大环境中运作,称为制度环境。在特定制度环境中,一个组织的主要目的是"存在",而决定其能否"存在"的因素,绝不仅仅局限于经济效益的正负考量,而是首先必须在世界制度体系中确立合法性。社会学的新制度主义还认为,被现代组织所使用的一些制度形式与程序,并不仅仅因为它们在执行手头任务时最有效率而被采用,其中还包含某种超越"经济理性"的东西存在。从社会学制度主义的视角出发,某一政

① 巴里·卡尔:《自下而上的全球化:北美自由贸易区协议下的劳工国际主义》,《国际社会科学杂志》2000年第1期。

② 斯蒂芬·卡斯尔斯:《全球化与移民:若干紧迫的问题》,《国际社会科学杂志》1999年第2期。

③ 华金·阿朗戈:《移民研究的评析》,《国际社会科学杂志》2001年第3期。

④ Simon Hix & Abdul Houry, Politics, not Economic Interests: Determinants of Migration Policies in the European Union, *International Migration Review*, Vol. 41, No. 1, 2007, pp. 182~205.

治组织采取某一政策,不可能仅仅着眼于它提高了实现既定目标的效率,更重要的是因为它提高了该组织或参与者的社会合法性。换言之,某一组织之所以会采用某种特定的制度形式或实践模式,是因为后者在一个更大的文化环境内具有更大的价值。[1] 总之,政治并不完全是功利计算的结果,人的行为有时受符号、象征、道德、信条等影响,政治机构是一个有着自身利益和要求的集体行动者,它不是社会力量的简单反映,在既定的政治制度下,它的行为可能直接影响着政治活动的结果。[2]

从新制度主义理论视角出发,某一项国际移民政策得以确立并付诸实施,首要的是必须具有“合法性”,即必须符合国家利益,具有国家权威机构赋予的合法性,这是与经济理性选择的最大不同。霍利菲尔德(J. F. Holli-field)从国家安全的角度出发,认为那种将“国家政策”视为与市场力量直接对应的传统观念有失偏颇。他认为,政策研究尤其是分析政策制定及其结果时,必须将“国家”作为一个分析单位,必须以国家的公民、政治、社会权利为基本立论指导。如果一味听任以经济为导向的话,国家将有可能成为在政治上失控脱轨的列车,其后果不堪设想。[3]

有的学者则以欧盟的移民政策制定为例,说明决策过程是不同政治利益集团之间的联手或博弈。他们指出,在欧盟议会内部主要的政治组织是跨国政治集团,它们由具有共同政治倾向的政治集团组成。[4] 这些政治集团拥有重要的组织资源,形成科层制的架构体系。政治集团的领导者通过各种途径对拥有投票权的议员们施加影响,协调行动,甚至雇佣“枪手”传播其

---

[1] 彼得·豪尔、罗斯玛丽·泰勒著,何俊智译:《政治科学与三个新制度主义》,《经济社会体制比较》2003 年第 5 期。

[2] 黄新华:《政治科学中的新制度主义:当代西方新制度主义政治学述评》,《厦门大学学报》2005 年第 3 期。

[3] J. F. Hollifield, The Politics of International Migration: How Can We "Bring the State Back In"? in C. B. Brettel & J. F. Hollifield eds. , *Migration Theory: Talking Across Disciplines*. New York and London: Routledge, 2000, pp. 137~185.

[4] T. Raunio, *The European Perspective: Transnational Party Groups in the* 1989—1994 *European Parliament*, London: Ashgate, 1997; A. Kreppel, *The European Parliament and Supranational Party System*, Cambridge: Cambridge University Press, 2002.

意向,利用在议会中任职的同伙对欧洲议会的立法审核进程进行实时监督。[①] 政治利益对国际移民政策的影响在欧盟运作中得到充分体现。

休·阿兰·克雷格·卡恩斯(Hugh Alan Craig Cairns)是加拿大政治学研究领域的著名学者,他的研究则是以伦理制度为坐标,建构国际移民政策合法性研究的理论框架。他认为,伦理背景指的是作为国内政策制定的全球结构、过程和信仰。伦理背景塑造了行为者的信仰结构,并成为不同势力进行政治斗争的工具。伦理背景的转变使得在旧背景下形成的政策的合法性受到质疑,为新政策的形成提供理论依据。例如,加拿大和美国都自称为自由民主国家,尊重法治和人权,在伦理压力下,任何对移民按种族或国别进行分类管理的办法都难以在法理上获得合法性。因此,对种族主义的怀疑,人权运动的兴起,非殖民化运动,全球体系的改变,迫使美、加等以"自由民主"为旗号的国家,必须采取符合伦理制度的移民政策。[②]

3.文明冲突论与国际移民政策

在影响国际移民政策的政治理论中,以美国学者亨廷顿提出的"文明冲突论"影响最大。1993 年,亨廷顿在美国《外交》季刊上发表了轰动一时的《文明的冲突》一文,接着又于 1996 年出版详尽阐述其观点的《文明的冲突与世界秩序的重建》,从那以后,国际学术界围绕亨廷顿提出的"文明冲突"的必然性展开的争论,迄今仍在延续。可以说,在国际政治研究领域,无论你对亨廷顿的"文明冲突论"赞同与否,都不能无视这一理论的影响力度。关于"文明冲突论"的讨论可谓比比皆是,本研究不是对该理论的全方位探讨,仅仅是从国际移民政策研究的角度切入其中,略作评述。

纵观《文明的冲突与世界秩序的重建》全书,可以深刻感受到亨廷顿对于当代以美国为代表的西方文明遭遇的强大挑战心急如焚,而活跃在西方国家的数以亿计的来自非西方国家的移民,就是发出最直接挑战的载体。

亨廷顿在该书"移民"一节开宗明义地指出:"如果人口分布是天定的,那么,人口流动便是历史的发动机。"他继而指出,"人口输出可能是 16—20世纪西方崛起的唯一最重要的衡量标准",可是,时至 20 世纪末,却"出现了一个不同以往但规模更大的移民浪潮",一个受到"非西方社会经济发展"的

---

① Simon Hix & Abdul Houry, Politics, not Economic Interests: Determinants of Migration Policies in the European Union, *International Migration Review*, Vol. 41, No. 1, 2007, pp. 182~205.

② 何宗强:《二战后加拿大和美国移民政策的转变》,《国际论坛》2006 年第 3 期。

刺激所致,以"非西方人口"为主构成的浩浩荡荡的移民潮。当数以千万计的移民蜂拥进入美国,进入欧洲时,"美国人口的自然增长很低,欧洲的自然人口增长实际上为零。由于移民的生殖率高,因而他们将占西方国家未来增长人口的大部分"。[①] 认真思考亨廷顿的以上陈述,就不难读懂他为何对当代国际移民显现出的政治格局忧心忡忡。因为,既然"人口输出"是"崛起的唯一最重要的衡量标准"(这是迄今笔者所见到的对国际人口流动的最高政治定义),那么,大量非西方人口流动不就是"非西方崛起"的活生生的展现吗? 站在西方的立场上,这自然就成为一个"全球移民危机"。[②]

人口的跨境流动,将原本由国境疆界阻隔开来的文明差异,推进到面对面的同一场域,而亨廷顿笔下的"异质文明"更依附于其迅速膨胀的人口载体,咄咄逼人,四处张扬。由此,亨廷顿给予西方国家决策者的警告是:"穆斯林给欧洲造成了直接的问题,墨西哥人则给美国造成了问题",假设美国政府听任当前的移民趋势和移民政策延续下去,那么,20世纪末在美国人口中还占有74%比例的欧洲裔白人,到21世纪中叶可能减少到仅为总人口的50%,而同期拉美裔人口比例将从10%激增到25%。[③] 文明之间的地位将因人口格局的变化而变化,这正是亨廷顿认为"挑战来自人口"的深刻隐忧所在。

不少西方国家学者出于自身国家利益考虑,在国际移民政策理论层面上,也不同程度地将国际移民问题置于"文明冲突"的政治框架内进行评说。一些学者强调指出,当代不同民族种族、不同宗教信仰、不同语言文化的移民的大量流动,已经并且还将继续改变一些概念的内涵,如民族、国家、主权、公民权、多元文化、居住、国籍、社区、身份等等,进而可能影响到因全球

---

① 塞缪尔·亨廷顿著,周琪等译:《文明的冲突与世界秩序的重建》,新华出版社2002年版,第218~220页。

② 塞缪尔·亨廷顿著,周琪等译:《文明的冲突与世界秩序的重建》,新华出版社2002年版,第218页;并参阅 Myron Weiner, *Global Migration Crisis: Challenge to States and to Human Rights*, New York: Harper Collin, 1995.

③ 塞缪尔·亨廷顿著,周琪等译:《文明的冲突与世界秩序的重建》,新华出版社2002年版,第225~226页。

化而改变着的各种社会关系。[①]

有学者提出，以往民族国家的迁移政策体系，基本上是按照冷战时期以国家为中心的逻辑设计的，但是，在柏林墙倒塌、苏联解体后，世界政治格局发生根本性的变化，其中的趋势之一就是国际移民政策的政治指向不能够再以东西方意识形态划界。随着移民向多层次发展，旧有移民体制及移民理念已经越来越成问题，在涉及国际移民政策的国家话语中，外来移民日渐被视为潜在的甚至公开的安全隐患，而且，在论及国家安全与国际安全时，也频频出现不信任、不接纳外来移民的话语。[②]

一些西方人甚至提出，他们现在不是面对明火执仗的外国军队和坦克的入侵，而是遭到操不同语言、信奉其他神明、隶属于其他文化的外来移民的侵犯。大批异族、异文化移民的涌入，可能夺走本国公民的工作，占据他们的土地，分享他们的福利，甚至威胁他们的生活方式。[③] 美国哈佛大学政治学教授斯坦利·霍夫曼（Stanley Hoffmann）则指出，外来移民涌入与西方国家本民族人口相对减少，业已在西方民众当中造成恐惧，认为"这是真正基于文化冲突而形成的对丧失民族特性的深度担忧"，[④]是后冷战时期世界表面和平，实际上却麻烦不断、秩序混乱的时代的反映。[⑤]

2001年震惊世界的"9·11"事件将"文明冲突论"再度推上理论界的风口浪尖，而亨廷顿本人也在2004年出版了又一部新著：《我们是谁？美国国家特性面临的挑战》。在这部再度造成广泛影响的著作中，亨廷顿更直接而强烈地表示了对于当代国际移民威胁美国国家安全和文明体系的深刻担忧。

① Wayne A. Cornelius, Philip L. Martin & James F. Hollifield, *Controlling Immigration: A Global Perspective*, Stanford: Stanford University Press, 1994；阿赫梅特·伊斯杜伊古：《从土耳其的过境移民看国际移民体制的政治学》，《国际社会科学杂志》2001年第3期。

② Bhagwati, Borders beyond Control, *Foreign Affairs*, No. 1, 2003；Simon Hix & Abdul Houry, Politics, not Economic Interests: Determinants of Migration Policies in the European Union, *International Migration Review*, Vol. 41, No. 1, 2007.

③ Myron Weiner, *Global Migration Crisis: Challenge to States and to Human Rights*, New York: Harper Collins, 1995, p. 2.

④ Stanley Hoffmann, The Case for Leadership, *Foreign Policy*, No. 4, 1990, p. 30。

⑤ Stanley Hoffmann, *World Disorders: Troubled Peace in the Post-Cold War Era*, Lanham, MD: Rowman & Littlefield, 2000.

亨廷顿认为,虽然"从经济增长、人口增长以及保持国际地位和影响的角度看,吸纳移民会有很大好处",但是,"要付出的代价也很高:政府服务开支增多,就业机会减少,工资降低,本国原有工人福利下降,社会两极分化"。更严重的是,将会"出现文化冲突,信任感降低,国民同一性的传统理念受到损害。移民问题可能在精英群体中间引起严重分歧,在公众中间引起反对移民的情绪,给民族主义政客提供利用之机"。因此,"在当今世界上,对社会安全的最大威胁是来自移民"。①

亨廷顿在书中以大量篇幅分析了当代数以千万计的以墨西哥人为主的拉美西班牙语系移民进入美国后,对美国的语言、信念、道德等核心文化形成的挑战,"美国化成了非美运动",乃至出现了"解构美国"的趋势。亨廷顿分析了语言、宗教、国家认同等不同层面的社会现象,指出当前美国民众从精英到底层劳动者,都出现了国家观念淡薄的倾向。"超国家身份"成为一种时髦,"从前在国内流动的人,乡土观念趋于淡薄;现在跨国流动的人,则是国籍观念趋于淡薄。他们成为双重国籍或多重国籍的人,或是成为世界公民"。② 外国人称祖国为"父亲之国"(fatherland)或"母亲之国"(motherland),但在当代美国人心目中,现代国家观却只是个"家国"(homeland),即一个"有家的地方"。③ 国家认同观在现代意识冲击下,支离破碎。反之,更令人担忧的是,在一些群体中,对于宗教的认同却出现增强的趋势,"人们越来越关心尽管相距遥远但却信仰同一宗教的人们的命运"。④

可以说,当今主要移民接纳国的政界及学界,在涉及国际移民政策的问题上,都或多或少地对异文化移民可能带来的潜在的或业已显露的"文明的冲突",表现出深刻的忧患意识。

4.跨国主义与国际移民政策

国际移民是全球化的一个系统性因素,唯有将国际移民置于全球化的

---

① 亨廷顿著、程克雄译:《我们是谁? 美国国家特性面临的挑战》,新华出版社 2005 年版,第 150～151 页。

② 亨廷顿著、程克雄译:《我们是谁? 美国国家特性面临的挑战》,新华出版社 2005 年版,第 14 页。

③ 亨廷顿著、程克雄译:《我们是谁? 美国国家特性面临的挑战》,新华出版社 2005 年版,第 44 页。

④ 亨廷顿著、程克雄译:《我们是谁? 美国国家特性面临的挑战》,新华出版社 2005 年版,第 14 页。

大系统之内，方能准确认识其社会影响，正确评价其未来走向。虽然当代国际移民政策制定的主体仍然是民族主权国家，然而，不可否认的是，随着全球化时代国家间关系越来越密不可分的发展趋势，国际移民政策已越来越具有国际政治的意义。因此，以跨国主义或全球化理论为指导，深化国际移民政策研究，是当今值得关注的另一重要理论视角。

英国牛津大学移民研究院（International Migration Institute）主任斯蒂芬·卡斯尔斯（Stephen Castles）是当今国际移民学界最著名的学者之一，围绕当代国际移民与跨国主义问题发表过一系列具有广泛影响的论文。[①] 他指出，国际移民是全球化的一个系统性的因素，如何从全球化系统性因素的角度去认识当代移民，对于评价其未来走向至关重要。卡斯尔斯在涉及国际移民政策的多篇论著中一再强调指出，当代许多国家的政策制定者们在决策时一再出现对国际移民走向的错误估计，导致国际移民政策一再失灵，其根本原因之一就是决策者们受民族国家建构之理论框架的制约，政策制定者们习惯于将移民看成是可以由一国政府"任意开关的水龙头"，然而，在全球化大系统中形成的移民跨国流动，绝非一国政府所能任意推拉，随意启止。

全球化并不可能仅仅是经济的全球化，商品、资本、信息的流通必然与观念、文化产品以及人的流通并行不悖，这已是国际移民学界的共识。而且，此类流通往往通过政府间组织、跨国公司、国际 NGO，甚至全球性犯罪团伙的不同网络，冲破国家边界而在全球畅行无阻。全球化正在无情地冲击着许多民族国家的核心特色，世界已经从"地域性空间"向"流动性空间"转化。[②] 换言之，如果说历史上的移民往往是从 A 地向 B 地的定向流动，那么，时至今日，越来越多移民不仅既在 A 国也在 B 国，甚至可能同时还在 C 国和 D 国也有"家"。跨国社群以及在此基础上形成的跨国意识已经显现，

---

① 斯蒂芬·卡斯尔斯教授围绕此问题发表的论文主要包括：《21 世纪初的国际移民：全球性的趋势和问题》，《国际社会科学杂志》2001 年第 3 期；Migration and Community Formation under Conditions of Globalization，*International Migration Review*，Vol. 36，No. 4，2002，pp. 1143～1168；The Factors that Make and Unmake Migration Policies，*International Migration Review*，Vol. 38，No. 3，2004，pp. 852～884，Guestworkers in Europe：A Resurrection? *International Migration Review*，Vol. 40，No. 4，2006，pp. 741～766.

② Stephen Castles，The Factors that Make and Unmake Migration Policies，*International Migration Review*，No. 3，2004，pp. 852～884.

其未来发展有可能突破国家的政治控制，形成相对独立的"跨国社会空间"(transnational social space)。① 国际移民政策必须因应全球化大环境的新挑战。

英国社会学教授迈克·费德斯通(Mike Featherstone)曾论证跨国移民社群形成了相对独立于民族国家控制之外的"第三种文化"，即当跨国移民社群面对跨文化交流困境时，当他们因需要必须，而且可能在不同文化之间往返穿行时，既不同于移出地，也不同于居住地的第三种文化就可能应运而生。第三种文化以经济全球化进程为依托，超越当今民族国家业已百孔千疮的政治边界，是一种弹性的、以个体认同及调控取向为特征的新的文化。② 与此相应，美国华裔学者王爱华等以遍布全球的华侨华人家族网络与人际"关系"为例，论证移民社群业已形成"悬空的帝国"(Ungrounded Empires)。此类"帝国"的共同特点是：它们是移民的流动性与当代开放性的弹性资本主义相契合的产物，以去地域化和灵活多变为特征，其内在结构既包括实体的或虚拟的跨国公司、传媒商务，也包括通过劳务合约或其他方式跨国流动的大量移民，所有这一切跨国活动都超越了既定边界，犹如驰骋于没有国界、时区的"太空"。③

当今世界范围内发生的大规模迁移，无论是出于移民者的主动选择，还是强制性的被迫行为，都是资本主义现代化催生的经济、文化和社会演化的结果。有学者尖锐指出："迁移意味着加深资本主义现代化对经济、生态和文化的三重征服和转化，毫不留情地扼杀民族社群实践中包含的经济、生态和文化差异。"今天的大规模迁移和贫困既是资本主义现代化的产物，又体现了这种现代化的不足。因为，资本主义现代化已经无力为达到目标提供充分的工具，其所必然导致的结果，就是在现代化制造迁移的倾向与防止迁

① Thomas Faist, Developing Transnational Social Spaces: The Turkish-German Example, in Pries ed., *Migration and Transnational Social Space*, Hampshire: Ashgate, 1999; Luin Goldring, Power and Status in Transnational Social Spaces, in Pries ed., *Migration and Transnational Social Space*, Hampshire: Ashgate, 1999.

② Mike Featherstone, Global Culture: An Introduction, *Theory, Culture, and Society*, 1990, Vol. 7. 关于"第三种文化"有不同界定，例如认为人文科学与自然科学的结合形成了"第三种文化"，或曰"将传统上被称作'科学'的东西"改变成"大众文化"的文化。本书在此仅限于探讨与跨国移民理论相关的"第三种文化"概念。

③ Ong, Aihwa, & Donald Nonini eds., *Ungrounded Empires: The Cultural Politics of Modern Chinese Transnationalism*, New York, London: Routledge, 1997.

移的机制之间,出现越来越宽的鸿沟。[①]

　　未来社会学对全球化的研究,同样要求超越民族国家中心论的范式,以多种跨国性和全球性现象和过程为主题,把对于跨国社会结构和全球社会结构的研究,视为全球体系中的关键变量。经济、阶级、政治过程、文化的跨国化和全球化,目前在世界范围发生的整合过程,是社会学研究全球化的"制高点";而跨国性、全球性交往和网络对社会生活和形成单一全球空间意识的影响,则为社会学研究的重要主题。[②]有学者进而提出,随着全球化时代不同经济体之间相互依存性的增强,不同移民类型之间的差别缩小,对专业人士和技术工人的需求上升,移民政策制定向地区性合作转型,有可能最终在全球范围内形成将所有各类移民融为一体的"国际移民体制"(International Migration Regime),这可能是全球化时代国际移民政策的未来走向。[③]

　　中国学者徐长福在《论劳动的全球化:从马克思主义暨中国的视角来看》一文中,以马克思主义的劳动学说理论,深刻分析了当代国际劳动力跨国流动的意义、影响与未来。他指出,当下的全球化仍然是资本主义生产关系发展的一个阶段,资本的全球化要求劳动的全球化,这是资本完成自身逻辑的题中应有之义。换言之,在资本和劳动的密不可分的关系中,不可能资本是普遍化的而劳动是特殊化的,资本是世界公民而劳动是国家公民。然而,实际情况是,目前的全球化只是资本的片面的全球化,劳动则被严格地限制在民族国家的范围内,这直接造成了发达的资本国家和发展中的劳动国家的对立,成为国家间贫富悬殊和各种冲突的一个根源。资本和劳动的矛盾,从马克思所关注的资产阶级和劳动阶级的矛盾,变成了资本国家和劳动国家的矛盾,这是当前全球化失衡的关键所在。资本有全球化的权利,这是一种关于物的客体性权利或力量;劳动也有全球化的权利,这是关于人的主体性权利,它是资本全球化的相应要求,更是劳动者人权进一步发展、人性进一步完善的要求。只有两者都同等地全球化了,才可能最终造成这样的理想局面:全球化了的劳动上升为目的而全球化了的资本下降为手段,从

---

　　① 阿图罗·埃斯科巴:《迁移、发展与哥伦比亚太平洋沿海地区的现代化》,《国际社会科学杂志》2004年第1期。

　　② 梁光严:《全球化研究与社会学的范式转换》,《国外社会科学》2000年第3期。

　　③ Reginald Appleyard, International Migration Policies 1950—2000, *International Migration*, Vol. 39, No. 6, 2001, p. 7.

而全球化了的人实现对全球化了的物的统治。如果劳动的全球化既有客观的必然性又合乎人性的要求,那么,人权的内容就要为劳动国家而改写,应当将"到处工作的权利"提升到与"到处贸易和投资的权利"一样的高度。[①]

正是在全球化时代跨国主义理念影响下,联合国等国际组织越来越多地参与国际移民政策的制定。联合国前秘书长安南就一再强调指出:有史以来,迁移不仅仅改善个人的命运,而且改善全人类的命运。因此,尽管不可能要求或希望任何一个国家为了他人而控制好自己的边界,修订自己的政策,但所有国家和政府都可以通过相互讨论与交换意见而争取达到共同获益的最佳结果。[②]

以上是对当今国际移民学界较有影响的涉及国际移民政策研究的主要理论范式的简要介绍。当然,许多学者也都意识到,没有哪一种理论能够成为通往新的全面的国际移民政策理论的捷径。正如美国著名的移民学研究者阿列杰德罗·波特斯(Alejandro Portes)所言:千万不要指望有一种宏大理论能够解释移民的每一个问题、每一个层面,如此理论只会沦为空谈。反之,他认为,应当提倡"中程理论",通过具体的历史或现实的实证研究,阐释某一个特殊的问题。[③] 也就是说,应当摒弃那种狭隘的、单一的理论,必须有多层面的视野,必须结合政治、经济、社会、文化的相互影响与发展变化,深入探讨移民问题。[④]

三、研究宗旨与基本构架

本书的研究对象是国际移民政策,旨在分析各国移民政策的内涵、变化与影响,比较不同国家移民政策的特点与趋势,探讨实现移民个人、移民迁

---

① 徐长福:《论劳动的全球化:从马克思主义暨中国的视角来看》,《天津社会科学》2007年第4期。

② Kofi Annan, In Praise of Migration, *The Wall Street Journal*, June 8, 2006.

③ Alejandro Portes, Immigration Theory for a New Century: Some Problems and Opportunities, *International Migration Review*, Vol. 31, No. 4, 1997, pp. 799~825.

④ Stephen Castles, The Factors that Make and Unmake Migration Policies, *International Migration Review*, Vol. 38, No. 3, 2004, p. 872.

出国、移民输入国三方共赢的政策取向。

国际移民政策与国际移民立法既有关联，又有区别。立法是创制新法、修改或废止旧法的专门活动，由国家专门机关遵循掌握国家政权的社会集团的意志，根据一定的指导思想和基本原则，依照法定的权限和规范的程序，将某一特定目标上升为国家意志的过程。就立法角度而言，国际移民法又被称为"出入境管理法"，是由主权国家制定的专门处理本国公民与外国公民出入本国国境、在本国居留等相关活动的法律法规的总和。由于移民法侧重于规定主管机关如何审查本国公民和外国公民出入境的法定条件，向其颁发出入境证件，审批其居留期限及其归化入籍申请等法律手续，因此各国法学界通常将移民法列为"程序法"之一。① 出入境管理法作为国家法，其国家意志属性明确，由国家强制力保证实施，具有普遍的约束力和比较长期稳定的时效性。

国际移民政策是主权国家政府公共政策的组成部分，它由政府制定、发布和实施，旨在对国际移民事务进行有效管理，以使国际移民流动能够在最高程度上有利于本国利益。与法律相比，政策具有更大的灵活性。法律必须严谨缜密，不能有歧义，立法活动只能由拥有立法权的专门国家机关进行，有一整套严格的程序，其结果必须由法律的规范性文件公布。但政策则不然。相对而言，政策可能就某一个宏观问题给出一个指导性的基本原则，也可能就某一微观现象给出一个具体办法；政策的发布渠道可以多种多样，它可能是由最高领导正式签署下达的官方文件，也可能只是以某一权力机构的决议、通知、纪要的方式公布，甚至可以通过拥有一定权力地位的高层领导人发表讲话的方式发布。因此，无论是政策的制定者或执行者，都拥有比较宽泛的解释权，相对更具弹性的运作空间。

国际移民政策研究可以说是对国际移民政策选择原因及社会后果的研究，而"选择"则以选择主体的价值观为基准，因此，国际移民政策研究不仅关心事实，而且关心选择背后的价值观。国际移民政策研究需要探讨政策的性质、原因和后果，需要分析其价值取向及利益关联，其目标是建立对于国际移民政策价值评判的理论框架，对有利于社会进步发展、符合最广大民众的意愿的政策取向提出建设性的意见建议。

国际移民政策与国际移民法密切相关，相辅相成，既可以是移民法制定

---

① 翁里：《国际移民法理论与实践》，法律出版社 2001 年版，第 20～21 页。

的指导性原则,也可能是正式移民法的细化或补充。移民政策不可能脱离移民法而孤立存在,同时亦因为政策所具有的上述种种特点,在实际执行中衍生出更为多样化的社会后果,因而具有更丰富的可探索性。鉴于移民法与移民政策之间的交叉性与互补性,本研究以国际移民政策研究为主,同时在必要时结合移民法进行探索剖析,力图结合实证检验,探讨国际移民政策制定或修订的背景和原因,剖析其实质和目标,评估其运作的绩效成败,梳理其已经产生及可能产生的各种影响。

不同国家政府基于本国利益可能对移民存在不同需求,对移民的基本评价可能各有差别,因此,不同国家所奉行的国际移民政策,尤其是在移民接纳国与移民迁出国的国家政策之间,明显存在相互矛盾甚至彼此冲突之处。近年来,笔者每年都数次应邀参加在不同国家举行的以国际移民为主题的国际学术研讨会,对于欧美发达国家在国际移民接纳政策上左右为难、内外矛盾的现状,印象深刻;对印度、菲律宾、墨西哥、尼泊尔等发展中国家通过劳务外派、移民维权而争取本国利益的努力,感慨良多。学者们的相关研究,内容丰富,问题尖锐,发人深省。

全面深入的国际移民政策研究,需要以问题为中心的跨学科研究,致力于事实探索,注重事实背后的因果与价值分析,承认理性、感性、超理性或非理性选择的存在,主张全球观与比较观、历史观与未来观的有机结合。国际移民政策是一个宏大的课题,如何从浩繁复杂的资料中梳理出清晰的脉络,归纳总结出要点特性,并提升到一定的理论层面进行解读,是为不易。笔者虽以此为目标不懈努力,但终究难能尽如人意。且以此书为既往研究之总结,抛砖引玉,为日后继续深化、完善相关研究,汲取新的动力。

就研究构架而言,本书力图实现全球性宏观概览与国别性个案解读相映衬,历史性追溯与现实性跟踪相印证,事实性分析与理论性探索相结合。

本书共分绪论、余论和六个章节。绪论依据近年来所搜集整理的关于国际移民政策研究的中英文文献,在对国际移民的定义、概念、类别进行基本归纳的基础上,给出笔者认为比较符合中国语境的基本定义。同时,从实证和理论两部分,对相关研究及主要观点进行梳理与归纳,以为本研究之必要基础。

本书从第一章至第五章,分别将国际移民政策置于人口生态、经济理性、政党政治、多元文化和族群认同等五个视角之下进行解读,其中既有国别分析,亦有宏观概述,旨在探讨影响国际移民政策制定、执行的主要因素,剖析国际移民政策付诸实施后的绩效成败,总结不同国家移民政策的现实影响与存在的问题。

本书以第六章一个整章的篇幅,集中探讨中国的跨境移民与国际移民政策。本研究不仅关注走向世界的中国人,注重剖析改革开放之后在中国大地上涌动的跨国移民潮形成的原因、特点与影响,剖析中国移民主要目的国之移民选择、接纳政策对中国移民的影响,同时还特别关注走入中国的外国人,解读"四远云来"的当代篇,剖析进入 21 世纪之后才在中国境内显现的"外国人聚落"。在对中国本土向外、向内之不同跨境移民潮进行条分缕析的基础上,本研究力图对中国特色的侨务政策进行归纳总结,亦就中国移民政策面临的新课题阐述意见、建议。

本书"余论"是对全书的总结与思考。本书特别强调,全球化背景下国际移民流动过程多元分布的特征,意味着发生在某个特定国家的移民流动并非单一民族国家政策所能制约,因此,本研究力图在两个层面上同时着力:既对当代主要移民接纳国(如美国、法国、俄罗斯、以色列和海湾石油国家)的移民准入政策进行专题剖析,同时也分析主要移民迁出国(如印度、中国)对本国移民的保护政策,而且在分析其政策制定与演化之间的联系时,注意考察一国与周边国家的牵制与互动(如欧盟国家之间),并将其置于全球化资本流动与积累、政治纷争与博弈的大框架下进行探讨。换言之,本研究力图建立起既立足民族国家,又在必要时超越民族国家的分析框架。尽管当今时代民族国家仍然是国际政治的主体,民族国家体系的超越或被取代即便可能亦是遥远的未来,但全球化时代不可阻挡的浪潮,无疑时时冲击着民族国家的根基,就国际移民而言,空前规模之国际移民流动催促所有国际移民政策的制定者、执行者、研究者,都必须正视伴随着跨国移民潮而出现,并且仍在拓展的跨国空间。

笔者本人从研究中深刻认识到,目前制定国际移民政策游戏规则的依然主要是发达国家和高收入国家,是他们把握着国际移民政策的基本话语权,这一趋势在近期内尚难以改变。中国作为一个仍处于发展中的人口大国,既要遵守国际移民政策的基本游戏规则,又要有理、有利、有节地维护本国的国家利益,争取民族权益。尽管当今国际游戏规则中仍有一些不合理、不公平之处,但我们既不可能一味地不予理睬,亦难以简单地加以推翻,最好的办法应当是知己知彼,参与其中,在对话中深化了解,从互动中争取主动。

学术无国界,学者有祖国。立足中国,对当今涉及全球范围不同国家之纷繁复杂的国际移民政策进行钩稽爬梳,思辨考量,阐述其基本构架、动向及影响,收以简御繁之效,为我国政策制定者提供参考,与各国学界同仁坦诚交流,是为本书之追求。

第一章　人口生态与国际移民政策

　　全球人口生态是制定国际移民政策的重要基础。因为,国际移民政策是对人口跨国流动的回应、制约与规范,而人口的跨国流动,又与移出国、移入国的人口数量、生存环境、性别年龄结构、健康状态、教育水准、技术专长等密切相关。因此,研究国际移民政策,不能不首先追溯国际人口生态的现状与变化趋势,剖析不同国家人口生态对其社会经济发展的宏观影响。

　　国际移民政策是相关国家人口政策的一个特殊组成部分。人口政策的第一大特性,是必须具有充足的提前量和科学的前瞻性。每个人一旦出生,就有生存、成长的权利,这已经是国际社会公认的人权理念。按照目前的人口寿命预测,全世界人口的平均预期寿命为 67.2 岁,[1]也就是说,新出生人口的生存期平均长达六七十年,当下人口出生率对社会劳动生产力供给及社会结构的潜在影响,一般要到大约 20 年后才会显现,并且在那之后还将延续数十年。这是人口生态的特殊性,也是与人口生态密切相关的国际移民政策在制定及实施过程中,务必时时认真应对的问题。

　　就政策意义而言,国际移民政策与现实人口生态的关系具有双重意义:一是现实性,它是对现实人口生态变化所产生社会需求的回应,无论移民迁出国或输入国皆然;另一则是超前性,因为,人口流出或流入之后,都会遵循人口自身生长、繁衍的规律发展,继续显现其后续社会影响,并可能具有数十年的滞后性或衍生性,这就要求政策制定者必须对全球人口结构的未来发展具有科学的前瞻性。正是在这一特殊意义上,某些国家当下制定的人

---

　　① Population Division of Department of Economic and Social Affairs of the United Nations Secretariat, *World Population Prospects*, The 2006 Revision, New York: UN, 2007, Vol. 2, p. XXVI.

口政策，往往是对十数年乃至数十年之前所制定政策后果的回应。

人口生态与国际移民政策之间的相互影响与制约，为本章探讨之要旨。

第一节　世界人口生态基本特征

自有人类历史以来，人就是这个世界上最宝贵的财富。在生产力水平低下的年代，人是创造财富最重要的资源，自民族国家诞生以后，国家人口增长成为国力强盛的重要标志之一。20 世纪上半叶的两场世界大战，给世界尤其是欧洲人口造成极大损失，战后 40 年代末至 50 年代，世界各国普遍出现生育高峰，大量人口降生，给世界带来了勃勃生机。欧洲战后经济恢复与发展阶段对劳动力的大量需求，更使追求高生育率成为当年许多国家政府和民众的共识。

自第二次世界大战结束以后，相对和平的全球环境与医疗卫生水平的普遍提高，促进世界人口在进入 20 世纪下半叶后以空前迅速的规模呈几何级数猛增，人口结构发生了一系列引人注目的新变化。其中，与国际移民政策密切相关的人口生态以三个明显失衡为主要特征：人口增长与环境资源失衡，人口分布地区性失衡，人口年龄结构性失衡。以这三个失衡为特征的宏观人口生态，对当今包括移出国与移入国在内的主要移民国家之国际移民政策，形成了重要制约。

一、世界人口增长态势

当今世界庞大的人口数量与全球难以再生的自然资源之间存在的尖锐矛盾，可谓令世界各国的有识之士寝食难安。但是，世界人口在庞大基数上的持续增长与自然资源的快速消耗，却犹如处于巨大惯性推动下的列车，仍然无所顾忌地隆隆前行，这是当代世界人口生态的第一个特点。当今世界上任何一个国家与地区关于“人”的政策，都不能不置于这一大环境之中认真考量。

回溯人类社会的发展史，自“人猿相揖别”，人类社会经历了长达 300 多万年的漫长年代，直到公元 1820 年，全球人口才达到大约 10 亿。此后经过 100 多年，大约在 1930 年，世界人口增加了第二个 10 亿。第二次世界大战结束后的 1950 年,世界人口约为 25.6 亿。然而,从那之后,全球人口就进入了激增时代。

进入 20 世纪 60 年代,世界人口的年均增长率高达 2% 以上。1960 年,世界人口突破 30 亿,换言之,世界人口增加的第三个 10 亿仅用了 30 年时间;15 年后,至 1975 年发展到 40 亿;仅仅又过了 12 年,至 1987 年,世界人口已猛增到 50 亿。进入 20 世纪 90 年代后,世界人口在 53 亿的庞大基数上,以年均 1.5% 上下的增长率继续攀升,人口净增长总量达到每年 8200 万。根据人口学家们的推算,联合国将 1999 年 12 月 12 日确定为"世界 60 亿人口日",并且以"人类对生育的选择将决定世界的未来"作为"60 亿人口日"的主题。由此可见,人口过快增长的问题,已经引起国际社会的密切关注(详见图1-1、表1-1)。

当代世界人口的增长速度及规模,一再突破了人口学家的预测。虽然人口学家不断对地球的最高人口承载量提出各种警告,呼吁控制世界人口无序增长的呼声不绝于耳,然而,进入 21 世纪以来,全球人口仍然在 61 亿的庞大基数上继续快速增长,每年净增总量约 7600 万人。根据人口专家的预计,从 2000 年到 2050 年,全球人口至少还将增加 25 亿,仅这一增长量就相当于 1950 年全球人口的总和。预计要到 21 世纪 20 年代,世界人口的年均增长率方可能下降到 1% 以下;进入 21 世纪中叶,全球人口的平均生育水平有可能下降到更替水平或更替水平以下。但是,即使如此,由于人口增长的惯性,估计到 21 世纪末,全世界人口总量可能突破 130 亿。总之,21 世纪仍然是地球人口持续增长的世纪。[1]

世界人口的快速发展,给全球自然生态环境造成巨大影响。许多研究业已用大量事实说明,人口的过度发展,人类对于大自然的无情索取,已经使人类生存的地球日益不堪重负。有调查显示,在有史以来人口增长最为迅猛的 20 世纪下半叶,荒漠植被的过量利用和内陆河上游水资源的过度开发,已经导致绿洲生态严重退化,大片土地出现沙漠化,全球耕地减少了 13%,牧场减少了 4%,四分之三的鱼类资源储量被过度捕捞。大量废气排放,使现今空气中二氧化碳含量比 1960 年上升了 18%,估计比工业革命开始时的 1750 年上升了 31%。与此同时,区域和全球变暖引起的冰雪融化和

---

① 参阅联合国人口基金会《2004 年世界人口状况》(纽约:联合国人口基金会,2004 年)。笔者感谢联合国人口基金会应笔者请求寄赠了丰富的世界人口统计资料。

海洋扩张,使全球水平面不断上升,一些小岛屿国家、地势低洼地区面临严重的水患威胁,甚至可能被完全淹没。① 2008 年 7 月 10 日,欧洲航天局关于南极洲的一则公告更是引起全球有识之士密切关注。该公告称,受全球气候变暖的影响,与南极洲相连的一座漂浮的巨型冰架已经大面积消融,而且还在坍塌。专家预测,这座面积曾经达 16000 平方千米,几乎等同于北爱尔兰的巨大冰架,目前"命悬一线",预料 15 年内将完全瓦解。

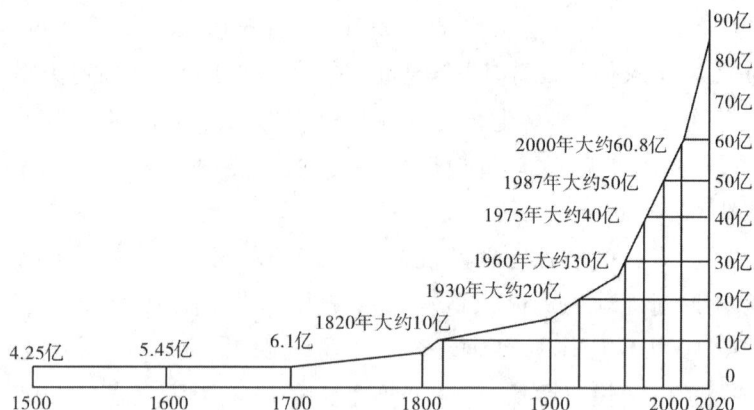

图 1-1　世界人口增长(1500—2020 年)

资料来源:根据联合国人口基金会《2004 年世界人口状况》(纽约:联合国人口基金会,2004 年)相关资料制图。

表 1-1　世界人口总量(1950—2050 年)

年份	人口总数	年均增长(%)	年份	人口总数	年均增长(%)
1950	2555948654	1.47	预 测		
1955	2780907497	1.89			
1960	3041593413	1.34	2010	6866880431	1.17
1965	3349157095	2.08	2015	7269526256	1.09
1970	3711800786	2.07	2020	7659291953	0.98
1975	4089026773	1.73	2025	8027490191	0.88
1980	4452766336	1.70	2030	8373133979	0.79
1985	4852574467	1.70	2035	8698603189	0.72
1990	5282371928	1.57	2040	9003222779	0.64
1995	5690982026	1.40	2045	9284422911	0.57
2000	6084907596	1.26	2050	9538988263	N/A
2005	6470340436	1.20			

资料来源:根据联合国人口基金会《2004 年世界人口状况》(纽约:联合国人口基金会,2004 年)相关资料制表。

----

① 以上关于自然资源的相关数据,均摘引自联合国人口基金会《2004 年世界人口状况》(纽约:联合国人口基金会,2004 年)。

世界上适宜人居的地方已经越来越少,这一点在对水资源的需求方面表现最为突出。在过去半个世纪里,全球对水资源的需求翻了三番,由于过度抽取地下水,过度使用肥料、杀虫剂造成的污染及工业废料的渗漏,全球有5亿人生活在那些被定为用水困难或用水极度匮乏的地区。专家估计,到2025年,生活在水资源严重匮乏地区的人口总数还将增加到24亿到34亿之间。①

有史以来,人类生存与自然资源之间的矛盾,就一直是引发人口迁移的原因之一。刀耕火种时代,不断拓荒不断迁徙是当时人的基本生活方式;定居农业时代曾经是人类社会的进步,但追寻水源沃土的迁徙同样没有停止过;欧洲近代社会的历史,则以圈地运动迫使大量破产农民流入城市成为产业革命的廉价劳动力为标志;在全球范围内,新航路的开辟直接引发了人口的大量跨海迁徙,其中,既有殖民者的跨洋冒险,有充满血腥的奴隶贩卖,也有升斗小民们为追寻更美好生活空间的筚路蓝缕。

时至今日,自然资源的有限性及不可再生性已经成为人类社会的共识,相应的,当今世界上的众多国家也都对自己国家的自然资源重视有加。生活在自然生态恶化地区的人口,为生存而不得不向更适宜人居的地区被动迁移;同时,向往美好生态环境的人的本能追求,也推动着人口的主动性迁移。当这些迁移需要跨越国界时,就成为国际移民政策制定者们必须关注的治理对象。

当代世界人口生态的第二个特点是不同地区人口增长速度存在明显差异。纵观过去半个世纪世界人口增长的总体态势,发达地区人口增长速度缓慢甚至出现负增长,其人口总量在世界总人口中所占比重明显下降,反之,不发达地区的人口增长速度却长期居高不下。

在国际劳工组织公布的统计数据中,欧洲、北美及日本、澳大利亚、新西兰被列为当今的发达地区,其余国家或地区则一概列为较不发达地区。1960年,发达地区人口占全球总人口31.2%,1980年则下降到24.4%,2000年又进一步下降到19.6%,估计到2020年,发达地区人口在全球人口中将只占16.4%(详见附录四)。

联合国经济与社会事务部人口司对世界各地区人口增长情况进行了统

---

① 以上关于自然资源的相关数据,均摘引自联合国人口基金会《2004年世界人口状况》(纽约:联合国人口基金会,2004年)。

计与预测。根据其 2007 年公布的人口数据,1950 年欠发达地区人口占世界总人口的 67.9%,1975 年增加到 74.3%,2007 年又增加到 81.7%,其中最不发达地区人口比例从 7.9% 上升到 12.1%。反之,同期发达地区人口则从 32.1% 下降到 18.3%。到 2050 年,根据中等规模的人口预测,欠发达地区人口所占比例还将上升到 86.5%,其中最不发达地区人口比例上升到19.0%,而较发达地区人口比例则再度下降到 13.5%(详见表 1-2)。

表 1-2 世界各地区人口增长与预测(1950—2050 年)

地区	人口总量(百万)			2050 年人口预测(百万)*			
	1950 年	1975 年	2007 年	低	中	高	不变
全世界	2535	4076	6671	7792	9191	10756	11858
较发达地区	814	1048	1223	1065	1245	1451	1218
欠发达地区	1722	3028	5448	6727	7946	9306	10639
最不发达地区	200	358	804	1496	1742	2002	2794
其他欠发达地区	1521	2670	4644	5231	6204	7304	7845
非洲	224	416	965	1718	1998	2302	3251
亚洲	1411	2394	4030	4444	5266	6189	6525
欧洲	548	676	731	566	664	777	626
拉美与加勒比	168	325	572	641	769	914	939
北美	172	243	339	382	445	517	460
大洋洲	13	21	34	42	49	56	57

* 2050 年人口预测系按照全世界总和生育率进行估算的结果。其中,"低"指按照总和生育率 1.35,"中"指按照总和生育率 1.85,"高"指按总和生育率 2.35,"不变"则为按 2005 年总和生育率估算的人口总量。

资料来源:Population Division of Department of Economic and Social Affairs of United Nations Secretariat,*World Population Prospects*,the 2006 Revision,Volume Ⅱ,2007,p. xxi.

世界银行的统计标准是将当今世界各国按人均国民收入区分为低收入、中低收入、中高收入和高收入国家四大类。该标准大约每两年调整公布一次,2006 年公布的数据所采用的是 2004 年的标准。其中,除"高收入国家"对应为我国国内惯常使用的"发达国家"之外,余下三类都归入"发展中国家"。[①]

　　根据世界银行的统计,目前全世界人口的平均增长率是 11.7‰,但在高收入国家只有 5.2‰,在中等收入国家是 9.2‰,而在低收入国家则高达 17.9‰。就国别而言,当今人口增长率最低的国家,如日本(0.5‰)、德国(0.7‰)、英国(0.9‰)都属高收入的发达国家(详见图 1-2)。

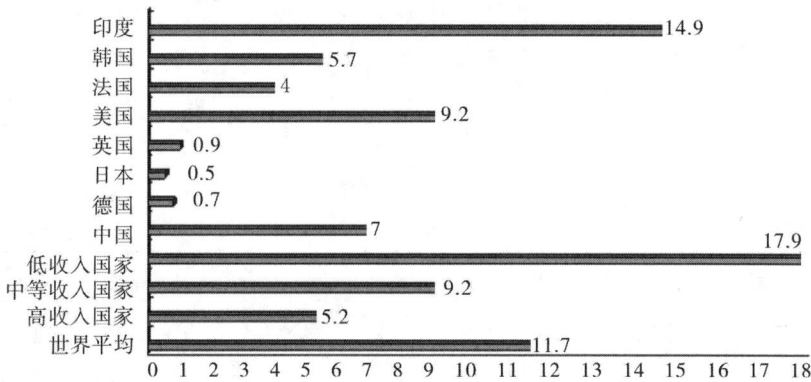

印度 14.9
韩国 5.7
法国 4
美国 9.2
英国 0.9
日本 0.5
德国 0.7
中国 7
低收入国家 17.9
中等收入国家 9.2
高收入国家 5.2
世界平均 11.7

0 1 2 3 4 5 6 7 8 9 10 11 12 13 14 15 16 17 18

图 1-2　2003 年人口年增长率国际比较(‰)

资料来源:中国国家人口与计划生育委员会数据库(http://www.chinapop.gov.cn/wxzl/rkgk/200806/t20080629_157011.htm)。

　　目前世界上总和生育率最高的 11 个国家,除阿富汗外,都位于非洲,而且都隶属于当今世界上最贫困国家。根据国际货币基金组织 2008 年公布的统计数据,总和生育率最高的尼日尔,人均 GDP 只有 313 美元,在全世界 179 个国家和地区的排行榜上排名第 169 位。紧接其后的几内亚比绍,人均 GDP 206 美元,排名第 175 位,马里人均 GDP 517 美元,排名第 154 位。[②] 反之,当今总和生育率最低的 11 个国家和地区,9 个是欧洲国家,而位于亚洲的韩国与中国台湾也属经济较发达地区(详见表 1-3)。

　　[①]　详见本书第二章第一节及表 2-1。
　　[②]　人均 GDP 数据及其排行根据国际货币基金组织 2008 年 4 月公布的 2007 年统计数据,详见:http://en.wikipedia.org/wiki/List_of_countries_by_GDP_%28nominal%29_per_capita。

表 1-3　世界上总和生育率最高和最低的国家和地区(2005 年)

总和生育率最高		总和生育率最低	
尼日尔	8.0	白俄罗斯	1.2
几内亚比绍共和国	7.1	波黑	1.2
马里	7.1	捷克	1.2
索马里	7.0	摩尔多瓦	1.2
乌干达	6.9	波兰	1.2
阿富汗	6.8	圣马力诺	1.2
安哥拉	6.8	斯洛文尼亚	1.2
布隆迪	6.8	斯洛伐克	1.2
利比里亚	6.8	韩国	1.2
刚果民主共和国	6.7	中国台湾	1.2
塞拉利昂	6.5	乌克兰	1.2

资料来源:中国国家人口与计划生育委员会数据库(http://www.chinapop.gov.cn/wx-zl/rkgk/200806/t20080629_157014.htm)。

按照目前国际普遍遵循的人口学理论,人口总和生育率保持在 2.1 时,人口的总体代际更替水平将基本保持平衡稳定,但当今世界许多发达国家的人口总和生育率都低于这一水平。表 1-4 是近 30 多年来发达国家总和生育率的变化趋势。其中,除美国因为是当今第一移民大国,移民群体出生率相对较高而使其人口总和生育率基本维持在人口更替水平以上,其余日本、法国、德国、意大利、芬兰等国,自 20 世纪 70 年代以来,总和生育率都降到了更替水平以下(详见表 1-4)。

表 1-4　发达国家总和生育率变化(1975—2007 年)

年份	日本	美国	法国	德国	芬兰	意大利
1975	2.1	2.0	2.3	1.6	1.6	2.3
1985	1.8	1.8	1.9	1.5	1.7	1.5
1995	1.5	2.0	1.7	1.3	1.8	1.3
2007	1.3	2.1	1.9	1.4	1.8	1.4

资料来源:根据联合国经济与社会事务部人口司:《2007 年世界人口政策》(United Nations, *World Population Policies* 2007)相关数据整理制表(纽约:联合国,2008 年)。

　　人口增长速度的变化,使国际人口格局发生了明显的变化。一批人口出生率高的国家,加入了当今世界人口大国的行列。根据美国人口咨询局2002年公布的统计与预测,1950年时,全世界人口超过1亿的国家仅有4个:中国、印度、美国与苏联。2002年,人口超过1亿的国家增加到11个,在新增国家中,除日本属发达国家外,巴西、墨西哥属较不发达国家,余下印度尼西亚、巴基斯坦、尼日利亚、孟加拉等,均为人均GDP排名全世界100名之后的贫困国家。据预测,到2050年,人口超过1亿的国家将增加到16个,在新的排行榜上,印度将超过中国成为世界第一人口大国,而新加入排行榜的埃塞俄比亚、菲律宾、越南、埃及、刚果等,也都是发展中国家,其中埃塞俄比亚的人均GDP仅为252美元,刚果166美元,均为当今世界上的最贫困国家。

　　联合国经济与社会事务部人口司在2006年修订发布的《世界人口展望》中,对全球人口未来发展的预测也指出了同一趋势:未来43年世界人口将从现有的67亿增加至92亿,增加幅度超过三分之一。但是,人口增长的地区性差异将十分明显。世界人口增长将基本来自较落后地区,年轻人也会集中于这些落后地区,尤其集中于世界最贫穷的50个国家。发达国家现有的生育率,不足以达到人口替代水平,因此,从2007年至2050年,发达国家人口将大致维持在12亿人的水平,但世界最落后的50个国家的人口却很可能增加超过1倍,从2007年的8000万增至2050年的17亿;其他发展中国家的人口增长速度将保持强劲但速度较慢,从46亿增加至62亿。而德国、意大利、日本、韩国,大部分的原苏联加盟共和国和好几个小岛国在内的46个国家,到2050年的人口预料将比现在少,但阿富汗、布隆迪、刚果、几内亚比绍、利比里亚、尼日尔、东帝汶和乌干达的人口未来40年内将增加两倍。报告还指出,世界未来40年的25亿人口增幅当中,近半数将来自印度、尼日利亚、巴基斯坦、刚果、埃塞俄比亚、美国、孟加拉和中国。①

---

　　①　The World Bank,*Global Economic Prospects* 2006,Washington DC:The International Bank for Reconstruction and Development / The World Bank,2006.

表 1-5　总人口超过 1 亿的国家

1950 年		2002 年		2050 年（预测）		人均 GDP（2007 年）	
国家	人口（亿）	国家	人口（亿）	国家	人口（亿）	人均 GDP（美元）	世界排行
中国	5.55	中国	12.81	印度	16.28	978	131
印度	3.58	印度	10.50	中国	13.94	2461	105
美国	1.58	美国	2.87	美国	4.14	45845	11
苏联	1.02	印度尼西亚	2.17	巴基斯坦	3.32	909	137
		巴西	1.74	印度尼西亚	3.16	1925	115
		巴基斯坦	1.44	尼日利亚	3.04	1159	126
		俄罗斯	1.44	孟加拉	2.05	455	157
		孟加拉	1.34	巴西	2.47	6938	64
		尼日利亚	1.30	刚果民主共和国	1.82	166	177
		日本	1.27	埃塞俄比亚	1.73	252	173
		墨西哥	1.02	墨西哥	1.51	8479	58
				菲律宾	1.46	1625	119
				越南	1.17	818	140
				埃及	1.15	1739	117
				俄罗斯	1.02	9075	54
				日本	1.01	34312	22

资料来源：人口统计及预测数据根据中国国家人口与计划生育委员会数据库提供的资料（http://www.chinapop.gov.cn/wxzl/rkgk/200806/t20080629_156995.htm）；

人均 GDP 及其排行根据国际货币基金组织 2008 年 4 月公布的 2007 年统计数据（http://en.wikipedia.org/wiki/List_of_countries_by_GDP_%28nominal%29_per_capita）。

目前业已显现的全球人口在地区、年龄分布上的不平衡，以及随着人口自身增长的惯性推动，在未来半个世纪内还将进一步增长的趋势，以及随之将进一步扩大的人口在地区分布、年龄构成上的不平衡，是国际移民政策制定者不能不面对的社会现实，因而也是研究国际移民政策时务必充分了解的人口生态。

二、世界人口年龄结构

与不同国家总人口数量增长变化密切相关的是人力资源或曰青壮年劳动力人口在总人口结构中所占比例的变化。根据人口学的定义：0～14 岁人口群属于需要被抚养的儿童，65 岁以上人口群属于需要被抚养的老年人口，15～64 岁则属于劳动力人口。

根据世界银行《2006 年全球经济展望》公布的统计数据，目前在发展中国家,14 岁以下儿童占总人口的 31%,而同一年龄群在发达国家则只占总人口的 18%。据此,世界银行报告进而对未来 20 年全球劳动力市场结构做出如下预测:在高收入国家,其 15～64 岁的劳动年龄人口将在 2010 年达到峰值,即接近 5 亿,尔后开始逐步下降,至 2025 年减少到 4.75 亿。因此,按目前高收入国家的劳动参与率计算,到 2025 年,这些国家将减少大约 2000 万工人。反之,发展中国家的劳动人口总数还将有一个较长的持续增长期,估计在今后 20 年内,发展中国家还有近 10 亿劳动人口要进入劳动力市场。[①]

国际劳工组织(ILO)将"15～64 岁人口群"称为"参与经济活动人口"。根据国际劳工组织的统计,1980 年全世界较不发达国家的参与经济活动人口总数大约为 14 亿,发达国家大约为 5 亿;2000 年同一数据分别上升到不发达国家 22.2 亿和发达国家 5.7 亿,2020 年再上升到不发达国家 30.4 亿和发达国家 6 亿。就绝对数量而言,无论是不发达国家或发达国家的参与经济活动人口总量都呈现上升趋势,但是,相对而言,较不发达国家参与经济活动人口在 2000 年比 1980 年净增约 8.2 亿,到 2020 年,还将再增加约 8.2 亿,即 40 年间从 14 亿增加到 30.4 亿,总量翻了一番还多;在发达国家,同期参与经济活动人口的绝对增长量则分别仅为 6647 万和 1382 万,即 40 年间净增约 8000 万人,增量比仅为大约 15%(详见附录四)。

就不发达国家与发达国家劳动力在全球劳动力市场中所占比例而言,两者的差距也不断扩大。1980 年的统计数据显示,是年不发达国家劳动力与发达国家劳动力在全球劳动力市场的比例为 74∶26;但 2000 年两者差距已扩大到 80∶20,2020 年的预测将再度扩大到 84∶16(详见附录四)。

人口的性别结构同样值得关注。全世界人口总量的性别比例基本持衡,从 1980 年到 2020 年,男性占总人口的 50.2%,比例略高于女性。但是,如果区分发达国家与不发达国家人口性别结构,那么,不发达国家的男性比例高于女性,1980 年为 50.9%,2000 年为 50.7%,2020 年为 50.5%;而发达国家男性比例则低于女性,1980 年为 48.3%,1990 年以降则基本保持在 48.5%(详见附录四)。

世界人口年龄结构的另一重要变化趋势,是全球老龄化高速推进。国

---

① The World Bank, *Global Economic Prospects* 2006, Washington DC: The International Bank for Reconstruction and Development / The World Bank, 2006, pp. 28～29.

际上通常使用的老龄社会标准是:当一个国家或地区 60 岁以上老年人口占人口总数的 10%,或 65 岁以上老年人口占人口总数的 7%,或人口中位年龄达到 30 岁,即意味着这个国家或地区的人口处于老龄化社会;如果 65 岁以上人口比例在总人口中达到 14%,即为老龄型社会;如果 65 岁以上人口达到 20%以上,即为超老龄型社会。

根据世界卫生组织发布的最新统计数据,2006 年全球 60 岁以上人口为 6.5 亿。预计到 2025 年,全球 60 岁以上人口将达 12 亿,到 2050 年,这一数字将达 20 亿,也就是说,到 2050 年,全球 60 岁以上人口比例将从 2006 年的大约 11%增加到 22%,平均每 5 个人中就有 1 人是 60 岁以上的老人(参阅图1-3)。

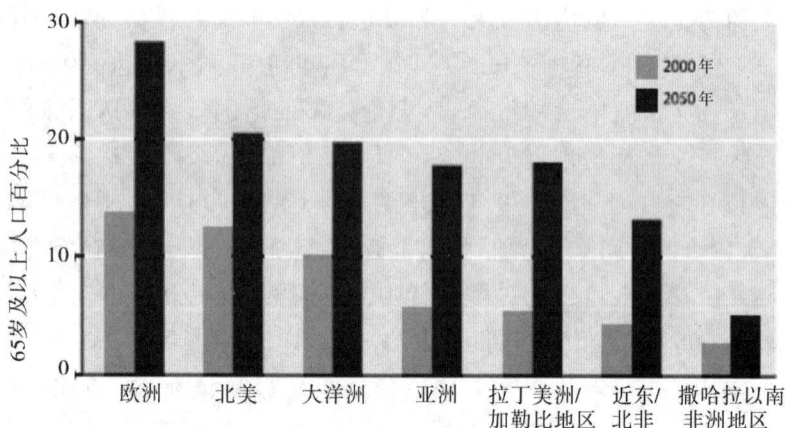

图 1-3 全球不同地区 65 岁以上老龄人口构成
(2000 年与 2050 年比较)

资料来源:联合国人口基金会:《2004 年世界人口状况》(纽约:联合国人口基金会,2004 年),第 12 页。

然而,同样需要指出的是,老龄化进程在发达国家与不发达国家同样存在差距。随着人口寿命的延长,国际劳工组织的统计数据显示,在发达国家,1980 年 65 岁以上老龄人口在总人口中的比例是 11.6%,2000 年上升到 14.3%,2020 年将达到 19%。相应的,在较不发达国家,65 岁以上人口比例虽然也在增长,但增幅及比例均明显较低,1980 年不发达国家 65 岁以上人口比例仅为 4.1%,2000 年为 5.1%,2020 年则可能上升到 7.5%。不发达国家 2020 年的老龄化水平,还远远低于发达国家 1980 年的水平(详见附录四）。

老龄人口增加,必将大幅度加重社会负担。从人口角度反映人口与经济发展基本关系的另一重要数据是"抚养比",或曰"负担系数"。[①] 世界银行《2006年全球经济展望》指出:到2025年,全世界高收入国家的抚养比将达到100∶111,即每100名劳动人口将需要抚养111名非劳动人口,反之,在发展中国家,由于目前大约100∶100的抚养比以对儿童的抚养为主,因此,随着这批儿童的成长及未来出生率下降,其抚养比在未来20年内将不升反降,到2025年可能下降到不足100∶90(详见图1-4)。

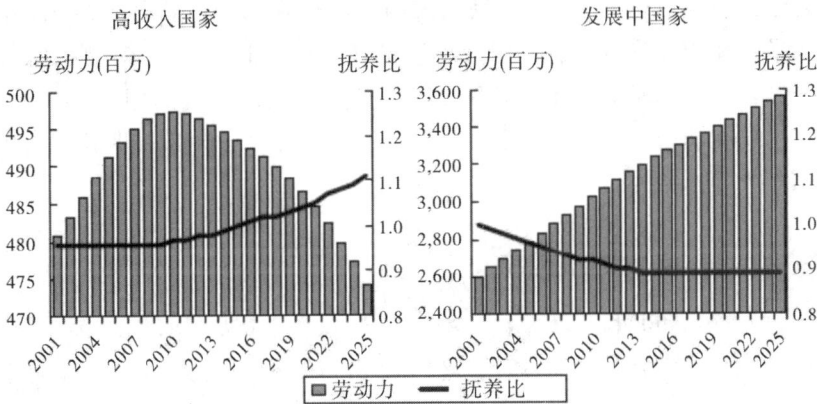

图 1-4　2001—2025 年高收入国家与发展中国家抚养比变化趋势预测

资料来源:The World Bank, *Global Economic Prospects* 2006, Washington DC: The International Bank for Reconstruction and Development / The World Bank, 2006, p. 30.

"抚养比"又分为"儿童抚养比"及"老年抚养比",前者一般以 15 年为限,其后即从被抚养者进入抚养者。但"老年抚养比"则不然,随着高收入国家人口预期年龄不断延长,"老年抚养比"也不断增长:在欧洲,目前每 100 名劳动人口需抚养 36 名老年人口,到 2025 年,同一比例将增加到每 100 名劳动人口需要抚养 52 名老年人口。而且,如果再加上未成年被抚养人口,

---

① 人口学中有"总抚养比"(total dependency ratio)、"儿童抚养比"(child dependency ratio)和"老年人抚养比"(aged dependency ratio)三个基本概念:"总抚养比"指总人口中非劳动年龄人口(14 岁以下及 65 岁以上)与劳动人口数之比,"儿童抚养比"指 0～14 岁儿童人口与 15～64 岁劳动人口之比,"老年人抚养比"指 65 岁以上老年人口与 15～64 岁劳动人口之比。这是社会负担的重要参考指数。

总抚养比将高达 1.1,即非劳动人口将超过劳动人口的总和。[①]

第二节 "人口问题"国别解读

　　世界人口发展既存在发达国家与不发达国家之间的区别,同时也存在国家之间的差别。即使同为发达国家或同为不发达国家,其所面对的人口问题也有所不同,从而更直接影响相关国家国际移民政策的制定与执行。

　　本节选择当今在人口问题上具有突出特征的日本、俄罗斯、欧洲、印度及海湾国家,进行国别解读。因为这些国家同时也是当代的国际移民大国,对其人口问题的解读,将有助于下文从人口生态的角度具体剖析制约国际移民政策的人口因素。[②]

一、发达国家的人口困境

　　20 世纪 80—90 年代以来,当今世界以欧、美、澳为主的发达国家,在人口问题上基本都面临出生率降低、老龄化加速等相似的人口困境。本节选择日本、俄罗斯以及"老欧洲"为例,就其在人口问题上所面临的困境进行分析。

　　(一)日本的"少子老龄化"

　　日本是当今世界上老龄化程度最高的国家之一,"少子老龄化"已经成为日本人口学界的重要话题,并且也已经从一个"日文的专用语"转变成为对日本社会人口现状的典型描述。

　　20 世纪初叶的日本是一个出生率持续上升、人口"年轻化"的国家,1930年的数据显示,当时日本社会中 65 岁以上的老龄人口仅占日本总人口的4.8%。[③]第二次世界大战结束后,日本在 1947—1949 年期间,出现了连续三年的生育高峰,出生率高达 33‰～34‰,总和生育率曾高达 4.31,每年新生

---

　　① The World Bank,*Global Economic Prospects* 2006,Washington DC:The International Bank for Reconstruction and Development / The World Bank,2006,p.29.

　　② 中国也是当今世界具有突出人口特征的国家,本书第六章将专门剖析中国人口及国际移民政策问题。

　　③ 王桂新:《中日两国人口老龄化之比较》,《人口与经济》2003 年第 2 期。

人口在 268 万～270 万人之间,创历史最高水平。① 然而,在此之后,日本人口随即进入急剧下降的时期,1960 年与 1950 年相比,日本人口总和生育率从 3.65 迅速下降到 2.0,低于代际更替水平。进入 20 世纪 70 年代后,日本的总和生育率更是一路走低,2007 年的数据显示,是年日本每名妇女终生平均仅生育 1.23 名孩子(详见图 1-5)。

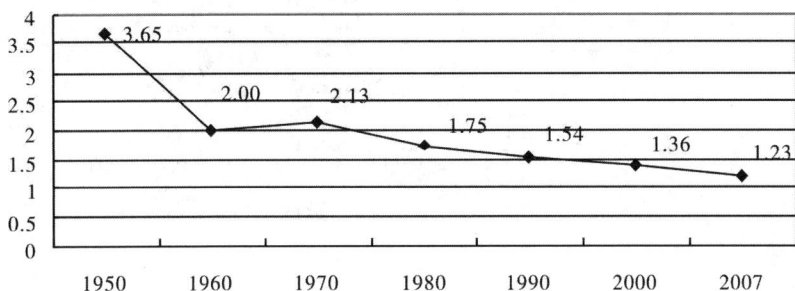

图 1-5　日本总和生育率下降趋势(1950—2007 年)

资料来源:1950—2000 年数据根据日本国立社会保障人口问题研究所编《人口资料统计局》资料,2007 年数据根据"Demographic of Japan"(http://en. wikipedia. org/wiki/Demographics_of_Japan)。

　　人口出生率下降带来的直接后果之一是日本人口总量进入 20 世纪 90 年代后增量甚微,并且在 2006 年进入人口拐点,总人口开始下降。2007 年日本人口出生率 8.10‰,死亡率 8.98‰,即死亡率比出生率高出 0.88‰。据日本内务省 2010 年 7 月公布的数据,日本总人口为 126804433 人,比 2007 年减少约 63 万人。而且,日本人口减速在 2015 年后将进一步加快。预计到 21 世纪末,日本人口可能下降到 20 世纪 30 年代的水平(详见图 1-6)。

　　而且,日本在人口生育率迅速跌落的同时,人口平均寿命迅速延长。1947 年日本男性平均寿命大约 50 岁,女性 54 岁;1985 年提高到男性 74.8 岁,女性 80.4 岁;2002 年男性达 77.17 岁,女性 83.92 岁;估计 2030 年时,日本男性平均寿命将高达约 80 岁,女性约 88 岁。②

　　日本从 1970 年起,老龄人口开始超过 7%,进入联合国规定的老龄国家行列。进入 21 世纪时,日本老龄人口已达到 3100 万,占总人口的 24%,估

---

① 尹豪:《日本人口老龄化与老龄化对策》,《人口学刊》1999 年第 6 期。
② 顾杨妹:《日本人口与资源、环境的可持续发展研究》,《人口学刊》2005 年第 6 期。

人口总量（百万）

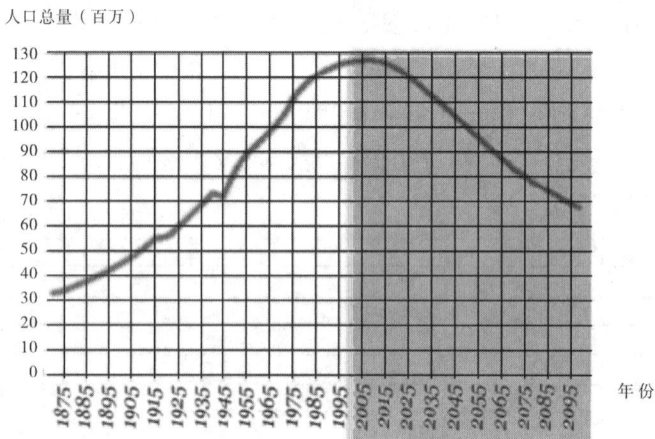

图 1-6　日本总人口变化（1875—2095 年）

资料来源："Demographic of Japan"（http://en. wikipedia. org/wiki/Demographics_of_Japan）。

计到 2050 年将增加到 4600 万,占总人口的 42%,[1]比"超老龄社会"老龄人口 20% 的指标还要翻上一番,成为一个"超超老龄"社会。不仅如此,在日本的老龄人口中,高龄老人的比例也将以惊人的速度攀升,预计到 21 世纪中叶,80 岁以上高龄老人将占总人口的 15%,占 60 岁以上老年人口的 37%,而百岁老人的绝对数将逼近 100 万。[2]

反之,少年儿童在日本总人口中所占比例则相对下降。1950 年少年儿童在日本总人口中所占比例是 35.4%,但 2008 年统计中少年儿童仅占 13.5%,比前一年再减少 0.1 个百分点,创历史新低。数据显示,从 1998 年起,日本人口中 15 岁以下少年儿童人数所占比例,一直低于 65 岁以上人口比例。[3] 根据人口学学家的预测,2020 年日本 0～14 岁少儿人口与 65 岁以上老龄人口比重将分别发展为 13.7% 和 26.9%,65 岁以上老龄人口规模将可能增长到 0～14 岁少儿人口的 2 倍;到 2045 年以后,65 岁以上老龄人口规模将可能增长到 0～14 岁少儿人口的 2.5 倍。[4]

---

[1]　[日]和岛理爱:《日本难民政策分析》,《论世界经济与政治》2003 年第 2 期。

[2]　原新、林正祥:《中国大陆、中国台湾地区和日本人口问题之探讨及其对策》,《人口学刊》2008 年第 2 期。

[3]　《日本儿童人口降到历史新低》,《参考消息》2008 年 5 月 6 日。

[4]　王桂新:《中日两国人口老龄化之比较》,《人口与经济》2003 年第 2 期。

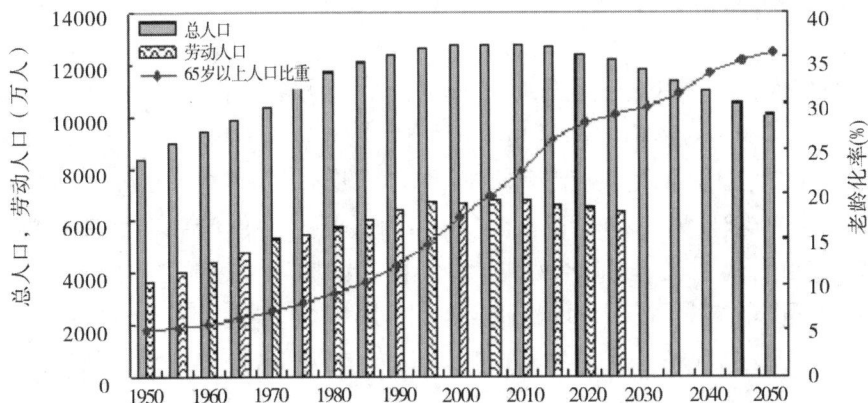

图 1-7　日本人口构成（1950—2050 年）

资料来源：陈茗、陈若愚：《日本迈向"移民大国"的蹒跚步履：历史、现状和展望》，《东南学术》2005 年第 4 期。

日本卫生部 2006 年底发布的人口预测报告特别关注人口减少及高龄化给日本社会带来的沉重压力。该报告指出，由于现代日本社会出现越来越多的"晚婚、晚育、离婚"现象，目前人口 1.27 亿的日本，已经成为世界上一个拥有"最多老人、最少年轻人"的国家。现在还是 3 人养 1 老的日本社会，到 2050 年将变成"1.4 人养 1 老"；2075 年，就会步入"1 人养 1 老"的时代。有鉴于此，当时的日本首相安倍晋三于 2006 年 12 月宣布："我的内阁要为日本人口减少刹车。"日本卫生部长同时宣布，追加 170 亿日元作为请育婴假期的补贴金。日本的中小企业可利用这笔政府资助，作为支付给小孩不满一岁的员工申请育婴假期时的薪水。从 2007 年起，日本政府为不满三岁小孩家庭提供的育婴津贴，从每月 5000 日元大幅度提升到 10000 日元。[①]

少子老龄化已经对日本社会造成沉重负担。虽然日本政府自 20 世纪 90 年代以来就一直采取人为手段希望提高人口出生率，并不断加大力度，但至今未见成效。日本总人口老龄化，甚至高龄化的趋势，意味着在医疗、护理、福利等方面的社会经济负担不断加重。人口构成的这一变化是考量日本当代国际移民政策的重要基础性因素。

（二）俄罗斯的"人口危机"

俄罗斯是另一个公认存在"人口危机"的国家。俄罗斯是世界上国土最

[①] 《日本 2075 年将进入"一人养一老"时代》，新加坡《联合早报》2006 年 12 月 18 日。

辽阔的国家,总面积 1700 多万平方千米,几近中国的两倍,人口却不及中国的 10%。

第二次世界大战曾经给苏联造成巨大的人力物力损失。二战后,苏联人口进入了一个缓慢但持续增长阶段。1992 年 1 月 1 日,俄罗斯人口总数达到 1.487 亿。从那之后,俄罗斯总人口不增反降,并且持续走低。1992 年后的十年间,俄罗斯人口减少了 240 万。而且,自 2001 年后,俄罗斯人口下降幅度更快,从 2001 年到 2006 年的 5 年间,人口减少约 350 万,几乎每年减少 70 万(详见图 1-8)。[①] 有人比喻说,俄罗斯人口的缩减幅度,相当于"每几天就打一次车臣战争"。俄专家预测,十年后俄罗斯有劳动能力的人口每年将减少近 100 万。俄罗斯安全会议公布的一项报告显示,俄罗斯人口到 2050 年将缩减到 1 亿。联合国也提出警告:如果按这种趋势发展下去,到 2025 年,俄罗斯人口中 15~24 岁年龄段的人口数量将不会超过 600 万;到 2050 年,俄罗斯人口很可能只剩下当今的一半。[②]

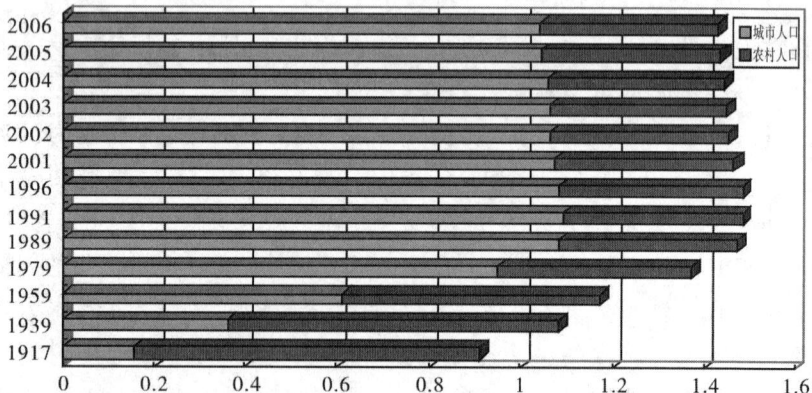

图 1-8　俄罗斯城乡人口构成(1917—2006 年)

资料来源:《俄罗斯 1897—2006 年人口统计》,《中亚信息》2007 年第 5 期。

在俄罗斯的远东地区,人口危机现象更为突出。俄罗斯远东地区地域辽阔,面积占俄罗斯全境的 36%,但在远东地区长期生活的俄罗斯人口只有

---

① 根据俄罗斯国家统计局公布数据计算,详见《俄罗斯 1897—2006 年人口统计》,《中亚信息》2007 年第 5 期。

② 牛燕平:《俄罗斯东部地区劳动力资源与移民问题》,《西伯利亚研究》2006 年第 3 期;刘婉媛、梁晶:《人口与移民:俄罗斯的困惑》,《中国新闻周刊》2007 年 2 月 12 日。

700 万人,仅为全俄罗斯总人口的 5%。如果说,在苏联时期,中央政府曾经采取强制性措施向远东地区迁移人口的话,那么,在 1989 年以后,此类措施已经不再奏效。随着远东地区人口持续下降,在本来就人烟稀少的地区,甚至出现整个村镇凋零消失,成为“鬼村”的现象。根据俄罗斯专家的预测,到 2016 年,俄罗斯远东地区有劳动能力的人口数量将比 2002 年减少 70 多万,届时退休年龄段的人口将比仍然在工作岗位上的人还要多。甚至有俄罗斯专家发出严重警告:照目前趋势发展下去,俄罗斯东部地区将有可能变为一个真空地带,“那将是俄罗斯的灾难”。①

俄罗斯的人口危机还反映在男女比例严重失调上。据俄罗斯人口研究的一份资料显示,俄罗斯新生儿性别比例基本正常,即 105～106∶100。因男婴死亡率高于女婴,大约到 30～35 岁,男女性别比例基本平衡。但是,由于俄罗斯男性普遍酗酒,加之社会动荡、经济负担沉重等原因,俄罗斯男性的平均寿命在欧洲各国中位居末端。俄罗斯女性的平均寿命是 72 岁,而男性却只有 58 岁。② 因此,在俄罗斯中年以上人口中,年龄段越高,女性比例也越高,在 2001 年的 1.45 亿俄罗斯人口中,年龄在 60 岁以上的男性约为 900 万,而同龄女性则达到 1800 万。成年男性比例下降意味着成年女性需要更多地承担抚养子女的重任,这可能也是导致俄罗斯女性生育意愿极低的重要原因之一。一项调查结果显示,在已婚家庭中,24%不想改变无子女状况,41%愿意生育一个孩子,31%愿意生育 2 个孩子,只有 3.4%愿意生育 3 个孩子。③ 如果这一调查的确真实地反映了俄罗斯妇女的生育意愿的话,那么,每个俄罗斯妇女平均只生育 1.12 个孩子,甚至低于前面所列举的诸多发达国家的生育率。

俄罗斯社会上存在的一些不良生活习俗,进一步加剧了人口生态危机。据报道,俄罗斯联邦区域发展部长符拉基米尔·雅可夫列夫在接受《星火》杂志记者采访时承认:“我们很快就无人可工作了,目前,经济领域健康男子的不足差不多正好与苏联在卫国战争中损失的男人数相当。在 2000 万具有劳动能力的年龄档的男人中,差不多 100 万人已经到最后界限,400 万左右在内务、特工和安全系统‘服役’,还有近 400 万是长期的嗜酒成癖者和近

---

① 牛燕平:《俄罗斯东部地区劳动力资源与移民问题》,《西伯利亚研究》2006 年第 3 期。

② 刘婉媛、梁晶:《人口与移民:俄罗斯的困惑》,《中国新闻周刊》2007 年 2 月 12 日。

③ 韩全会、张军华:《俄罗斯人口危机浅析》,《人口与经济》2008 年第 3 期。

100 万的吸毒者。如此看来,真正在工作的男人只有 1000 万。"学者们也证实了部长的悲观不无道理。比如,俄罗斯科学院国民经济预测研究所人口和人口生态学研究中心就警告说,由于死亡率上升,俄罗斯劳动力人口的绝对短缺将从 2006 年开始,劳动力人数每年减少数高达 80 万～100 万。[①]

俄罗斯人口长期负增长已经使俄罗斯面临劳动力和兵源短缺等问题,俄罗斯的经济发展和国家安全都面临严峻的挑战。俄罗斯前总统普京一再就俄罗斯人口问题提出警告,在他发表的国情咨文中,将人口问题定性为"俄罗斯所面临的最尖锐的问题"。普京在任期间恢复了对多生孩子的妇女给予奖励的政策,规定凡生第 2 个或第 3 个孩子的母亲将获得 25 万卢布(合9555 美元)的奖励。梅德韦杰夫在竞选总统时,也曾一再强调他在担任第一副总理期间为努力提高人口出生率所做的工作。梅德韦杰夫就任总统之后,又再次强调"增加人口是俄罗斯的'国家大事'"。[②]

然而,如前所述,人口发展自身的惯性无法在短期内随政策的改变而立刻发生变化。俄罗斯的国际移民政策同样与其人口危机密切相关。

(三)"老欧洲"的老龄潮

2003 年伊拉克战争爆发之际,美国国防部长拉姆斯菲尔德抛出了"新老欧洲"之说,把支持美国出兵伊拉克的波兰、匈牙利、捷克、阿尔巴尼亚等国褒扬为"新欧洲",而把反对美国发动战争的德国、法国、意大利这几个国家讥讽为"老欧洲"。虽然"老欧洲"的缘起是美国对"不听话"的德、法等国的政治讥讽,但本书不是讨论美国为其政治目的而使用的"老欧洲",而是认为在人口学视角下,德、法、意等国的确构成了名副其实的"老欧洲",即"老龄化的欧洲"。

根据联合国最新人口报告,全世界生育率最低的 25 国,有 22 国在欧洲,因此,即便移民不断涌入,到 2030 年,欧洲人口仍将减少 4100 万,其中流失最严重的是欧洲乡村。由于意大利人、西班牙人和德国人目前的总和生育率维持现有人口的一半都不够,加上乡村人口纷纷涌入欧洲郊区和城市,欧洲农村将会流失将近三分之一的人口。里斯本大学人口学家柯斯达因而提出警告:"儿童太少,老人太多,从乡村流失的青年也太多",无疑是欧洲的

① 符拉基米尔·叶梅利亚年科著,晓枫译:《俄罗斯大门向世界移民敞开》,《国外社会科学文摘》2005 年第 9 期。
② 《俄新任总统梅德韦杰夫再次强调"增加人口是俄'国家大事'"》,《参考消息》2008年 2 月 26 日。

76

"三枚时间炸弹"。[①]

另据欧盟统计局（Statistical Office of the European Communities, Eurostat）的估计，在 21 世纪上半叶，欧盟总人口将不断下降，其中，德国下降率为 9.6%，意大利 8.9%，而且所减少的人口将主要是 15～64 岁的劳动力人口。[②] 欧盟统计局还公布了欧盟 65 岁以上人口抚养比资料，欧盟 25 国 1996 年 65 岁以上人口与 15～64 岁劳动人口之比是 22.5，到 2007 年上升到 25.3。在欧盟国家中，老龄人口比最高的国家是意大利，达 30.2，其次是德国 29.9（详见表 1-6）。据估计，到 2050 年，欧盟国家 57% 的劳动力人口必须抚养 30% 年龄在 65 岁以上的人口。[③]

表 1-6　欧盟主要国家 65 岁以上老龄人口抚养比（1996—2007 年）

国别	1996 年	2000 年	2005 年	2007 年	2007：1996
欧盟 25 国	22.5	23.4	24.8	25.3	+2.8
意大利	24.7	26.8	29.3	30.2	+5.5
德国	22.8	23.9	27.8	29.9	+7.1
希腊	22.6	24.2	26.8	27.6	+5.0
比利时	24.3	25.5	26.3	25.9	+1.6
法国	23.1	24.3	24.9	24.9	+1.7
西班牙	22.7	24.5	24.4	24.2	+1.5
英国	24.5	24.3	24.3	24.1	−0.4
爱尔兰	17.6	16.8	16.4	16.2	−1.4

资料来源：欧盟统计局网站数据库（http://epp.eurostat.ec.europa.eu/tgm/table.do?tab=table&init=1&plugin=0&language=en&pcode=tsdde510）。

世界经济论坛和美国咨询公司沃森怀特亚于 2004 年发表的报告书指出，在欧盟主要的 15 个国家中，20～59 岁的劳动人口将从 2000 年的 2.09 亿下降到 2050 年的 1.52 亿。而且，在 2030 年后，欧盟将进一步出现工作年龄人口大幅度减少的局面。因此，假设当前的人口和经济趋势不变，欧盟在全球总产量中所占比重将从目前的 18% 减少到 2050 年的 10%。[④]

在欧盟主要国家中，目前人口老化最明显的国家是德国。德国自 20 世纪 50 年代后人口出生率即迅速下降，长期是欧洲出生率最低的国家之一，

---

① 《欧洲乡村人少野狼多》，新加坡《联合早报》2005 年 6 月 30 日。

② Stephen Castles, Guestworkers in Europe：A Resurrection? *International Migration Review*，Vol. 40，No. 4，2006，p. 745.

③ Stephen Castles, Guestworkers in Europe：A Resurrection? *International Migration Review*，Vol. 40，No. 4，2006，p. 745.

④ 《日本生育率低需增加移民 11 倍》，新加坡《联合早报》2004 年 1 月 21 日。

其人口总量在进入 21 世纪之后跌幅更日渐增大。据德国联邦统计局资料，自 2002 年以来，德国人口连年出现负增长，从 2005 年至 2007 年，德国每年死亡人口均超过新生人口达 14 万人以上，其中 2006 年超过近 15 万人（详见表 1-7）。

表 1-7　德国新生人口与死亡人口统计(2005—2007 年)

类别	2005 年	2006 年	2007 年
新出生人口	685796	672724	684865
‰	8.3	8.2	8.3
死亡人口	830227	821627	827162
‰	10.1	10.0	10.1
死亡人口—新出生人口	+144431	+148903	+142297

资料来源：德国国家统计局网站数据库（http://www.destatis.de/jetspeed/portal/cms/Sites/destatis/Internet/EN/Navigation/Statistics/Bevoelkerung/GeburtenSterbefaelle/GeburtenSterbefaelle.psml）。

从德国国家统计局 2006 年公布的德国人口年龄结构图可以看出，德国人口中年龄在 30 岁以下的数量，显现出明显的倒三角结构，说明德国人口负增长的情况还将延续，与此同时，老龄化趋势将进一步加速（详见图 1-9）。人口专家指出，如果不采取特殊政策，一味听之任之，那么，到 2050 年，德国总人口可能从 2006 年底的 8231 万锐减至 6900 万，而 60 岁以上的老龄人口将会两倍于新生人口。为了应对德国人口危机，德国政府已经采取了鼓励国民生育的政策。政府宣布，从 2007 年 1 月 1 日开始，为了鼓励德国夫妇多生育，新生婴孩的父母将可享有 14 个月的产假，并且还能在产假期间获得原薪金三分之二的津贴。①

意大利是又一个人口老龄化严重的欧盟国家。2005 年意大利人口预期寿命已经达到男性 76.88 岁，女性 82.94 岁。2007 年意大利总人口中 15～64 岁劳动人口仅占 66%，0～14 岁人口占 14%，而 65 岁以上人口已经高达 20%，即平均每 5 个意大利人中，就有一人年龄在 65 岁以上。而且，据测算，

① 《德人口四年连续下降，去年跌幅统一后最大》，新加坡《联合早报》2007 年 1 月 7 日。

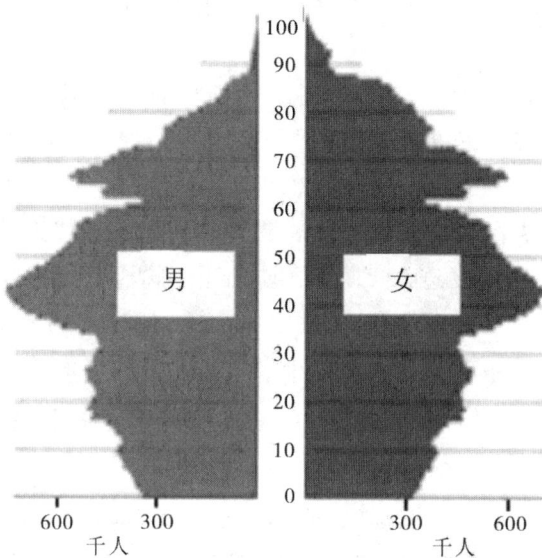

图1-9　德国人口年龄结构金字塔(2006年)

资料来源:德国国家统计局网站数据库(http://www.destatis.de/jetspeed/portal/cms/Sites/destatis/Internet/EN/Navigation/Statistics/Bevoelkerung/Bevoelkerung.psml;jsessionid=469E328787BE73673A96A8C9962748D1.internet2)。

到2030年,意大利的退休人士将超过在职员工。[①] 意大利社会养老负担十分沉重,目前意大利国家养老金开支已经达到国内生产总值的14%,但调查显示,仍有逾半数的老人表示"手头拮据"或"生活窘迫",国家经济对此不堪重负,这成为历届政府极其头疼的老大难问题。[②]

"老欧洲"的人口老龄化问题,是当今困惑欧洲相关国家政府最严峻的社会问题之一。解读当代欧洲各国政府的国际移民政策,不能不认真关注形成其政策基础的人口生态。

二、发展中国家的人口红利

在人口总体生态上,与发达国家少子化、老龄化的困境相比,众多发展中国家所呈现的恰恰是另一种景象:人口出生率居高不下,人口总量持续增

---

① 《日本生育率低需增加移民11倍》,新加坡《联合早报》2004年1月21日。
② 《意大利人口老化居世界之首》,《光明日报》2006年11月17日。

长,大量年轻人口在客观上为这些国家的经济发展提供了强有力的生力军。

（一）印度的"人口爆炸"

虽然印度的国土面积仅相当于全球陆地面积的 2%,其人口却高达世界人口的近 17%。如何妥善解决印度的"人口爆炸"问题,一直是独立以来历届印度政府都十分关注的重要社会问题。

印度是当今世界上人口绝对增长量最大的国家。1947 年印度独立时,全国人口约 3.5 亿,当印度进入 21 世纪时,全国总人口已经猛增到超过 10 亿。也就是说,印度在二战后的半个世纪内,总人口净增约 6.5 亿。而且,国际人口学界普遍认为,按照目前的增长速率,估计到 2020 年,印度人口将超过 13 亿,到本世纪中叶,将超过 16 亿,成为总人口超过中国的世界第一人口大国(详见图 1-10)。

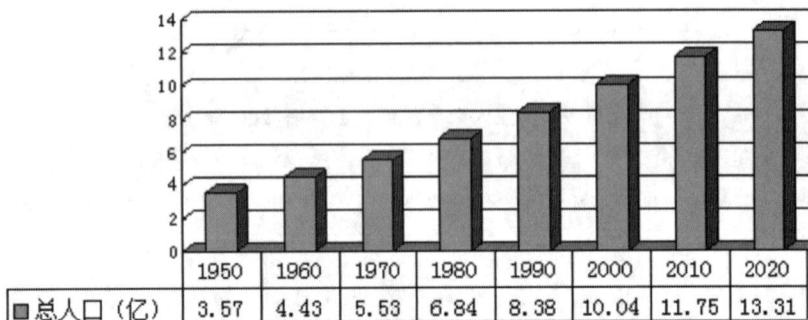

	1950	1960	1970	1980	1990	2000	2010	2020
■总人口（亿）	3.57	4.43	5.53	6.84	8.38	10.04	11.75	13.31

图 1-10　印度人口增长（1950—2020 年）

资料来源:根据维基网数据计算制图(http://en. wikipedia. org/wiki/Demographics_ of_India)。

印度半个多世纪以来居高不下的出生率形成的直接后果是人口构成的高度年轻化。根据美国中央情报局网站公布的 2008 年 7 月 1 日印度人口基本数据:在印度高达 11. 48 亿总人口中,0～14 岁占 31. 5%,15～64 岁占 63. 3%,65 岁以上 5. 2%,年龄中位数 25. 1 岁;人口出生率 22. 22‰,死亡率 6. 4‰,总和生育率 2. 76,人口年增长率 1. 578%;人口预期寿命 69. 25 岁,其中男性 66. 87 岁,女性 71. 9 岁。[①]

①　美国中央情报局（CIA）网站数据（https://www. cia. gov/library/publications/the-world-factbook/geos/in. html#People）。

　　印度年轻型的年龄结构显示印度拥有人口庞大的劳动力后备军,他们在未来数十年内将源源涌入劳动力市场。到 2030 年,印度劳动力人口将比 2000 年净增 3.35 亿,这一人数几乎相当于 2000 年欧美劳动力的总数。[①]

表 1-8　印度人口年龄构成(2000—2020 年)

年份	14 岁以下人口		15～64 岁人口		65 岁以上人口		全国总人口
	总数(亿)	占全国总人数 百分比(%)	总数(亿)	占全国总人数 百分比(%)	总数(亿)	占全国总人数 百分比(%)	总数(亿)
2000	3.61	35.74	6.04	59.80	0.45	4.46	10.10
2005	3.68	33.70	6.73	61.63	0.51	4.67	10.92
2010	3.70	31.49	7.47	63.57	0.58	4.94	11.75
2015	3.72	29.62	8.19	65.21	0.65	5.18	12.56
2020	3.73	28.02	8.82	66.27	0.76	5.71	13.31

　　资料来源:根据维基网数据计算制表(http://en. wikipedia. org/wiki/Demographics_of_India)。

　　印度从政界到商界对于印度人口都存在不同看法。20 世纪 70 年代印度前总理甘地夫人执政时,鉴于印度人口的高增长率,曾经厉行强迫节育政策,结果由于该政策有悖于印度的民族、宗教传统,引起民众反抗。此后多年,节育是印度政坛一个十分敏感的话题。长期以来,印度政府的主要措施不是强迫节育,而是以提供节育服务、实施奖励节育措施,鼓励普通民众接受生育计划,但效果并不明显。近年来,情况又有变化,一些带有惩罚性的措施开始出现。印度最富庶的马哈拉施特拉邦在 2005 年通过一项新法律,规定任何农民若拥有超过两个孩子,就需为灌溉用水多付 50% 附加费。孟买多家公立医院则规定,为产妇头两胎接生免费,第三胎则要收费。进入 21 世纪,印度人口年增长率有所下降,1995 年为 21‰,2007 年下降为 15‰,[②]但因为人口基数巨大,其总增长量在相当长的一段时期内仍然会居高不下。

　　在印度,支持控制人口政策者认为,数十年来印度人口高速增长,造成印度大城市人口严重拥挤,贫民窟四处可见,贫困人口无论是绝对数量或相

---

　　① 《日本生育率低需增加移民 11 倍》,新加坡《联合早报》2004 年 1 月 21 日。

　　② Department of Economic and Social Affairs, *World Population Policies* 2007, 2008, p.249.

对比例都居高不下,是牵制印度经济发展的首要因素。然而,对印度人口增长持积极态度者则认为,"人口不是问题,而是资产",印度所需要的不是控制人口,而是"通过教育和增加就业机会,吸收人力资源,将社会负担转化为国家发展的资产"。因为,预计到 2020 年,印度人口的平均年龄将是 29 岁,而届时中国和美国的人口平均年龄都是 37 岁,西欧人口平均年龄为 45 岁,日本则为 48 岁。这表明印度将会有更多的工作人口,供养较少的老人,因而也就有更高生产力和更多资源来发展经济。[①]

由于印度即将成为世界第一人口大国,印度人口已经接近全球人口的三分之一,印度人口海外就业数量之大与分布之广,已经使印度人口问题越出印度国界而成为涉及国际社会的大问题。印度的国际移民政策同样与印度人口构成及其未来走向密切相关。

(二)"年轻的"海湾石油国家人口

当今的西亚地区自古就是人类生存繁衍的地区,公元 7 世纪时,那里曾经是地跨欧、亚、非的阿拉伯帝国的发源地。然而,在 13 世纪之后,该地区先后遭到蒙古、波斯、葡萄牙和英国的入侵,国家动荡不安,民族分合冲突频繁。在现代六个海湾国家中,除沙特阿拉伯于 1932 年完成国家统一,正式定名为"沙特阿拉伯王国"之外,其余五个国家都是到 20 世纪 60—70 年代才最终独立建国,划定疆界,正式建立现代国家。

海湾石油国家的人口构成与发展变化具有地区性的鲜明特征。第一,这是一个人口高速增长的地区。2007 年海湾六国总人口达到 3616 万,约是 1975 年总人口 1015 万的 3.56 倍,在 32 年间净增人口超过 2600 万。20 世纪 70 年代,海湾六国中人口年均增长率最高的国家是阿联酋,高达 17.2%,第二位卡塔尔,年均增长率也高达 8.6%。虽然在 20 世纪 80 年代后,海湾各国人口增长速度都明显减缓,其中科威特因为 90 年代的战争,还出现总人口非正常下降,但是,直至 2007 年,海湾六国除巴林之外,其余五国的年均人口增长率都在 20‰以上,其中阿联酋的年均人口增长率达到 28‰(详见表 1-9)。

---

① 《印度人口膨胀是祸是福?》,新加坡《联合早报》2005 年 5 月 5 日。

表 1-9　海湾石油国家人口增长（1975—2007 年）

类别 国别	1975 年			1985 年			1995 年			2007 年		
	A	B	C	A	B	C	A	B	C	A	B	C
沙特阿拉伯	7251	7.3	4.7	12865	7.0	5.8	18251	5.4	2.3	24735	3.4	2.2
科威特	1007	6.9	6.0	1720	4.9	4.5	1725	3.2	−4.3	2851	2.2	2.4
阿曼	917	7.2	4.1	1527	7.2	5.0	2172	6.3	3.3	2595	3.0	2.0
阿联酋	530	6.4	17.2	1410	5.2	6.6	2432	3.9	5.3	4380	2.3	2.8
巴林	272	5.9	4.3	413	4.6	3.5	578	3.4	3.2	753	2.3	1.8
卡塔尔	171	6.8	8.6	361	5.5	9.0	526	4.1	2.4	841	2.7	2.1

　　A：全国总人口（千人）；　B：总和生育率（每位妇女终生生育子女数）；　C：人口年均增长率（％）。

　　资料来源：根据联合国经济与社会事务部人口司：《世界人口政策 2007》（United Nations，*World Population Policies* 2007）相关数据整理制表（纽约：联合国，2008 年）。

　　第二，这是一个人口构成非常年轻的地区。高出生率的结果必然是人口的年轻化，自 20 世纪 70 年代以来直至 2007 年的最新统计，海湾各国 60 岁以上人口在总人口中所占比例均在 5％ 以下，其中比例最低的科威特，60 岁以上人口甚至还不足总人口的 1％（详见表 1-10）。

表 1-10　海湾石油国家人口年龄构成比例（％）

年龄组 国别	1975 年		1985 年		1995 年		2007 年	
	0～14 岁	60 岁以上	0～14 岁	60 岁以上	0～14 岁	60 岁以上	0～14 岁	60 岁以上
沙特阿拉伯	44	5	42	4	42	4	34	4
科威特	44	3	37	2	29	2	23	1
阿曼	47	4	45	3	40	3	32	4
阿联酋	28	3	30	2	28	2	20	2
巴林	43	4	32	4	30	4	25	5
卡塔尔	33	3	28	2	27	2	21	3

　　资料来源：根据联合国经济与社会事务部人口司：《世界人口政策 2007》（United Nations，*World Population Policies* 2007，New York：UN，2008）相关数据整理制表。

　　第三,这是一个人口分布极度不均衡的地区。"阿拉伯"一词本有"沙漠"之意,而"阿拉伯人"即指生活在沙漠中的"贝都因人"(意为"游牧人"),海湾六国所处的阿拉伯半岛地区中部是大片不适合人类生存的荒漠地带。位于沙漠地带的沙特阿拉伯、阿联酋、阿曼等国的人口密度都非常低。同样因为位于荒漠地带,海湾六国的耕地极少,即使在耕地相对比例最高的巴林,耕地面积也仅为国土面积的 2.82%,而相对比例最低的阿曼,耕地仅为0.12%,其余国家沙特 1.67%,卡塔尔 1.64%,科威特 0.84%,阿联酋0.77%,全都远远低于全球耕地占陆地总面积 13.31%的比例。众所周知,海湾国家全都靠石油为生,人口高度集中于城市,巴林、科威特和卡塔尔的城市人口高达 96%以上,而沙特、阿联酋、阿曼的城市人口也都达到 72%以上,城市化程度非常高(详见表 1-11)。

表 1-11　海湾石油国家人口分布

年份 国别	人口密度(千人/平方千米)				城市人口(%)			
	1975	1985	1995	2007	1975	1985	1995	2007
巴林	392	596	832	1085	85	87	92	97
科威特	56	97	97	160	89	98	98	98
卡塔尔	16	33	48	76	89	90	94	96
沙特阿拉伯	3	6	8	12	58	73	79	81
阿联酋	6	17	29	52	84	80	78	77
阿曼	3	5	7	8	34	55	72	72

　　资料来源:根据联合国经济与社会事务部人口司:《世界人口政策 2007》(United Nations, *World Population Policies* 2007)相关数据整理制表(纽约:联合国,2008 年)。

　　第四,这是一个男性比例远远高于女性、性别比严重失衡的地区。美国中央情报局(CIA)公布的海湾人口统计,包含了在当地长期居住的外来人口,从表 1-12 可以看出,海湾六国劳动力年龄组的性别比都非常高,其中阿联酋达 274,卡塔尔 218,最低的沙特阿拉伯也达到 130,远远高于全世界同年龄组 102 的性别比指标。我们从表中还可以注意到,海湾六国的出生性别比是基本正常的,主要是在进入劳动年龄后男性比例飙升,其原因正在于这些国家大量引入了外来的男性劳动力,进入这些国家的石油工业。这正是我们讨论海湾人口问题所要关注的重点所在。

表 1-12　2008 年海湾六国人口性别比

国别	年龄组	占总人口比例	男性人数	女性人数	性别比
阿联酋	0～14	20.5	484102	462405	105
	15～64	78.6	2663702	970672	274
	65＋	0.9	26244	14274	184
巴林	0～14	26.4	95709	93747	102
	15～64	69.8	288957	212706	136
	65＋	3.8	14224	12963	110
科威特	0～14	26.6	351057	338634	104
	15～64	70.6	1172460	659927	178
	65＋	2.9	46770	27951	167
阿曼	0～14	42.7	721769	692699	104
	15～64	54.5	1053040	752962	140
	65＋	2.8	51290	39853	129
卡塔尔	0～14	22.8	108063	103887	104
	15～64	72.9	463942	213137	218
	65＋	4.3	29515	10091	292
沙特阿拉伯	0～14	38.1	5469641	5258508	104
	15～64	59.5	9467325	7284077	130
	65＋	2.4	355173	326693	109

资料来源：根据美国中央情报局（CIA）《全球资料集》（*The World Factbook*）（https://www.cia.gov/library/publications/the-world-factbook/geos/in.html＃People）相关国家数据整理统计制表。

第三节　人口生态与国际移民政策

如前所述，以人口增长与环境资源失衡、人口分布地区性失衡、人口自身年龄结构失衡为基本特征的当代世界人口生态，已经引起相关政府的高

85

度重视,尤其是在前述那些人口失衡突出的国家,如何制定切合实际的人口政策,已成为政府执政之要务。

一、人口生态与人口政策

联合国秘书处下属经济与社会事务部人口司(Population Division,Department of Economic and Social Affairs of the United Nations Secretariat)于 2008 年出版了《世界人口政策 2007》(*World Population Policies* 2007)一书,该书以数字量化的方式,对近 30 年来世界各国政府的人口政策进行分类统计。该统计将人口政策分为六大类,包括:人口规模与增长率、人口年龄结构、生育率和计划生育、健康和死亡率、人口地区分布与国内流动和国际移民。该报告对于每一类都给出 1975 年、1985 年、1995 年及 2007 年的统计数据,同时亦就相关政府对于本国人口生态的基本评价和对策进行归纳。

《世界人口政策 2007》一书对于政策评价不是用文字说明,而是将全球总计 195 个国家政府的政策进行最简单的归类。与本研究相关的类别包括:相关政府对于本国人口规模和增长率、国际移民数量所做的基本评价,分为太高、太低、满意三等;相关对策则分为不干预、提高、降低、维持现状四类。对于总和生育率的对策则分为非常关注、略微关注、不关注三类。这些区分虽然因为没有具体文字说明而显得过于单薄,但毕竟为我们提供了难得的全球不同国家人口政策及国际移民政策的基本政策倾向,是为重要。

通过对《世界人口政策 2007》所提供的相关数据进行再统计与分析,可以看到当前人口生态与人口政策倾向的基本特征:自 20 世纪 70 年代以来,发展中国家与发达国家的人口政策形成了两条大致相互交叉的发展轨迹,而交叉点大致发生在 20 世纪 90 年代中期。[①]

20 世纪 70 年代,发达国家已经开始出现人口出生率下降的趋势,但发展中国家的人口增长则呈现急剧上升的态势。当时,"家庭计划生育"甚至在联合国机构中也"几乎成了一句骂人的话",充裕的人口被视为国力强盛的象征。但是,自进入 20 世纪 80 年代后,人口基数的高速攀升与有限的经济增长,尤其是与自然资源不可再生性之间的矛盾,已经使众多国家政府感

---

① 本节数据基本根据联合国经济与社会事务部人口司《世界人口政策 2007》(United Nations,*World Population Policies* 2007)所提供的资料进行统计、分类和再分析。以下不另作说明。

到了发展的压力。面对人口生态及环境危机,如何适度控制人口增长,业已引起国际社会的关注。眼见地球已经人满为患,支持实行计划生育、控制人口增长的国家政府比例直线上升。大约到了 20 世纪 90 年代中期,国际社会已经达成基本共识:现在已经不再是要不要推行计划生育,而是如何让全球育龄人口都能够享受到全面、安全、便捷的计划生育服务。

在发展中国家,人口增长率从 1970—1975 年平均年增长 24‰下降到 2000—2005 年的 14‰,但是,2007 年仍然有半数以上发展中国家政府认为本国的人口增长太快,需要加以控制。在当今世界最不发达的 50 个国家中,1986 年,大约有半数国家的政府认为本国人口发展过快,但是在 2007 年,已经有 78%认为发展过快,需要对人口增长实施有效控制。在非洲,1976 年时,仅有 35%的国家政府认为本国人口增长过快,但到 2007 年,该比例已上升到 66%。在亚洲,人口出生率在过去 30 年明显下降,但仍然有 45%的亚洲国家政府认为本国人口增长依然过快,因此,许多国家政府为降低本国人口的出生率而在不同程度上实施政策干预。时至 2007 年,已经有 47%的发展中国家和 70%的最不发达国家实施了降低人口出生率的政策。其中以非洲国家增加比例最快,1976 年有 25%的非洲国家实施降低人口出生率的政策,该比例到 1986 年上升为 39%,1996 年为 60%,2007 年再上升至 64%。反之,未采取任何干预人口增长措施的非洲国家比例则从 1976 年的 60%下降到 2007 年的 21%。许多发展中国家认识到,必须降低人口的增长速度,以减少对可再生和不可再生资源的压力,应对气候变化,防止食物短缺,才有可能进一步实现为所有人民提供体面工作和基本社会服务的目标。相关数据同时显示,在出生率居高不下的发展中国家,2006 年的失业人数达到将近 2 亿,比 1995 年增加 18%,政府政策的最大压力是如何扶贫减困,使更多劳动力人口能够有一份可以养家糊口的体面工作。

然而,几乎与此同时,发达国家却发现它们的人口落到了正常更替水平之下,甚至出现了负增长,劳动力市场,特别是底层劳动力市场出现了日益严重的人手短缺现象。因此,在发达国家就出现了与发展中国家反向的人口干预政策。1976 年,大约三分之一的发达国家政府认为本国人口增长过慢,到 2007 年同一比例已上升到 45%,因此,采取措施以促进人口增长的发达国家在 1996 年是 23%,而到 2007 年增加到 37%。更值得注意的是,在 22 个认为人口增长过慢的国家中,有 21 个是欧洲国家。在 2000—2005 年间,全世界共有 19 个国家人口出现负增长,其中 17 个国家已经采取措施以促进本国人口出生率的提高。

　　另一个因人口增长率急速下降而引起政府改变态度的地区是拉美与加勒比地区。该地区国家中,古巴人口增长率从 1975 年的 16‰锐减到 2007 年的 0,同期墨西哥人口增长率从 31‰下降到 11‰,巴西从 24‰下降到 13‰,巴拿马从 27‰下降到 16‰,降幅明显。因此,2007 年的统计显示,认为本国人口增长过快的拉美与加勒比国家政府比例已经从 1976 年的 48% 下降到 24%,61% 的国家政府对本国人口增长率基本满意而采取不干预政策。

　　尽管不同国家人口增长率不同,但过去半个世纪,尤其自 20 世纪 70 年代以来,全球人口发展的基本趋势是全世界人口普遍从高出生率、高死亡率向低出生率、低死亡率过渡。其总体结果,是全世界人口年龄构成提高。尤其是发达国家及包括中国在内的一批发展中国家,都面对前所未有的老龄化浪潮。目前在发达国家,60 岁以上人口已经超过 15 岁以下人口总量,到 2050 年,将会出现每 2 名老人面对 1 名儿童的情况。发展中国家的人口结构也在变化,2007 年 60 岁以上人口约 8%,到 2050 年将增加到 20%。因此,在发达国家,五分之四以上的国家将老龄化列为国家人口政策必须关注的重点;在发展中国家,认为需要关注人口老龄化问题的国家政府比例达 45%,在拉美和加勒比国家,高达 70% 的国家政府对老龄化表示关注。

　　在那些总人口减少、老龄化形势严峻的国家,为提高人口出生率、应对老龄化而采取的对策主要包括:为增加就业劳动力人口,提高法定退休年龄,不提倡甚至不允许提早退休;为减缓社会福利系统的经济压力,在当下建立更全面的强制性参保制度,同时降低福利水准;鼓励更多女性参加工作,同时提高生育子女的补贴标准,以便使年轻的父母能够将养育子女与维持或提高生活水准相互结合。例如,在 2002—2006 年期间,全世界共有 41 个国家提高了法定的退休年龄。在发达国家中,60% 的国家将男性退休年龄提高到 65 岁以上,40% 的国家也将女性能够享受老龄人口福利的年龄标准提高到 65 岁以上。尽管女性人口的预期寿命平均高于男性,但有 25 个发达国家规定的男性的退休年龄高于女性。

　　然而,相关调查显示,以上对策并未能取得预期效果,至少迄今为止尚未取得真正有效提高出生率的效果,更何况如前所述,即使当下出生率上升,也要到十多二十年后才能弥补劳动力市场之所需。而且,调查还发现,在发达国家,年轻人的生育意愿不仅没有明显提高,还出现了相当一部分的不婚族和不育族。2008 年 5 月 7 日,欧洲议会关于《欧洲家庭演变 2008》调查报告指出,从 1980 年到 2006 年,欧洲的结婚率骤降 24％,有 5400 多万欧洲人选择单身,而且每 3 个家庭中就有两个选择不要孩子。与此同时,政府任何试图减少老年人社会福利的政策,都会引起社会的强烈不满甚至公开抗议,推迟退休年龄的政策也得不到老年人的认可。2005 年底,英国政府推出"新国民退休金改革计划",将地方政府公共服务人员领取政府全额退休金的平均年龄从 60 岁推迟到 65 岁,但即刻引发了罢工抗议行动。调查表明,在欧洲,半数以上男性仍然希望在 61 岁之前退休,半数以上女性希望在 60 岁之前退休。在美国,情况也大致相似,半数以上接受调查的男性和女性都选择在 62 岁以前退休。[①]

西方发达国家人口结构中日趋严重的老龄化对社会政策可能形成的冲击,在未来还将进一步显现。英国学者德鲁克在分析人口老龄化与移民政策的问题时曾尖锐指出:"赢得老年人的支持将成为每一个发达国家的一种政治需要。养老金已经成为一个经常出现的选举问题。有关接收移民以维持人口和劳动力的可取性的辩论也正在变得日趋频繁。这两个问题正在共同改变每一个发达国家的政治前景。"[②]

在当今世界上,虽然就总体而言,全球 65 亿人口的空前庞大数量与自然生态的矛盾使所有国家政府都意识到控制人口过快增长的必要性,但是,就局部而言,一些国家政府的人口政策是要提高本国的人口出生率,增加劳动力队伍的比例,而另一些国家政府则在为控制或减少人口增长而努力制定切实有效的政策,为无法给本国庞大的劳动力人口提供充分就业机会而着急。在如此人口生态的大背景下,究竟是应当推动、吸引,或是拒绝、制约人口的跨境流动,就成为国际移民政策的决策者不得不充分考虑的重要问题。

二、人口生态制约下的国际移民政策

就宏观而言,国际移民政策与各相关国家的政治、经济、文化现状与发展战略密切相关,但在最根本的层面上,却完全受制于"人",既必须以人为

---

① 《欧洲人的单身生活导致人口老龄化》,《参考消息》2008 年 5 月 9 日。
② 彼得·德鲁克著,张达文译:《移民将成热点问题》,《国外社会科学文摘》2002 年第 1期。

本,又不能不以最大限度地适应人口生态的良性发展为目标。

就人口生态而言,国际移民政策涉及人口、人力、人才等不同层次的需求与流动,与相关国家的生育率、年龄结构、就业率、受教育水平等交织一体,但人口流动最基本的问题,还是人口的自然构成及需求。

在西方资产阶级崛起并开疆拓土的年代,世界各地人口曾经有过相对自由的大规模流动:大约 6000 万人离开欧洲移民北美、大洋洲;大约有 1500 万非洲黑人被贩卖到美洲为奴;在中国,则有 1200 万人离乡背井,成为各国资本役使下的华工,从东南亚的矿山、种植园到北美、大洋洲筑路开矿的工地,到处都有华工辛勤劳动的身影。

国际移民政策伴随民族国家主权地位的增强而凸显其影响力。作为移出国的国家政府,曾经在不同时期实施过禁止人口外迁的政策。且不论欧洲重商主义时代各封建王朝严禁人口外流,中国明清两朝曾先后有过"片板不许下海"的海禁时代,仅就进入资本主义时代之后而言:先有 19 世纪初期处于工业化进程中的英国政府,因担心当时法、俄、德、美等竞争对手争抢其技术工人,实施过严禁本国技术工人外迁的政策;后有德意法西斯政权基于对人力资源的需求与控制,严禁其国民外迁;二战后,当东西两大阵营形成相互对峙的冷战格局后,苏东集团及中华人民共和国政府,也实施过对外迁人口严加限制的政策措施。

就移民接纳方而言,在冷战时期,欧美等国对于那些脱离"社会主义阵营"投奔西方国家的移民,一来因为人数有限,二来出于政治考量,无任欢迎。而且,战后西欧国家由于经济复苏迫切需要大量劳动力,故而也在 20 世纪 50—60 年代实施过从南欧、北非及西亚的土耳其引入大批"客工"(guest workers)的政策。但是,20 世纪 70 年代中期石油危机爆发后,西欧各国应对经济衰退采取的紧急措施之一,就是不仅赶紧关上引入移民的大门,而且采取种种措施将业已进入当地的外来移民"礼送"回国。尤其是进入后冷战时期,随着苏东集团解体,中国改革开放,原先严格限制人口外迁的国家打开了人口流动的大门,西方国家更是赶紧建立起了对申请入境移民进行严格审核的新体系。

20 世纪 80—90 年代关于国际移民的大量著述所表述的观点大多认为:面对当代从发展中国家流向发达国家,从中低收入国家流向高收入国家的移民潮,发达国家及高收入国家控制国际移民的政策将步步趋紧,外来移民是不受欢迎的。[①]

　　然而,《世界人口政策 2007》所提供的进入 21 世纪之后的最新数据,却为我们展现了一个不同于十来年前专家预测的图景。事实是,十多年来,希望减少国际移民的国家政府比例,从 1996 年的 40% 下降到 2007 年的 22%,降幅近一半;反之,希望增加移民接纳的国家比例则从 4% 增加到 6%,虽然绝对比例仍然很低,但相对而言,却增加了 50%;尤其是希望维持现有移民规模及不对移民进行特别干预的国家政府比例,从 55% 上升到 72%(详见图 1-11)。

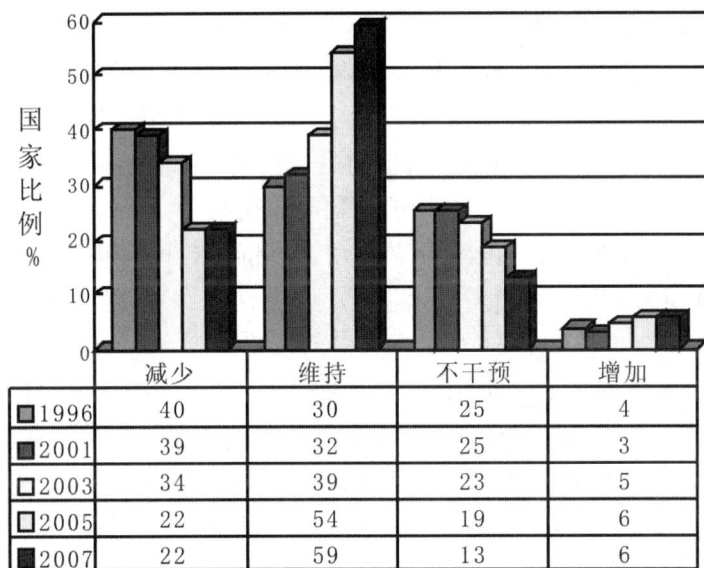

	减少	维持	不干预	增加
■1996	40	30	25	4
■2001	39	32	25	3
□2003	34	39	23	5
□2005	22	54	19	6
■2007	22	59	13	6

图 1-11　世界各国政府接纳国际移民政策的基本取向(1996—2007 年)

资料来源:根据联合国经济与社会事务部人口司:《世界人口政策 2007》(United Nations, *World Population Policies* 2007, New York:UN, 2008)相关数据整理制图。

[①] Stephen Castles & Mark J. Miller, *The Age of Migration, International Population Movements in the Modern World*, Houndmills: the MacMillan Press, 1993; Wayne A. Cornelius, Philip L. Martin & James F. Hollifield, *Controlling Immigration: A Global Perspective*, Stanford: Stanford University Press, 1994; Douglas S. Massey, Joaquin Arango, Graeme Hugo, Ali Kouaouci, Adela Pellegrino & J. Edward Taylor, *Worlds in Motion, Understanding International Migration at the End of the Millennium*, Oxford: Clarendon Press, 1998.

在刚刚过去的十多年内，就政治而言，美国"9·11"事件后反恐力度空前增强，法国、英国先后发生的与移民相关的动乱事件使得对外来移民的压力有增无减；就经济而言，中、印等发展中国家的发展，无不对发达国家形成强烈挑战。因此，无论从政治或经济形势，都不能解释世界各国政府移民政策为何从负向正转化的原因。笔者以为，发生变化的根本原因，只能从最根本的"人口构成"层面去寻求解释。

对国际移民政策的分析首先应区分移民迁出国与移民接纳国。如前所述，除了因战争等突发因素而引发的人口流动之外，近半个世纪以来世界人口流动的大趋势，主要是从发展中国家流向发达国家，从中低收入国家流向高收入国家。就移民个人或群体而言，经济因素或曰对于改善自身生存环境、提高生活质量的追求，是驱动人口流动的重要动因。这固然不错。然而，如果着眼于移民接纳国，那么，他们是否接受外来国际移民，为何、如何接纳外来国际移民，就是另一层面的问题了。在此，人口生态所产生的深层影响对于人口流动形成潜在、持久的推动力，恰恰是国际移民政策必须应对且无法随意改变的。

笔者根据《世界人口政策2007》提供的简单数据，对当今世界主要移民迁出国的基本情况做了一个统计。根据该资料集给出的数据，目前全世界明确制定支持本国人民对外迁移政策的国家共有13国，其中隶属于亚洲的国家有10个，即孟加拉、印度尼西亚、约旦、巴基斯坦、尼泊尔、斯里兰卡、泰国、越南、也门、乌兹别克斯坦；另3个国家为：拉美的洪都拉斯、北非的突尼斯、西太平洋岛国图瓦卢。该资料集同时还标明，另一个非洲国家埃及政府也希望增加本国移民外出，但尚未采取有效政策推动人口外移。在这14国之外，据笔者多年搜集的资料，当今世界的三个移民输出大国当属印度、菲律宾和墨西哥。根据该资料集的资料，印度政府和菲律宾政府都对目前本国人口外迁情况基本满意，其基本政策以维持现状为要；墨西哥政府则认为人口外迁太多，希望减少移民外迁。笔者以为，无论这三个国家的政策取向如何，作为当今世界重要的移民迁出国，它们与其他移民迁出国存在若干共性，因此将这17个国家的人口构成及移民情况一并制成表1-13，以便分析。

表 1-13   主要移民迁出国人口构成表(2007 年)

类别\国别	全国人口			人口构成比例(%)		移民人口	
	总数(千)	年增长率(%)	人口密度	15 岁以下	60 岁以上	总数(千)	比例(%)
1. 孟加拉	158665	1.7	1102	34	6	1006	0.7
2. 印度尼西亚	231627	1.2	122	28	9	160	0.1
3. 约旦	5924	3.0	66	36	5	2225	39.0
4. 巴基斯坦	163902	1.8	206	36	6	3254	2.1
5. 尼泊尔	28196	2.0	192	38	6	819	3.0
6. 斯里兰卡	19299	0.5	294	23	10	368	1.8
7. 泰国	63884	0.7	125	21	12	1050	1.6
8. 越南	87375	1.3	263	28	8	21	0.0
9. 也门	22389	3.0	42	45	4	265	1.3
10. 乌兹别克斯坦	27372	1.4	61	32	6	1268	4.8
11. 洪都拉斯	7106	1.9	63	39	6	26	0.4
12. 突尼斯	10327	1.1	63	25	9	38	0.4
13. 埃及	75498	1.8	75	33	7	166	0.2
14. 菲律宾	87960	1.9	293	35	6	374	0.5
15. 印度	1169016	1.5	356	32	6	5700	0.5
16. 墨西哥	106535	1.1	54	30	9	644	0.6
17. 图瓦卢	11	0.4	405	34	8	0	3.1

资料来源:根据联合国经济与社会事务部人口司:《世界人口政策 2007》(United Nations, *World Population Policies* 2007, New York:UN,2008)相关数据整理制表。原数据库的主要数据采自 2007 年,少数缺乏 2007 年数据的则采自最靠近年份的可参照数据。恕不一一列明。

在表 1-13 整理列出的以人口外迁为主的 17 个国家中,图瓦卢的情况较为特殊。如前所述,因为近年来全球温室效应不断加剧,图瓦卢是深受其害的太平洋岛国之一。图瓦卢全国陆地面积仅 26 平方千米,总人口 1.1 万,是一个由一些小珊瑚岛群组成的小国。由于这个国家很可能在 50 年内被不断上涨的海水淹没,该国将可能成为第一个必须举国迁移的国家,因此该国政府一直与邻近的澳大利亚和新西兰政府商谈人口迁居之事。图瓦卢政府采取积极措施为本国人口外迁提供支持的政策背景,与其他 16 国有明显不同。

就余下 16 个主要移民迁出国而言,其当下政策导向的一大共同点是支持本国劳动力到国际劳动力市场上去竞争。因为,如此既能减轻本国劳动力市场的压力,又能通过移民的劳务汇款增加本国的外汇收入,并直接改善移民者家庭的生活。

从人口构成的角度看,以上 16 个国家的共同特点是人口增长率普遍较高,其中约旦和也门的年增长率高达 3％,数倍于当今全世界年均 1.2％的增长率。以上各国总人口的构成也相当年轻,尤其是 15 岁以下人口在总人口中所占比例,除泰国、斯里兰卡分别为 21％和 23％,其他都在 28％以上,高于或相当于全世界 15 岁以下年龄组 28％的平均水平,最高如也门达到 45％。反之,60 岁以上老龄人口除泰国与斯里兰卡为两位数之外,其余均为个位数,低于全世界 60 岁以上年龄组平均 10.3％的水平,尤其在也门、约旦、巴基斯坦、尼泊尔、洪都拉斯、菲律宾等国,60 岁以上年龄组人口仅为其总人口的 4％～6％。

庞大的年轻劳动力人口构成,是这些国家鼓励本国人口加入国际劳动力市场竞争的重要基础。作为鼓励本国劳动力向外流动之基本政策的重要组成部分,印度、菲律宾、泰国和越南政府都设立了主管本国劳动力人口向外迁移的部门,通过与移民接纳国签订双边条约等措施,保护移民工人的权利。这方面的内容将在本书第二章进一步讨论。

如果将上述鼓励移民迁出国的人口构成,与当今主要移民接纳国和明确表示将在未来增加移民接纳国的人口构成进行比较,两者之间的人口基础差异更为明显。

除了当今人们所熟知的移民接纳大国加拿大、新西兰、澳大利亚之外,根据《世界人口政策 2007》提供的国别资料,芬兰、德国、以色列、韩国、俄罗斯、新加坡和苏里南等 7 国也制定并实施吸引外来移民的国策。虽然美国宣布的移民政策是维持目前的移民接纳水平,但因为美国乃当今最大移民接纳国,维持现有水平即意味着维持最大接纳国的水平,因此本书也将其列为移民接纳国一并分析（详见表 1-14）。

表 1-14　主要移民接纳国人口构成表（2007 年）

类别 国别	全国人口			人口构成（%）		移民人口	
	总数（千）	年增长率（%）	人口密度	15 岁以下	60 岁以上	总数（千）	比例（%）
1. 澳大利亚	20743	1.0	3	19	19	4097	20.3
2. 加拿大	32876	0.9	3	17	19	6106	18.9
3. 芬兰	5277	0.3	16	17	23	156	3.0
4. 德国	82599	−0.1	231	14	25	10144	12.3
5. 以色列	6928	1.7	313	28	14	2661	39.6
6. 新西兰	4179	0.9	15	21	17	642	15.9
7. 韩国	48224	0.3	484	18	15	551	1.2
8. 俄罗斯	142499	−0.5	8	15	17	12080	8.4
9. 新加坡	4436	1.2	6495	18	14	1843	42.6
10. 美国	305826	1.0	32	20	17	38355	12.9
11. 苏里南	458	0.6	3	29	9	5	1.2

资料来源：根据联合国经济与社会事务部人口司：《世界人口政策 2007》（United Nations，*World Population Policies* 2007）相关数据整理制表（纽约：联合国，2008 年）。原数据库的主要数据采自 2007 年，少数缺乏 2007 年数据的则采自最靠近年份的可参照数据。恕不一一列明。

以上罗列的 11 个移民接纳国中，苏里南是其中唯一的发展中国家。苏里南矿产资源丰富，近年来又在近海发现了预计含量约 3 亿桶的海底油田，石油工业伴随着国际油价飙升而迅速发展。进入 21 世纪以来，苏里南经济进入了高速发展的新时期，2001 年苏里南人均 GDP 1447 美元，2006 年猛升至 4150 美元，五年增长 286%。吸引投资移民和劳动力移民，于是成为苏里南促进国家经济进一步发展的国策。[①] 苏里南的情况与海湾石油国家的情况相似。

如果将除苏里南以外的 10 个移民接纳国的人口构成与主要移民迁出

---

① 参阅中华人民共和国驻苏里南共和国大使馆经济商务参赞处网页"市场调研"提供的相关数据（http://sr.mofcom.gov.cn/ztdy/ztdy.html）。

国进行比较,移民接纳国人口构成的主要特点正好与主要移民迁出国的情况相反。其一,在 10 个移民接纳国中,除已经实施长期接纳移民政策的美国、澳大利亚、以色列、加拿大、新西兰之外,新加入移民接纳行列的芬兰和韩国,都是人口增长率相当低的国家,2007 年数据仅为年增长 0.3%,而德国和俄罗斯更是处于人口负增长状态。

其二,这些国家的老龄人口构成都远远高于全世界 60 岁以上年龄组比例为 10.3% 的平均水平,其中德国高达 25%,芬兰高达 23%。反之,15 岁以下年龄组比例除以色列之外,全都低于目前全世界 28% 的平均水平,最低的德国仅为 14%。

鉴于人口构成上无法在短期内实现逆转的生态环境,发达国家只能从接纳国际移民得到弥补。因此,目前发达国家接纳国际移民的总体趋势是:希望维持一定移民水准的政府数量明显增加,而希望减少国际移民的国家数目则明显下降。1996 年 60% 的发达国家制定减少移民的政策,到 2007 年只剩下 8%。据统计,2007 年只有丹麦、爱沙尼亚、法国与荷兰四个发达国家要求减少移民入境,但是,即使是这四个国家,其中的丹麦、法国与荷兰等三个国家,仍然在实际政策中欢迎增加接纳高技术工人。澳大利亚、加拿大、新西兰和俄罗斯等四个发达国家由于劳动力需求而希望增加接纳移民总量。

总之,发展中国家庞大的劳动力人口,发达国家或曰高收入国家已经缩减的劳动力人口以及迅速壮大的老年人口,成为发展中国家与发达国家双方在人口构成上可以互补的人口生态基础。因此,尽管所有国家政府都对本国有限的资源小心翼翼,所有的国家政府都对本国的地域疆界寸土必争,而且,人口跨境流动所带来的政治、经济、文化等方面的潜在矛盾甚至冲突更是无法消弭,但是,人口生态的根本性原因,却明显地促使当今世界移民迁出国与接纳国政府之间,在移民跨国流出与接纳的问题上,达到了战后半个多世纪以来最高水平的相互吻合。

如果说移民迁出国政府依然存在关于促进人口外迁可能造成人才流失的担心,移民接纳国政府依然存在关于接纳移民可能造成资源紧张、文化冲突的担心,那么,面对最根本的人口生态问题,以上担心都不得不被排在相对次要的地位。自 20 世纪 90 年代中期以后的近十多年间,伴随着全球人口结构分化之大势所趋,大多数移民迁出国和移民接纳国政府在对待国际移民的基本认识方面,趋同态势十分明显,即从拒绝、批评、反对向积极评价、选择性支持乃至争取共赢的方向发展。许多政府和国际组织都呼吁相关国家应当加强交流与合作,共同协调国际移民政策。目前大多数国家的共识是:眼下国际移民政策的当务之急,不是一味地严加限制,而是如何加强对国际移民的有效管理,实现共赢。

　　然而,由于移出国与移入国在国际经济地位上的不平等,在人口流动的选择性上立场不同,需求不同,因此,不同国家对于何为有效、何为双赢的理解、要求、评判也不同,这就涉及人口构成之外的经济、政治、文化乃至种族、宗教等诸多因素,这些将是以下各章所要探讨的议题。

第二章 经济理性与国际移民政策

在经济学的视角下,当今世界的全球化首先是经济的全球化。回首近数十年全球化的历史进程,无论人们的主观意愿如何,资本追逐利润的本性与劳动者追求利益的理性,在相互碰撞中展现出的宏观景象,就是资本已经成功地实现了超越国家边界在全球范围内的自由流动,而劳动力则仍然在冲破国家边界障碍而实现向全球自由流动的努力之中。经济理性选择的制约,成就了当今国际移民政策的总体模式;同样是经济理性选择的潜在导向,成为国际移民个人与相关国家国际移民政策之间的重重博弈。这是本章探讨的主旨所在。

第一节 国际移民的经济效益

正如本书开篇所言,伴随着全球化的滚滚浪潮,世界各地人口正以前所未有之规模跨境流动。国际移民的现实意义及潜在影响,吸引了国内外学术界的高度关注,在此大背景下,具有重要国际影响的世界银行于 2006 年以年度报告的方式,在"国际移民的经济效用"的主旨下,发表了新一年度的"旗舰报告"(flagship report):《2006 年全球经济展望:汇款与移民的潜在经济意义》。[1]

---

[1] The World Bank, *Global Economic Prospects* 2006: *Economic Implications of Remittances and Migration*, Washington DC: The International Bank for Reconstruction and Development / The World Bank, 2006.

　　该报告根据全球各国国民生产总值、人口收入、福利指数等多种数据进行分析、推演和预测,从全球经济学视角剖析国际移民在宏观、微观层面的效应与影响,对国际移民的宏观经济效益进行了比较客观全面的评估,为我们从经济层面剖析当今国际移民政策的走向及背后的经济动因,提供了丰富的资料,值得引以参考和深思。

一、全球经济形势与国际移民流动

　　世界银行(The World Bank,以下简称"世行")成立于1945年,是联合国的专门机构之一。世行成立60多年来,影响与日俱增,目前已拥有184个成员国,经济活动遍及全球。近年来,世行强调以"战胜贫困和提高发展中国家人民生活水平"为主要目标,其工作范畴包括向发展中国家提供各类贷款、技术援助或政策建议。

　　自1990年以来,世行每年一度发布经济报告,汇集世行专家意见,评估全球经济形势,预测未来走向,并注重从宏观层面对发展中国家如何减少乃至摆脱贫困提出政策性意见建议。自2002年以来,世行的每一年度报告均在《全球经济展望》的总标题下,在对全球经济的长短期发展进行宏观分析的基础上,选择一个涉及是年全球经济发展,尤其是与发展中国家经济发展密切相关的核心问题,进行深入探讨,如:"贸易应有益于世界上的贫困人口"(2002年);"努力揭示全球机遇"(2003年);"实现多哈议程的发展承诺"(2004年);"贸易、地区主义与发展"(2005年);"面对新一波全球化浪潮的治理"(2007年);"发展中世界的技术传播"(2008年);"商品化的十字路口"(2009年),世行在跨入2010年之际发布的新一展望是"危机、金融与增长"(2009年)。

　　世行拥有一支多学科和多元化的研究队伍,包括经济学家、公共政策专家和社会科学专家。他们利用世行遍布全球的网络,得以掌握世界各国大量翔实的经济数据,其年度报告大多内容翔实,数据充分,并涉及全球经济的热点问题,因而一直受到各国经济学界及相关政府部门的关注,被视为世界银行的"旗舰报告"。

　　世界银行2006年的年度报告以"移民汇款的经济意义"为聚焦点,题为《2006年全球经济展望:汇款与移民的潜在经济意义》(以下简称《展望》)。世界银行行长在为《展望》撰写的前言中介绍了该报告的研究背景,指出:"移民流动对社会发展的影响至关重要。……世界银行的研究部门正在就这一应当得到更多关注的重要项目进行研究。该项目涉及的问题包括:汇款,高技术工人移民,移民的决定性因素,人口的短期迁移,社会保护与管理,贸易、外国直接投资与移民的关系",其所关注的重点是"如何从政策上促进(国际移民的)汇款能够更有效地推动经济发展"。《展望》还明确指出:"虽然国内移民、发展中国家之间的移民以及移民的政治和社会影响也很重要,但本报告聚焦的重点是从经济层面对发展中国家流向高收入国家的移民进行分析",显然,"从发展中国家流向高收入国家的跨国移民"对于当今全球经济发展具有举足轻重的意义。[①]

《展望》由世界银行首席经济学家、高级副行长弗朗索斯·波吉农(Francois Bourguignon)担任总指导,由乌里·达杜什(Uri Dadush)担任组长,由迪利·拉达(Dilip Ratha)、威廉·萧(William Shaw)等四位经济学家联手担任主要执笔人。

解读世行报告,首先需要了解世行的一些基本标准。世行将当今世界各国按人均国民收入区分为低收入、中低收入、中高收入和高收入国家四大类。其标准大约每两年调整公布一次,《展望》所采用的是 2004 年的标准(详见表 2-1)。其中,除"高收入国家"对应为我国国内惯常使用的"发达国家"之外,余下三类都归入"发展中国家"。[②]《展望》中关于国际移民对发达国家、发展中国家业已产生及可能产生之经济效应的基本分析,均基于这一标准进行区分与衡量。

表 2-1　2004 年全球国家贫富分类

类别	人均国民收入		国家数	人口总数(亿)
	划分标准(美元)	平均(美元)		
低收入国家	<825	507	59	23.43
中低收入国家	826~3255	1686	54	24.42
中高收入国家	3256~10065	4769	40	5.76
高收入国家	>10066	32112	55	10.04
全世界	90~56380 美元之间	6329	208	63.65

　　资料来源:世界银行统计数据涵盖全世界国民总数在 30000 人以上的 208 个国家。详见世界银行数据库(World Bank databanks, DDP)(http://web. worldbank. org/WBSITE/EXTERNAL/DATASTATISTICS/0,, contentMDK:20420458 ~ menuPK:64133156 ~ pagePK:64133150~piPK:64133175~theSitePK:239419,00. html)。

---

　　① The World Bank, *Global Economic Prospects* 2006: *Economic Implications of Remittances and Migration*, Washington DC: The International Bank for Reconstruction and Development / The World Bank, 2006, p. vii.

　　② 依据世行的标准,中国目前属于"中低收入国家"。

《展望》英文版全书共 6 章 157 页。依照年度报告的惯例,第一章为"全球经济展望",综述全球经济发展现状,预测经济发展前景及其对于发展中国家可能产生的影响。报告自第二章起,转入国际移民专题,通过大量的数据、表格、模型,对当代国际移民业已产生及可能进一步产生的潜在经济效益进行了全面分析、评估与预测。要而言之,《展望》的第二章探讨国际移民的潜在效益,以"发展中国家移民使高收入国家劳动力增加 3%"为假设,推演出一组全球经济收益及分配效应可能产生相应变化的数理模型,对移民的成本与效益进行评估。第三章以"从发展中国家到发达国家的经济移民"为研究对象,综合评述涉及国际移民成本与效益的主要研究文献,从移出国视角审视国际移民面临的政策性挑战。第四章以国际移民跨国劳务汇款的数量、寄汇途径、用途影响为切入点,评述移民汇款的数量规模及其在微观层面的影响。第五章以"国际移民家庭"(或曰"国际移民户")为单位,探讨跨国务工人员汇回老家之钱款的用途和意义,尤其是此类汇款对于移民家庭及原居国减少或摆脱贫困的效用。第六章从政策层面上,探讨如何使跨国务工者向原居地汇款的渠道更为畅通便捷,降低汇兑成本,促进国际移民汇款为改善其原居国生活环境作出更大贡献。

《展望》提出,过去一二十年间,国际上跨境贸易和金融交易壁垒大幅度下降,但劳动力跨国流动仍然障碍重重,较之贸易壁垒给世界经济造成的负担,目前国际劳动力市场所遭遇的各种限制更加严酷。《展望》以 2001 年全球经济收益为基数,做出如下两种预测:其一,如果今后 10 年消除全球贸易壁垒,那么,到 2015 年,全球将因此增收 2870 亿美元;其二,如果今后 10 年全球得以同步推进贸易和移民改革,那么,到 2015 年,全球从贸易改革中可能获益 1550 亿美元,从移民制度改革中则可能获益 1750 亿美元,两者相加的效益将大于前者。①

众所周知,高收入国家与发展中国家之间在人均收入上存在的经济鸿沟,一直是导致人口流动的重要动因。有学者提出:"第三世界和东欧的实

---

① 　The World Bank, *Global Economic Prospects* 2006: *Economic Implications of Remittances and Migration*, Washington DC: The International Bank for Reconstruction and Development / The World Bank, 2006, p.41.

际工资比美国、西欧或日本的实际工资低了 17 倍。"①另有学者在分析俄罗斯移民问题时,对苏联解体后俄罗斯与若干独立国的人均收入水平做出基本评估,指出:俄罗斯的人均工资是乌克兰的 2.1 倍,哈萨克斯坦的 1.7 倍,亚美尼亚的 6.6 倍,阿塞拜疆的 9.4 倍,塔吉克斯坦的 30 倍,并指出俄罗斯成为苏联疆域内"最优越的吸引劳动移民的中心"。②

　　在宏观层面,《展望》对当今世界贫富国家之间的收入差别给出了一系列具体数据。《展望》指出:目前世界上约有 20 个人均年收入在 3 万美元以上的特高收入国家,但与此同时,另有 12 亿日均收入还不足 1 美元的特贫人口。以同一职业在高、低收入国家的不同境遇相比较:若以该职业在高收入国家的平均工资为 1 的话,那么,在中高收入国家大约是 0.42,在中低收入国家是 0.28,在低收入国家则仅为 0.20。③《展望》还列举数据说明:非洲移民工人在欧洲的年均收入约为 16500 美元,但在撒哈拉非洲,当地人的年均收入只有 470 美元,在中东和北非也不过 2700 美元。④

　　根据劳动力市场分割理论,现代发达国家业已形成双重劳动力需求市场,上层市场提供的是高收益、高保障、环境舒适的工作,而下层市场则相反。由于发达国家本地劳动力不愿意进入下层市场,因此,下层尤其是底层劳动力市场的空缺往往就由外国移民来填补,其收入也处于下层。然而,尽管如此,由于外来移民大多是将其在移入地的收入与原居地相比,因此虽然与移入国本国国民收入存在差距,甚至可能是不小的差距,但对来自发展中国家的移民却仍然具有吸引力。而且,由于大多数移民工人都将部分收入汇回原居地养家糊口,因此,如果计入原居地较低的消费水平,移民工人从跨国移民务工中所获得的实际收益还要高。

　　《展望》以相当篇幅从"全球人口与经济发展"之间的关系解剖国际移民

---

　　① [加拿大]M. 乔休多夫斯基著,宁跃译:《20 世纪晚期的全球化贫困》,《国外社会科学》2000 年第 6 期。笔者以为此说过于笼统且缺乏科学论证,援引于此仅为参考。"低了 17 倍"似为翻译之误,应为"十七分之一"较准确。

　　② 李炜:《俄罗斯移民问题及其发展趋势》,《人口学刊》2005 年第 5 期。

　　③ The World Bank, *Global Economic Prospects* 2006: *Economic Implications of Remittances and Migration*, Washington DC: The International Bank for Reconstruction and Development / The World Bank, 2006, p. 59.

　　④ The World Bank, *Global Economic Prospects* 2006: *Economic Implications of Remittances and Migration*, Washington DC: The International Bank for Reconstruction and Development / The World Bank, 2006, p. 37.

问题。关于这方面的情况,本书在第一章中已有专门分析,在此不另赘述。要而言之,《展望》回顾了 1970—2000 年国际移民流动基本趋势,其中从发展中国家流向发达国家的人口在 1970—1980 年间增长了 2.4%,1982—1990 年期间的年增长比例是 2.9%,1991—2000 年期间是 3.1%。由于这一增长比例,移民人口成为发达国家人口增长的重要组成部分。如果不计入移民人口,那么,德国、意大利、瑞典等国都会出现人口负增长。[①] 目前,外来移民在加拿大人口总数中占 19%,在澳大利亚达到四分之一,在科威特更高达人口总数的一半。《展望》还预计,在日本,虽然目前外来移民人口比例很低,但由于其人口老龄化快速发展,为弥补劳动力及服务性市场所需,今后日本移民比例的增长将可能是迅速而明显的。[②]

虽然多数高收入国家都存在劳动力明显缺口,但各国则以不同的政策取向弥补其劳动力缺口:在美国和法国,家庭团聚达到其正式接纳移民总数的近 70%;在英国和澳大利亚,则有大约 55% 的移民是正式受雇进入目的国的(详见图 2-1)。

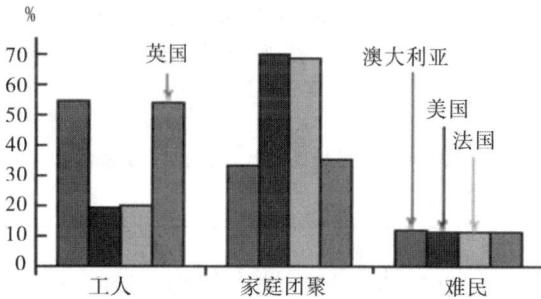

图 2-1　发达国家接纳移民的主要原因(2001 年)

资料来源:The World Bank, *Global Economic Prospects* 2006, Washington DC: The International Bank for Reconstruction and Development / The World Bank, 2006, p. 28.

[①]　The World Bank, *Global Economic Prospects* 2006: *Economic Implications of Remittances and Migration*, Washington DC: The International Bank for Reconstruction and Development / The World Bank, 2006, p. 27.

[②]　The World Bank, *Global Economic Prospects* 2006: *Economic Implications of Remittances and Migration*, Washington DC: The International Bank for Reconstruction and Development / The World Bank, 2006, p. 32.

据《展望》的统计与预测,2001 年高收入国家正式接纳的移民工人总数为 2780 万人,从 2001 年到 2025 年,高收入国家外来移民工人总数大约将再增加 76 万人,届时高收入国家劳动力的 6％将由外来移民工人构成。《展望》的分析还指出:移民工人可分为"技术工人"和"非技术工人",估计 2025 年高收入国家总计 2856 万移民工人中,大约 2530 万是非技术工人,他们将构成高收入国家非技术工人群体的 7.8％,而技术移民在高收入国家技术工人队伍中的平均比例将只有 2.2％。[①]虽然后者相对比例不高,但由于其更具备申请"家庭团聚"的条件与能力,因此,其可能连带产生的"家庭团聚"类移民将会是一个可观的数量。

二、国际移民汇款数量、意义与影响

跨国流动移民工人往原居地汇款的影响,是《展望》的主要议题,也是该报告的主要贡献。《展望》详细罗列了从 1990 年至 2005 年国际移民汇款的总额,其中显示:发展中国家收到的移民汇款总额从 1990 年的 312 亿美元增加到 2005 年的 1669 亿美元,其中又以低收入国家收到的汇款总额增长幅度最高。在国际移民汇款流动总量中,汇入发展中国家的比重自 2003 年以来,一直达 70％以上(详见表 2-2)。

表 2-2　移民工人往发展中国家的汇款总额(1990—2005 年)

单位:亿美元

年份 汇款接收方	1990	1995	2000	2001	2002	2003	2004	2005	2005:2001 (％)
发展中国家	312	578	856	965	1134	1421	1604	1669	＋73
中低收入国家	139	300	426	474	573	725	835	880	＋86
中高收入国家	91	145	200	223	230	278	330	338	＋52
低收入国家	81	133	228	268	331	418	439	450	＋68
全世界	686	1016	1315	1471	1662	2002	2258	2323	＋58
发展中国家:全世界(％)	45	57	65	66	68	71	71	72	

资料来源:The World Bank, *Global Economic Prospects* 2006, Washington DC: The International Bank for Reconstruction and Development / The World Bank,2006 年,根据第 88 页表 3-1 提供的数据整理计算制表。

---

① The World Bank, *Global Economic Prospects* 2006: *Economic Implications of Remittances and Migration*, Washington DC: The International Bank for Reconstruction and Development / The World Bank,2006,pp.31～33.

就国家而言,2004 年收到国际移民汇款超过 10 亿美元的发展中国家达34 国,其中所收汇款总额达 180 亿美元以上的有三国,依次为:印度(217 亿美元),中国(213 亿美元),墨西哥(181 亿美元)。国际移民汇款在本国国民生产总值中所占比例达五分之一以上的国家有 6 个,依次为:汤加(31.1%),摩尔多瓦(27.1%),莱索托(25.8%),海地(24.8%),波黑(22.5%),约旦(20.4%)。[①]

从比较的角度看,如果将 2005 年收到的汇款与 2001 年相比,那么,全球国际移民汇款总量增长了 73%,其中一半以上的增长率是由印度、中国、墨西哥三国的移民工人创造的。[②] 就地区而言,东亚地区的增长率达 114%,位居榜首。就国别而言,增长率最高的国家是阿尔及利亚和危地马拉,其增长率达三倍以上;五年间增长率在 101%～107% 之间的国家有巴西、洪都拉斯、尼日利亚、巴基斯坦和塞尔维亚等。在阿尔巴尼亚、波黑、海地、牙买加、尼泊尔、黎巴嫩、汤加等十多个国家,其收到的移民汇款总额均高于国家通过商品出口获得的总收益。在墨西哥,其收到的移民汇款高于外国在墨西哥的直接投资总额;在斯里兰卡,移民汇款高于其主要出口商品茶叶的收益,在摩洛哥,移民汇款高于其旅游业的总收入。[③]

国际移民汇款的主要流出国是高收入国家(详见表 2-3),其中,美国是最重要的移民汇款流出国,2004 年移民从美国汇出的钱款接近 390 亿美元。但是,如果将移民汇出钱款总额与高收入国家的国民生产总值相比,前者仅相当于后者的 0.4%。

---

①　The World Bank,*Global Economic Prospects* 2006:*Economic Implications of Remittances and Migration*,Washington DC:The International Bank for Reconstruction and Development / The World Bank,2006,p 90.

②　The World Bank,*Global Economic Prospects* 2006:*Economic Implications of Remittances and Migration*,Washington DC:The International Bank for Reconstruction and Development / The World Bank,2006,p 87.另根据《展望》注释的说明,中国 2003 年报告的国际移民汇款总额是 46 亿美元,但 2004 年则猛增到 210 亿美元以上(110 页)。分析认为:这部分注入的汇款包括大量认为人民币将升值而投入中国以逐利为目的的钱款。

③　The World Bank,*Global Economic Prospects* 2006:*Economic Implications of Remittances and Migration*,Washington DC:The International Bank for Reconstruction and Development / The World Bank,2006,p 88.

表2-3　　2004年移民汇款比例表

国家类别	移民汇往国外的钱款总额(亿美元)	占相应国家国民生产总值比例(%)
高收入国家	1253	0.4
中高收入国家	154	0.7
中低收入国家	57	0.2
低收入国家	30	0.3

资料来源:The World Bank, *Global Economic Prospects* 2006, Washington DC: The International Bank for Reconstruction and Development / The World Bank, 2006.根据第91页数据制表。

　　移民汇回原居地的钱款在减少贫困方面作用不容低估。《展望》数据表明,国际移民汇款对若干低收入国家减少贫困人口发挥重要作用:国际移民汇款使乌干达贫困人口比例降低了11个百分点,使孟加拉降低了6个百分点,使加纳降低了5个百分点。如果不将国际移民汇款计算在内的话,莱索托的贫困人口将从52%增加到63%。另一调查表明,国外移民汇款相当于墨西哥农村地区农户收入的15%。格雷罗(Guerrero)和瓦哈卡(Oaxaca)是墨西哥收到国外汇款较多的两大南方省份,国外汇款对于降低当地贫困人口比率的影响,几乎等同于墨西哥政府投入大量资金用于扶贫、教育、卫生事业所取得的成果。[①]

　　国际移民汇款除了使收到汇款的人群直接增加收入之外,还在其他方面对发展中国家扶贫减困具有间接的积极影响。就移民家庭而言,通过家庭成员跨国谋生,可以分散家庭风险,使收入多元化,尤其是在原居地遭遇战争、政治事变或自然灾害时,有人移民国外的家庭往往更具备抵御意外事变的能力。就发展中国家的非移民家庭而言,其周边人口跨国迁移可能带来一系列连锁影响,如本地劳动力岗位增加,经济总量上升等,非移民家庭可能从中受益,其实际收入可能因此增加0.9个百分点。[②] 就国家而言,大

　　[①]　The World Bank, *Global Economic Prospects* 2006: *Economic Implications of Remittances and Migration*, Washington DC: The International Bank for Reconstruction and Development / The World Bank, 2006, pp.120~121.

　　[②]　The World Bank, *Global Economic Prospects* 2006: *Economic Implications of Remittances and Migration*, Washington DC: The International Bank for Reconstruction and Development / The World Bank, 2006, p.34.

量移民可以降低移出国劳动力市场的就业压力,从而促进劳动生长率及技术含量提高;大量移民汇款可以提高国家的外汇收入,增加国家财政信誉,吸引资金注入生产领域。《展望》的数据表明:在 13 个加勒比海国家,来自国际移民的汇款每增加 1 个百分点,国内的私人投资总量就增加 0.6 个百分点。在墨西哥,墨西哥移民从美国每寄回 1 美元,可以推动墨西哥 GDP 增长 2.90 美元。[①]

三、提高国际移民经济效益的问题与对策

如果说跨国移民对于其自身及家庭、对原居地存在积极效应业已成为共识,那么,外来移民对于移入国的影响,则见仁见智,争议颇为激烈。《展望》最重要的结论之一是:移入国也可以从移民身上获得巨大经济效益,国际移民是一项多方共赢的事业。《展望》从直接受益和间接受益两方面,就移民接纳国可能从移民身上获得的经济收益进行了翔实的推演与颇具说服力的论证。

就直接受益而言,移民接纳国普通的工薪阶层往往担心外来移民将夺走他们的工作岗位,伤害他们的既得利益,故而反对接纳外来移民。但是,根据《展望》的统计与预测,假定今后 20 年高收入国家继续按每年 3% 接纳外来劳动力的话,那么,2006—2025 年,高收入国家本国公民将可能从外来移民身上获益 1390 亿美元,本国人的收入可能因外来移民的贡献而提高 0.4%。[②]

就间接受益而言,高收入国家从接纳外来移民群体间接受益将是多方面的。例如,由于外来劳动力的参与,高收入国家将可能继续以具有竞争力的价格保留那些技术含量较低的劳动力密集型企业,这类企业在雇佣廉价外来移民的同时,其主体仍然是当地国劳动力,因而有利于提高当地的劳动就业率。又如,由于移民对于移入国产品的了解与熟悉,也可能在汇回钱款的同时也有意无意地传回相关信息,故而促进移入国的产品向其原居国的

①　The World Bank, *Global Economic Prospects 2006: Economic Implications of Remittances and Migration*, Washington DC: The International Bank for Reconstruction and Development / The World Bank, 2006, p.124.

②　The World Bank, *Global Economic Prospects 2006: Economic Implications of Remittances and Migration*, Washington DC: The International Bank for Reconstruction and Development / The World Bank, 2006, p.34.

出口。《展望》模型显示:仅此一项,到 2025 年将可能为全球高收入国家带来总计达 580 亿美元的效益。[①]

当然,高收入国家不同社会阶层分享移民所创造效益的程度是不同的。毋庸讳言,从外来移民身上受益最大者是他们的雇主,通过雇佣廉价外来劳动力而获取高额利润已是众所周知。除此之外,高收入国家中有两个群体可能因外来移民而使既得利益有所受损:一是本地的部分工人,二是先期进入移入国的"老移民"群体。前者的工作岗位可能因廉价之外来移民的竞争而受到威胁,但是,由于大多数国家都有保护本国工人的相应法律法规,因此,其受到的不利影响相对有限。根据《展望》建构之数理模型的结论,外来移民可能导致移入国本地非技术性工人工资下降 0.3 个百分点,技术工人工资下降 1.1 个百分点。真正最大的"受害群体"可能是"老移民",因为,身为外来移民,他们往往难以从移入国得到有效保护,而雇主们则可以不断地以更廉价、更年轻力壮的新移民去取代老移民。《展望》的预测显示,新移民的源源涌入,将可能使老移民中非技术工人工资下降超过 10 个百分点,老移民中技术工人减薪达 20 个百分点。[②] 因此,外来移民对高收入国家的不利影响实际上主要是外来移民的"内部事务"。

《展望》对国际移民效益做出相当乐观评价的同时,也分别从移入国和移出国的角度出发,分析当今国际移民中存在的主要问题,并就如何进一步提高国际移民效应提出对策。

从移出国的角度出发,《展望》援引若干学者的研究说明:外来移民对移入国的贡献程度因其自身结构不同而异。史密斯(Smith)和埃德蒙斯顿(Edmonston)将外来移民按年龄组进行区分。他们认为:就外来移民对移入国交纳税收与享用福利之比例而言,在 10～25 岁之间迁移入境的年龄组贡献最大,他们一生所交纳的税收将远远高于其所享用福利的支出,但 60 岁以上移民则只享用福利而少有贡献。美国学者罗通(Rowthorn)的研究指出:技术移民对美国的贡献最大,但非技术移民的纳税则不足以支付其福利

---

① The World Bank, *Global Economic Prospects* 2006: *Economic Implications of Remittances and Migration*, Washington DC: The International Bank for Reconstruction and Development / The World Bank, 2006, p. 39.

② The World Bank, *Global Economic Prospects* 2006: *Economic Implications of Remittances and Migration*, Washington DC: The International Bank for Reconstruction and Development / The World Bank, 2006, p. 44.

开支。斯托来顿(Storesletten)建构的数据模型显示：高技术移民对美国经济贡献的"当前净价值"是96000美元，而中低技术移民对美国社会的贡献基本是负数，中等技术移民是－2000美元，而非技术移民是－36000美元。而且，成为美国社会负担的主要是非法移民，因为他们既不纳税，又可以在个人医疗、子女教育等方面享受一定社会福利。① 这些学者的基本观点是：必须加强对外来移民年龄及专业技能的选择性，以争取最大效益。《展望》同时还强调：应当推动劳务输出国与需求国签订政府之间的合作协议，既协助非技术工人跨国务工，又鼓励其在合同期满后返回原籍国，这是通过移民实现扶贫减困的最有效措施。

从移入国的角度出发，《展望》主要分析移民跨国汇款的经济效益问题。《展望》的分析指出：移民工人汇款以小额为主，但相关金融机构往往对小额汇款不感兴趣，征收的汇兑费用可能高达小额汇款的10％～15％。而且，移民能够利用的汇款流通途径不畅，相关政策法规不完善，因而往往导致移民为降低费用而寻求非正规汇兑渠道，增加不必要的风险，制约了移民汇款的经济效益。《展望》除了建议有效降低汇款门槛、减少小额汇款的费用外，还围绕如何增加贫困移民可支配收入、提高移民收益提出了一系列建议，例如：扩大银行的服务网络，允许移民迁出国的国家银行在其移民的主要移入国建立分支机构以方便其为本国移民服务，加强汇款市场的竞争以降低收费率。《展望》还介绍了印度、菲律宾、墨西哥等国政府所采取的若干有效措施，包括：墨西哥政府由领事馆签发移民身份证，为在美国的墨西哥移民开设银行账户提供方便；印度政府利用邮政系统增加移民汇款服务；菲律宾允许手机短信系统加入汇款服务系统等。

总之，依据大量翔实的数据进行分析，从发展中国家立场出发探讨问题，构成《展望》的两大亮点，给读者以重要启示。然而，必须指出的是，虽然《展望》一再强调移民是发展中国家摆脱贫困的重要出路之一，但在《展望》所提出的政策建议中，不少仍然以发达国家的利益为政策建议的主要出发点，最典型者莫过于关于移民政策的如下建议：实行"接纳短期移民工人并鼓励其回国"的政策，实行"不鼓励"(实为"不允许")移民工人携家带口的政

---

① 　The World Bank, *Global Economic Prospects* 2006: *Economic Implications of Remittances and Migration*, Washington DC: The International Bank for Reconstruction and Development / The World Bank, 2006, p.40.

策。按照《展望》的观点,采取如此政策一方面可以鼓励移民工人将其在发达国家的收入更多寄回原居地,另一方面则既能为发达国家提供劳动力,又可以有效地降低发达国家公共财政的负担,可谓"两全其美"。但是,如此政策早在 20 世纪 60—70 年代的欧洲就实行过,即当时的所谓"客工"制度,结果早已证明是行不通的。就雇主而言,如果所雇佣的外籍工人基本能令其满意的话,往往希望雇佣八年十年,甚至更长,以减少培训新工人的费用。就外籍工人而言,当他们找到一份相对安定的工作之后,往往希望将家人接到所在国共同生活。如此一来,情形就发生了根本性变化:外籍工人本身将他们最宝贵的青春年华贡献给移入国,而他们的子女也在移入国受教育成长,这时,再要他们举家迁回原籍就不是一件轻而易举的事了。外来移民所得到的工资收入仅仅是他们所创造财富的一部分,他们自然有权分享自己的劳动为社会所创造的公共财富。因此,《展望》所描绘的移民政策前景虽然美好,但不论在移出国或移入国,皆难以付诸实施。

还必须指出的是,《展望》强调其仅仅是一份经济报告,不直接涉及国际移民所承受的社会心理成本,不讨论接纳国在促进移民适应与融入主流社会的社会成本。然而,众所周知,这一切恰恰是研究国际移民时不能不认真考虑的重要问题,脱离社会心理成本的经济学研究,无论如何都是片面的。

第二节　移民政策的经济考量

《展望》的翔实数据,再次说明当今世界南北国家经济发展水平的鸿沟,是发展中国家年轻人希望到国外寻找新机遇的重要原因。就国家政策而言,面对当今以经济实力为基础的综合国力竞争,引进人才为我所用,争取最大经济效益,是当今任何一个国家制定国际移民政策的重要考量标准。

就移民迁出国而言,普通劳动力到国外务工,基本得到原籍国政府的支持,因为,大批劳动力到国际劳动力市场上竞争,既可以减轻本国劳动力市场的压力,国家又可以从移民汇回国内的钱款中获益,而移民及其家庭也有望通过跨国劳务改善生活条件。本书第一章表 1-13 罗列了当今世界的主要移民迁出国,可以说,这些国家政府对向外派遣、输送劳务移民的基本政策虽然在支持力度、保障措施上有所不同,但支持性的基本取向是一致的。然而,与此相关的是,外迁者不仅是普通劳动者,还有发展中国家的知识分子、专业技术人员和技术劳工,如何有效防止"智力流失",或曰如何从智力流动中获益,同样成为发展中国家政府国际移民政策的核心要旨。

就当今国际移民流动的总体态势而言,自南向北的移民潮所遭遇的最大阻力,主要来自移民接纳国。如前所述,移民接纳国主要是当今世界的发达国家和高收入国家,其中如西北欧国家,澳大利亚和新西兰,以及海湾石油国家,大都对本国国民实施从摇篮到坟墓的全面社会保障,因此,这些国家从政府到普通民众都生怕外来移民会前来瓜分甚至抢夺其既得利益。然而,本书第一章在关于全球人口生态的阐述中也已用大量数据说明,这些国家所面临的青壮劳动力短缺和严重老龄化,又迫切需要引进移民青壮劳力以维持其社会保障持续有效运行。因此,在担心与需要之间形成的矛盾,充分反映在这些国家国际移民政策反复调整修订的进程之中。

由于发展中国家希望进入发达国家和高收入国家的潜在移民数量远远超过后者所能接纳的容量,移民审批的主动权基本操纵在接纳国一方手中,因此,接纳国政府在制定国际移民政策时,就有可能对移民申请人设置重重选择标准,挑挑拣拣,甚至颐使气指。虽然各国政府因具体国情不同,形成了若干值得探究的不同移民接纳模式,但就总体而言,当今主要移民接纳国政府的国际移民政策走向业已呈现出基本的共同点,即强化移民选择,以"为我所需、为我所用"为主旨,力图使所接纳的外来移民既为本国经济发展作出最高程度的贡献,又在最低程度上分享本国的社会福利。

本节以移民接纳国的国际移民政策为主要剖析对象,分别根据技术移民、投资移民及劳工移民接纳政策制定的基本原则,剖析经济理性选择在移民接纳国国际移民政策制定中的重要导向作用。

一、技术移民:"优先"与"计分"

目前能够以独立身份获得发达国家接纳为永久移民者主要有两类,即技术移民和投资移民,实际上反映的就是世界各国对于"才"和"财"的争夺。如何有效吸引更多有才能、有财力的新移民,是各移民接纳国政府国际移民政策的核心内容。无论是美国的"移民优先"体制,还是加拿大、澳大利亚、新西兰、英国等国相继实施的"移民计分制",都是试图在量化移民申请人的才能或财力水平的基础上,选择接纳能够贡献于本国经济的移民。

美国是一个成功利用移民的国家,也是在经济上最大限度地得益于外来移民的国家。尤其是第二次世界大战结束之后,希望移民进入美国的外籍人士源源不绝,移民潮此伏彼起,远远超过美国所愿意接受的规模。根据国内外形势的发展变化,美国的国际移民政策通过不断调整、修订,逐步形成了一整套比较完整的如何对众多的"独立移民申请人"进行"优先"选择的体系(详见附录三)。从美国正式公布并长期实施的对来自全世界的独立移民进行"优先"选择的体系中可以看出,该选择完全是以才、财为接纳独立移民的基本标准,充分体现出经济利益至上的特性。在每年总计 12 万的独立移民限额中,除了为神职人员和宗教工作者提供的 1 万名限额外,其余 11 万名额基本都是面向各类技术移民或具有相当财力的投资移民。其中,虽然在第三"优先"中,提及"非技术性劳工限额 1 万名",但在实际执行中,是"不得超过 1 万名"。由于申请人中具有各类技术专长的比例非常高,这就使得第三优先实际上成为不一定有高学历,但一定具有某项专业技能之"技术移民"的专项。

除美国之外的其他移民大国所采取的移民选择方法主要是"移民计分制"。"计分制"系加拿大于 1967 年率先实施,随后,澳大利亚于 1989 年、新西兰于 1991 年也先后通过计分制对外国独立移民申请人进行测评。进入 21 世纪,英国政府也正式决定引入移民计分制,并于 2002 年 1 月 28 日公布英国的计分制规定,于 2003 年 1 月 28 日正式开始实施。本书附录二分别是加拿大、澳大利亚、新西兰和英国的独立移民计分表。通过比较可以看出,虽然加、澳、新、英等四国计分制在具体内容和计分标准的设计上有所不同,尤其是新加入的英国系统与前三个国家之间的差异更明显一些,但是,就其实质而言,都是通过量化人力资本,挑选经济效益最高的移民为我所用,其基本原则并无二致。就基本构成而言,计分制所考察的内容,基本可以分为三个层次。第一层次是移民者个人的基本素质,包括:年龄、受教育程度、工作经历、掌握移入国语言的能力、配偶或家庭成员情况。第二层次是与移入国的关系,包括:所从事专业为移入国所需要的程度;是否已经得到雇主的工作聘任及预期的收入,或是否具备在移入国独立创业的能力;是否在移入国学习或工作过;在移入国是否有亲属关系;迁移起始阶段的经济能力,等等。第三层次则是一些可以另外加分的额外考量,包括:是否购买移入国的基金或债券;是否愿意到边远地区工作;个人的沟通交往能力如何,是否具备带入移入国社会的品质,等等。

总之,无论是美国的"移民优先",还是加、澳、新、英的移民计分,其根本点都着眼于对移民申请人所具有的经济能力、潜在的经济贡献的考量,并且理直气壮地强调移民必须能够为移入国带来实质性的经济利益。笔者以为,相关移民接纳国政府在经济理性导向下的政策取向,集中表现在以下年龄、教育、专业及特殊人才等四个方面。

(一)严格移民年龄限制

移民接纳国通过计分制对独立移民年龄进行限制性选择,使得接纳国得以充分利用人力资源的年龄优势,最大限度地减轻人口抚养比带来的负担。

例如:加拿大要求移民年龄在 21～49 岁之间,对于小于 21 岁或大于 49 岁的申请人,每超过一年即减少 2 分;澳大利亚给予 18～29 岁年龄段移民申请人以满分 30 分,30～34 岁得 25 分,35～39 岁得 20 分,40～44 岁得 15 分,17 岁以下及 45 岁以上则只有 0 分。

新西兰规定 20～55 岁是独立移民的基本年龄要求,其中,20～29 岁可以得 30 分,30～39 岁得 25 分,40～44 岁得 20 分,45～49 岁得 10 分,50～55 岁得 5 分。

英国对于移民年龄选择的偏好反映在其以 28 岁为界,对于那些年龄在 28 岁以下的申请者,可以相对降低对其专业技术训练及特长的分数要求,换言之,相关规定明确给予 28 岁以下更具有青春朝气之年轻技术人才以更多的机会。

美国的"优先"选择中没有明确对候选人的年龄进行限制,但在实际执行中,却无疑结合了对于资历与年龄的考量。根据联合国的统计数据,1990 年美国外来移民总计 2325 万,其中 25 岁及 25 岁以上受过高等教育的移民总数为 620 万,约占 27%;2000 年全美外来移民总数增加到 3480 万,其中 25 岁及以上受过高等教育的移民总数上升到 1035 万,绝对数增加 415 万,相对比例上升到将近 30%。[①]

显然,无论是"优先"或是"计分",其目的都是令外来移民将其一生中最年富力强的黄金岁月,无保留地贡献给移入国,从而有效降低本国人口抚养比的负担。

---

① Frederic Docquier & Abdeslam Marfouk, International Migration by Education Attainment, in *International Migration, Remittances and the Brian Drain*, eds. by Caglar Ozden & Maurice Schiff, The World Bank, 2006, p. 164.

（二）提高移民接纳的教育水平门槛

移民接纳国通过对移民候选人教育水准的量化计分选择移民，大大节省了接纳国的教育投资，直接将移民原居国的教育成果转化为本国的技术财富，获取最大经济利益。

各国计分制中都将教育列为重要选项。其中以新西兰的权重最高。按新西兰的相关规定，移民申请人如果拥有新西兰认可的学历，最高（硕、博士学位）可得 55 分，如果曾在新西兰学习 2 年以上，并且所学专业隶属于新西兰未来要发展的领域或紧缺的行业，还可以再加 15 分，仅此一项，最高即可得 70 分，达到移民合格分的 70%。

加拿大规定的计分制中"教育"项满分为 25 分，占总分数 100 分的四分之一，占合格分 67 分的三分之一强。

英国的规定，28 岁以下申请人基本合格分是 65 分，28 岁以上是 75 分，其中，申请人获得学士学位可得 15 分，硕士学位 25 分，博士学位 30 分，在基本合格分中也占相当高的比例。

正是基于如此选才标准，各发达国家移民群中接受过高等教育者比例无不远远高于移民原籍国的教育水平。多基耶（Docquier）和马夫可（Marfouk）对全世界移民教育状况进行统计后揭示：2000 年全世界劳动力人口中接受过高等教育的比例为 11.3%；经合组织（OECD）成员国的同一比例为 27.6%，非经合组织成员国的同一比例为 6.3%。但是，在全世界跨国移民中，受过高等教育的人口比例则高达 34.6%，而在非经合组织成员国向外迁移的人口中，同一比例更高达 38.6%。显然，对于绝大多数发展中国家人口而言，接受高等教育并成为专门技术人才，是实现其向发达国家迁移的基本条件。[①] 1990 年欧盟的 15 个成员国共接纳受过高等教育的移民总计 216.6 万人，2000 年又增加到 452.6 万人。[②]

发达国家从发展中国家的教育投资中获益巨大。有学者估计，获得美国大学生学士学位所需费用约为 10 万美元，进一步获取硕士学位还要 5 万美元，若进而再取得博士学位则至少还需要花费 5 万美元以上。换言之，一个学生取得硕士学位共需花费 15 万美元，取得博士学位共需花费 20 万美

① Frederic Docquier & Abdeslam Marfouk, International Migration by Education Attainment, in *International Migration, Remittances and the Brian Drain*, eds. by Caglar Ozden & Maurice Schiff, The World Bank, 2006, p. 164.

② 联合国文件 A/60/871《全球化与相互依存：国际移徙与发展》，2006 年，第 53 页。

元以上。而且,这只是高级科技人才个人用于教育的费用,还未计入政府和社会团体对于大学教育的拨款和资助。[①] 2000 年,大约有 2040 万 25 岁以上受过高等教育的技术移民在经合组织国家工作生活。[②] 如果按以上大学费用估算,经合组织国家仅从接纳外来技术移民一项,就至少节省了高达 2 万亿美元以上的教育经费。

另据俄罗斯的统计数据,俄罗斯培养高级科研人员的成本大约是人均 30 万美元。如果再加上高级科研人员潜在的价值,俄罗斯每外迁一名科技人才的经济损失大约为 50 万美元。自 1990 年以来,已经有 1.6 万名俄罗斯科学家定居国外,其中包括四分之三的物理学家以及超过半数的数学家,按照俄罗斯劳动与社会发展部副部长莫斯卡维娜的估计,十多年来的人才流失已经使俄罗斯总共损失了六七百亿美元。根据俄“大乌拉尔”协会发展计划经济委员会的统计,近十年内人才流失给俄罗斯造成的经济损失高达 500 亿美元。[③] 由于这些科技人员几乎都去了发达国家,绝大部分移居美国,后者从中获益不可估量。

美国关于移民抵达时状况的普查数据表明,来自拉丁美洲和加勒比地区技术移民的 55%,来自中国和印度技术移民的 40%,都是在美国获得大学学位的。[④] 美国等发达国家时常以此为例,说明其对人才培养的投入。的确,有不少后来成为技术移民的专门人才,是在得到移入国奖学金等不同方式的经济资助下完成其最高学历的,但即便如此,他们高中以下的基础教育大多在原籍国完成。因此,移入国为外国优秀留学生提供奖学金的政策,实际上是以最高阶段的教育投资,将经过层层筛选、淘汰之后的优秀青年学子,纳入本国体系之内。

还值得一提的是,各发达国家政府对于在本国完成学业的各国优秀学子都十分重视,近年来,在德、法、英等发达国家出现的一个普遍趋势,就是改变此前外国留学生一毕业就必须离境的规定,给予在当地完成学业的外国留学生半年至一年的签证,以便他们在当地求职就业。而且,在以上援引各国的移民计分制中,都明文规定在当地国获得学位的留学生,申请移民时可得到特别的分值。这些规定,为那些从发展中国家到发达国家留学的年

---

① 马侠:《论“脑流失”》,《人口研究》1993 年第 3 期。
② 联合国文件 A/60/871《全球化与相互依存:国际移徙与发展》,2006 年,第 54 页。
③ 高子平:《人力视角下俄罗斯人才流失》,《俄罗斯研究》2005 年第 4 期。
④ 联合国文件 A/60/871《全球化与相互依存:国际移徙与发展》,2006 年,第 54 页。

轻人从"留学"转为"移民",提供了种种方便。

(三)按需开辟绿色通道

根据本国经济社会发展需要,以本国所需的各种技术职业为标准,挑选专业对口的移民,吸引技能优秀的人才,按需开辟绿色通道,为本国创造业绩,是相关国家移民政策制定中又一共同关注点所在。

加、澳、新等国的计分制,都按本国社会发展需求的专业设置,给予从事不同专业者以不同的分值,以保证移民的专业技能乃本国之所需,一来就能为我所用。而且,为了促进本国相对边远地区的发展,各国移民政策均专门设计了鼓励新移民到本国边远地区就业或创业的特别分值。

例如,澳大利亚设计了职业认可表,按专业要求及需求程度,划分出三个等级,分别给予 60 分、50 分、40 分等不同分值,并根据社会需求定期进行更新。2008 年的特别需求表显示,以计算机、生物化工、土木建筑等专业的高级工程师和专科医生最为紧缺。同时特别规定,如果所申报职业为高需求的技术职业,并已获得澳大利亚雇主聘用,可以获得最高 15 分的加分(详见附录二)。

在新西兰的计分规定中,移民申请人能够获得额外加分的项目包括:进入新西兰未来确定发展的特别领域工作或创业;到新西兰主要的海港及工业中心、最大城市奥克兰以外地区工作;具有在新西兰从事技术工作一年以上的工作经验等。

英国的高技术移民项目在公布前经过三次重大修改,不断突出其接纳移民的主要目标是吸纳高层次专业人才,以补充其高技术人力资源的不足。其预定接纳的主要对象是:专业技术领头人,具有丰富专业经验和技术特长的高级人才,或在某个领域有特殊贡献的人。英国的计分制中专门规定:如果申请人能够提供支持文件,证明其在所隶属领域内获得了"显著推动"该领域发展的成果,并为同行所认可,即可获得额外的 15～25 分的加分。

欧洲国家审核技术移民的另一重要"招数",是以"工资收入"作为衡量水准。荷兰审核"高技术移民"以年薪为接纳标准,即申请者在荷兰的个人报税年薪如果达到荷兰全国年薪收入排行榜前 2.3% 高端范围内,即可作为"高级专门人才"移民荷兰,并享受一揽子快捷便利的移民服务。换言之,按照 2007 年公布的标准,不论原籍是哪个国家的申请人,如果年龄在 30 岁以上、在荷兰的个人报税年薪在 46541 欧元以上;或年龄在 30 周岁以下、在荷兰的个人报税年薪 34130 欧元以上,即可立即获准移民荷兰。类似以年薪确认优先接纳移民标准的做法,也通用于其他一些西欧国家,但具体标准不一。同样以 2007 年的规定为例:丹麦要求的年薪标准是 45 万丹麦克朗(大约 6 万欧元),德国是 8.5 万欧元,爱尔兰是 4 万欧元。[①]

为了弥补年薪限制可能对年轻但具有潜力之年轻人才的不利影响,作为补充,荷兰又规定了欢迎"知识移民"的专门政策。"知识移民"特指进入荷兰从事科研的专业人士,如:从事博士后研究、到大学担任讲师以上职务的专业人员,仍在接受专科医生训练的医学博士等,对这部分移民的审核不包括最低年薪标准的要求,而主要看重其专业潜力与贡献。

芬兰通过对掌握先进技术的外国人实行特别税率制度,吸引技术人才。芬兰是高税率国家,对本国国民最高税率可达 60%,但政府规定,对于掌握先进技术的高收入外来移民,征税率仅为 35%。法国宣布,高薪聘请的外国专家和信息工程师不受其移民法的限制。奥地利计划以特殊优惠政策每年吸纳 1200 名专门人才。[②]

新加坡虽然是一个人口密度极高的小国,但是,自 20 世纪 90 年代以来,当代知识经济发展为新加坡带来的机遇和挑战,促使新加坡政府不断在新加坡的移民接纳政策中贯穿"以人才立国"的指导思想。新加坡政府规定:如果公司雇佣外国人才,无论是永久性还是暂时性,都可以有两次机会要求将公司 26% 的税款作为进行再分配和招聘的费用。[③]

在美国移民政策中,被纳入"第一优先"的有三类人,而在三类人中的排行首位的,是"具有特别突出优秀技能的专业人才",而且,属于第一优先的人才,"不需向美国劳工局申请许可"即可直接移民美国(详见附录三)。在此还值得注意的是,在这些"优秀技能的专业人才"中,除了科技人才之外,那些具有特殊才能的作家、画家、演员、歌星、艺术家、音乐家、运动员移民,也颇受各国青睐。

获得诺贝尔文学奖的"中国作家"高行健,虽然得奖作品是用其母语中文写作并发表,但其身份已经是法国公民。国际著名的作曲家、指挥家谭盾虽然一直以融入中国元素的作品享誉世界,但已经于 20 世纪 80 年代移居

---

①　以上数据系笔者 2007 年夏天在荷兰、丹麦等国访问时搜集的资料。各国的标准一直在调整中。例如,2008 年 7 月德国政府提出的新一轮"工作移民行动计划",将技术移民的年薪要求降低到 6.3 万欧元。

②　龙台坊:《技术移民:欧洲的渴望》,《新闻周刊》2002 年 7 月 22 日。

③　艾尔代尔著,石松等译:《亚太地区技术移民的增长》,《思想战线》2005 年第 1 期。

美国。还有,2005 年荣获俄罗斯最高荣誉勋章"友谊勋章"的俄罗斯爱乐乐团团长左贞观,曾经是中国著名电影演员的陈冲、斯琴高娃、沈丹萍等,如今也都已成为美国、瑞士、德国等不同国家的新国民。

随着各国民众对于体坛成绩越来越关注,奥运会成绩与国家荣耀越来越紧密关联,引进体坛高手也进入了各国优先接纳移民的通道。美国 NBA 球赛的职业选手们,是来自世界各国最优秀球星的组合;代表欧洲不同国家而驰骋于足球场上的健儿们,肤色不同,语言不同;称雄于国际田径赛场上的体育健儿,虽代表不同国家登上领奖台,但好多人的原居地都可追溯到非洲大陆。在参加 2008 年北京奥运会的各国奥运军团中,诸多原中国著名运动员的名字,赫然出现在不同国家出征北京奥运的名单上……诸如此类的例子,不胜枚举。发达国家对于体育人才的争夺,在当今国际体坛上愈演愈烈,在一定程度上正是当今不同国家为特殊人才开辟绿色通道,争夺人才白热化的缩影。

(四)"发达国家的托儿所"

以现代科学技术为核心的知识经济时代,形成了以信息技术为核心,包括生物工程、新材料、新能源、空间和海洋开发等一系列运用现代技术的新兴产业群、学科群和经济增长点,需要大批掌握高新技术的中高级人才。由于人才的培养成长需要一定时间与投入,而人才自身成长需要个人的聪明才智与艰苦付出,因此,当发达国家面临人才供需矛盾时,通过移民渠道的"拿来主义"就发挥了重要作用。

根据联合国开发计划署报告公布的 2009 年的统计资料,全世界所有发达国家和高达 92% 的发展中国家都允许临时性技术移民入境,93% 的发达国家和 62% 的发展中国家都允许技术移民获得本国的永久性居留。[①] 需要指出的是,发达国家所选择的"技术移民",不一定全都是顶尖级的科技人才,但他们必定受过良好教育,拥有一定工作经验,而且年富力强,他们大多在自己的原籍国度过被抚养的年代,却在能够为社会作贡献的黄金时代移民发达国家。

牛津大学项飚博士的《全球"猎身":从信息产业看印度劳工体系》一

---

① 联合国开发计划署:《跨越障碍:人口流动与发展》,2009 年,第 34 页。

书，①以印度跨国流动的 IT 业技术移民为例，深刻剖析为什么印度的 IT 人能够比美、欧、澳等发达国家的同行更廉价、更灵活因而更具市场竞争力。作者透过表面现象，从培育出这些技术人才的社会条件寻找答案。无论在哪个国家，从嗷嗷待哺的婴儿成长为一名合格的 IT 专业人士，其所需要的培育成本是相当高的。然而，如果将同一成本置于发达国家和发展中国家之间进行比较，那么，这一社会成本在如印度这样的发展中国家显然要比欧美发达国家低廉许多。因为，一方面，从父母、老师、妻子到各类社会公共服务人员，所有这些与 IT 人成长相关的劳动都被赋予极低的价值；另一方面，从住房、学校、医院到交通等公共设施，也都在低位成本上运行，因此，无数与培育印度 IT 人相关的成本都被严重贬值，甚至直接被隐性化、零价值化乃至负价值化。而且，印度社会内部阶级、种姓和性别的极端不平等，又导致从全社会吸取的剩余价值集中到一个人数有限的特殊群体，从而创造出了在国际市场上特别有竞争力的 IT 人。虽然项飚的分析集中于印度 IT 人的跨国流动，但他所深刻揭示的世界上远隔重洋的不同地区如何在制度和结构的意义上连成一体，他所剖析的资本主义激发财富的功能和强化社会不平等的后果如何在跨国范围内通过一系列社会和文化机制相互缠绕，则无不具有普遍意义，并且将对于技术移民的常识性认识大大推进了一步，是为发达国家如何从吸引发展中国家各类技术移民中大获其利之深刻注解。

　　2001 年，笔者曾应邀参加在温哥华举行的一个关于国际移民的学术研讨会。会上，一位加拿大学者在谈及当今技术人才跨国流动之社会影响时，挥舞着拳头激动地大声说道："是千百万中国农民养育了比尔·盖茨！"其时正是比尔·盖茨的微软事业如日中天之时，此言一出，全场一阵歔欷声。是的，中国农民以其被远远贬值了的劳动成本养育了无数中国的 IT 业工程技术人员，其中不少优秀分子在学成后加入比尔·盖茨的微软并为其效力，将宝贵的青春年华和知识才干都奉献给了微软的事业。可以说，正是通过不断从发展中国家大批"寻猎"价廉物美的 IT 人，才成就了如同比尔·盖茨那样的 IT 巨头。也正是在这一意义上，有西方学者用十分形象的语言一针见血地指出：发展中国家是"发达国家的托儿所"。②

① Xiang Biao, *Global "Body Shopping"*: *An Indian Labor System in the Information Technology Industry*, Princeton: Princeton University Press, 2007.

② Stephen Castles, Migration and Community Formation under Conditions of Globalization, *International Migration Review*, Vol. 36, No. 4, 2002, p. 1163.

二、投资移民:财富开道

"投资移民"在有些国家又进一步细分为"商业移民"、"企业家移民"、"自雇移民"等,但共同标准都是指通过向移入国注入一定资金而获得在该国生活、居住的基本权利,乃至入籍成为移入国公民。为简洁起见,本书将此类与投资相关的移民统一称为"投资移民",仅在必要时作进一步区分。

全球化时代资本的大规模跨国流动,带动了投资者的跨国迁移。那些掌控亿万资产的富翁们,或携巨资游走于世界各地,或身居世界的某个角落却通过信息网络而调度资本在不同国度进进出出。对他们中的大多数人而言,国籍可能只是一个符号,他们可能同时具有多个不同国家的公民身份,可能在世界各地都有"家"。以财富开道,以追逐利润为游走目的,国界对他们基本不是什么障碍。

当今以"投资移民"身份申请进入目的国的,以中小企业家、商人和拥有一定资产的中产阶级为主。在国际移民研究视野中,此类"投资移民"可以分为两类:一是为投资而移民,二是为移民而投资。他们是接纳国投资移民政策所关注的对象,也是本节研究的主体。

就投资移民的主要目的国而言,基本具有如下共同点:生活环境较优越,经济发展水平较高,社会福利条件较好。因此,欧、美、澳发达国家是绝大多数投资移民的首选。同时,一些自然条件优越、生活安宁、税收低甚至没有征税要求的弹丸小国,如本书绪论中提及的巴哈马、百慕大、列支敦士登、卢森堡等"避税天堂",也颇受投资移民的青睐。

"投资移民"完全是移民接纳国从本国经济利益出发设置的特别政策,各国欢迎真正的投资移民,却又不能不担心以"投资者"为名,却要进来分享原国民既得利益的"投机者",因此,各国国际移民政策中关于"投资移民"的相关条款,主要是针对那些"为移民而投资者"设定进行规范、选择的基本条件。

投资移民政策的制定完全以经济利益为导向,相关国家政策对投资移民资格的规定各有不同,但基本都包括对申请人的投资金额、投资途径、投资目的、投资计划、投资主体的具体规定,同时不少国家还对投资移民增加了一些附加条件。

(一)投资金额

各国投资移民政策首先体现在对"投资金额"的规定上。各国规定的投

资金额并非一成不变。此处援引的是 2008 年 7 月相关发达国家移民部网站提供的关于投资移民金额的规定:

[美国]EB-5 投资移民项目(Employment Based Fifth Preference)于 1990 年开始实施,投资金额从高失业区的 50 万美元到一般地区的 100 万美元。

[加拿大]申请人必须出示拥有 80 万加元净资产的证明,并且将其中的至少 40 万投资于加拿大。

[澳大利亚]对于投资移民,凡申请澳大利亚联邦项目的投资金额须达到 150 万澳元以上,投资州项目的金额是 75 万澳元。

[新西兰]全球投资人(global investor)应向新西兰投入 2000 万新元,为期 4 年,其中 500 万必须投资于营运性项目;专业投资人(professional investor)应投入 1000 万新元,为期 4 年,其中 200 万必须投资于营运性项目;一般投资人(general investor)应投入 250 万新元,为期 4 年,同时拥有 100 万新元的安家资金。

[英国]英国关于投资移民的规定可以归纳为以下三类。一是向英国投资 20 万英镑于经济运营领域;二是投资 75 万英镑购买英国的股票或基金,同时另外拥有至少 25 万英镑可以作为生活费;三是年龄在 60 岁以上,每年来自投资、股票、租金等方面的净收入不少于 2.5 万英镑,也可以获准在英国居住。

一些发展中国家同样以各种投资政策吸引外国移民,但这些国家对于移民申请人投资额的要求,显然比起以上发达国家低了许多。例如:位于中美洲的尼加拉瓜政府规定,申请人投资 3 万美元十当地的房地产、汽车或其他资产,即可获准移居该国。南美秘鲁政府规定,只要在该国政府限定的银行中存入 2.5 万美元以上,即可作为投资移民进入该国。哥斯达黎加政府规定的投资额度是向该国旅游或出口贸易行业投资最少 5 万美元,向再生林工程最少投资 10 万美元,向其他类型实业投资最少 20 万美元。巴西政府为鼓励外国商人到巴西经商,规定在该国注册一家公司并投资 5 万美元以上,或向巴西投入 5 万美元以上购买该国债券,便可获得申请投资移民巴西的基本资格。

一些比较富裕或拥有一些比较优势的发展中国家,则对投资移民提出了相对比较高的投资要求。圣基茨和尼维斯联邦(Federation of Saint Kitts and Nevis)位于北美洲,于 1983 年独立,是一个人口仅 4 万的海岛小国。该

国用以宣传吸引投资移民的优势主要有二:其一,持有其护照者到全球 90
多个国家均无须签证;其二,该国不向其公民在本国之外地区获得的收入征
收税款。该国规定的投资金额主要由三部分组成:向该国规定的投资计划
投入资金 35 万美元以上;向政府缴纳申请费用,包括主申请人 3.5 万美元,
配偶及未满 18 岁子女每人 1.5 万美元;向政府缴纳"调查费用",每位超过
18 岁的申请人 2500 美元。

对移民申请人投资额度的要求,显然与移民目的国的经济状况及所提
供给国民的福利待遇密切相关。

(二)投资方式

移民申请人的投资方式,是相关国家接纳投资移民政策规定中的又一
项重要内容,而且一直在不断修订与调整之中,其总体趋势是要求投资移民
将资金投入到移入国的经济营运中,为移入国带来真正的财富收益。以下
是美、加、英等发达国家关于投资移民投资方式的具体规定:

[美国]美国每年为投资移民预设的名额是 1 万名,其中 7000 人的
投资地点不受限制,但 3000 个名额保留给在美国政府移民就业署指定
的"目标就业区"(targeted employment area)投资的申请人。"目标就
业区"包括失业率比全国平均水平高 1.5 倍以上的"高失业率地区"和
非大都会区、非卫星都市、非都市外围的边远地区。投资方式可以是开
创全新企业也可以是购买或重组现有企业,但投资者必须提供 10 个新
的全职工作岗位至少两年,或投资在即将破产的现有美国企业中,维持
全部原有员工至少两年。申请人在获准移民后只能先取得两年暂时居
留。两年后移民局要重新审核投资企业经营状况及是否继续保持新创
造的十个工作机会,才决定是否发给永久绿卡。美国政府不对投资提
供任何担保,投资者需自行承担商业风险,选择合适的投资项目。

[加拿大]商业移民可以选择"全额投资"和"融资贷款"两种方式。
前者是投入 40 万加元到联邦政府指定的投资银行,由加拿大政府开具
一份同等面额、期限 5 年又 30 天的票据,该期限内投资者不得动用这
笔投资,加拿大政府保证到期后无息返还本金。换言之,这一方案实际
是投资者向加拿大政府交纳 40 万加元 5 年的利息。"融资贷款"则是
由投资者一次性向加拿大联邦政府指定的投资银行投入 12 万加元,再
由加拿大移民局所批准之金融机构以融资方式补足至 40 万加元进行
投资。申请人不需要另外支付手续费,但首付 12 万加元将作为 5 年的

贷款利息而不再返还给投资者,换言之,投资者等于一次性向加拿大政府交纳 12 万加元。

[英国]投资移民必须以 20 万英镑以上在英国创建事业,最少雇佣 2 名欧盟成员国的全职员工,本人必须亲自在英国管理公司,并承担相应的风险责任。对投入资金在 75 万英镑以上的商业移民,则没有亲自经营和提供工作岗位的要求。

[澳大利亚]投资移民设立的企业,必须达到澳大利亚政府规定的合格企业的营运标准。对于获得州政府担保的企业,净资产价值不少于 25 万澳元,个人及配偶拥有至少 7.5 万澳元净资产;提供 1 个以上工作岗位给非申请人亲属以外的澳大利亚居民;如果是未获得州政府担保的企业,年营业额不少于 30 万澳元,提供两个以上工作岗位给非申请人亲属以外的澳大利亚居民,方达到澳大利亚政府规定的合格企业标准。达到以上标准,方为澳大利亚政府规定的合格企业。

从以上规定可以看出,相关国家对于移民投资途径的规定实际分为两类:一类属"商业移民",即将一定金额的资金交给政府营运,等于"花钱"买一个移民身份;另一类"企业家移民"则要求投资者不仅要投入资金,而且要为当地创造新的就业机会,个人经营,个人承担经营风险,当然也由个人经营获益。

(三)对投资移民申请人的要求

对投资申请者个人的基本要求一般都包括:无犯罪记录,财产来源清楚,身体健康。此外,最重要的是对投资移民的主申请人个人经营、管理企业资历的要求,具体条件依不同国家而有所不同。

相对而言,美国对于投资移民申请人的要求是比较简单的。根据美国政府的规定,符合美国第五优先条件的申请人在申请获得成功后,可以自由选择在美国的任何一个城市居住,也可以继续留在原籍国生活;本人可以赴美经营其企业,也可以由他人代为经营;主申请人的配偶及 21 岁以下的未婚子女可以与主申请人同时获得美国的绿卡,享受美国提供给永久居民的各种待遇。

加拿大对于"投资移民"申请人的要求,相对于美国等其他国家而言,则是比较严格的。其一,根据加拿大政府的规定,投资移民申请人首先必须证明用于投资的财产是通过自己的商业努力合法获得的。其二,在申请人提出申请之前五年内,必须具有至少两年以上主管过一家"合格企业"(qualifying business)的经验。根据加拿大移民局的定义,"合格企业"必须符合以下四项规定中至少两项规定,包括:所持股份相当于雇佣两名以上全职员工,持股比例乘以全年销售额等于或高于 50 万加元,持股比例乘以全年纯收入等于或高于 5 万加元,持股比例乘以年末净资产等于或高于 12.5 万加元。其三,申请人还必须通过加拿大的移民评分审核。与技术移民不同的是,技术移民的合格分是 67 分,投资移民的合格分则仅为 35 分。

按照澳大利亚关于投资移民的相关规定,经评审合格的申请人第一步能够得到的仅仅是进入澳大利亚投资经营企业的短期居留身份,在投资澳大利亚并成功经营企业 2 年之后,才能再申请获得永久居留身份。具体而言,对投资移民申请者的要求包括:所创立的企业得到澳大利亚州政府的担保;投资人的年龄在 55 岁以下;该企业在过去 4 个财政年度内至少有 2 年的营业额在 30 万澳元以上,因此是一个成功的企业;申请人对该企业的所有权不少于 10%;申请人个人的净资产不少于 25 万澳元并且在得到签证后的2 年内将 25 万澳元以上资本投入澳大利亚;个人将持续性地参与该企业的经营。如果申请人申请的是非担保类项目,那么,对申请人的年龄要求是 45岁以下,企业年营业额必须在 50 万澳元以上,个人资产及投资总额都必须在 50 万澳元以上,而且还必须有 5 分以上的雅思成绩。符合以上条件的申请人可以获得"企业家移民临时居留签证"。持该签证在澳大利亚从事合法经营 2 年以上,在申请前 2 年内至少 1 年时间居住在澳大利亚,尊重澳大利亚的价值观,遵守澳大利亚的法律,方可申请"企业家永久居留",但是,该申请要获得批准,则还必须符合如下三个条件中至少两个条件:如果是获得担保的企业,那么,在过去 12 个月内,该企业净资产价值不少于 25 万澳元,个人及配偶拥有至少 7.5 万澳元净资产;提供 1 个以上工作岗位给非申请人亲属以外的澳大利亚居民。如果是未得到担保的企业,相对要求得相应提高,包括:个人及配偶拥有至少 10 万澳元净资产;该企业年营业额不少于 30万澳元,提供两个以上工作岗位给非申请人亲属以外的澳大利亚居民。

如前所述,投资移民政策主要针对的是那些为移民而投资者,因此对投资者个人就提出了比较翔实的要求与审核条件,而且,由于澳大利亚、加拿大等国都是高福利国家,因此其规定实际上是排斥那些可能进来分享其福利的申请人,其主要防范措施相当于是要求移民申请人为自己日后可能享受的福利预先"买单"。

(四)投资退休移民

近年来,开辟"投资退休移民"途径,吸引具有一定经济实力,已经或接近退休年龄的外国人到本国定居、消费,是越来越多国家推出的又一种以经济利益为导向的投资移民途径;与此相应,越来越多发达国家的退休者,也通过一定的资金投入或曰资金转移方式,到生活水准低、气候适宜、环境安全的国家安度晚年。常见的退休移民包括从西欧到南欧,从北美到拉美,从日本到澳大利亚和新西兰(近年来还增加了中国)。迁移者与接纳国双方的经济利益相互吻合,从而形成了新的值得关注的社会文化现象。

巴拿马是一个气候宜人、风景秀丽的国家,近年来曾经多次在《国际生活杂志》(International Living)评选的"最适合退休人士居住国家"排行榜上位居榜首。[1] 该国对于退休移民的要求是:必须向该国的林业项目投资 4 万美元;或在该国购买 20 万美元以上的房产;或在该国银行存入期限 5 年以上的定期存款,存款总额必须使主申请人每月的利息收入在 750 美元以上,主申请人每一家庭成员的利息收入在 100 美元以上。换言之,按照 2007 年的利息标准,投资人必须在巴拿马国家银行存入至少 20 万美元的定期存款。另一个加勒比小国巴巴多斯(Barbados),是加勒比地区最富裕的国家,并且对全体国民实施免费医疗和免费教育,因此,该国对外来移民的投资要求也达到 20 万美元。

马来西亚在《国际生活杂志》"最适合退休人士居住国家"排行榜上也多年位居前 10 名之内。进入 21 世纪,马来西亚政府为了吸引具有良好经济基础的各界人士到马来西亚定居、消费,修订并推动"马来西亚:我的第二家园计划"(Malaysia My Second Home,英文缩写 MM2H,中文简称"第二家园计划")。该计划的前身是马来西亚政府于 1987 年推出的"银发计划"(Silver Hair Program),当时的初衷是吸引有一定经济能力的老年人到马来西亚消费,但效果并不理想。2002 年,马来西亚政府对该计划进行重要修订,按不同年龄组制定不同要求,取代原计划中单一的年龄限制。按照修订后的章程,只要申请人拥有所规定的经济能力,那么不论其国籍、年龄、宗教、性别,均可参加该计划。申请人获得批准后,其配偶、未成年子女及一名家庭佣工即可得到十年有效、自由出入马来西亚的签证,移居马来西亚。该规划将申请人分为 50 岁及以下、50 岁以上两个年龄组。对前一年龄组的要

---

① 《国际生活杂志》(International Living)创刊于 1979 年,以介绍世界各国生活环境、消费水平为办刊宗旨,尤其注重向读者推荐那些"可以生活得更便宜、更舒适、更安全、更自由的国家"。

求是必须在马来西亚本地银行,或在马来西亚设有分行之外国银行存入定期存款 30 万林吉特①以上,存款期限至少一年,一年期满后可以动用其中的 24 万用于在马来西亚本土的消费,包括购房置产、子女教育、医疗保健等。从第二年起,主申请人在参与本计划期间必须始终在指定银行保持 6 万林吉特以上的存款。对于 50 岁以上年龄组的要求稍低,存款总额是 15 万林吉特,一年后可动用存款额度是 9 万林吉特,但其他规定则与前一年龄组相同。相关规定还包括,该计划参加者所购买的住房,在沙捞越地区的价格必须在 30 万林吉特以上,在其他地区必须达 20 万林吉特以上,但每个人最多只能购买两幢房产。通过"第二家园"计划进入马来西亚的移民,不得在马来西亚受雇为全职雇员,但可以按投资移民规定自己创业,或每周工作不超过 20 小时。

实施"退休移民"计划的还包括多个发展中国家。菲律宾政府将"退休移民"申请资格分为两个年龄组:第一年龄组包括 35～49 岁的申请人,需要在菲律宾境内政府认可之银行存款 5 万美元;第二组是 50 岁以上申请人,所要求存入的钱款是 2 万美元。申请人达到相应要求,即可移民菲律宾。另一个东南亚国家印度尼西亚政府则规定,退休移民必须证明个人每月最低收入在 1500 美元以上,保证每年在印尼至少消费 1.8 万美元,在印尼购买房屋的金额不得少于 3.5 万美元,或租住房屋最低租金不得少于每月 500 美元;至少雇佣一名印尼女佣等。泰国对年龄在 50 岁以上的申请人开放"退休移民"申请,要求拥有不少于 80 万泰铢资产,或证明每月收入不少于 6.5 万泰铢。

近年来一些发达国家也推出了"退休移民"计划。以澳大利亚为例。澳大利亚设立了专门面向"退休投资者"(investor retirement)的 405 签证,申请该签证者的年龄必须在 55 周岁以上,配偶年龄不限,但不包括未成年子女。申请人必须通过投资的方式,获得澳大利亚相关州政府的担保以获得移民资格。如果申请人计划移居澳大利亚的都市地区,必须投资至少 50 万澳元,同时拥有至少 6.5 万澳元的生活费,如果计划移入边远地区,那么,就必须至少投资 25 万澳元并拥有至少 5 万澳元生活费。所有申请人都必须提供符合规定的健康证明、无罪证明等。

虽然各个不同国家在宣传"退休移民"计划时,往往强调本国的气候、环

---

① 马来西亚货币名称 Ringgit 的音译,又译"零吉"、"令吉",或简称"马币"。

境、服务等优越条件，但根本动因是以服务换收益，通过为退休者提供服务，拉动内需，促进消费，从而获取经济效益。就退休者而言，尤其对于一些发达国家中产阶级退休者，其所拥有的资产或退休收入，在原居地只能过一般的平民生活，但如果迁居到消费水平低廉的发展中国家，以同样的资金却可以享受更高品质的生活。正因为如此，《国际生活杂志》在封面广告中一再号召：到"退休天堂"（retirement heaven）去生活吧！

得益于当今交通、资讯空前发达，使移民与移入国双方共赢的"退休移民"方式，正在融入一些发达国家中产阶级的生活规划当中。

三、劳工移民：得失之间

本书绪论在当今国际移民类别划分中指出的第一类是"工作性迁移"，并说明：为改善个人和家庭的命运而跨国迁移，为了获得更高收益或更优良的工作环境而离开其祖籍国前往另一国家工作，构成当今国际移民的一大重要迁移类型。在"工作性迁移"中，除了跨越国境、受雇于他国等共同点之外，还可再进一步划分出技术移民、合同移民工、季节性移民工、非固定移民工、项目制移民工、往返流动移民工等多种不同类别。在这些类别中，除"技术移民"作为特殊的移民政策已经在前面进行专门论述之外，余下均可归属为"劳工移民"，或曰"劳动力迁移"。

"无技能劳工"（unskilled workers）或"低技能劳工"（low skilled workers）迁移，是国际移民政策中最有争议的部分。如前所述，无论是技术移民或是投资移民，都是经过接纳国按一定标准进行选择并受到欢迎的移民。然而，在许多发达国家或高收入国家，一方面由于人口出生率下降，人口老龄化比例大幅度上升，另一方面则由于高福利政策及劳动力市场的上下层分化，当地青年人不愿意进入底层劳动力市场就业，因此，这些国家劳动力市场上缺口最大的，实际上是无特殊技能的普通劳工或曰底层劳工。

发达国家无技能劳工的补充，一是通过家庭团聚等以"人道主义"为原则的移民途径实现，另一种途径就是直接从其他国家引进普通劳工。如何才能做到既引入本国所需要的外国劳动力，使之为本国经济作贡献，却又不影响本国人民的基本经济利益，就成为各国国际移民政策制定中争执不休的一个重要环节。

当今世界上围绕引进外国劳动力争议最多的国家和地区，可以英、德、法等西欧国家为代表。要而言之，战后以来英、德、法等西欧国家围绕引进外劳政策的演变,经历了从欢迎到严禁,再到逐步开放等三个时期。以下,本书以战后以来相关西欧国家劳工移民政策为重点,从移民接纳国的角度,剖析当代发达国家劳工移民接纳政策的发展变化及主要问题。

(一)欢迎外籍工人的"客工制"(1945—1973 年)

第二次世界大战夺去了欧洲大批青壮年的生命,战后,进入经济重建时期的欧洲各国都面临劳动力严重匮乏的问题。1945 年,以英国为主,曾在一定范围内推行过所谓"欧洲自愿劳工法案"(European Voluntary Worker Scheme),即接纳国可以按照本国出现的劳力空缺状况引入外籍工人,对不合用者接收国有权随时遣返,被引入的劳工必须遵守合同,而且不享有以"家庭团聚"为由携带家属的权利。1945—1951 年间,仅英国就依据这一法案引入了 19 万劳工,绝大多数为男性。① 由于该法案是一个对外籍工人十分苛刻的条例,被社会进步人士批判为带有"殖民倾向",因此在 1951 年后就终止了。

二战后西欧另两个引入外国劳工的大国是法国与联邦德国。法国在战后立刻于 1945 年成立了"国家移民办公室"(Office National d'Immigration),负责从事有组织地引入劳工的相关事务,尤其是法国南部农村,20 世纪 50—60 年代时平均每年仅从西班牙就引入 15 万季节性农业工人。时至 1970 年,总计已有 200 万外籍工人及 69 万家属进入法国。联邦德国大约从 20 世纪 50 年代后期开始引入外籍工人,最初从经济较为落后的南欧的意大利和希腊引入外劳,接着扩大到西亚的土耳其,北非的摩洛哥、突尼斯以及南欧的葡萄牙、南斯拉夫等国,增长势头很猛。1956 年,全联邦德国的外籍工人总计约有 9.5 万人,10 年后的 1966 年即猛增至 130 万人,1973 年又翻了一番,增至 260 万人。② 因为,经由雇主选择的外籍工人个个年轻力壮,他们进入西欧国家后,承担了大量在当地人眼里被视为困难、肮脏、危险、卑贱的"4D"工作,③有效地促进了社会经济发展,故而一时颇受西欧朝野"欢迎"。

据欧共体 1970 年的统计,在联邦德国、法国、比利时、荷兰、卢森堡五国

---

① Stephen Castles & Mark J. Miller, *The Age of Migration, International Population Movements in the Modern World*, Houndmills: the Macmillan Press, 1993, p. 68.

② Stephen Castles & Mark J. Miller, *The Age of Migration, International Population Movements in the Modern World*, Houndmills: the Macmillan Press, 1993, pp. 68~70.

③ "4D"是英文 difficult(困难)、dirty(肮脏)、dangerous(危险)和 demeaning(卑贱)四个词的第一个字母,是从第三世界移居发达国家的劳工移民所从事工作的总体特征。

的外籍工人总数达 343.6 万人,外籍工人在全国工人中所占比例平均达9.2%。[①]进入 20 世纪 70 年代,外籍工人仍然持续增长,时至 1975 年,当时欧洲经济共同体九国的外籍工人连同其家属总人口已至少达到 1200 万人,比 10 年前增加了一倍以上。[②]

由于此时的外籍工人是接收国"请"来的,因此,外籍工人被礼貌地称为"客工"(guest worker),各接收国政府对外籍工人表现出了前所未有的宽容。虽然外籍工人及其家属大量涌入造成了城市住房拥挤,教育卫生等公共服务设施紧张,预防犯罪警力不足影响社会治安等问题,但是,政府支持引进外籍工人的态度是积极明确的。当时的联邦德国总理维利·勃兰特(Willy Brandt)曾在 1971 年的一次讲话中强调指出:"无论从哪方面说,都是外国工人在帮助我们得到每天的面包。我们每个人对此都应牢记在心。尽管外国工人到德国来是因为他们在家乡的生活不如意,但是,德国迫切需要他们。可以说,我们需要他们,更甚于他们需要我们,否则的话,他们就不会到德国来了。"[③]

为了吸引外籍工人,西欧国家相继制定了一系列保护外籍工人的法令。在荷兰,1964 年 2 月 20 日通过的法令规定,地方当局无权吊销外籍工人的工作许可,必须允许外籍工人在工作许可有效期满后办理延期手续,如遇违反规定之事,外籍工人可直接向荷兰国家政府的社会事务部上诉。在比利时,政府规定,凡拥有工作许可的外籍工人的配偶及子女也可同样获得在比利时的工作许可,这一规定不受劳动力市场需求之左右。西欧学界还就各国政府对外籍工人在语言技能培训、社会援助政策等方面的作为,进行公开评分,从而促进各主要外籍工人接收国注意修订相关政策,善待外籍工人。

在社会舆论方面,人们对二战期间纳粹分子残暴屠杀犹太人的种族主义暴行依然记忆犹新,种族歧视为一切具有正义感的人所唾弃。在对待外籍工人的问题上,西欧社会的主导趋势是要求平等地对待外籍工人,帮助他们学习了解所在国的语言风俗,为外籍工人提供技术培训,在住房、医疗等

①　Hans van Houte & Willy Melgert eds. , *Foreigners in Our Community*, Amsterdam/Antwerp:Keesing Publishers,1972,p. 189. 其中法国的统计数据系 1968 年的数据。

②　H. 斯图尔特·休斯著,陈少衡、程洪逵、顾以傲、姜海、季庄、徐汎译:《欧洲现代史(1914—1980 年)》,商务印书馆 1984 年版,第 726 页。

③　Hans van Houte & Willy Melgert eds. , *Foreigners in Our Community*, Amsterdam/Antwerp:Keesing Publishers,1972,p. 23.

方面让外籍工人分享社会福利,使他们能工作得愉快、幸福。西欧进步学者与社会活动家们不断地提醒人们:外籍工人首先是"人",理应受到人道的对待。进入20世纪60年代后在西欧各国蓬勃兴起的民权运动,也特别关注外籍工人的基本人权和利益保障。在此大趋势下,对"人"的尊重得到弘扬,在民权意识明显增强的基础上,社会对外来移民的宽容明显改善。

不过,在外籍工人长期归属的问题上,西欧社会从自身利益出发,普遍认为(或曰"普遍希望")外籍工人在本国工作若干年后,应当返回其原居地。然而,事实却未能如其所愿。就雇主而言,如果所雇佣的外籍工人基本能令其满意的话,往往希望雇佣八年十年,甚至更长,以减少培训新工人的费用。就外籍工人一方而言,当他们找到一份相对安定的工作之后,往往希望将家人接到所在国共同生活。出于人道主义理念,西欧各国对此只能依法接纳。然而,如此一来,情形就发生了根本性变化:外籍工人本身将他们最宝贵的青春年华贡献给移入国,而他们的子女也在移入国受教育成长,这时,再要他们举家迁回原籍就不是一件轻而易举的事了。渐渐地,西欧人发现,社会上"有色人种"比例直线上升,而且,当外籍工人失去工作能力之后,当他们的家小还不是全劳力的时候,他们同样也要来分享西欧人的社会福利。西欧舆论于是开始惊呼:"我们要的是工人,可男女老少全来了"(We asked for workers, but human beings came)。如何妥善处置外籍工人及其家属,西欧社会各界对此议论纷纷,不过,由于20世纪70年代之前外籍工人中基本还是以年轻力壮者为主,而且,60年代时的外籍工人基本保持着一个较高的回归率,因此,长期定居、分享社会福利的问题虽已出现,但尚未真正成为朝野关注的大问题。

(二)关闭外国劳工进入的大门(1974—2000年)

正当西欧政界学界尚在为如何正确对待外籍工人之去留进行学理探讨时,1973年,一场战后最大的经济危机在西方世界歌舞升平中突然爆发,西欧各国经济顿时一落千丈,市场萧条,失业率上升,社会动荡。这时,外籍工人即刻成为西欧社会失业率飙升的第一替罪羊。

面对经济危机,西欧各国相继迫不及待地关闭外籍工人入境的大门:1973年11月,联邦德国首先宣布停止吸收外籍工人;1974年7月,瑞士宣布限制外籍工人从事有酬劳动的人数;接着,北欧各国宣布不再接受北欧国家以外的外籍工人;西欧的奥地利、比利时、荷兰、英国也相继采取限制外籍工人的严厉措施。社会舆论更是迅速地随之转向:外籍工人太多了,他们"作为外来人,既是不可缺少的,也是令人不满的"。①

在一片"外国人太多了"的惊诧中,西欧人"发现",在他们周围,那些"送不走"的外籍工人,尤其是来自西亚、北非的"异民族群体"出乎意料的庞大,西欧民族文化面临着异文化的直接冲击。于是,西欧当局很快就"忘记"了外籍工人对本国经济发展所作的特殊贡献,"忘记"自己曾经做过的美妙承诺,反之,在西欧有关各方眼里,"外籍工人"作为社会文化意义上的"局外人"(outsiders),业已成为西欧的一大"问题"群体。西欧各国"大量引入外籍工人"的重要举措从此画上了一个大大的句号。

从20世纪70年代经济危机之后直到90年代,欧共体各国一再强调它们不是移民之国,其所公开制定的国际移民政策,基本体现以下三大原则:一是以民族主义为主导,希望在欧共体成员国内部进行劳动力调节,不再从非欧洲国家引入劳动力;二是以人道主义为原则,对"家庭团聚"、"政治难民"入境网开一面;三是对"本国无法提供的特殊人才",发放有限的入境签证。

1992年,欧共体委员会再度就移民的接纳与融入问题做出如下决议:第一,欧共体不鼓励、不欢迎新移民;第二,对于业已居住在西欧国家的外来移民群体,各国必须采取措施促进其融入当地国社会;第三,欧共体应当与西欧移民的主要来源国加强联系与合作,并通过对后者的发展性援助,减少这些国家的外移人口,从而减少西欧国家承受的移民压力。②

20世纪末叶新移民进入西欧的正常途径主要有以下三条:第一,家庭团聚;第二,因在本国遭受迫害而获准避难西欧国家的政治难民;第三,拥有特殊技能的人才或投资移民。其中,由于先期进入西欧的移民所提供的亲属性连锁迁移网络,"家庭团聚"类移民长期源源不断;20世纪80—90年代从东南亚到东欧的一系列政治变动,则使政治难民潮此伏彼起,得到西欧庇护者也有数十万。然而,更引人注目的是,在西欧之外,长期存在着一个不具备以上正常移民条件,却又希望进入西欧国家的庞大的潜在移民群,对他们

---

① H. 斯图尔特·休斯著,陈少衡、程洪逵、顾以俶、姜海、季庄、徐汎译:《欧洲现代史(1914—1980年)》,商务印书馆1984年版,第728页。

② 以上意见详见于欧共体委员会1992年关于《移民与难民问题背景报告》(Immigration and Asylum, Background Report)。转引自 Anthony Fielding, Migrants, Institutions and Politics: The Evolution of European Migration Policies, in Russell King ed., *Mass Migrations in Europe: The Legacy and the Future*, London: Belnaven Press, 1993, p. 61.

而言,进入西欧的唯一可能就是通过非法途径进入法国。

"非法移民"在西欧不少国家长期合法生存、合法打工早已是当地国社会众所周知的现实。早在西欧国家大量引入外籍工人期间,由于入境手续上的官僚操作与繁文缛节,不少外籍工人就已经源源通过"灰色途径"进入西欧国家工作。以法国为例,据法国移民部 1968 年的统计数据,在被移民部认定为"外国人"的人群中,没有合法手续而入境打工者高达 82%。[1] 在不少著述甚至官方文件中,此类"非法移民"被表述为"无证移民"(undocumented immigrants)或"无证工人"(undocumented workers),反映出社会舆论并未将这一群体视同犯罪团伙,而是表现出了区别对待的宽容态度。

由此,形成了欧洲主要国家外来移民构成的一些共同特点:一是由于连锁迁移,围绕不同国家原客工制时期外国劳工原籍所构成的社群基础,形成了相对集中的合法移民族群,如德国移民主要来自土耳其及前南联盟,法国主要来自北非马格里布诸国等;二是在各国都存在一个人数达数十万的非法移民群体,并且还在源源到来(详见表 2-4)。

表 2-4   欧盟主要国家接纳移民情况表(2002 年数据)

国别	合法移民人数（万）	占总人口比例(%)	合法移民主要来源地	非法移民人数（估计,万）
德国	732	8.9	土耳其(30%)、前南斯拉夫及欧盟	50~150
法国	431	7.4	欧盟(160 万)、马格里布诸国(130 万)	30~50
英国	220.7	3.8	印度次大陆、非洲	约 100
西班牙	94	2.5	马格里布诸国、拉丁美洲	12~25
意大利	125	2.1	摩洛哥、阿尔巴尼亚、前南斯拉夫	18~35

资料来源:法国语言文化辅导会《鸣锣·小资料》,2002 年 10 月,第 7 页。

---

[1] Stephen Castles & Mark J. Miller, *The Age of Migration*, *International Population Movements in the Modern World*, Houndmills: the MacMillan Press, 1993, p. 68.

欧洲完全关闭外来劳工移民大门的政策,显然已经名存实亡。如何面对现实,对如何接纳外国劳动力移民的政策进行适当调整,成为欧洲各国政府不得不面对的一个紧迫的现实问题。

（三）重开引入外国劳工的大门（2001年之后）

西欧国家高福利政策发展的一个直接后果,是劳动力成本与发展中国家之间的差价越来越大。企业主们降低成本的措施之一,就是将大量劳动力密集型企业向发展中国家转移,这既是经济全球化的直接体现,同时也是全球化的助推器。

根据慕尼黑科技大学企业经济学系的研究,德国制造业从1980年起,平均每年外移10万个工作机会,而每个工作机会外移的同时,还造成本土1.7名相关服务业和手工业就业机会的损失。在外移的工作中,三分之二属于生产线上的工作。[①]换言之,近二三十年来,欧美发达国家大量汽车、电脑、服装等劳动力密集型企业,先是转移到了新加坡及中国的香港、台湾等地,随之又进一步转移到了中国大陆、巴西、马来西亚等地,近期则再次向越南、柬埔寨等处于转型之中、劳动力价格更低廉的国度转移。几乎与此同时,教育制度与英美更接轨的印度,则由于语言、技术等方面的优势,成为美国服务性外包业的首选地。

然而,虽然企业向外转移减少了发达国家本地对于普通劳动力的需求,但是,西欧社会很快又发现,每个国家都有一些无法外迁但又需要大量普通劳动力的底层行业,最突出的就是建筑、旅馆、餐饮、医院看护和家庭佣工,这些行业的需求是地方性的,其服务对象在哪里,这些行业就必须在哪里发展。随着发达国家人民生活水平上升,绝大多数人对改善住房的要求提高了,但是,愿意投身艰苦的建筑行业的工人却减少了;随着人口老化,对医院、家庭服务的需求上升了,但愿意从事相关服务业的年轻人却减少了。

于是,在诸多西欧国家就出现了十分矛盾的社会现象:企业外迁减少了本国的就业岗位,造成本国普通劳动者失业率上升;但是,建筑、护理、餐饮服务等无法外迁的艰苦行业,却在本地招收不到所需人力,底层劳动力缺口越来越大。前面所提及的非法移民,实际上大量谋生于这些艰苦的底层行业。

社会现实的改变,促使相关国家政府意识到调整国际移民政策的必要

---

① 《德产业外移5年内将失去200万工作》,新加坡《联合早报》2004年11月17日。

性。英国在将近 30 年没有对移民问题发表任何正式文告之后,财政部于
2001 年发表正式报告,强调指出必须关注引入劳动力移民的潜在效益问题。
同年,德国也发表官方报告,指出:"德国实际上已经是一个引入劳动力移民
的国家,而且,未来还需要依靠外来移民以填补本国的技术和非技术岗位的
空缺。"国际移民专家斯蒂芬·卡斯尔斯(Stephen Castles)因此提出:英、德
的这两份官方报告,是欧洲劳工移民政策进入 21 世纪后发生转向的重要标
志。[①] 笔者同意卡斯尔斯的观点,同时还注意到,也正是在这一年,欧盟委员
会决定将"非欧盟国家公民进入欧盟从事经济活动的基本条件"议题提上欧
盟的正式议事日程,并得到欧盟各成员国的赞同与支持。[②]

　　无论欧盟各国政府公开承认与否,德、英、法、意、西等欧盟国家引入普
通劳动力的大门,实际上已经悄悄打开,虽然打开的大多是"边门"甚至"后
门",即外国劳动力移民从非正规途径进入欧盟,而移入国政府对其或默认,
或通过各种"合法化"手段变相接纳。2001 年一系列文件的发表,实际上是
对既成事实的认可,是试图实现"关后门,开前门",向合法化程序转变。

　　在德国,自 20 世纪 80 年代后期起,劳动力市场的缺口就已经显现。在
柏林墙倒塌之后,开始有大批来自相邻东欧国家的波兰人、捷克人、匈牙利
人等,以"旅游者"身份进入德国,但实际上却在农业、建筑、餐饮业短期打
工。德国需要这些移民,但又希望在法律允许的范围内有组织、有限制地引
入。1991 年,德国政府与波、捷、匈等中东欧国家签订了"外国工人计划",从
这些国家引入劳工从事农业、建筑业和餐饮业,工作期限仅为三个月。因为
该计划是自 20 世纪 70 年代石油危机后德国再次正式引入外劳,因此被称
为"新的客工计划"。但是,由于限制严格,期限太短,无论是雇主或外劳都
不愿费时费事去争取仅仅"三个月"的有效身份,因此该计划并没有达到预
期的效果。德国采取的另一项弥补性措施是与劳动力相对便宜的东南欧国
家签订建筑工程承包合同,由葡萄牙、波兰等国建筑公司承接德国的建筑工
程,尔后以"合同制"方式向德国派出劳务队伍,每期不超过两年。据统计,
在 1999 年高峰期,有来自其他欧盟国家的超过 20 万外国工人在德国建筑
工地工作。此后人数有所下降,到 2001 年,在德国正式签约的外国建筑合

---

① Stephen Castles, Guestworkers in Europe: A Resurrection? *International Migration Review*, No. 4, p. 744.

② Green Paper on an EU Approach to Managing Economic Migration, EU COM(2004) 811, Brussels, 2005, p. 3.

同工还有4.7万,如果再加上在其他不同领域"签约"的外国合同工,总数达到 27.8 万,其中 85% 来自波兰,其余来自罗马尼亚、斯洛伐克、克罗地亚和匈牙利。这些工人仍然是其本国公司的雇员,其所领取的只是德国公司支付工资及福利的一部分。与此同时,通过非正规途径进入德国的非法移民,估计总人数在 50 万～110 万之间。① 面对已经有数百万新移民在德国工作、生活的现实,并且意识到德国的未来发展已经完全离不开新移民,德国政府有关部门不得不着手调整其国际移民政策,正式承认德国实际上已经成为一个移民国家。

另一个已经制定引入外国劳工移民计划的欧盟国家是英国。英国政府虽然一再强调只引入高技术人才,但在其于 2002 年修订公布的移民计划中,却包括了复杂的引入外国劳工的计划,主要项目如下:

假期工(working holiday-makers)。来自英联邦国家,17～27 岁之间,可以工作两年,但不享受社会福利,期满后不能居留。来自澳大利亚、新西兰、加拿大的青年人可以由此方式得到工作。2002 年此类假期工共有 41700 人。2003 年起年龄限制放宽到 30 岁,同时规定签证持有者本人在工作一年后可以转为一般工作签证,同年人数增加到 62400 人。

季节农业工人计划(the Seasonal Agricultural Workers Scheme, SAWS)。从欧洲引进工作期限为三个月的农业工人。2002 年为 17000 人,2003 年 21000 人,2004 年 15000 人。绝大多数来自波兰、乌克兰、波罗的海诸国。

行业劳工计划(the Sector Based Scheme,SBS)制定于 2003 年,专门向食品加工、旅馆提供引入劳工许可,每年每个行业为 10000 人。许多在旅馆及餐馆的配额发给孟加拉人。工人只能在英国工作一年,但由于这么短的工作时间根本不可能偿还其高额的迁移费用,因此绝大多数都非法滞留。2005 年该法令被暂缓执行。

家庭佣工(domestic service)。自 2001 年以来每年配额为 10000 人。主要应聘者为年轻女性,照顾孩子及做家务。其人数从 2003 年的 15000 人下降到 2004 年的 5600 人。

---

① Stephen Castles, Guestworkers in Europe: A Resurrection? *International Migration Review*, Vol. 40, No. 4, 2006, pp. 750～751.

海外学生(overseas students)。他们在学期间可以每周工作 20 小时,学校假期可以全天工作。在 2004 年,共有 294000 名学生及 13000 名家属。不清楚具体有多少人做学生工,但相信比例相当高。

据统计,英国在 2004 年批准的以上各类工作许可共发给了 12.4 万人,其中 82700 人是工作许可获得者,另有 41600 人获得的是家属许可。其中大约三分之二是高技术人才,余下三分之一则进入了普通劳动力岗位。然而,如此数量根本无法满足英国底层劳动力市场的需求,因此,大量普通劳动者是通过非正规途径进入英国的。有估计认为英国境内的"无证移民"可能达到 50 万。一个典型的例证是:2004 年 5 月,波兰、捷克、拉脱维亚、立陶宛、爱沙尼亚等国加入了欧盟,根据规定,欧盟成员国公民可以在欧盟境内自由流动,于是,短短三四个月内,就有来自上述国家的 27.7 万名已经在英国境内的"无证"或曰"非法"务工者,通过向英国相关部门登记而取得了正式身份。[①]

2006 年 3 月,英国政府白皮书宣布将进行移民体制改革,旨在"主要引进高技术人才,以及能够从事那些本国及欧盟其他国家均没有合适人选之重要工作的移民"。新制度将移民分为五个层次,第一、二层次为专业人才和技术工人,第三层次是"有限的、补充特殊临时性劳动力短缺的低级技工";第四层次是学生;第五层次是年轻的流动临时工,补充短期的、非经济类的工作需求。显然,在新制度的五个层次中,第三、五两部分,实际所指均为可能进入底层劳动力市场的外国工人。

德、英两国国际移民政策的走向,在欧盟国家中具有一定代表性。2004年,欧盟委员会制定了协调欧盟国家国际移民政策的"海牙计划"(Hague Program),并在此基础上于 2005 年 1 月通过了"移民路线图"(Road Map for Migration),即"欧盟关于经济移民管理的绿皮书"(Green Paper on an EU Approach to Managing Economic Migration)。绿皮书指出:欧盟委员会注意到未来欧盟人口锐减将极大地影响欧盟经济增长,削弱欧盟内部市场及欧盟企业的竞争力,因此,欧盟委员会号召各国政府必须认真反思目前过于苛刻的移民政策。由于目前欧盟各国普遍缺乏切实可行的移民政策,移民无序流入问题严重,因此,必须基于欧盟成员国的共同利益,制定更加公平、

---

① Stephen Castles, Guestworkers in Europe: A Resurrection? *International Migration Review*, Vol. 40, No. 4, 2006, pp. 750～753.

公开、透明、和谐的移民接纳标准。①

英国广播公司曾十分形象地说明当今英国人的日常生活对于外国劳动力的高度依赖性：英国消费者从当地超市购买的一包芹菜，很可能是由尼日利亚劳工种植，波兰人收割，再经过中国人清洗上架。换言之，当今英国等面临人口老化、劳动力短缺的发达国家，如果离开外来移民，许多农场、医院、餐馆、商店、工厂将因人手不够而关闭，许多学校将因生源不足而关门，许多高龄或疾病缠身的老人将无法生存，业已运行数十年的从摇篮到坟墓的全面社会福利制度将无以为继。正因为如此，目前发达国家的国际移民政策走向，不能不将引入"年轻力壮劳动力"的问题提上议事日程。然而，问题在于：移民接纳国希望的是只付出、不享受其福利待遇的青壮劳动力，但大多数移入者则要求在付出自己劳动的同时，也享有自己的权益，同时亦有少部分移民是直接奔着享受社会福利而去的。因此，暂且不论引入外国移民后可能面临的社会文化问题，仅围绕直接或间接经济利益的各方博弈，就成为当今国际移民政策制定与执行中纷繁复杂的社会现实。

第三节　移民接纳的经济博弈

全球化就是冲破国界的历史进程，人的跨境流动是其中重要的组成部分。正如研究全球化的著名学者鲍曼（Bauman）所指出的：在全球化的世界，"流动成为最强大的制造社会分层的因素"，全球的经济、政治精英们能够为所欲为地穿行于世界各地，但穷人、弱者却只能固守本土，因此，"富人游走全球，穷人固守本土"。② 然而，全球化同时又给亿万穷人打开了感知外部世界的窗口，将发达国家的生活方式传播到穷乡僻壤，从而大大增加了对于贫困者改变命运的诱惑，加之长途旅行较之以往任何时候都更加廉价，更加便利，这一切无不成为推动"穷人"不再安于现状，走上通过迁移改变命运的道路。

---

① 该绿皮书被列入欧盟第 811 号文件，并于 2005 年 11 月 1 日在布鲁塞尔正式出版。

② Zygmunt Bauman, *Globalization: The Human Consequences*, Cambridge: Polity, 1998, p.9, p.74.

　　然而,移民者的经济追求与移民目的国的接纳政策之间并不一定相互吻合,甚至在更多时候所表现出来的是显而易见的冲突,由此,就催生了全球化时代赢利性跨国移民产业市场的形成与扩展,并且演化成为与接纳国国际移民政策公开博弈的市场化力量,从而在不同程度上左右国际移民的流向、规模与构成。

　　潜在移民、移民产业与移民接纳国国际移民政策三方之间的博弈,是我们在经济视角下解读国际移民政策不可或缺的一个重要环节。

一、移民的经济追求

　　世界银行 2006 年版的《世界发展报告》以"公平与发展"为主题,以一个假设性的比较开篇:如果有这样两位南非儿童,一位是黑人女孩恩塔比森,一位是白人男孩彼得,他们出生于 2000 年同一天。但是,黑人女孩出生在南非一个边远地区的农村家庭,母亲没有接受过正规教育;白人男孩则出生在开普敦的一个富裕家庭,母亲毕业于名牌大学。毫无疑问,这两名儿童无法选择自己的家庭出身、种族、性别或出生地。但是,专家的模拟计算显示,这两名儿童出生后的生活却受到先天因素的巨大影响:黑人女孩在一岁前死亡的概率为 7.2%,预期寿命是 50 岁,可望接受的正规教育不超过一年;但白人男孩一岁前死亡的概率仅为 3%,预期寿命 68 岁,可望接受 12 年以上正规教育。

　　如果将出生在南非的白人男孩彼得的命运,再与一位同一天出生在瑞典普通家庭的男孩相比,那么,瑞典男孩在一岁以内死亡的概率又再度降低到 0.3%,预期寿命则提高到 80 岁,可能的接受正规教育的年限至少为 11.4 年,比南非的平均水平高出 5 年。而且,除了受教育年限的差距,更有教育质量的天壤之别。世界银行报告提及,有一种八年级学生参加的具有国际可比性的数学测验,瑞典学生的预期平均分数是 500 分,但南非学生的平均分数却只有 264 分。而且,前面提及的那位南非黑人女孩,根本不可能上到八年级,对诸如此类的测验可能闻所未闻,更遑论参加测验。[①]

　　以上比较显示了全球贫富国家之间多方面的巨大差距,而且这一差距还在继续扩大。根据联合国的数据,1913 年,世界最富国比最穷国富裕 10

---

　　① 世界银行:《世界发展报告·2006》(中文版),华盛顿特区:国际复兴开发银行/世界银行 2005 年版,第 1~2 页。

倍;而到 2000 年,这一差距已扩大到相差 71 倍。① 如果说在相当长的时期内,贫困国家的人群曾经因为不了解发达国家的情况而比较能够安于现状的话,那么,全球化的重要社会影响之一,就是将第一世界的生活方式,通过报刊、电影、电视乃至互联网等多种途径,活生生地展现在亿万相对贫困的社会群体面前,激起他们改变命运、实现向上流动的强烈欲望。与此同时,科技的发展,则使地面、海洋、天空的长途旅行较之既往任何时候都更加廉价,也更加便捷,这一切,无不直接或间接地推动无数如同上述那些南非儿童那样生于底层之不公平环境的人们,试图通过向发达国家的流动,改善自己的处境,改变自己的命运。

在经济学家眼中,移民是不同地区之间资源配置的调整,是包括技术或非技术劳动、资本、自然资源的再集结。从劳动力密集地区迁出的人们,提高了留居本地劳动力的边际生产率,而迁出劳动力汇给家乡亲人的钱款,则有助于改善留在原居地的亲属的生活水平,"走出去就是为自己拿主意,留下来是将命运委托给政府和市场"。② 因此,许多调查一再证明,赤贫家庭由于缺乏旅费、技能、信息、必要的社会支持网络等,难以加入跨国迁移,那些真正加入跨国流动的劳动力,往往不是最贫困的人口,而是最具活力的人口,他们通过自己的努力参与经济活动,具有强烈的改变自身命运的追求。③

以下,本研究以印度南部克拉拉邦"海湾工人"移民流动潮为例,追溯自 20 世纪 70 年代以来该地区劳动力跨国流动的演变进程。印度是当今大批劳动力向外跨国流动的大国,印度克拉拉邦移民是普通劳动者如何通过跨境流动改变自身经济地位的典型代表。

自 20 世纪 50 年代以来,人口众多的印度一直是国际劳务市场上的劳动力输出大国;而在印度各邦中,则以位于印度南端的克拉拉邦为跨国劳务输出的主要基地。自从 20 世纪 70 年代国际石油价格大幅度持续攀升以

① Alkman Granitsas, Europe's Next Immigration Crisis: A New Wave of Intolerance Sweeps through Europe,*Yale Global*, 11 April 2006.

② 乔治·弗提奥·塔皮诺斯:《全球化、区域整合、跨国移民》,《国际社会科学杂志》2001 年第 3 期。

③ 例如,世界银行 2006 年的报告援引关于墨西哥移民家庭经济地位的调查数据,再次对此进行论证。劳尔·乌尔苏亚在《国际移民、社会科学和公共政策》一文中也指出:"极端的贫困有效地阻碍了国际移民,因为十分贫穷的人们根本没有迁徙出国的财源和社会资源。但一走入中等收入水平,国际移民的货币就明显增加,这是因为有关的人家已有能力选择国际移民作为分散经济风险的战略。"(《国际社会科学杂志》2001 年第 3 期。)

来,在克拉拉邦与海湾石油国家之间形成了一条劳动力流动的通衢。在既往 30 多年中,曾经或迄今仍然就业于海湾国家的克拉拉邦人累计已达千万人次,海湾工人(gulf worker)、海湾移民(gulf emigrants)、海湾工作(gulf jobs)、海湾机遇(gulf opportunities)均已融入克拉拉邦人的日常社会话语。通过劳动力人口跨境就业,克拉拉邦人也分享到了海湾国家石油经济腾飞带来的效益。

印度与中东阿拉伯国家的交往,为时久远。作为一个历史悠久的文明古国,作为原始佛教的主要发源地,为弘法而远航异域的印度僧侣,为经商而奔走于世界各地的印度商人,早已在印度孔雀王朝时代(约公元前 324—前 185 年)就在中东地区留下了他们活跃的足迹,他们可谓印度人移居中东地区的先驱。不过,严格意义上的跨国移民,应当是近代民族国家制度强化之后的社会现象。

在近代英国殖民者对外扩张的狂潮中,印度于 1757 年沦为英国的殖民地。进入 19 世纪,在列强对西亚地区的争夺战中,印度成为英帝国向西亚扩张的重要基地。到 19 世纪末叶,海湾地区石油储量丰盛的科威特、伊拉克、巴林、沙特、卡塔尔等均已沦入英国的势力范围。1930 年,首次有一批印度人受聘于中东的英资企业"巴林石油公司",从印度前往巴林担任技术员及文秘工作。由此,英资海湾石油公司到印度招募的各类员工日渐增加。与此同时,印度的商人们也活跃于印度与海湾国家之间,1941 年,"印度商人协会"在中东商贸重镇迪拜成立,可见当地已形成了一个可观的印度商人群。[①]

不过,在 20 世纪 60 年代之前,从印度前往海湾石油国家的移民人数十分有限。其一,当时通过正式渠道前往海湾国家的印度移民,以正式受聘的专业人士为主。然而,随着二战后西方经济腾飞促使北美、西欧等发达国家对专业人士的需求量激增,通晓英语的印度专业人士备受欢迎,海湾国家并无特殊吸引力。其二,1947 年印度挣脱殖民统治获得独立,英资势力已不能在印度为所欲为,通过英资企业前往海湾石油公司务工的渠道中断了。因此,在 20 世纪 50—60 年代,从印度通过非正式渠道前往中东的个体跨国务工行为虽然时有发生,但风险大,不定因素多,人数有限。

---

① T. V. Sekher, *Migration and Social Change*, Jaipur and New Delhi: Rawat Publication, 1997, p. 35.

　　1973 年后国际石油价格持续暴涨,海湾产油国迎来了历史发展的新时期,劳动力需求量空前激增。由此,印度和海湾国家之间的劳动力流动关系发生了质的变化。印度从政府到民间都紧紧抓住了这一特殊时机,推动劳动力人口通过跨国劳务输出,寻求新的谋生及发展机会。政府迅速介入跨国劳务的组织与管理,大批跨国劳务中介机构相继成立,跨境就业迅速从个体行为转化为群体追求。自 20 世纪 70 年代中期起,从印度前往海湾石油国家务工的人数成倍增加。1973 年,印度向海湾国家输出劳工总计 19.5 万人;1975 年增至 30.5 万人,占海湾国家外来工总数的 17.8%;1980 年再增至 59.9 万人,占海湾国家外来工的 21.2%。1998 年,印度有 368.8 万人在海湾国家务工,达到迄今为止跨境就业总数的最高峰。换言之,在整个 20 世纪 90 年代,印度每年平均向海湾国家输出工人 293 万人,而且这还只是已经在相关政府部门进行正式登记的工人数。有学者认为,如果再加上那些没有进行正式登记的跨国务工人员,估计 20 世纪 90 年代每年在海湾国家务工的印度工人可能高达 360 万人以上。[①]

　　印度是人口超过 10 亿的大国,每年外出的数百万海湾工人尚不足本国劳动力总数的 1%,就全国而言,影响有限。但是,由于印度海湾工人约三分之一来自位于印度南端的克拉拉邦,因此,海湾工人对克拉拉邦的影响则非同小可。1973 年,克拉拉邦有 3.4 万人前往海湾国家务工,占全印度海湾工人的 17%;1981 年,在海湾的克拉拉邦工人接近 10 万人;1984 年突破 20 万人;1987 年突破 30 万人;进入 90 年代后更是一路飙升,从 1996 年起,每年在海湾国家的克拉拉邦工人均超过百万。根据克拉拉邦计划局报告,1998 年,共有 160 万克拉拉邦工人在海湾国家务工,其中半数以上集中于沙特、阿联酋两国,海湾工人总数达到克拉拉邦本地劳动力总数的 10%,相当于在克拉拉邦本地正规企事业部门正式就业的员工总数。[②]

　　在海湾国家,因石油需求而带来的经济勃兴是全面的,因此,印度工人

　　① Ravi Srivastava & S. K. Sasikumar, An Overview of Migration in India, Its Impacts and Key Issues, p. 15. 该论文发表于 2003 年 6 月 22—24 日在孟加拉达卡举行的"亚洲移民、发展与扶贫政策选择国际学术研讨会",感谢原作者向笔者提供全文并同意笔者引用其数据。

　　② K. P. Kannan & K. S. Hari, Kerala's Gulf Connection: Emigration, Remittances and Their Macroeconomic Impact. 打印稿,2002 年发表,第 5 页。感谢原作者向笔者提供打印稿全文并同意笔者引用其数据。

的就业领域也呈现不断拓展的势头。在 20 世纪 70 年代,印度工人绝大多数缺乏专门技能,只能从事非技术性劳务,除采油业外,印度工人广泛受雇于建筑业,1978 年的数据显示,是年在海湾国家务工的印度工人中只有 14%受雇于专业技工、文秘和管理部门。然而,跨国务工的过程也是务工者自身能力、技术在实践中不断提高的过程。进入 20 世纪 90 年代后,印度工人中"专业技工"的比例明显上升。2002 年的数据显示,是年在阿联酋就业的印度工人中,有 21%成为"专业技工",15%从事文秘,同时还有 6%进入了行政管理领域。不过,在采油第一线的"操作工"仍为跨国工人之主体,达印度在当地务工总人数的 35%。[①]

自 20 世纪 70 年代以来从克拉拉邦朝向海湾产油国的大规模的跨境劳务流动,给克拉拉邦的社会经济生活带来了多方面的影响。

首先,海湾工人的劳务汇款明显提高了克拉拉邦本土的人均收入,减少了贫困人口,提高了整体消费水平。根据印度经济学家的估算,海湾工人群的持续发展,至少使克拉拉邦本地的失业率下降了三个百分点,从而使克拉拉邦成为全印度失业率最低的地区。[②] 根据克拉拉邦社会经济研究中心主任卡南(Kannan)教授领导的一个小组的研究报告,1999—2000 年财政年度,由海湾工人汇回克拉拉邦的钱款总额高达 1415.8 亿卢比(约合 31.8 亿美元);印度经济学家拉维·扎加里亚(Ravi Zachariah)等人同期所做研究得出的劳务汇款总额更高,他们认为:1999—2000 财政年度汇款总额应为 1519.2 亿卢比(约合 34 亿美元),相当于全印度劳务汇款总额的近三分之一。[③] 而且,两组研究人员均强调指出:以上统计只包括海湾工人通过国家正式金融机构汇回的钱款,大量通过非正式渠道汇回的钱款无法统计,因此实际汇款额肯定还要高得多。大量海湾汇款提高了克拉拉邦的个人平均所得,在 20 世纪 80 年代之前,克拉拉邦个人平均所得一直处于全印度的平均

---

① K. P. Kannan & K. S. Hari, Kerala's Gulf Connection: Emigration, Remittances and Their Macroeconomic Impact. 打印稿,2002 年发表,第 48 页。

② Ravi Srivastava & S. K. Sasikumar, An Overview of Migration in India, Its Impacts and Key Issues, p.17. 该论文发表于 2003 年 6 月 22—24 日在孟加拉达卡举行的"亚洲移民、发展与扶贫政策选择国际学术研讨会",感谢原作者向笔者提供全文并同意笔者引用其数据。

③ 根据互联网提供的汇率数据,2000 年印度卢比与美元的比价大约为 44.5 卢比相当于 1 美元。根据国际劳工组织的估计,全印度一年的劳务汇款高达 115 亿美元,其中包括在美国等发达国家 IT 业从业的印度人的汇款。

线以下,1985 年达到全国的平均水平,此后一路领先,至 2000 年已超过全国平均水平 49％。20 世纪 70 年代时,克拉拉邦的贫困人口比全印度的平均线高出约 5 个百分点,但进入 90 年代后,则转而比全印度的平均线低 11 个百分点(详见表 2-5)。海湾汇款还提高了克拉拉邦的消费水平。在 1977—1978 年之前,克拉拉邦的消费水平低于全印度的平均水平,而据 1999—2000 财政年度的统计,克拉拉邦的消费水平已比全印度平均水平高出 41％。[①]

表 2-5　克拉拉邦与全印度主要社会经济指标比较

项目		年代		克拉拉邦	全印度
贫困线以下人口比例(％)		1973—1974		59.8	54.9
		1993—1994		25.4	36.0
人口预期寿命		1951—1961	男	45.3	35.7
			女	57.4	43.5
		1990—1992	男	68.8	59.0
			女	74.4	59.4
婴儿死亡率(每 1000 个新生儿)		1951—1960		120.0	140.0
		1993		13.0	74.0
农村儿童入学率	5～9 岁	1987—1988	男	86.9	52.5
			女	82.8	40.4
	10～14 岁		男	93.3	66.1
			女	91.2	41.9
7 岁以上人口识字率(％)		1961	男	55.0	34.3
			女	38.9	12.9
		1991	男	94.5	63.9
			女	86.0	39.4

资料来源:K. P. Kannan,Poverty Alleviation as Advancing Basic Human Capabilities:Kerala's Achievement Compared, in Govindan Parayil ed. , *Kerala: The Development Experience*,2000,pp.53～54. 本表根据该文提供的相关数据整理制成。

其次,海湾汇款对平衡克拉拉邦的邦财政赤字发挥了重要作用。大量海湾汇款在克拉拉邦财政收入中所占比例逐年上升。从 1980 年至 1990 年,海湾汇款占邦财政收入的 9％～14％,年平均为 11％。1991—1992 财政年

[①]　K. P. Kannan & K. S. Hari, Kerala's Gulf Connection:Emigration, Remittances and Their Macroeconomic Impact. 打印稿,2002 年发表,第 23 页。

度,海湾汇款跃升至邦财政收入的17%,并在最高峰的1998年达到是年邦财政收入的24%。印度经济学家认为:在克拉拉邦财政出现危机的80年代中后期,海湾汇款大约抵消了40%的贸易赤字。[①]

再次,长期劳务迁移,已在克拉拉邦形成了不同于其他各邦的迁移文化。到中东海湾国家务工成为当地男性年轻人普遍的就业期待。尤其在当地的穆斯林家庭,因为与中东石油国家在宗教信仰上相一致,更是将到海湾就业视为其"特殊的机遇"。一个值得注意的数据是,在克拉拉邦人口中,因海湾就业而实现脱贫的人口约占总人口的3%,但如果仅仅以克拉拉邦的穆斯林人口为计,则脱贫比例达到6%。迁移文化也在性别视角上得到反映,由于男性长期外出,女性必须掌管家中的主要事务并更多地参与一些社会活动,从而在一定程度上有助于女性社会地位的提高。而且,近年来,随着海湾国家对于家务劳动力的需求明显上升,女性远走海湾国家务工的人数也明显上升,有些女性到海湾国家从事家务服务的收入甚至超过了男性操作工,从而直接冲击了原居地男尊女卑、男主女从的传统观念。

最后还需要强调指出的是,由于中东国家的政策是利用外来劳力,却不愿让其享受本国人的福利,因此,外籍工人的流动性相当高。一般外劳与中东公司签订的是三至五年的工作合同,有些在合同期满后可以续签,有些则必须离境回乡。有些技术工人在中东国家工作十几二十年后,最终还得返回家乡。尤其当中东国家出现经济动荡或下滑时,外来工人必然首当其冲成为被解雇的对象。就克拉拉邦的情况而言,进入20世纪80年代后,一方面是早期前往中东的工人签约期满后返回者源源不断,另一方面是越来越多新劳力进入就业竞争,中东国家雇主对工人的淘汰率上升,因此回流工人大批增加。据前文提及的拉维·扎加里亚(Ravi Zachariah)等人的统计,从1988年至1992年,共有近15万工人从中东返回印度,从1993年至1997年,又有约40万人返回印度。大批离乡多年的工人重返家乡,面临着重新适应家乡环境的问题。他们在海湾所掌握的技能多与石油业相关,回乡后无用武之地;而且,由于曾经拿过海湾地区的高工资,故而难以接受家乡所能提供的低工资的工作。

通过跨国迁移提高个人的经济收益,是推动移民迁移的最重要动力。

---

① K. P. Kannan & K. S. Hari, Kerala's Gulf Connection: Emigration, Remittances and Their Macroeconomic Impact. 打印稿,2002年发表,第19页。

印度海湾工人迁移的例子,是目前国际劳动力短期、合约性流动的一个典型代表。类似的例子还有许多。例如,到中国的香港、台湾务工的泰国人,虽然从事的可能都与他们在原居地相似的低技术或无技术工作,但收入却可以达到原居地的 4 倍。在塔吉克斯坦,当地人均月收入仅有 9 美元,但如果迁移到俄罗斯联邦打工,每一季度的平均收入大约可以达到 500～700 美元,这笔钱足以支付一个家庭在塔吉克斯坦首都杜尚别一年的费用。一名印度的软件工程师在印度的工资还不到其同行在美国收入的三分之一,而一名科特迪瓦的医生如果迁移到法国,工资可以增加约 5 倍。而且,除了收入的增加之外,不少人还强调迁移的目的包括为了使自己的孩子未来能有一个更安全、更幸福的生活环境。[①]

　　显然,相当一部分移民希望的是在移入国永久定居,不但付出劳动力,也享受较高质量的生活环境,不少人还希望通过自己这一代人的艰苦付出,为下一代争得在发达国家生活的权益。但是,大多数移民接纳国或曰移民需求国一方所希望的却是移民工人将其人生最宝贵的青春年华奉献给移入国后,就回到本国去"安度晚年",如此,移入国就能以最小的付出,获得最高的人力资源收益。他们大多不愿看到那些异民族移民的子子孙孙都在本国安身立命,这就成为当今劳动力流动中移入国政策与移民追求相互碰撞的一大矛盾所在。这方面的矛盾已经超越了纯粹经济领域的考量,涉及长期的政治、民族、文化、宗教的交融与冲突,对此,本研究将在后续章节中专门探讨。

二、移民产业的形成

　　前述印度劳动力朝向海湾地区的迁移,主要是进入对方劳动力市场下层的普通劳动力,除此之外,还有一大批经济移民以技术移民、投资移民的身份踏上跨国迁移的道路。对于这部分移民而言,他们的目的更倾向于永久性定居,因此,移入国对此类移民的选择也更为慎重。符合条件的技术、投资移民是移入国所欢迎的,但大量不完全符合甚至完全不符合技术、投资移民条件的潜在移民,则是移民接纳国着意设防的对象。由此,在堵与入之间,就形成了新的博弈,因而也形成了移民产业的又一特殊市场,出现了专业的移民中介,并且拓展成为跨国运作的特殊经营链,或曰一个个特殊的营

---

　　①　联合国开发计划署:《跨越障碍:人口流动与发展》,2009 年,第 50 页。

运圈。

移民产业链的构成一般包括旅行社、律师行、金融业、劳务招募、翻译、公证等专业机构或人员,以具有跨国运作能力为基本要件,将原先由个人独立操作或通过个人小圈子内互助完成的迁移过程,经由市场化运作而实现。更重要的是,对于那些不太符合或完全不符合移民接纳条件的潜在移民而言,移民中介的作用更为重要。因为,这些人必须通过各类中介"助其一臂之力",方有可能实现其迁移愿望,而移民产业则从"变不可能为可能"中牟利。

对于移民产业运作模式的研究,既需要将其置于当代全球化的大背景下进行剖析,也离不开移民所在地的社会文化背景及发展水平。跨国移民产业虽然如同其他产业一样,也是以牟利为目标,但与一般产业不同的是,这一产业所"经营"的对象是活生生的人的流动,并且与国家形象、国家利益乃至国与国外交关系密切相关,故而具有特殊性。

在此,本书拟从政府功能、市场化导向及灰色空间操作等三个不同角度,对移民产业与不同国家国际移民政策之间错综复杂的关系略作剖析。

(一)政府功能

以国家名义,由政府相关部门直接介入移民的跨国流动,或直接进行组织,或制定法律法规对移民中介机构进行监控,以国家名义支持本国人口进入跨国流动,视移民的跨国流动为国家利益的有机构成。

在政府有组织的支持下实现移民跨国迁移并获得一定成效的个案,以20世纪日本政府组织的朝向巴西的迁移为典型代表之一。早在1925—1935年期间,日本政府就曾经组织大约15万人移民巴西。日本政府向移民提供资金支持,组织他们集体定居于巴西农业生产条件良好的地区,形成相对独立的小社区,获得了颇为可观的收益。二战前后,日本对外移民计划中止了十余年。在战后重建进程中,日本政府于1953年恢复对巴西的移民计划。从1953年到1973年,又有约6万日本人移居巴西。日本政府向巴西投入巨额农业开发与科研项目的贷款和赠款,在母国政府从资金到技术、种子等多方面的支持下,部分日本移民从务工开始,逐步发展成为巴西的新农场主。在日本发展成为经济强国后,日侨在巴西的地位得到进一步提升。[1]

---

① Keiko Yamanaka, Return Migration of Japanese-Brazilian to Japan: The Nikkeijin as Ethnic Minority and Political Construct, *Diaspora*, Vol. 5, No. 1, 1996, pp. 65~98.

2000 年巴西全国总人口 1.7 亿,其中日侨日裔约占 1%,包括仍持日本护照的移民约有 9 万人,业已入籍巴西的日本移民及其后裔超过 140 万人。[①] 然而,值得一提的是,随着战后日本经济高速发展,日本社会经济水平远远高于巴西。从 20 世纪 80 年代末到 90 年代初,日本又出现了大规模的巴西日裔回归浪潮。日裔从巴西的回归,再度得到了日本政府的特别政策的关照与支持,允许他们以“日裔”身份获得在日本的永久居留权。[②]

又如,前面提及的二战后初年西欧国家向南欧、北非、西亚招收“客工”的制度,美国在战争期间为弥补劳动力不足而向墨西哥、加勒比地区招收劳工的制度,以色列建国之后积极吸引分布在世界各地的犹太人回归祖国,都是由国家主导移民流动的典型案例,国家机构在此类移民流动中发挥了重要作用。

然而,相对于当今数以亿计的人口流动而言,完全由国家政府支持的跨国流动数量还是有限的。在主要的移民迁出国,为了维护本国海外劳工的利益,同时也是维护国家的利益与尊严,以政府名义介入移民的跨国流动,则是比较常见的组织建构。

以前面提及的印度为例。20 世纪 80 年代后,印度政府逐步重视以政府名义对本国移民的跨国流动实行严格监控。如前所述,从印度朝向海湾国家的大规模劳动力流动经久不衰,其间,不断发生在海湾的印度工人遭到虐待、欺诈的恶性事件,印度工人的基本人权得不到合法保障。有鉴于此,印度政府于 1983 年正式制定并公布了以“保护技术移民和非技术移民”为主旨的新移民法。根据该法令,印度政府共在三个系统直接设立了移民维权机构。首先,在劳动部下设立“移民保护主管”,在主管办公室下,设立全国及邦一级的“移民保护局”,主要监督管理跨国劳务雇佣事宜。其次,在内务部下设立“移民事务局”,负责规范管理在印度国内发生的与跨国劳务相关

---

①　相关数据系“中华人民共和国驻里约热内卢总领馆经济商务室”网页提供的资料(www. iodejaneiro. mofcom. gov. cn);但另据“中华人民共和国外交部”网页,巴西的日侨及日裔总数为 400 万(http://www. fmprc. gov. cn/chn/wjb/zzjg/ldmzs/gjlb/2013/2013x0/default. htm)。

②　然而,值得注意的是,由于在巴西出生成长的人生经历,这批回归的巴西日裔,在日本社会中遭遇了从身份、地位到精神、心理等多方面的冲击。日本与巴西学者对这一专题有不少研究成果。中文资料可参阅段亚男:《何处为家:巴西的“日侨日裔”与日本的“巴西日裔”》,《东南学术》2005 年第 4 期。

的投诉事宜。再次,在印度工人的主要移入地如海湾国家的外交使团中设置专职"移民专员",负责监督当地国对印度工人的保护,并在一旦发生意外事件时通过外交渠道与对方国进行交涉。1983 年移民法还规定,为了保证国民在国外务工的合法权益,政府有权制定最低雇佣标准,审核雇佣合同,受理合同及雇佣中的不合理待遇。政府有权通过审核发放"劳务中介许可证"规范劳工雇佣,有权要求某些特殊行业(如娱乐业)的雇佣代理必须获得特殊许可后方可营业。根据 1983 年移民法第 10 款,所有从事对外劳务输出的中介公司必须获得移民保护局授予的许可证方可营业。移民保护局负责对中介公司的信誉、财务、专业能力进行全面审核,并要求其必须拥有 30万~100 万卢比的银行保证金。如果由该中介送往国外的劳工受骗,该保证金将被用于对受骗劳工进行赔偿。该法令还授权"移民保护局"有权对移民中介费进行最高限制。例如,根据 2000 年的规定,对非技术工人的跨国务工中介费最高不得超过每人 2000 卢比,半技术工人 3000 卢比,专业技工5000 卢比。该法令对应聘人员也做出若干规定,如,根据第 22 款,所有印度的跨境就业者必须接受移民保护局对其受雇合同的全面审核,以确保其在工资、旅费、住宿及医疗等方面均得到合理待遇。审核合格后,移民保护局将发给应聘者"劳务移民证书",作为应聘者离境护照的必要附件。从印度前往海湾的跨境就业能够长期有效延续,以上措施发挥了一定的保障作用。

　　另一个值得关注的国家是菲律宾。菲律宾也是一个劳务输出大国,据统计,大约 300 万菲律宾人持合法身份常年在外国务工,另外还有大约 200万人无证在外务工,再加上大约 240 万菲律宾人已经正式移民乃至入籍他国,因此,海外菲律宾人(按中国的传统说法即"菲侨")共达约 740 万。数百万海外菲律宾人每年汇回菲律宾国内的钱款总计达 80 亿美元,几乎是菲律宾国内生产总值(GDP)的 10%,或曰,相当于菲律宾国内农业、渔业和林业的总收入。菲律宾政府平均每天办理 2700 宗菲律宾人出国务工的手续,年均 100 万人。菲律宾国民中半数以上本人或者至少一位亲人有过在国外务工的经历。菲律宾媒体与政府都视移民为"民族英雄",因为他们不辞辛劳,远赴异域,"以较低尊严换取较高收入",为家人的幸福与减轻国家的负担作出了贡献。2004 年时任菲律宾劳动部长的托马斯(Thomas)曾在关于移民政策的讲话中指出:"尽管到国外务工是移民本人的选择,但是,一旦他们走出国门,政府就有责任确保他们的劳动合约能够充分维护其权益。"菲律宾经济学家贝那多 · M. 维尔加(Bernardo M. Villegas)在《菲律宾的优势》一书中提出，菲律宾政府的移民政策有助于菲律宾劳动力在国际市场上充分发挥其优势，到发达国家务工已经融入菲律宾的社会传统，因此，即使菲律宾的国民生产总值增加，菲律宾贫困指数下降，菲律宾人出国务工的传统仍然不会改变，"出国务工成为菲律宾经济一大支柱的现象还将至少延续100年"。[①]

历届菲律宾政府都将劳务输出列为国民经济发展战略的一部分，制定了积极开拓海外劳务市场、保护菲律宾海外劳工的有效政策。自20世纪70年代以来，菲律宾政府先后设立了海外招聘委员会（1981年改为"海外招聘部"）、国家海员局、海外建筑局、海外劳工福利部等机构，积极鼓励和支持菲律宾移民工人走向海外，开拓了菲律宾工人海外就业市场。近年来，菲律宾政府又不断健全海外移民工人的管理机构：在外交部下设立"菲律宾海外就业署"，在各相关国家使领馆设立专员负责海外劳工管理，设立"海外工人福利署"，在必要时代表菲律宾移民工人及其家属与雇主进行交涉；设立由菲律宾总统直接任命的"移民工人事务法律助理"，负责向海外移民工人提供法律援助；在劳工与就业部之下，设立"移民劳工事务法律援助办公室"和"移民劳工与海外菲律宾人资源中心"；成立"海外菲律宾人委员"，由副总统出任该委员会主席，领导和协调政府各部门开展海外菲律宾人的工作。

视移民中介为一个特殊的行业，将移民产业纳入国家利益的考量之中，对移民跨国流动实施有效监控，是当今存在于印度、菲律宾、墨西哥等主要劳务输出国的移民产业模式。

（二）市场化运作

通过全方位的市场化运作，协助"客户"实现跨国迁移的愿望，中介机构则从中获取利润，这是当前移民产业的主流，并在移民跨国迁移中发挥越来越重要的作用。

在当今世界上，无论是在移民迁出国还是移民接纳国，都可以见到许许多多、形形色色的移民中介机构。如果上网查询，以不同语言文字建立的各类移民中介网站更是数不胜数。此类移民中介机构的基本业务，都是为具有移民意向的顾客提供一揽子有偿服务，包括：提供移民信息，对申请人进

---

① 参阅 Philip Martin，Manolo Abella & Elizabeth Midgley，Best Practices to Manage Migration：The Philippines，*International Migration Review*，Vol. 38，No. 4，2004，pp. 1544～1559.

行资质评审,准备申请资料并提出申请,协助申请人准备应对可能的面试,在申请获准后协助安排行程,甚至还包括在移民抵境后协助安排居住、就业、子女就学等,可谓无所不包。更重要的是,对于那些"不完全符合"移民要求的申请人,移民中介机构还可提供针对性的"培训"或"合理包装"。由于正在流动的或潜在可能加入流动的人口总量可以千万为计,因此,国际移民产业的市场需求量十分可观。

移民中介机构的形成与发展,是因应市场需求而出现的。对具有一定人力资本、智力技能或财产资源的潜在移民而言,哪里有工作机会,哪里有投资可能,哪里可以生活得更为舒适,是影响其移民决策的重要因素。然而,机会本身仅仅是一种客观存在,只有当潜在移民得到关于机会的信息后,才出现被机会吸引的可能。跨国移民信息往往是远距离、跨文化、跨种族的传播,虽然传统的"连锁迁移"理论已经证明此类信息时常通过亲属、熟人网络进行传播,但是,由于亲属、熟人之间的同质性较强,获取信息的途径往往存在一定局限性,因此,当代移民中介机构介入信息传播,就是将熟人网络间的传播转化成为商业行为,即通过"出售信息"获取商业利润。当今全球信息的高速流动性,需要专门人才的专业知识,例如,需要掌握不同国家的语言和法律知识,了解其他国家的市场、经济动向,还需要一定的财力投入,这些都是个人或小群体难以做到的,如此,就给移民中介机构提供了运作的市场。

而且,跨国移民信息还充满不确定性。如前所述,移民接纳国的政策处于不断的修订、调整中,潜在移民要靠个人的力量搜寻、追踪全面信息十分困难,成本也很高。尤其对技术、投资移民而言,了解不同国家移民政策的相关规定,还需要许多专业方面的知识。一位潜在移民可能掌握了移入国所需要的 IT 技术,但不可能要求其也熟悉移入国接纳"IT 专业移民"的具体政策。一位潜在移民手中握有一定资产,如何通过投资移民实现跨国迁移,则需要超出一般资产营运之外的专业知识。移民中介机构正是在此类事务上,提供专业信息及建议,协助潜在移民了解不同国家的相关规定,做出比较合适、准确的判断。移民中介的专业人士通过有效整合资源进行机构的信息化建设,追踪不同国家国际移民政策的最新变化趋势,为申请人提供恰当的信息,协助办理相关事务,提高迁移的成功率,同时也为自身带来良好的经济效益和市场效益。

再者,移民中介机构在提供移民信息的过程中,还会对潜在移民进行一定的资格审查,根据对移民主申请人的学历、语言、资历、专业、工作经验、技术水平等进行初步审核的结果,提出相应的参考意见。例如,有的移民公司在网上设有"模拟评分表",移民申请人可以自己通过模拟评分,了解是否符合移民的基本要求;有的提供需求劳动力的行业、水平和薪酬待遇,供申请人参考选择,减少了招聘者与申请人之间因相互不了解而存在的诸多不确定性。中介机构的作用,是搭建一个有效的供需双方直接交易的平台,减缓信息不对称所造成的违约风险,减少申请人盲目申请可能浪费的时间和精力。合法、负责的移民中介机构,需要为服务对象规避市场风险,在法律法规、政策条例指导下,作为信息服务的第三方,甄别潜在移民与移民接纳双方的相关信息,尽可能公开透明地建成一个潜在移民与接纳国的信息超市,替申请人把关,确认信息的准确性和有效性,降低风险,同时也对接纳方行为进行监督。

在投资项目上做文章,是移民中介公司操作获益的重要领域。如前所述,美国要求投资移民不仅要投入一定数额的资金,而且必须在美国创造就业机会。一些有实力的移民中介公司,在美国设立专门的投资项目,并借此为移民投资提供平台,此类机构又被称为"区域中心"(regional center)。①由于外国潜在的投资移民不少对美国的投资项目并不熟悉,应运而生的区域中心之主要职能就是向其推介优质投资项目,既要使外来投资移民能够顺利通过投资该项目而获得移民绿卡,又能使投资得到合理回报,而区域中心则从此类操作中获取高额中介回报。例如,以美国律师乔治·奥尔森(George Olsen)为首组建的"纽约市区域中心"(New York City Regional Center,NYCRC)于 2010 年 5 月正式推出了布鲁克林区的海军船坞改造投资项目(Brooklyn Navy Yard Development Project)。布鲁克林区海军船坞区有上百年历史,占地约 300 英亩,包括 3 个船坞、4 个码头和 40 栋老旧楼房。该项目计划筹资 6000 万美元,在该地建造一个绿色工业园区,创造1200 个以上的工作岗位。纽约区域中心(NYCRC)在为该项目筹资时,即向

---

①　截至 2010 年 6 月 24 日,美国国土安全部(U. S. Department of Homeland Securiy)下设"美国公民与移民服务处"(U. S. Citizenship and Immigration Services)在其网站上正式公布的全美各州区域中心共有 99 个,其中设于加利福尼亚州的欧洲中心最为密集,总计多达 26 家,几占全美 1/4。详见:http://www. uscis. gov/portal/site/uscis/menuitem. 5af9bb95919f35e66f614176543f6d1a/?vgnextoid ＝ d765ee0f4c014210VgnVCM100000082ca60aRCRD&vgnextchannel ＝facb83453d4a3210VgnVCM100000b92ca60aRCRD。

全球推出吸引120名投资者的计划。按规定,每名投资人只要向该项目投资50万美元以上,纽约区域中心即可为投资人、投资人配偶及21岁以下的子女办理美国绿卡。公司还承诺,投资人不仅在五年之后可以收回投资,还可从投资中获益。根据该公司在网上公布的宣传材料,该项目已经吸引了来自中国、韩国、墨西哥、阿根廷、委内瑞拉的投资者。[①]

笔者在调查中还接触到一个直接面向中国移民的投资移民案例:一家中国的移民中介公司在美国加州注册成立一家制片公司,总投资额7500万美元,总贷款额5000万美元,总投资人100名,创造就业机会1219个。按照美国移民局针对加州影业经济特区所核准的RIMII就业计算公式,认购该"有限合伙事业"的100名投资者都可以申办美国投资移民。该移民公司随即将这些"投资移民"名额向中国"投资移民"高价"出售",从中赚取利润。

国际移民中介机构大多设立在大中城市,因为该行业的运作需要广泛的国际关系网,需要专业人士对不同国家国际移民政策、经济、文化情况的充分了解,需要一定的社会经济基础和人口聚集程度,方能支撑现代移民中介服务业的发展。

就积极意义而言,由于潜在移民所面对的是移入国庞大的国家机器,个人的力量显然微不足道,移民流动进入规范化、专业化操作有利于节省交易费用,规避市场风险,降低移民成本。移民产业的形成与运作,使移民不再是以孤立的个人去应对庞大的市场和接纳国官僚体系,移民产业通过将移民过程市场化,成为有利可图的"生意",移民个人为"流动"投资,移民中介则从信息和程序的运作中获益。

(三)灰色空间

"灰色空间"指介于合法的"白色"和非法的"黑色"之间的运作领域,是移民个人与移民中介利用国际移民政策的漏洞及移民管理上的可乘之机,突破障碍进入移民目的国的运作过程。总之,"灰色操作"为不符合或不完全符合但有意移民者开辟道路,吸引更多人加入移民队伍,以获取高额经营利润。

跨国移民中介产业运作中存在巨大的灰色空间。以赢利为目的的移民产业,自然以能够实现"客户"的要求为目标,因此,当移民申请人与目的国

---

①　详见"布鲁克林区的海军船坞"网站资料(http://brooklynnavyyard.org/articles/FI-NALNYCRrel.pdf)。

移民政策要求不相吻合时，当移民目的国中止移民准入时，各类中介为牟利还是会努力延续移民，并"创造条件"以实现其目标。在此过程中，灰色运作是突出的特点。

斯蒂芬·卡斯尔斯认为，在具有长期法制传统的国家，那些受过良好教育的中产阶级往往对国家、法律持有比较乐观的态度，认为服从法律规定应是人的天职。但是，居住在低效、腐败、暴力国家者则不然，他们在人生历程中不得不一再尝试的，是如何"对付国家"。因此，无论是移出国还是移入国的各类国际移民法规，只是一道又一道为了生存而必须突破的封锁，必须跨越的障碍。许多旨在改善生存状况的潜在移民们，绝不会因为移入国不欢迎他们就改变决定，特别是当对方国家的劳动力市场存在其生存发展的空间时，他们试图突破障碍的努力就显得更有道理了。有鉴于此，对这些人而言，国际移民政策正如其他政策一样，不过是又一类"机遇构成"(opportunity structures)。[①]

英国牛津大学彭轲(Frank N. Pieke)等人研究完成的《跨国华人：福建移民在欧洲》(*Transnational Chinese：Fujianese Migrants in Europe*)一书，对移民中介进行了专题调研，列举了不少典型案例，说明其如何游刃于合法与非法之间的灰色空间。以下是该书援引的案例之一：

> 2001 年 12 月的一天，一位年轻的福建人走进位于英国伦敦的一家律师事务所，请律师帮忙他向英国政府申请"难民庇护"。
>
> 律师问道："你在中国遭受过什么样的迫害？"
>
> 福建人急切地问道："是不是必须受过迫害才能申请难民庇护？"
>
> 律师答道："和其他那些到我这里来的人一样，你需要有一个受迫害的故事，知道吗？"接着，律师开始向他的顾客解释如何提供"遭受迫害"的背景……
>
> 福建人默默地听了一会，抬起头来，打断了律师的话："呵，我懂了。我得先编个故事骗你，然后你才帮助我，对吗？"[②]

"帮助"那些不符合或不太符合移入国要求的移民"达到"移民接纳的条件，是诸多移民中介的主要业务之一。根据笔者多年调查的资料积累，这其

---

①　Stephen Castles，The Factors that Make and Unmake Migration Policies，*International Migration Review*，Vol. 38，No. 3，2004，p. 860.

②　Frank N. Pieke，Pal Nyiri，Mette Thuno & Antonella Ceccagno，*Transnational Chinese：Fujianese Migrants in Europe*，Stanford：Stanford University Press，2004，p. 69.

中蕴涵的奥妙极深。

本章此前业已提及,美国在加强培养国内人才的同时,采取各种手段吸纳、利用外国人才资源,在移民政策上,专门设定了一条为"杰出人士"提供的移民通道。根据该项规定,申请人只要符合美国移民局颁布的"11 条"标准中的 3 条,就可被确认为"杰出人士","优先"移民美国。按照常理,"杰出人士"是社会精英中的优秀人才,以"杰出人士"身份移民到美国是绝大多数一般民众可望而不可即的事情。然而,不少移民中介公司的宣传材料,却明确告诉"客户",当上"杰出人士"是移民美国的一条捷径。以下是笔者从一家移民中介公司得到的一本《移民政策介绍》,其中关于如何通过"杰出人士"途径移民美国的相关"说明"如下:

> 美国移民局并没有对申请此类移民的人有什么硬性规定,无论各行各业,只要你在本行业有一定贡献或者比其他人成就更突出,最好有证书可以作为证明,你就有资格可以申请杰出人才移民。所谓全国性声誉并非仅属于少数名流大腕,如果在一个专业领域(哪怕非常窄小)有一定的贡献并得到权威机构表彰或奖励,就视同具有全国性影响。所以,看似高难度不可攀登的条款,却帮助了相当一批按社会标准并不著名也不够杰出的各类人士得到了绿卡……若从事的工作具有中国文化特点,如雕塑、国画、书法、脸谱设计等等,都会受到欢迎。这些中国特有的文化艺术,会丰富美国文化,但又不是美国现有文化所拥有或不是它的强项,因而容易得到通过……如果你可以满足上述要求,即可将材料交给本公司做专业评估。申请人如何定位,选择好陈述角度,是非常关键的。而承办人是否通晓杰出人士的申请程序,则又是直接关系到申请人能否获得批准的重要环节。我公司的移民专家具备多年的移民经验,通过他们的智慧和经验,让许多看似平凡的人,都利用美国移民法规定的"第一优先类"移民顺利进入美国。

在该公司介绍的"成功个案"中,"定位"、"包装"占有十分重要的地位。一位略晓某种地方戏的"票友",被定位为"中华文化遗产传承大师",一位学过几天太极拳的年轻人,被包装成"中国武术行家",进而被包装成美国欢迎的"杰出人士"。

移民中介公司的另一个重要功能是为那些个人资产相对有限,但又想要通过"投资移民"途径实现跨国迁移的客户,"调整"资产实力。例如,移民目的国政府对于"投资移民"个人资产的审核,一般包括房产、房屋买卖发票、完税证明、公司验资报告、公司年度报表、企业或个人所得税单、股票交割单等等。但有些国家移民政策相对宽松,对投资移民申请人既不查税单,也不根据税单的数额来反推公司经营额。据此,移民中介公司就可能向客户提供一份资产清单,在客户填写了移民中介公司所提供的资产清单后,中介公司就可以利用公司的验资单、年度账表和房产证明等单据,协助凑齐客户个人资产的数额要求,与所在国的审计师事务所、会计师事务所对客户的相关资料进行必要"调整",以使其符合目的国的资产要求。通过此类途径办理移民的中介公司大多在移民的原居国注册,而公司通过灰色营运形成的资料是送往移民的目的国评审,因此,即便被查出"造假",结果也就是移民个人被拒签,对中介公司一般不造成什么太大危害。正因为如此,在笔者搜集的一份移民公司"业务手册"中,就堂而皇之地宣传:"凡是投资移民,加拿大移民六折,中国香港八折,新加坡七五折,其他国家九折。"

在技术移民的问题上,不少国家都要求所聘用的必须是本国所欠缺的人员。对此,笔者在调查中实际考察获悉的一种方法是:某移民中介与移民目的国的某公司合作,就某类职位进行招聘,条件一般比较苛刻,对上门应聘者或百般挑剔,或以不合常理的苛刻条件"吓退"应聘者。在规定期限内"无人应聘",目的国的某公司就可将此职位"出售"给移民中介公司,中介公司再高价转售给移民申请人。申请人凭此即可名正言顺地获得目的国的工作聘书并申请移民。某一注册于中国上海的移民中介公司对此全过程的收费是50万元人民币。

项飙在《全球"猎身":从信息产业看印度劳工体系》一书中,对印度劳务中介行的各种灰色操作进行了详细的描述。这一被项飙意译为"猎身行"(body shop)的劳务公司,利用发达国家为 IT 技术人员开辟的绿色通道,通过"兜售"印度 IT 人从中牟利。根据项飙的调查,猎身行向每个希望去美国工作的印度 IT 人收取 10 万~30 万印度卢比中介费,如果去英、德、澳则收取 10 万~20 万,去新加坡 6 万~12 万。同时,因为"证件"需求,还可能随时增加收取"附加服务费",例如,每提供一份按招聘方要求出具的证明、证书(往往真假难辨)都需要收取 1.5 万~2 万卢比。因此,这些跨国猎身行主要不是通过向海外公司提供印度 IT 人而向招聘方收取介绍费,反之,他们是通过向印度 IT 人出售在海外工作的机会在印度移民身上牟利。这与笔者本人在中国福建、浙江农村调查情况不乏相似之处。[①]

以上所列举的,基本是正规移民中介公司的灰色运作。就这些公司而言,如何利用不同国家国际移民政策的漏洞,想方设法在合法与非法之间打"擦边球",是其经营牟利的途径;而一些潜在的移民群体,因为自身缺乏过硬的移民条件,却又希望能够实现移民梦想,就成为这些公司的顾客群,其总体数量相当可观,影响也相当广泛。

(四)人口贩运

在这些灰色的中介经营之外,还存在着一批贩运人口的国际走私组织,他们利用移民迫切希望改变命运的追求,不顾其死活,将其送上危险的偷渡之途。

国际移民组织(IOM)2009 年公布的"国际移民数据"显示,在全球约2.14亿跨国移民中,无证或非法移民约 2000 万～3000 万,占移民总人数的10%～15%。[②] 联合国的人口迁徙报告估计,每年大约有 50 万人非法偷渡进入美国、加拿大、澳大利亚和新西兰 4 个国家;有 70 万～200 万的妇女和儿童在人贩子的帮助下越过国境。偷渡进入欧盟的非法移民人数大约在 12万～50 万之间。美墨边界是偷渡活动最为频繁的地区,每年约有 25 万非法移民通过美墨边境进入美国。据墨西哥领事馆的统计,每年大约有 400 名墨西哥人死于试图跨越边境进入美国的途中,平均每天有一人死亡。通过防范薄弱的海岸线偷运非法移民是最为常用的途径,在亚洲、非洲和美洲大陆周边辽阔的海域,不断出现的偷渡船海难事件,也暴露了偷渡活动的扩大。2005 年 3 月 3 日,93 名索马里和埃塞俄比亚偷渡者在前往欧洲途经也门亚丁湾时不幸翻船,除 4 名船员之外,船上其他人员全部遇难。2005 年 3月 7 日,又一艘偷渡船在也门海域发生意外,船员强迫 85 名偷渡者跳海,导致 18 人溺水身亡。2005 年 8 月 17 日,一艘载有约 120 名厄瓜多尔籍非法移民的船只,在距哥伦比亚西布埃纳文图拉港约 500 千米的太平洋水域沉没,哥伦比亚海军救起 9 人,其余 100 多人失踪。2008 年 8 月 27 日,在马耳他外海,一艘满载来自非洲的非法移民的船只在驶往欧洲途中意外沉没,船上共有 71 名欲偷渡前往欧洲的非法移民不幸葬身大海。

---

① Xiang Biao, *Global "Body Shopping": An Indian Labor System in the Information Technology Industry*, Princeton: Princeton University Press, 2007, pp. 43～52.

② 详见国际移民组织(IOM)网站"国际移民统计数据"(http://www. iom. int/jahia/ Jahia/about-migration/facts-and-figures/global-estimates-and-trends)。

与中国相关的人口贩运案件也屡见报端。1993 年 6 月 6 日,在意外搁浅于美国纽约港外的"金色冒险号"货轮上躲藏了 286 名试图无证进入美国的中国人,其中有 10 人在试图泅水进入美国时不幸溺水身亡。1999 年夏短短两个多月内,在加拿大卑诗省海岸外,先后发现 4 艘船共运载 599 名试图无证进入加拿大的中国人。2000 年 6 月 18 日深夜,当一辆货柜车通过英国多佛港海关时,海关官员发现在封闭的货柜内竟然有 58 名中国人因窒息毙命。2001 年 10 月 8 日,在韩国海域的一艘货船上,25 名被关入舱内的来自中国的无证移民不幸窒息身亡,走私团伙为掩盖罪证,竟残忍地抛尸大海。2009 年 7 月 27 日,一艘载着约 70 人的偷渡船在海地附近的加勒比海域翻船沉没,数十人丧生,其中 14 人来自中国福州琅岐岛。

这些不幸身亡的无证移民,大部分是希望靠自身的力量寻找就业机会、赚钱致富的移民,是国际上那些从事人口走私贩运的犯罪集团手下的牺牲品。国际人口贩运团伙公然动用各种犯罪手段,置当事人的生命安全于不顾,强行闯关,博命偷渡,是各国政府都坚决打击的犯罪团伙。此类明目张胆的犯罪行径,与本书所主要探讨的政策博弈之间,存在本质性的区别。

从移民原居国的政府、雇主、当地社会到移民个人,通过移民中介形成了一股对外迁移的合力,希望向移民目的国流动。在移民中介环节上,合法构成包括移民招募机构、旅行社、交通运输机构、咨询机构等;而在非法环节上,则是移民中介和走私集团沆瀣一气。图 2-2 是两位美国学者约翰·萨尔特(John Salt)和杰里米·斯坦(Jeremy Stein)对国际上移民产业基本构成绘制的示意图,可为参考。

荷兰阿姆斯特丹大学移民研究所的艾玛·赫尔曼(Emma Herman)博士则针对以上结构提出补充意见,认为在移民的跨国迁移中,无论是合法或非法移民,以亲朋好友及社群团体形成的移民个人的网络都起着重要作用。为此,她认为"移民是全家的事",移民产业的构成因素中还应加入移民个人网络的功能与影响(详见图 2-3)。

笔者以为,图 2-2 和图 2-3 两个结构图中,还缺少了重要的一环,就是诸多以牟利为目的的"移民律师"。一些道貌岸然的律师在"非法移民潮"中所扮演的角色,较之那些为了赚钱改变命运的"偷渡者",更应当受到谴责。如果说,"偷渡者"非法跨越边境是触犯了法律,那么,他们在进入移居国后,则基本靠出卖自己的体力挣钱,成为受非法盘剥的劳动者。反之,某些"移民律师"却是知法"玩"法,靠为希望获得居留权的"顾客们"编造"受迫害的故

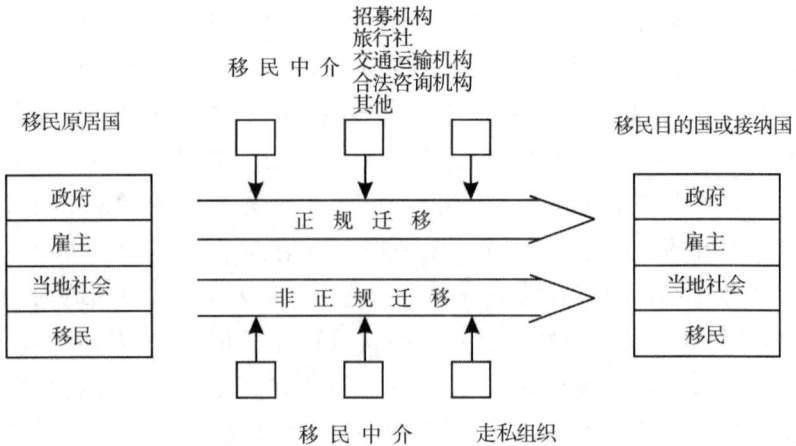

图 2-2　移民产业构成

资料来源：John Salt & Jeremy Stein, Migration as a Business：The Case of Trafficking, *International Migration*, Vol. 35, No. 4, 1997, p. 489. 根据原图翻译。

事"，玩弄法律于股掌之间，从"偷渡者"辛苦挣得的血汗钱中再捞上一大笔。移民操作中的违规混乱现象，与移入国司法程序上的烦琐、矛盾及漏洞百出，密切相关。

三、多方经济博弈

　　移民接纳国希望接纳对本国具有经济价值的移民，移民迁出国政府希望本国国民的跨国流动能为本国带来经济效益，移民个人希望通过跨国迁移改善处境，移民中介则通过为潜在移民客户提供服务获取经济利益，各方的经济利益诉求虽然是共通的，但在具体条件上却往往无法相互吻合，于是，就形成了国际移民市场上的多方经济博弈。

　　以美国为例。美国政府看似自相矛盾的移民政策，其实是典型的利益导向决策。美国既是移民大国，也是非正规移民数量最多的国家。有统计提出：美国非正规移民人数是总人口的4%或总移民人数的30%，即总计达1000万以上。在美国，法律没有规定雇主在雇佣员工时必须审核其证件的真实性和完整性，只是规定必须从所有受雇者的工资中扣除联邦工资税。因此，非法入境工人，也必须"合法纳税"，仅此一项，非法入境工人每年就要

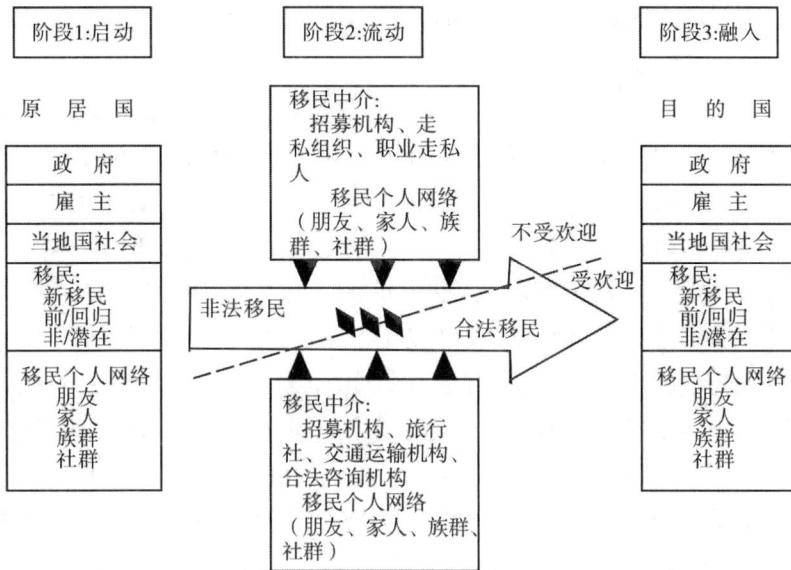

图 2-3　移民个人网络与移民产业构成

资料来源：Emma Herman，Migration as a Family Business：The Role of Personal Networks in the Mobility Phase of Migration，*International Migration*，Vol. 44，No. 4，2006，p. 218. 根据原图翻译。

向联邦财政缴纳约 70 亿美元的税款。[①]

    又如，英国虽然从来没有宣布过自己是移民国家，但是，从 20 世纪 60 年代以来，已经实施过若干次大赦政策，接纳了大批来自加勒比、印度次大陆、非洲、东南亚及中国香港的移民。据 2001 年的估计，英国 31% 的医生、13% 的护士是移民，英国外卖餐馆的 70% 由移民开设。由于没有正式的移民政策，很多来自不同国家的移民只能通过申请"难民"的途径在英国谋生。因为，根据英国的难民申请程序，从递交申请到最后结案，平均需要 13 个月，而难民申请人抵达英国 6 个月后即可申请工作准证，并领取一定的生活补贴，这就为那些缺乏合法途径进入英国的各类移民提供了一个"曲线移民"的途径。据大伦敦当局 2001 年估计，是年大伦敦的难民申请人大约在 35.2 万~43.2 万人之间，达到本地人口的 5%，他们大多进入了当地的劳动

---

① 　联合国开发计划署：《跨越障碍：人口流动与发展》，2009 年，第 26、34 页。

力市场。[①] 另据英国《每日邮报》2010 年 6 月的一则报道,位于 2012 年伦敦奥运会主办场地、伦敦东部纽汉的英国国家统计局提供的数据显示,当地每10 个就业岗位中,几乎就有 7 个由不是在英国出生的人占据,即在全部9.37万的岗位中,外国工人占据了 6.51 万的岗位,因此伦敦奥运场馆建设工地成为外国工人最集中的地方。[②] 由此可见,无论外来移民的迁移行为是否合法,因其进入移居地后几乎都立刻进入工作领域,而且主要集中于移入国的建筑、制衣、餐饮、零售等低收入、低保障的非正规经济领域,打工挣钱,因此,其客观后果是对移出及移入地双方经济都作出自身的贡献。

新西兰生态环境良好,风景优美,既具有世界一流的社会福利保障,又是一个以第一产业即农业畜牧业为主的国家。20 世纪 70 年代后,许多受过良好教育、希望进入朝阳行业的新西兰年轻人,纷纷移民澳大利亚、英国、美国等科技发达的国家。为弥补本国遭遇的"智力流失",同时也为了吸引拥有才能、财力的优秀人才,新西兰政府相继出台了一系列旨在吸引移民的优惠政策。2002 年之前的新西兰,曾经被誉为"投资移民"的黄金地。其时,按照新西兰政府的规定,投资移民申请人将 100 万新元以最低 2 年为限,存入新西兰银行,全家就可立即移民新西兰。其时新西兰国家银行的存款利息大约在 7% 以上,而全家移民新西兰即可享受和当地人一样的免费医疗、免费教育等福利待遇,60 岁以上老人还可自动得到政府发放的养老金,暂时不打算到新西兰长期居住者,可以申请一个永久绿卡。如此优惠条件,吸引了大批来自发展中国家和地区尤其是中国内地和中国香港地区的新移民。然而,进入 2003 年之后,新西兰政府对投资移民政策进行重要修订,除大幅度提高投资金额外,还严格规定投资途径。新规定要求投资人必须直接经营投资项目,并将 250 万新元以上的资金全数存入由新西兰政府主管的基金项目,最低期限 4 年,利息为零。如此苛刻的政策,即刻阻止了大批为移民而投资者,2002 年,新西兰接纳投资移民上千人,但 2003 年的申请人立刻下降到大约 300 人。[③]

当西欧国家于 20 世纪 70 年代中期关闭外籍工人入境大门之后,社会

---

① Frank N. Pieke, Pal Nyiri, Mette Thuno & Antonella Ceccagno, *Transnational Chinese: Fujianese Migrants in Europe*, Stanford: Stanford University Press, 2004, pp. 76 ~78.

② 《英国外来劳工占一半就业岗位,专家建议设限》,《欧洲时报》2010 年 7 月 1 日。

③ 根据"新西兰商业移民顾问公司"网站资料整理(详见 http://www.nzei.net/business/imnews.htm)。

上业已形成的那个本国劳动者不愿从事的低层次劳动力市场并不可能随之消失,于是,围绕移民行为的多方经济博弈长期延续。就雇主而言,长期从雇佣廉价、听话的外籍工人身上业已尝到甜头的某些老板们,自然不愿放弃已经习惯了的操作方式。由于战后西欧发达国家均实施高福利、高税收政策,雇主必须为所雇佣工人交纳从人身安全、疾病健康到失业养老等多种保险,其总额几达付到工人手中工资的50%以上。也就是说,雇佣一个具有完备手续的正式工人的费用,可以用来雇佣一个半到两个无证劳工。雇主为降低劳动成本而雇佣非法移民的现象,在西欧发达国家长期延续。就外来移民而言,他们多来自比较贫穷的发展中国家,往往自觉或不自觉地将原居地的生存标准移植到西方:以特别低廉的价格出售自己的劳力,以令当地人难以想象的超低消费水准维持生存。而且,由于他们没有所在国的合法居留权,因此既无法理直气壮地要求工资、福利的合法待遇,也不敢对老板的苛刻盘剥有什么公开反抗。西欧国家为了制止无证迁移现象延续,一再强调非法移民一旦被发现,本人必须被遣送,雇主必须被课以重罚。然而,与此同时,有关国家却又在一定时期、一定范围内,对业已入境的非法移民有选择、有限度地实施"大赦",使之从"非法居留、合法打工"转为合法居留、合法打工。20世纪80—90年代西欧对非法移民实施大赦的国家主要是法国、意大利、西班牙和葡萄牙。

　　以法国为例。从1980年到1999年,法国先后实施了三次大规模的"合法化行动"。第一次在80年代初,1981年3月密特朗当选法国总统,8月便颁布了《无合法证件的外国人就业法》,法国华人习惯称之为"81年大赦令"。该法令规定:给予1981年1月1日以前入境的非法移民以合法居留资格。这一政策持续到第二年的6月,共有14.5万人提出申请,13.2万人获得了合法身份。大约10年后,1992年,法国政府又在一定范围内实施"放宽移民政策",使法国境内数万非法移民以"家庭团聚"为由获得了合法身份。由于此次行动适用范围有限,要求放宽合法化申请范围的呼声很高,因此,从1997年6月24日开始,法国又一次开始大规模的"无证者身份合法化行动"。按规定,在法国有家庭关系,或者,能够证明在法国至少居住七年、有实际工作能力、融入情况优良的单身者,可以申请身份合法化。据1999年初的统计,共有 14.3 万人提出申请,8 万人获得批准。①

　　另一个自 20 世纪 80 年代以来多次实施大赦的国家是意大利。1982 年,意大利劳工部颁布法令,要求所有雇主为其所雇佣的"无证非欧共体劳工"办理"合法化"手续,按规定,雇主必须为其所雇佣的无证劳工补交以往所欠税款及社会福利款,并交纳相当于一张返回劳工原居国的飞机票的钱款。据劳工部估计,当时全意无证劳工大约在 8 万～20 万人之间,可是,只有 1.6 万人在规定期限内办理了"合法化申请"。为了推动"合法化运动",1986 年 12 月 30 日,意大利正式通过第 943/86 号法令,规定"凡是从未办理过居留登记的非共同体国家工人,在 1987 年 1 月 27 日之前实际上已从事非法劳动的工人",或者"未办理过居留登记的非共同体国家的失业工人,本人愿意在安置工作名单上登记者",均可由其本人或雇主按一定程序向政府有关部门提出"身份合法化申请"。时至 1988 年 9 月 30 日,共有 118706 人依据该法令获得了合法身份。时隔不到两年,1990 年 2 月 20 日,意大利政府又颁布第 39/90 号法令,再次大赦非法移民,这一延续到同年 6 月 30 日的大赦令,共给予 21.7 万非法移民获得大赦。再过五年,1995 年 11 月 8 日,意大利总统又签署了 DL/489/95 大赦令,规定:于 1995 年 11 月 8 日之前以各种方式进入意大利的非法移民,如果能证明已在当地住满 6 年,无刑事犯罪记录,或如果能证明有工作或在最近 12 个月中至少工作过 4 个月者,每人预付 6 个月的税款 300 万意大利里拉,即可在移民法有效日期起 120 天内申请办理身份合法化手续。时至次年 3 月,又有大约 23 万非法移民实现了身份合法化。② 1998 年,意大利通过《关于移民问题的法律总则》,其基本精神是:控制新移民进入,但着手解决境内 30 万已有工作的非法移民的合法化问题,并首次决定将流动零售商贩视为有工作者给予临时居留证。同年 11 月 1 日,意大利开始接受非法移民居留申请,政府原计划接纳 5.8 万名非法

---

① 以上材料根据法国《欧洲时报》相关报道整理,详见《欧洲时报》1998 年 5 月 31—6 月 3 日,1999 年 1 月 24—26 日。

② 关于意大利历次大赦的有关情况,主要根据以下材料整理:(1)Wayne A. Cornelius, Philip L. Martin & James F. Hollifield eds., *Controlling Immigration*, A *Global Perspective*, Stanford: Stanford University Press, 1994, pp. 314～320;(2)Russell King ed., *Mass Migrations in Europe: The Legacy and the Future*, London: Belnaven Press, 1993, pp. 280～281;(3)罗马华侨联谊会主办:《简讯》1987 年 2 月 19 日;(4)罗马华侨华人联合总会主办:《罗马侨讯》1996 年 1 月 23 日。

移民,但仅仅一个多月,截至 12 月 15 日,官方统计申请者已逾 30 万人,审核过程进行得十分缓慢。大批非法移民处于漫长的等待之中。

此外,南欧的葡萄牙曾在 1992 年和 1996 年两次对境内非法移民实施大赦。另一个南欧国家西班牙,仅在 1986—2000 年期间,就于 1986 年、1991年、2000 年三次实施"无证者合法化行动",前两次有 15 万人获得合法身份,第三次有 85526 人获得合法居留。[①]

有统计显示,自第二次世界大战结束以来,世界各国对非法移民实行各类大赦多达 60 多次,仅 1990—2005 年期间就达 35 次,共计约 530 万人得以实现身份合法化。[②] 这些国家实施大赦的本意,一是维护国家利益,二是缓和国内劳动力市场的紧缺状况,同时也维护被雇佣者的合法权益,可谓一举多得。然而,这一系列"大赦"的重要潜功能(latent functions),却是给了非法移民以合理的心理期待,并成为吸引非法移民继续涌入的诱惑。因为,偷越国界、非法移居他国本是一种犯罪行为,可是,一旦遇上"大赦",命运立刻改变,其对于潜在移民群体的"社会暗示"作用不容低估。每次大赦,必然随之以更大规模的偷渡潮,这已为多年来的发展所证明。而且,随着欧洲一体化进程的展开,在欧盟一个成员国获得居留权后,即可在欧盟所有成员国间自由流动,这也使得无论是哪一国的合法化行动,都对欧洲非法移民具有强烈吸引力。换言之,由于移民内部高度流通的信息交换网,加之欧盟内部成员国边境缺乏天然屏障,因此,意大利大赦时,非法移民会涌向意大利,而一旦西班牙大赦,又涌向西班牙,形成一次次欧洲境内特殊的非正规移民的人流涌动。

既强调紧缩移民政策,加强边防控制,制止非法移民入境,又对业已入境的非法移民一次次大赦,如此充满矛盾的表象背后,所蕴涵的实际上是相关国家移民政策长期在三组相互缠绕的困扰中难得其解的困境。

第一组矛盾表现为西欧国家民族保护主义与二元市场建构的矛盾。在西方发达国家,统治集团及主流社会的主观意愿都强烈希望保护本民族的经济利益,不愿外国人参与分享其社会福利,因此,不愿接收外国移民;可

---

① 关于西班牙实施"无证者合法化行动"的资料,参阅(1)Russell King ed.，*Mass Migrations in Europe：The Legacy and the Future*,London：Belnaven Press,1993,p.25;(2)《西班牙结束无证者合法化行动,8.5 万人获居留证》,《欧洲时报》2000 年 8 月 4 日。

② 转引自丘立本:《国际移民趋势、学术前沿动向与华侨华人研究》,《华侨华人历史研究》2007 年第 3 期。

是,其经济发展、社会福利改善的结果之一,是长期存在着一个本国人不愿进入的环境相对艰苦、收益相对低下的"下层就业市场",这只能由来自第三世界的外籍工人进行填充。面对矛盾,主流社会的愿望是引进短期劳工,工作几年后就打道回府,然而,入境工作者必然要求相应的权益回报,而且,移入国与移出国之间在经济收益上的巨大差异,必然使移民选择留居在高收益的地区。移民潮一旦形成,就不可能是当权者可以任意开关的水龙头。矛盾由此而生。

第二组矛盾产生于唯利是图的雇主与本国工人之间,这一矛盾由来已久。本国工人为捍卫自身的合法权益,反对雇佣廉价的外籍工人,但一些雇主压制本国工人的合理要求,通过雇佣外籍工人乃至非法移民以压低合法工资,牟取高额利润之惯用伎俩,早已为人所共知。由此,也影响到移入国工人与外来移民工人之间的矛盾,移入国工会组织往往为维护本国工人的利益,而排斥、反对外来移民工人。经济利益上的矛盾冲突,造成了一国工人阶级以国籍、长期居留权或不同族群为界的分化。2005 年,由于对外来移民工人持不同意见,美国历史悠久、拥有 1300 万会员的全国最大的工会组织"美国劳工联合会—产业工会联合会"发生了分裂,6 个会员团体正式宣布退出联合会,并大量吸收低收入的移民工人为会员。有学者因而指出:这次分裂或许不是为了移民,但的确是移民造成了这次分裂。①

第三组矛盾则是建立在冷战思维基础上的人道主义与国家利益之间的对立。自从第二次世界大战结束以来,虽然世界大战不再,但局部战争不断,而生态资源的大面积破坏更使自然灾害的发生率及破坏率达到空前的程度,为天灾人祸所迫,世界各地难民潮源源不断。由于意识形态上的对立,在冷战时期,西方国家一直以"反共之政治难民"的保护者自居,并为其提供相当宽厚的人道主义庇护,形成了一整套安置政治难民的社会福利机构。20 世纪 70 年代中期印度支那政治事变后西方国家相继接纳了 100 多万印支难民,即为战后西方国家一次性大批接收政治难民之最典型的事例。然而,随着希望涌入发达国家的移民人数直线上升,而发达国家却又不断紧缩入境移民政策,大批"非政治难民"想方设法以"政治难民"身份寻求庇护,以达到移民发达国家的目的,早已为人所共知。西方国家接纳、安置难民的

---

① 　Jason DeParle, Global migration: A World Ever More on the Move, *The New York Times*, June 25, 2010.

庞大支出,导致本国民怨日深,甚至直接危及其国家的经济利益,然而,出于政治上的考虑,西方国家又力图维护其作为"政治难民庇护者"的形象,因此,在经济之外的政治及社会文化方面的因素,直接影响着西方国家的国际移民政策的制定,使之左右摇摆,举棋不定,矛盾百出。

国际移民政策的制定离不开经济,但又远远超出纯经济范畴,无论移出方或移入方皆然。由此,也就需要进一步越出纯经济范畴,探讨国际移民政策所涉及的多重复杂性。

第三章 政党政治与国际移民政策

移民人口的跨国流动,与各主权国家行使其管辖权的空间范围密切相关,涉及国家主权及其内外政策的方方面面。国际移民政策的法理基础,是国家对本国领土主权享有至高无上的权力,对本国国民、国籍及国民所能享有的公共权利和公众福利握有最高决定权。国际移民政策属于国家主权,是国家政治权利运作的重要组成部分。有西方学者据此撰文阐述:决定国际移民政策基本走向的最基本原则"是政治而不是经济"。[①] 此说尽管有失偏颇,但当今全球各国不同党派势力的政治博弈,对于国际移民政策的制定与实施所形成的影响力,确实不容低估。

在政治范畴内,看似以本国之国家利益为基准制定的国际移民政策,实际上是一国之内、多国之间乃至地区性、全球性各种政治力量相互博弈的结果。国际移民政策的制定与实施,受政治体制之形塑,集团利益之左右,种族血缘之影响,乃至宗教文化之制约。各种力量在政治领域的博弈如何影响到国际移民政策的制定与实施,是本章探讨的主要内容。

第一节 党派博弈与移民政治

正如本书绪论中所指明的,当今世界上的主要移民接纳国以欧、美、澳

---

① Simon Hix & Abdul Houry, Politics, not Economic Interests: Determinants of Migration Policies in the European Union, *International Migration Review*, Vol. 41, No. 1, 2007, pp. 182~205.

等西方国家为主。在这些普遍建立了全方位资本主义民主政治制度的国家,虽然就主权归属而言,可分为君主制和共和制;就国家元首、立法机关和行政机关的关系而言,可分为总统制和议会内阁制,但就其政治权力结构的显著特点而言,则可以归纳为:分权、制衡、政党制、代议制、普选权和限期任职制。在资本主义民主政治的大框架下,不同党派、不同利益集团的多重博弈,直接影响其政治格局的构筑,并制约其公共政策的走向。

资本主义国家民主政治的特点之一,就是通过定期选举轮流执政。虽然不同政党在维护资本主义制度基本原则方面,保持高度一致,但是,在人口、经济、就业、文化等公共政策的制定与执行方面,往往你东我西,你左我右,各有不同主张,甚至针锋相对。围绕国际移民政策的制定与实施,有的政党主张比较开放的移民政策,接纳吸收外来移民以促进本国经济发展;有的则公开以反移民为号召,主张实施所谓"零移民"政策,无情制裁非法移民。如此南辕北辙的政策主张,随着相关政党轮番执政而被反复操演。在资本主义民主政治的框架内,随着权力棒在不同政党之间不断转换,移民政治也就成为政党纷争中一枚举足轻重的棋子,移民政策因而被染上了浓浓的政党政治色彩。

本节以当今资本主义民主政治体系发育相对比较完备的法国为例。自19世纪以降,在诞生了世界上第一个人权宣言的法兰西土地上,崇尚自由、民主、宽容、融合的"共和模式"(Republican Model)曾经长期被推崇为移民政策的主导。然而,自20世纪70年代中期之后,围绕法国社会发展与移民接纳、移民融入等一系列问题,成为法国政坛上争论不休的重要话题,法国的移民政策也随着不同政党轮流执政而左右摇摆。

一、法国移民政策模式演变[①]

一个多世纪以来,来自不同国家的移民一直源源不断地进入法国。据2002年的统计数据,法国人口中持外国国籍的"外国人"达431万人,占总人口的7.4%。在欧盟诸国中,无论是接纳移民的绝对数还是移民与本国人口的相对比例,法国均位居第二,仅次于德国(详见表3-1)。依据法国的人口

① 作者十分感谢法国巴黎第七大学卡琳娜·盖哈西莫夫(Carine Guerassimoff)博士协助搜集法国移民政策的原始资料并译为英文,同时还多次为我提供到法国进行实地调查的机会。我们共同讨论、由本人执笔完成的论文《共和模式的困境:法国移民政策研究》发表于《欧洲研究》2003年第4期。本节在该文基础上补充修改完成。

统计原则,已经入籍法国的原外国移民不计算在"外国人"之列,这类人总计约 236 万,占总人口的 4%(详见表 3-2)。有法国学者进一步指出,在今天的法国人中,"大约 500 万人是移民的后裔,其中大部分已取得法国国籍。约有同样数量的人其祖辈中至少有一人是移民",法国人口中有"大约四分之一人口是移民或移民的后裔"。[①]

表 3-1　欧盟主要国家接纳移民情况表(2002 年数据)

国别	合法移民人数(万)	占总人口比例(%)	合法移民主要来源地	非法移民人数(万,估计)
德国	732	8.9	土耳其(30%)、前南斯拉夫及欧盟	50~150
法国	431	7.4	欧盟(160 万)、马格里布诸国(130 万)	30~50
英国	220.7	3.8	印度次大陆、非洲	约 100
西班牙	94	2.5	马格里布诸国、拉丁美洲	12~25
意大利	125	2.1	摩洛哥、阿尔巴尼亚、前南斯拉夫	18~35

资料来源:法国语言文化辅导会《鸣锣·小资料》,2002 年 10 月,第 7 页。

表 3-2　1999 年法国人口国籍与出生地构成

国　籍	出　生　地		总数(万)	%
	法国(万)	外国(万)		
出生即为法国籍	5134	156	5290	90.4
加入法国籍的外国人	80	156	236	4.0
外国籍	51	275	326	5.6
总人口	5265	587	5852	100
在总人口当中				
按国籍和出生地划分的外国人	131	431	562	9.6
出生于外国的外国人			431	7.4

资料来源:"移民信息网"(www. migrationinformation. org)。

---

①　Alec Gordon Hargreaves, *Immigration, Race and Ethnicity in Contemporary France*, London/New York: Routledge, 1995, p. 5.

　　要而言之,当今全法人口中约四分之一是移民或移民后裔;移民中半数以上来自非洲;移民主要集中于法国的大城市;与此同时,社会上还存在一个总计三五十万人口的非法移民群——这就是进入 21 世纪之时法国移民人口的基本构成状况。

　　纵观 19 世纪以来法国移民政策的走向,大致可以划分为三个阶段。第一阶段从 19 世纪到 1945 年,是法国实行自由移民的年代。1945 年之前,法国基本上不存在有章可循的移民政策,"实际上大多数人都可以自由进入法国的劳动力市场",[①]法国"只是管理移民,却不存在移民政策",而且,这种"管理",也只表现为一些临时性、应急性的处置措施。[②] 1801—1931 年法国的人口统计数据清楚地显示出,外国移民在法国一直保持上升趋势:1851年,全法外国移民总数为 37.9 万人,1881 年增至 100 万人以上,1911 年,再增到约 116 万人,占法国总人口约 3%。[③] 20 世纪 20 年代,法国进入一战后经济从复兴进入发展的时期,移民人数更是直线陡增,短短十年间,外国移民如滚雪球般增长,至 1931 年达到二战前的最高峰,总数 270 万,占法国总人口的约 7%,1921—1931 年间,法国人口增长量中的 75% 是通过外国移民实现的(详见图 3-1)。

　　从 19 世纪后期起,法国基本确定了鼓励外国人"忘掉原先的历史和文化","完全融入法国"的"雅各宾模式"(Jacobin Model),其具体举措之一就是鼓励外国人学习法国文化,政治上认同法国并入籍法国。1851 年法兰西第二共和国曾作出规定:凡居住在法国的外国居民的第三代,如果其父母中有一方出生于法国,即可自出生起自动获得法国国籍。第三共和国时期,即1889 年通过的法律又规定,在法国出生的移民第二代在成年时即可自动获得法国国籍。1927 年的法国法律,又进一步为移居法国的第一代移民打开了加入法国籍的方便之门。如此开放的国籍法,基于历代法国政治家对于

---

　　① James F. Hollifield, Immigration and republicanism in France: The Hidden Consensus, in Cornelius et al eds., *Controlling Immigration: A Global Perspective*, Stanford: Stanford University, 1994, p. 7.

　　② Cathie Lloyd, National Approaches to Immigration and Minority Policies, in Rex & Drury eds., *Ethnic Mobilisation in a Multi-cultural Europe*, Hants: Ashgate Publishing Ltd, 1994, pp. 73~74.

　　③ Ralph Schor, *Histoire de l'immigration en France de la fin du 19e siècle à nos jours*, Paris: Armand Colin, 1996, p. 14.

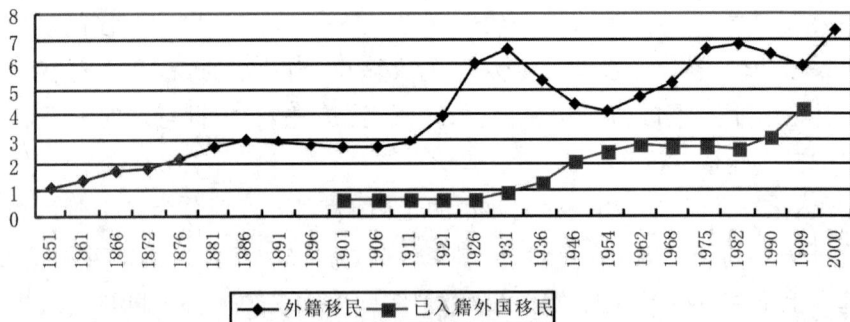

图 3-1   移民在法国总人口中所占百分比（1851—2000 年）

    资料来源：1851—1990 年依据法国人口统计数据制图；详细数据援引自 Bernard Philippe，*L'immigration*，Paris，Le Monde Editions，Paris，Le Monde Editions，1993，p.48.1999 年数据根据法国公布的人口统计数据；2000 年数据参考法新社巴黎 2002 年 11 月 19 日电讯稿，转引自《欧洲时报》2002 年 11 月 20 日。

"卓越的法国文化"具有征服、同化异文化之优势的绝对自信。

    19 世纪及 20 世纪初的法国的确展现出一种相对自由宽松的迁移环境，究其原因，首先与法国的人口量变密切相关。近代以来，法国一直需要外来青壮年移民补充其劳动力市场。19 世纪，拿破仑连年对外征战，大批青年男子被征召参战，对国内劳动力市场的影响显而易见。1914—1918 年第一次世界大战期间，直接死于战争的人口约 140 万，如果考虑到因此而进一步导致的结婚率、出生率下降对人口正常发展所造成的负面影响，那么，一战所直接或间接导致的人口总损失估计高达 300 万。[①] 时隔不久的第二次世界大战，又夺走了法国 100 多万人口的生命。[②] 结合图 3-1 所展现的移民曲线可以发现，每次人口大损失之后，即 19 世纪后期、20 世纪 20—30 年代、20 世纪 50 年代，法国移民人口都呈现出比较明显的上升趋势。显然，以青壮年为主的外来移民成为法国人口缺失的一个重要补充。

---

    ①   Armengaug André & Fine Agnès，*La population française au XXe siècle*，Paris：PUF，1983，p. 23.

    ②   据 Schor 的研究统计，第二次世界大战中法国约有 32 万军事人员阵亡，27 万平民（包括 8 万犹太人）被屠杀，13 万人死于战争中的轰炸等军事行动，另有 60 万人虽属于"正常死亡"，但与战争造成的饥馑、恐惧、缺医少药等均有关系（详见 Ralph Schor，*Histoire de l'immigration en France de la fin du 19e siècle à nos jours*，Paris：Armand Colin，1996，p. 192.）。

　　其次,在迈向近代工业化的道路上,法国没有经历过类似英国那样迫使农民离开土地而成为自由劳动者的"圈地运动",小农经济长期占主导地位,大小企业主们只好向国外寻找自由劳动力资源。据统计,19世纪末叶法国人口总数约为2600万,但从农村进入城市的人口仅为年均10万人左右,相对于工业发展的需求,几乎是杯水车薪。由于劳动力短缺,法国一方面大力挖掘本国人力资源,不仅男性实现充分就业,而且女性人口的就业率也达到40%,相当于同期英、德妇女就业率的4倍;[①]另一方面则向外招收劳工,尤其是采矿、钢铁、纺织、建筑等劳动强度大的行业,早在19世纪末,外国劳工就达到总用工量的三分之二左右。[②] 19世纪末20世纪初,由法国公司派出的"招工人员"活跃在南欧及法国各殖民地,甚至到了中国的东北、山东、福建等地。第一次世界大战结束后,法国还出现了专门招募、安置外国劳工的私营企业"移民总公司"(Société génerale d'immigration,SGI)。

　　就移民构成而言,从19世纪中叶到20世纪中叶,进入法国之"外国移民"主要来自比利时、西班牙、意大利、波兰等欧洲国家:1851年,来自以上四国的移民占全法外国移民总数的58%;此后从1872年到1936年,以上四国移民所占比例均在70%以上(详见图3-2)。对法国人而言,来自这四个国家的移民虽然是"外国人",但彼此都属欧罗巴人种,语言则属印欧语系,更重要的是,他们和法国人一样,大多信仰天主教。因此,他们与法国人之间最主要的差异是"国籍"的不同,是在享受与公民权相联系的各种权益上的差异。

---

　　①　参阅沈坚:《关于法国近代经济发展若干问题的再思考》,《华东师范大学学报》1997年第6期。

　　②　Philip L. Martin, Comparative Migration Policies, *International Migration Review*, Vol. 28, No. 1, 1994, p. 164.

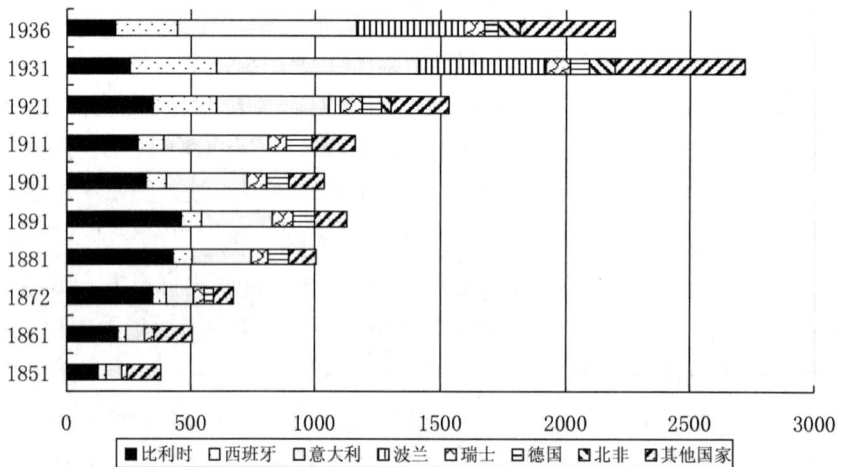

图 3-2　法国外来移民原籍国构成（1851—1936 年）

资料来源：根据《法国与外国人》一书"附录"所提供的数据归纳整理制图（Patrick Weil, *La France et ses étrangers*, Paris：Gallimard, 1991）。

表 3-3　法国移民人口的原籍构成（1999 年）

原籍	移民总数（人）	比例（％）
欧洲	1351661	41.4
欧盟成员国	1195498	36.6
意大利	201670	6.2
西班牙	161762	5.0
葡萄牙	553663	17.0
其他欧洲国家	156163	4.8
美洲	81293	2.5
北美	34631	1.1
中南美	46662	1.4
非洲	1419758	43.5
马格里布	1135934	34.8
阿尔及利亚	477482	14.6
摩洛哥	504096	15.5
突尼斯	154356	4.7
撒哈拉以南非洲	212398	6.5
其他非洲国家	71426	2.2
亚洲	407450	12.5
土耳其	208049	6.4

资料来源：根据《1999 年法国移民及外国人》提供的数据整理制表（Lebon André, *Immigration et présence étrangère en France en 1999：premiers enseignements du recensement*, Paris：La Documentation française, 2000, p. 11）。

　　还值得一提的是,自法国大革命以来,自由平等一直被崇尚为法兰西的民族精神,让不同国家不同种族的"政治难民"移居法国,为其提供"庇护所",是又一令法国人时常引以为豪的"历史业绩"。自然,法国判定"政治难民"的原则,是依据其统治阶级的立场决定的。1917 年俄国十月革命后,十多万反对布尔什维克革命的白俄人被法国"收容"。20 世纪 30 年代法西斯在德国上台后,法国接纳了来自德国及东欧的十多万犹太人。1936 年西班牙爆发内战,大批战争难民涌入法国南方,三年后佛朗哥夺取政权实施法西斯独裁,约 50 万西班牙难民进入法国,其中大约半数留居法国。

　　法国移民政策的第二阶段以"共和模式"的蜜月期为特征,时间从 1945 年到 1973 年。第二次世界大战使欧洲生灵涂炭,战后的欧洲百废待兴。戴高乐政府意识到移民对法国战后重建的重要性,决定制定一项正式的移民法案,但讨论中出现了两种不同意见。一派以经济学家为代表,主要关注如何迅速有效地引入大批青壮劳力,以弥补法国劳动力市场的缺口;另一派以人口学家为代表,认为吸引移民是解决法国人口需求的重要举措,但从长远看,接纳移民的首要条件是对方必须能够顺利融入法国社会。不过,对于优先移民的选择,双方意见高度一致,即认定法国应当优先欢迎来自欧洲国家的移民。

　　1945 年 11 月 2 日,法国政府出台了第一个正式移民法案,主要包括以下两方面的内容:一方面,凡与法国企业签订正式雇佣合同者,即可获得进入法国的签证并在雇佣合同期内享有在法国的合法居留权;但另一方面,受法国企业雇佣的外籍工人并不一定就能得到在法国的长期居留权或入籍法国,即将移民的工作权与长期居留权、公民权相割裂。此规定虽然在当时并没有得到多少社会关注,其潜在影响却在 20 世纪 70 年代后步步凸显。

　　按照 1945 年移民法案的基本原则,法国政府成立了两个与移民相关的重要机构:一是"国家移民局"(Office National d'Immigration, ONI),取代战前私营性质的"移民总公司"(SGI),专门负责从事有组织地引入劳工的相关事宜;另一个是"难民和无国籍人士庇护局"(French Office for the Protection of Refugees and Stateless Persons, OFPRA),负责接受审理各类难民申请。按战后法国政府的设想,外国劳工移民(以下简称"外劳")的输入应当由国家移民局统筹安排,各企业将其所需外劳数量报告移民局,由移民局安排到外国招聘,企业根据所获得外劳数量按人头向移民局支付费用。在国家的年度经济规划中,明确规定输入外劳的数量。例如,1946—1947 年战后第一个经济规划计划输入外劳 43 万人,1966—1970 年的五年经济发展规划计划输入外劳 32.5 万人。[1] 与此同时,依据优先招收欧洲劳工的原则,国家移民局一成立,即到南欧的意大利、西班牙设立招工处。

然而,在实际运作中,许多企业或不满移民局慢条斯理的官僚主义运作,或因一时急需而来不及申报计划,即直接派人到移民来源国招聘。当时通行的办法是:企业在外国招聘到劳工后,或利用"免签证规定",或通过旅游、探亲等短期签证将其带入法国境内,直接安置到企业工作岗位,然后再由企业专门人员去移民局慢慢"补办"引入外劳的各种手续。如此先斩后奏的方式,使移民局被戏称为"移民证件交换所",是"接纳法国国内移民的移民局"。有些移民个人也自行设法进入法国,再谋工作,补办手续。据 20 世纪 60 年代的统计,大约 90% 的外劳都是"先进入法国再办理移民手续"。[2]对此,移民局虽有所不满,但因为其实际上省却了到外国招工的诸多麻烦却照收各类费用,因此也就默认了。

劳动力市场求大于供加上多渠道有效运作,使法国的外国移民数不断上升。法国移民局的资料显示,1946—1955 年间,法国年均输入移民 3.3 万人,1956—1960 年间,上升至年均近 16 万人,1961—1965 年间,再猛增至年均近 30 万人。1970 年的年度统计资料显示,是年共有 200 万外籍工人及 69 万家属居住在法国(参阅图 3-3)。

由于经由雇主选择的外籍工人个个年轻力壮,他们进入法国后承担了大量在当地人眼里被视为困难、肮脏、危险、卑贱的工作,有效地促进了社会经济发展,故而一时颇受朝野"欢迎",社会对外国劳工表现出了前所未有的宽容。而且,20 世纪 50—60 年代时,人们对二战期间纳粹分子残暴屠杀犹太人的种族主义暴行依然记忆犹新,种族歧视为一切具有正义感的人民所唾弃,人权意识、人道主义深得人心。在对待外劳的问题上,法国社会的主导趋势是应当平等地对待他们,帮助他们学习了解法国的语言风俗,为其提供技术培训,在住房、医疗等方面让他们分享社会福利,使他们能愉快工作。

---

① James F. Hollifield, Immigration and Republicanism in France: The Hidden Consensus, in Cornelius et al eds. , *Controlling Immigration: A Global Perspective*, Stanford: Stanford University, 1994, p. 151.

② James F. Hollifield, Immigration and Republicanism in France: The Hidden Consensus, in Cornelius et al eds. , *Controlling Immigration: A Global Perspective*, Stanford: Stanford University, 1994, p. 152.

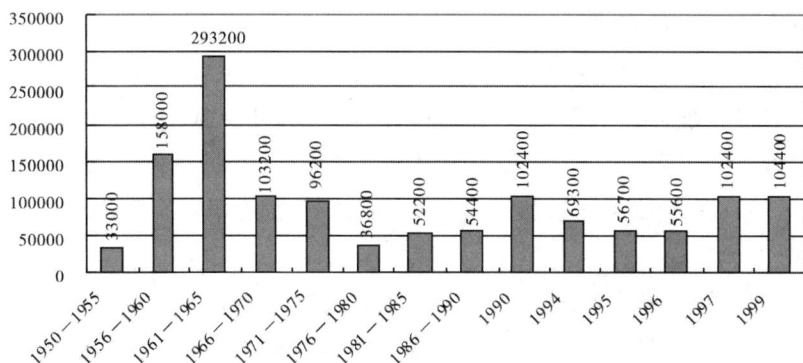

图 3-3　法国接纳的合法移民数（1950—1999 年）

资料来源："移民数据网"（http://migrationinformation.org）。其中 1950—1990 年的数据系根据原表中每五年的累计统计数算出年均统计数。1990—1999 年为年统计数。

法国进步学者与社会活动家们还不断提醒人们：外劳首先是"人"，理应受到人道的对待。20 世纪 60 年代蓬勃兴起的民权运动，也赋予外劳的人权以特别关注。在此大趋势下，对"人"的尊重得到弘扬，在民权意识明显增强的基础上，社会对异民族的宽容明显改善。

正是在如此大背景下，法国社会普遍认为：以劳工为主体的外国移民完全可能与我们共同地、和谐地生活在一起。由此，原先以鼓励移民"入籍"为主的"雅各宾模式"在新形势下发展为"共和模式"，其内涵包括欢迎移民参与法国的经济建设，鼓励并相信外来移民能够顺利地融入法国社会。美妙和谐的"共和模式"得到朝野普遍称赞。1951 年的一项社会调查显示，50％的法国人认为外劳在法国从事有效服务，到了 1973 年，同一比例增长到80％，绝大多数法国人认为外国人承担了法国人不愿做的工作，值得欢迎。[①]

法国的"共和模式"也得到了外来移民的赞同。1966—1967 年间，美国明尼苏达大学五位研究者对外劳在西欧主要国家的生活状况进行了一项大规模的社会调查，其中之一是移民对接纳国满意度的问卷调查。结果显示：法国的得分在 8 个被调查国中名列榜首，而且，在调查表罗列的 12 个项目中，法国在对移民的职业培训、语言教育、社会服务、住房福利、开放入籍等 9

————————

① Alec Gordon Hargreaves，*Immigration, Race and Ethnicity in Contemporary France*，London/New York：Routledge，1995，p.156.

个项目上均获得最高分。[①]

然而,正当法国社会陶醉于共和模式的美妙和谐时,1973 年骤然爆发的"石油危机"猛烈冲击法国社会,移民问题首当其冲。从 1974 年以后,法国移民政策进入了第三个阶段,法国政界左右势力及各利益集团,围绕着零移民、零非法移民及控制非法移民问题,展开了激烈的争辩,从而导致政策左右摇摆。

1974 年是法国的大选年。由于石油危机的冲击,移民问题成为议论的焦点,当时,"外劳抢夺了法国人的就业岗位","移民是法国社会的不安定因素"等言论搅得法国社会沸沸扬扬。在此大背景下,刚刚在 1972 年组建了"国民战线"并担任主席的勒庞(Jean-Marie Le Pen),作为法国政界极右派势力代表,首次参加法国总统大选,公开鼓吹极端排外的政治纲领。虽然勒庞的首次大选以败北告终,但反移民势力对政坛的影响开始显现。

1974 年 5 月,法国新一届政府组成。新政府组成后做出的重要决策之一,就是立刻终止接纳外劳,并敦促业已入境的外来移民工人尽快返回其祖籍国。法国移民政策看似突变的背后,其实是此前伴随移民大量输入业已滋生的矛盾在危机冲击下急剧激化的反映。

其一,20 世纪 60 年代之后,北非移民业已取代南欧移民成为进入法国的最大移民族群,这一信仰伊斯兰教的阿拉伯族群,与法国社会文化传统之间隔着一道不易逾越的鸿沟。

北非马格里布三国(阿尔及利亚、突尼斯和摩洛哥)曾经长期是法国的殖民地,20 世纪 50—60 年代,马格里布三国相继独立,但马格里布人作为法国前殖民地臣民,仍然可以自由进入前宗主国。因此,当南欧移民无法满足法国企业界的需求时,大批马格里布人就成为移民潮的又一新来源。1946 年,法国的外国移民中欧洲人占 88.7%,两万余马格里布人仅在移民总人口中占 2.3%。但是,到了 1968 年,马格里布人在全法外国移民中的比例已猛增至 23.6%,进入 20 世纪 80 年代,马格里布人的比例再增至 39%,其中,仅阿尔及利亚一国移民人数就达 80 万以上,成为法国最大的外国移民群体。时至 20 世纪末,马格里布人及来自其他非洲国家的移民在法国移民中所占

---

① 外国移民对 8 个国家满意度从高到低的排名依次为:法国、瑞典、英国、德国、比利时、卢森堡、芬兰、瑞士。参阅 Arnold M. Rose, *Migrants in Europe: Problems of Acceptance and Adjustment*, Minneapolis: The University of Minnesota Press, 1969, p. 90.

比例已超过半数,达50.5%(详见表3-3,图3-4)。

　　阿拉伯民族因近代以来长期遭受殖民统治而形成的执著的宗教信仰和族群认同,在移居法国社会之后成为互帮互助、异域谋生的天然纽带。令法国人自以为得意的共和模式在同化马格里布人方面明显受挫,当危机发生时,法国社会的不满即首先指向马格里布人。

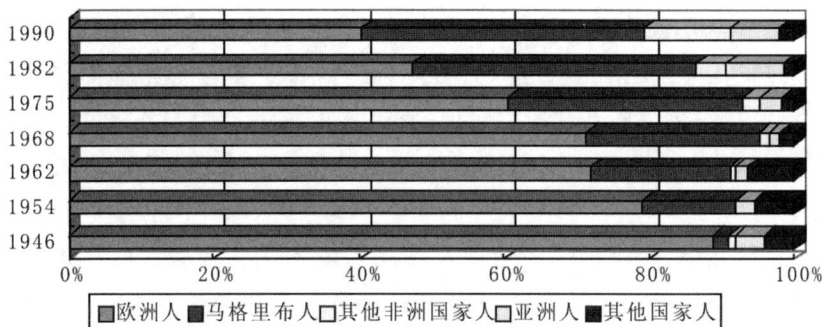

图3-4　法国外来移民的原籍构成(1946—1990年)

资料来源:根据《法国与外国人》"附录"所提供的数据制图(Patrick Weil, *La France et ses étrangers*, *L'aventure d'une politique de l'immigration de 1938 à nos jours*, Paris: Gallimard, 1991.附录无页码)。

　　其二,随着家庭类移民伴随着移民潮日渐增多,当移民家庭也要与法国人一起分享其优厚的社会福利时,法国人的自由平等理念自然面临严峻考验。

　　20世纪50—60年代,当马格里布劳工开始进入法国时,基本以年轻力壮的单身男性为主,他们有的如候鸟般来来回回,有的干上几年赚上一笔钱就打道回府,法国雇主为其提供的住宿条件也十分简陋,基本只适合单身男性居住。根据《外国移民在法国》所提供的数据整理统计,从1950年到1955年间,阿尔及利亚劳工共计86.8万人次进入法国工作,71.4万人次离法回国,总返回率为82.26%,年平均返回率为81.37%,其中1953年的返回率最高,达91.79%。[1]

　　然而,随着时间推延,情况渐渐起了变化。如前所述,当外劳将他们最宝贵的青春年华贡献给法国,当他们的子女在法国受教育成长,那么,此时

---

　　[1]　Georges Tapinos, *L'immigration étrangère en France: Travaux et documents de l'Inded*, Parsi: PUF, 1975, p.34.

再要其举家迁回原籍就不是一件轻而易举的事了。渐渐地,法国人发现,社会上"有色人种"比例明显膨胀了,而且,当外劳失去工作能力之后,当他们的家小还不是全劳力的时候,他们同样也要分享法国人的社会福利。当外劳——尤其是那些与法国人不同种族不同宗教信仰的外劳——也要求和法国人共同分享社会福利时,法国社会的宽容就显示出限度了。

1974 年法国政府采取应急性措施终止外劳入境,标志着法国人曾经津津乐道的共和模式已成明日黄花。自那以后,每一届党派竞选都要表白自己的移民政策;每一届新政府上台后,修订移民政策也为要务之一。法国政府在 20 世纪 70—80 年代对移民政策所做的修订,主要涉及以下五方面的内容。

第一,取消对前法国殖民地国家移民入境的优惠政策。以阿尔及利亚为例,阿尔及利亚于 1962 年摆脱法国的殖民统治获得独立之初,其国民仍能以"前殖民地臣民"身份自由进入法国。随着阿尔及利亚移民人数直线上升,1968 年,法国蓬皮杜政府提出取消上述优惠政策,但遭到阿尔及利亚政府反对。两国随后商定:阿尔及利亚人进入法国需申请签证,但法国对阿尔及利亚人申请旅游签证不得加以限制。新规定对有意入法打工的阿尔及利亚人增加了一些手续上的限制,即必须持旅游签证入境,但对移民潮并无根本影响。1974 年后,上述政策完全被取消,阿尔及利亚人不仅不再享有任何入境优待,甚至遭到更严格的审查乃至排斥。

第二,紧缩居留卡发放,对移民的"家庭团聚"申请严加限制,"鼓励"移民返乡。1977 年,法国决定以提供补贴的方式,鼓励业已入境的外国移民全家返回本国,并对移民要求"家庭团聚"的申请严加限制。[①] 法国政府的本意,一是送走那些不受法国社会欢迎的北非移民,减少就业压力,二是送走移民家属以减轻社会福利需求。然而,事与愿违。其一,从 1977 年到 1981 年,只有不到 10 万外国移民离开法国,其中单身劳工达三分之二,拖家带口者多选择留下。其二,由于其时南欧意大利、西班牙的经济状况相对好转,一些本已属意回国的南欧人,正好借法国政府的"优惠"衣锦还乡。而北非劳工却因法国政策转向,担心日后进入法国可能难度增大,因此,连那些原本如候鸟式来回于家乡与法国之间的劳工,也大多选择留居法国。

① 为鼓励外劳返回原籍国,法国政府规定,自 1977 年 6 月起,向自愿返回原籍国的外劳提供 1 万法郎的资助。只要在法国居住五年以上者均可申请该项补助。

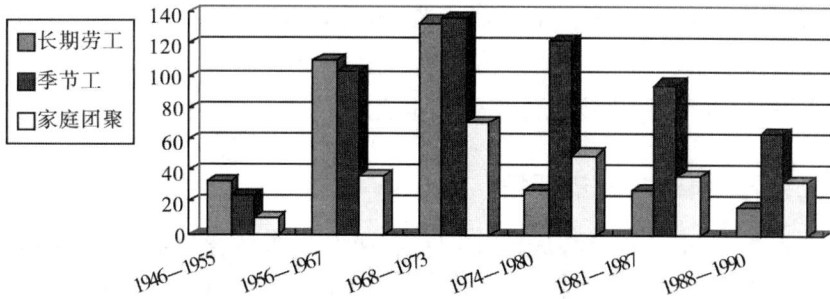

图 3-5　外国移民合法移居法国的主要途径（1946—1990 年）

资料来源：根据 James F. Hollifield，Immigration and Republicanism in France：The Hidden Consensus 提供的数据制图（载 Cornelius et al eds.，*Controlling Immigration*：A *Global Perspective*，Stanford：Stanford University，1994，p. 152）。

第三，1984 年，法国正式实施工作许可制度，将外国人限制在若干工作领域之外。根据规定，军队、警察及公务员的高层职务均不允许外国人担任；公共交通、邮政、教育、卫生等国有部门对外国人就业实行限制；律师、医生、建筑师、药剂师等 30 个行业只允许获得法国文凭者从业。一般认为，法国薪酬职位中约三分之一保留给法国人。[①]

第四，授予警方在核查移民证件、拘留无证移民、驱逐非法移民等方面以更广泛的权力。1980 年 1 月，法国第一次对 1945 年的移民法进行较大修订，其新增条款中最主要的是订立了"驱逐条例"，即对那些通过非正常途径进入法国者，对那些居留到期后不符合延长居留条件者均可驱逐出境。而且，警方有权拘禁不具备完整手续的移民。1986 年 9 月 9 日通过的《巴斯克法》(*Pasqua Law*)再度明确规定：驱逐非法移民可以由行政命令执行，即不一定要通过司法程序。1991 年，法国政府批准在机场及港口设立"等候区"，拘禁入境手续不全的外国人。同时，法令还规定对带入非法移民之航空、航运公司处以罚款的条例。

第五，紧缩难民接纳政策。如前所述，为各国难民提供"慷慨庇护"曾经是法国人引以为豪的业绩。然而，进入 20 世纪 80 年代之后，法国对难民也从"照单全收"改为具体审理，而且审查条件日趋严格。20 世纪 70 年代，法

---

① 禁止录用外国人的职位虽然逐年有所改变，但据 2000 年法国"种族歧视研究小组"的调查报告，是年，全法仍有将近 700 万个就业职位禁止录用外国人，约占全法就业职位的三分之一。

国作为原印度支那的宗主国,接纳了近 20 万印支难民。[①] 进入 80 年代,难民申请被拒绝率从 1980 年的 22％上升到 1989 年的 79％,[②]从法国政府到法国民众对待"难民"的态度已经悄然发生变化。

二、轮流执政与政策摇摆

进入 20 世纪 90 年代,法国政坛左右两派的激烈竞争继续在移民法的修订上有所反映。1992 年右派在大选中获胜上台。1993 年 6 月,新任内政部长公开提出:法国已不再是一个移民国家,要力争实现"零移民"的目标。虽然在遭受批评后,该内政部长不得不将其目标改为"零非法移民",但加紧控制移民的基本态度毫无改变。是年 8 月 24 日,以该内政部长的名义公布了《巴斯嘎瓦—德布莱法》(Lois Pasqua-Debre),该法令中一系列侵犯人权的规定虽一再遭到抨击,但仍被付诸实施。法令规定:警察可以随时随地对"身份可疑者"进行证件审查并拘留无证者,鼓励法国国民告发非法移民,所有跨国婚姻必须经特别审查合格后方可申请其国外配偶以"家庭团聚"移民法国,取消"业已进入法国的外籍未成年儿童在成年后自动获得法国居留权"的规定,凡留居外籍人士的法国人必须向警方报告,被驱逐者本人的申诉意见将不再成为暂缓执行驱逐令的理由,等等。

1997 年,以社会党为首的左派在法国大选中获胜。人们记忆犹新的是:1981 年社会党大选获胜上台后即实行大赦,13.2 万非法移民由此获得合法身份。因此,此次社会党再次上台,要求新政府再度无条件大赦的舆论随即高涨。1998 年春,新政府推出《舍维纳芒法》,允许符合下述条件的无证件者可以申请"身份合法化":法籍人士的正式配偶,在法国出生的孩子的父母,能够证明已在法国居留十年以上,能够证明自己与法兰西土地有密切关系(能说流利法语,长期工作并纳税),等等。时至 1999 年初,依据该法令,大约 8.7 万人相继如愿改变身份,成为合法移民。[③]

2002 年春的大选,极右势力勒庞"意外"地在第一轮投票选举中以仅次

[①] 20 世纪 70 年代末,法国先后接纳了多批来自印度支那的政治难民,后来又因"家庭团聚"等原因,陆续接纳了已在法国定居的印支难民的家属。由于统计标准不同,关于法国接纳印支难民的统计数在 15 万～20 万之间。

[②] Alec Gordon Hargreaves, *Immigration, Race and Ethnicity in Contemporary France*, London/New York: Routledge, 1995, p.21.

[③] 参阅《欧洲时报》1998 年 5 月 31—6 月 3 日,1999 年 1 月 24—26 日。

于希拉克的地位胜出,两位极右派、右派代表成为首轮大选胜利者的结果,震荡了法国政坛。尽管勒庞在第二轮选举中遭到惨败,但因为选民们只能在极右派与右派中择其一,因此右派代表希拉克以高票当选。入夏,法国的无证移民们一次次请愿游行,甚至短期占领教堂,掀起了一波又一波要求身份合法化的运动。对此,当时的法国内政部长正式发表讲话,指出:"法国需要移民,但法国不可能也不应该接受所有人。"他还认为:"移民问题曾过于经常地充当极端论调的牺牲品:一方面,有人狂热宣扬零移民,而这根本就没有意义,因为法国是建立在多样性之上的;另一方面,有人极端地主张全面自动合法化,而这些人则没有意识到,如果这样做,就必定会出现新一波移民浪潮,并由此助长和维持一部分民众激愤乃至排外情绪。"因此,法国应当奉行一种"平衡的、既无伪装、又不虚伪并符合法国利益的移民政策"。①

在法国 2007 年的又一轮大选中,国际移民政策再度成为分别代表左、中、右三个党派候选人唇枪舌剑的重点之一。其中,被公认为右翼政党代表的人民运动联盟党(UMP)的候选人尼古拉·萨科奇(Nicolas Sarkozy),强势地继续宣传其在前一届政府担任内政部长时提出的"选择移民"政策,力主更加严厉地控制外国人家庭团聚的条件,以便使"来法国生活成为一项以工作而不是以享受社会救济为基础的计划"。他表示,如果当选,将立刻着手让议会通过一项新法律,以规范相关程序;一个外国人办理家属来法团聚时,不仅必须拥有住房和工作,而且在来法国之前,就必须学习法语。萨科奇还打算规定每一类移民(经济移民、难民、家庭团聚)每年的入境数量,以便使"年度移民流量与法国的需求和接待能力相适应"。萨科奇的另一政策是,设立多标准计分体制,根据掌握法语程度、文凭等级、专业技能等标准,为法国选择高素质的移民。

法国民主联盟(UDF)候选人法朗索瓦·贝鲁(François Bayrou)被视为中间派,他以"欧洲共同移民政策"为口号,力主在欧盟内部制定一项关于签证、打击非法移民以及共同发展的共同政策,并许诺一旦胜选,将进一步做好与各相关机构的协调工作,依照"清晰明确"的原则,与移民迁出国一道共同制定国家移民政策,控制非法移民,打击人口贩卖集团,在"明确标准与确定规则"的基础上"按个案处理"非法移民的身份合法化请求。

---

① 参阅《法国将采取"平衡的"移民政策》,这是法国"语言文化协会"会刊《鸣锣》杂志社主编的时政分析稿,载《鸣锣》2002 年 10 月,第 3 页。

代表左翼的法国社会党(PS)的候选人赛格兰娜·罗雅尔(Segolene Royal),对萨科奇的"选择移民"政策大加鞭挞,指责其违背了法国的基本人权理念。罗雅尔表示,如果当选,将立刻撤销 2006 年 7 月 24 日萨科奇移民法中那些最具限制性的规定。她提出将"按标准身份合法化",主张采纳"按移民在法国居住年限、个人社会联系、入学状况、工作合同、法语能力等进行身份合法化",并主张以"承认经济现实"为基础,设立一种"多年有效并可多次往返的签证,以方便劳工移民",因为唯有如此,方能在建筑、餐饮业有效打击地下黑工。

众所周知,选举的结果是萨科奇于 2007 年 5 月 6 日以相对高票赢得大选。萨科奇就任法国总统后,随即改弦更张,将一系列新政付诸实施。在涉及国际移民政策的问题上,萨科奇的重要举措之一就是组建一个新的"迁移、融入、国家认同及共同发展部",将所有外国移民事务均归入该部的管辖范畴。

法国的国际移民事务原先分别隶属于四个不同政府部门:难民审批由隶属于法国外交部的"全法难民和无国籍者办公室"主管,移民接纳与入籍方面的工作由隶属于法国社会团结部的"人口与移民办公室"主管,移民居住证发放及边境警务由内政部主管,而涉外婚姻则由司法部负责。萨科奇认为如此管理模式因不同部门各自为政而存在诸多弊端。因此,他提出以"帮助移民来源国发展、加强移民控制、促进移民融入"为该部的三大工作目标,并任命与自己有长达 30 年友情的亲信奥尔特弗担任该部部长。奥尔特弗就职后在对媒体发表的讲话中再度强调坚决驱逐无证移民的铁腕政策,并且强调对法国国民中那些只图享受社会福利的懒汉严加惩罚,是解决法国劳动力缺失的有效方法。显然,萨科奇政府对外国移民的强势制裁,与前任政府相对温和的政策截然不同。

综观近半个世纪以来法国移民政策的发展变化,可以看到一个引人注目的现象:法国历届政府一方面不断强调严厉控制移民入境,另一方面却又一批批接纳合法与不合法的移民。显而易见的是,当代法国移民政策虽然不断修订,但基本滞后于移民潮的发展,因而是被动的、弥补性的,在许多方面缺乏实际可操作性。究其原因,与法国社会政治、经济、文化等多重矛盾密切相关,但本节仅集中从法国党派政治的角度出发,略作剖析。

就法国政党政治而言,法国移民政策的制定与实施纠缠着多重矛盾,是不同利益集团争夺权益的集中体现,长期成为法国政坛左右两派斗争的一个筹码。

帕特里克·韦尔(Patrick Weil)是法国一位著名的政治学教授,曾对法国的国际移民政策进行过长期追踪研究,在法国社会党执政时期,还对政府政策制定产生过重要影响。尤其是 20 世纪 90 年代,当法国社会党执政时,韦尔教授曾应邀直接参与当时移民政策的修订。韦尔教授关于移民政策的主要代表作有二:一是《法国与外国人:1938 年以来法国移民政策的冒险》①,二是《何为法国国民? 1789 年法国大革命以来的国籍政策史》②。他认为,法国的移民政策自二战结束以来已渐渐系统化,但是,由于种种政治论争及社会经济压力,移民政策在实施中经常背离其原则。因此,法国的移民法实际上一直存在着"国家立法"(State of Law)与"国家执法"(State as an Actor)两者相互背离的矛盾。国家制定种种法律法规,严格规范接纳移民的原则及程序;但是,由于政权在不同党派之间交接,而由不同党派组建的政府在执法时往往各行其是,朝令夕改,法国移民的诸多问题即根源于此。③

法国另一位移民政策研究者伊凡·加斯托(Yvan Gastaut)在《第五共和国时期的外来移民与法国公众舆论》④一书中,仔细剖析了法国不同党派在移民问题上的基本立场。按照他的分析,法国的右翼政党是排外的;左派的传统是充当移民的代言人,尽管近年来也开始表现出反移民的倾向;法共在战后之初是反移民的,近一二十年来则成为外国移民最坚决的支持者。笔者以为,伊凡·加斯托的剖析虽有一定道理,但并不是绝对的。关键问题是:在当今时代,政坛上传统的左派、右派概念已经变化。工会组织曾经被认为是理所当然的左派团体,但如前所述,在对待外国移民的问题上,工会组织一直是右派反移民政策最有力的支持者。反之,作为资本势力代表的企业主们,历来是右翼势力的主要基础,但正是他们积极主张接纳和利用外

① Patrick Weil, *La France et ses étrangers, L'aventure d'une politique de l'immigration de 1938 à nos jours*. Paris：Gallimard，1991.

② Patrick Weil, *Qu'est-ce qu'un Français? histoire de la nationalité française de la Révolution.* Paris：B. Grasset，2002.

③ Patrick Weil, *La France et ses étrangers, L'aventure d'une politique de l'immigration de 1938 à nos jours.* Paris：Gallimard，1991, p. 493.

④ Yvan Gastart, *L'immigration et l'opinion en France sous la Ve République.* Paris：Ed. du Seuil，2000.

国移民。因此,左右政党关于移民政策激烈争辩的背后,是利益集团政治的交锋,是发达国家社会政治、经济、文化等多方面因素的相互交织。

归根到底,移民政策中最根本的原则是接纳国的国家利益,在法国近半个世纪移民政策的演进中,随着资本主义民主政治框架下的政坛变更,其所显现的结果之一就是公共政策缺乏持续性和稳定性,移民政策陷入左右摇摆不定的困境,这实际上也是不少西方发达国家同样面临的困境。

第二节　利益集团与移民政策

从以上援引的法国移民政策半个世纪以来演进的历史进程中,我们可以清楚地看到,在资本主义民主政治的制度环境下,围绕重大的政府决策,必须经过国会或议会的反复辩论,方能定案及实施,这就为不同利益集团申诉本群体的意愿,争取本群体的利益,参政议政,提供了制度性框架。由不同移民阶层、不同移民族裔集团,或与移民相关的不同社会阶层构成的利益集团,为争取自身的最大权益,通过不同方式游说或施加压力于相关决策层,是资本主义国家移民政策制定与实施中的重要因素。

一、利益集团构成与国际移民政策

代表不同利益群体的利益集团林林总总,他们在当代资本主义民主政治中的作用业已凸显。当国家与社会形成二元分离,社会对政府的影响力往往经由相关利益集团的抗争得以体现,而国家的意志和信息也需要借助利益集团有针对性地传播给社会,并实施团组性的分层管理。由于各利益集团关注的主要是与本群体相关的局部利益,政府部门却必须从社会的总体利益出发制定相关政策,设法规约各利益集团的行为,因此,政府与利益集团之间存在一种既一致又矛盾、既相互利用又相互制约的多重关系。

当代利益集团的组合,并不一定与阶级或阶层的构成相吻合,也不一定与特定政党的利益诉求完全呼应,甚至也不一定完全局限于一国疆界之内。例如,美国前总统布什在任时提出的移民改革方案,曾经更多地得到在政党隶属关系上与其对立的民主党议员的支持,故而被认为是“逆势而动”。又如,美国犹太移民组成之利益集团与以色列国的密切关系,以及他们如何通过美国本土的院外活动,对美国的以色列政策产生重要影响,早已是人所共知的事实。

当代利益集团与阶级或阶层的不同之处,还在于阶级和阶层具有一定的稳定性,而利益集团当中,虽然一部分是有章程、有组织、有计划的正式机构或社团,具有相对的稳定性,但也有部分是非正规的临时性集结,即在某一特定时刻、为某一特定目的或围绕某一特定事件的组合。

纵观美、法、澳等当代主要移民接纳国围绕国际移民政策制定与实施的发展变化,可以看到众多利益集团活跃的身影,他们或直接诉需求于国会议会,或游说论辩于传媒报章,甚至组织民众走上街头游行示威,形成解读移民政策时不容低估的政治因素。

在当今资本主义发达国家,就围绕移民政策形成的利益集团构成而言,可以看到相互对立的两大派别:一方公开主张或倾向于支持自由主义的、更开放的移民政策;另一方则公开主张或倾向于支持排外主义的、更严厉的移民政策,甚至是"零移民"政策。

支持或呼吁实施自由主义移民政策的利益集团的民众基础,主要由三种力量构成:一是尚未获得平等权益的外国移民;二是少数崇尚人权、平等及共同发展之理想的非政府组织、民权活动家和部分知识分子;而相对最具影响力的则是第三股力量,即活跃于企业界、商界的大小资本尤其是跨国资本的代表。虽然三方都倾向于实施开放的移民政策,并且在舆论上形成相对聚合的力量,但三者的阶级属性不同,各自的出发点和基本立场也各不相同。

第一个群体是十分务实的,他们追求的是自己的切身利益。身为来自发展中国家的短期移民工人或契约工人,他们可能无法充分享受移入国正式工人的全部合法权益,其中有的甚至可能是无证或非法移民,他们付出超人的艰辛却不能得到合理的回报。因此,他们迫切要求更开放的移民政策,能够使他们有望获得合法身份,给他们带来实际利益。

第二个群体是一批理想主义者,他们崇尚自由、平等、博爱的理念,同情包括外来劳工移民在内的贫困弱小社群,希望能在自由主义的旗帜下将美好理想变为现实。以美国为例,在美墨之间长达 3200 千米的边境线上,自从美国加强边界监控后,那些试图偷越边境进入美国打工挣钱的墨西哥人,只得选择冒险穿越因为难以逾越而尚未设防的沙漠地带,结果经常有人因缺水活活渴死,亦有人因不敌曝晒而中暑身亡。美墨两国的人权组织及一些主张正义的国际性社团都对此表示严重关切,并强烈要求改变现状。

第三个群体则完全不同,这是一个专注于获取高额利润的企业主群体,他们主张并力图推动自由主义移民政策的主旨,是要求在政治上享有吸纳外国廉价劳动力的更大自由,从而获取经济上更高的超额利润。

仍以法国为例。法国是一个高福利国家,国民所享受的"从摇篮到坟墓"的全面福利靠高税收来支持。根据笔者对巴黎制衣厂的实地调查,以2000年的收入计算,一个无专业文凭、领取法定最低工资的正式车衣工每月所得纯收入为823欧元,但是,其雇主除工资外,还需为其交纳全民社会捐助、社会疾病保险、养老基金、工伤事故基金、退休基金、失业基金等各类款项,因此,老板为一名正式车衣工所支付的实际费用总额达1650欧元。反之,如果雇佣一个外国移民,尤其是无证外国移民当车衣工,那么,雇主一般只需支付600欧元工资。换言之,雇主用于支付一名正式工人的费用,可用于雇佣2.74名无证工人,雇主从中可能获得的经济利益显而易见。正因为如此,尽管国家立法一再严格限制外国移民,但各类企业违规雇佣屡禁不止。法国学者业已尖锐指出:"移民操作"真正服从的不是专家们精心制定的法律,而是企业主们对于移民即廉价劳动力的需求;[1]法国每一次大赦非法移民或曰"身份合法化运动",都源自需要廉价劳工的企业主的推动;[2]"凡劳力匮乏的地方,雇主都赞成开放边界,而小企业则满足于雇佣黑工"。[3]

在另一个移民大国美国,企业主的利益同样也在所谓维护人权、争取平等的旗号下,为更开放的移民政策推波助澜。根据美国国土安全部2008年1月的估算,是时居住在美国的"没有身份的外国人"共有1160万。换言之,美国境内生活着数以千万计的非法移民,早已众所周知。虽然美国国会一再通过立法要求加强边境监控,防范非法移民入境,将业已入境美国的非法移民送回其原籍国,但是,在现实社会中,那些唯利是图的雇主"趁机雇佣非法移民,同时压低最贫穷的美国工人薪金",而参众两院"议员们往往会屈服

---

① Geérard Etat Noiriel, *Nation et Immigration: Vers une histoire du pouvoir*. Paris: Berlin, 2001.

② Claude-Valentin Marie. *Emploi des étrangers sans titre, travail illegal, regularisations: des débats en trompe-l'œil*. In Dewitte ed. *Immigration et Intégration: L'état des Saviors*. Paris: Editions la Découverte, 1999, pp. 352~355.

③ 《法国需要新移民》,《欧洲时报》2002年10月25日。

于企业主的压力,对雇佣非法移民的雇主睁一只眼、闭一只眼",①这才是美国非法移民屡禁不止的根本原因。

就坚决主张紧缩移民政策的利益集团而言,也可以看到三股主要力量:一是持狭隘民族主义立场的极右政治势力;二是担心外来移民会破坏既有社会秩序的中产群体;第三股力量人数最多也最具实力,那就是构成本国工会基础的普通工薪阶层,尤其是其中那些在低技术或无技术领域就业的普通蓝领工人。同样,这也是三个阶级基础不同、政治信仰不同的群体组合,但在排斥乃至反对外来移民的政策共同点上,形成具有影响力的集结。

经过近百年的不懈努力奋斗,欧美资本主义国家的工人们已经得以通过分享社会福利的形式,参与资本利润的再分配,工作权利获得一定保障,生活水平得到明显提高,在全民福利的荫庇下,社会矛盾有所缓解消弭。然而,随着资本全球流动加剧,世界市场超越国家边界运作,许多发达国家的中产社群和普通工薪阶层却越来越感觉自己熟悉的生活秩序正在受到挑战,甚至遭遇威胁。曾几何时,业已习惯于享受太平安逸生活的中产群体,忽然发现自己熟悉的社会环境已经悄然改变,那些具有强烈进取心的外来移民以咄咄逼人之势,挟陌生的异文化之风在他们周边安身立足,甚至显现出后来居上之势,令其难以接受。与此同时,成千上万普通工薪阶层,更是切身感受到来自贫困国家工人对自己基本生存的威胁。因为,一方面,发达国家资本为了攫取超额利润,争相将产业向那些劳动力价格低廉的国家转移,以海外的低工资与国内高昂的工资和福利成本相对抗,原本就业于这些企业的工人们不得不面对或者丢失工作岗位,或者接受低报酬的威胁;另一方面,他们还发现,甚至就在自己周边,也出现了越来越多陌生的外国人,他们心甘情愿地接受令人不可思议的低工资,并承担超额超量超时的各类工作。劳动力市场多重分化的加剧,使发达国家的普通工薪阶层亲身感受到了全球化对自身生活质量造成的严峻威胁。为了维护既得利益,反对外来移民就成为他们的共同心声。

在反移民的三股力量中,持狭隘民族主义立场的极右政治势力秉承的是赤裸裸的反民主、反民族的衣钵,从在法国社会公开美化德意法西斯战争罪、鼓吹种族主义的勒庞,到澳大利亚靠反亚洲移民、攻击土著居民起家的

---

① 《布什欲借移民改革突围,可望看到更多中国技术移民》,《华盛顿观察》2007 年第 19 期。

极右分子汉森(Pauline Hanson)之流,都大肆鼓噪移民入侵危害论,主张驱逐所有外来移民。虽然他们的极右言行并不得人心,但是,由于他们抓住了中产阶级对生活环境恶化的担心,利用了工薪阶层害怕既得利益受损的恐惧,因此也得以在政坛上占有一席之地。

由是,工会组织作为普通工人的群体代表,多方呼吁,推动制定限制外来工人进入某些特定领域的法律法规;极右势力以外来移民影响当地国社会安定、威胁当地人优秀文化传统为由,大肆宣传,蛊惑人心;一些中产阶级虽然不见得完全认同极右势力的政治见解,但眼见身边越来越多"陌生人"可能鸠占鹊巢,影响自己的生活质量,也可能由潜在的担心走向公开的排外。三股力量基于不同的阶级基础,从不同的政治立场出发,却在反对、限制移民的问题上异曲同工,发出了共同诉求。

还值得一提的是,直接受移民政策影响的外国移民群体,在对待移民政策的问题上,也远非铁板一块。前面业已提及,那些尚未获得合法身份的移民,多是开放性移民政策的积极推进者。余下,移民中那些置身于民族行业的企业主,也因为需要从外来移民那里寻找廉价劳动力,而希望移民政策更开放。然而,那些业已获得当地国居住权或业已入籍当地国的移民,如果是受雇于当地企事业的普通员工,则大多对移民政策持较保守的态度。一方面,他们希望开放的移民政策能够有利于其亲友实现移民愿望,但另一方面,他们又担忧新的外来移民可能冲击劳动力市场,影响自己业已获得的权益。美国在 20 世纪末叶曾经爆发过围绕移民政策的又一次大辩论,其中明确持反移民立场的主要族裔社群是"非盎格鲁—撒格逊族裔集团,特别是1880 年以后移入美国的各族裔集团。甚至那些稍早一点到达美国的美籍墨西哥人、波多黎各人、古巴人对第三世界移民潮的反应也是:'来美国的移民真是太多了。'"[①]

世界银行在评估国际移民经济效益的调查报告中也指出,当新移民源源到来时,移入国中那些与新移民具有共性的"老移民"群体,可能成为最大的"受害者"。因为,身为外来移民,他们往往难以从移入国得到有效保护,而雇主们则可以不断地以更廉价、更年轻力壮的新移民去取代老移民。该报告的预测显示,如果新移民源源涌入,将可能使老移民中非技术工人工资下降超过 10 个百分点,使老移民中的技术工人减薪达 20 个百分点。因此,

---

① 钱皓:《美国移民大辩论历史透视》,《世界历史》2001 年第 1 期。

外来移民对高收入国家的不利影响,在一定程度上成为外来移民自相竞争的"内部事务"。[①] 有鉴于此,虽然同为外来移民,却因为自身地位、利益的分化,而构成不同利益集团的群众基础,对国际移民政策持不同立场。

总之,全球化时代不同生产要素的不同权力格局,形成掌握不同生产要素的不同群体之间的差异。大资本依靠海外市场、海外廉价劳工及引入廉价移民工人而力量倍增,本土工人阶级则因为移民劳动力的竞争而利益受到威胁。于是,在资本主义民主政治的时代格局中,围绕着国际移民政策的利益博弈,就出现了资本与潜在移民工人的结盟,形成了本国工人与移民工人的对立,甚至还有移民工人内部"老移民工人"与"新移民工人"的对立。如此超越传统阶级界线的政治运作,使得国际移民政策问题因具有特殊的政治内涵而值得深入探究。

二、利益集团运作与国际移民政策

在资本主义民主政治框架内,利益集团能否对公共政策施加影响力,至少受到以下六方面因素的左右。[②]

第一,利益集团自身的规模以及动员组织强大社会力量的可能性。在其他条件相似的情况下,一个人数众多的团体自然比一个人少势弱的团体更具影响力。在争取权益的运动中,如果一个团体虽然自身规模力量有限,但具有吸引广大群众的动员能力或组织网络,就可能大大提升其影响力;或者,若干具有相似利益诉求的团体,虽然可能从出发点到阶级立场都有所不同,却可能在特定时刻因特定目标而携手合作。在围绕国际移民政策制定

---

① 关于世界银行评估报告的详细内容与分析,请参阅本书第二章第一节。

② 陈振明主编的《政治学:概念、理论和方法》第九章"利益集团"中,提出了"制约利益集团影响力大小"的六个主要因素,包括:集团的人数,成员的社会地位,成员的团结性,领导的才能与技巧,游说或其他活动的技术,团体的立场与社会主流思想的符合程度。美国学者帕特里克·J. 亨尼(Patrick J. Heney)和沃尔特·凡德布鲁斯(Walt Vanderbush)在《美国外交政策中族群利益集团的作用:以美国古巴民族基金会为例》(The Role of Ethnic Interest Groups in U.S. Foreign Policy: The Case of the Cuban American National Foundation)一文中,归纳总结了影响族群利益集团影响力的七大因素,包括:团体的力量;成员的团结性、社会地位及投票的参与度;影响公众舆论的途径与能力;利益集团立场与主流思想的吻合或接近度;反抗的能力;对政府进行渗透影响的路径与可能性;与政策制定者之间能否达成相互支持的关系(International Studies Quarterly, Vol. 43, 1999, pp. 344~345.)。本书参考以上观点,并结合与移民政策相关之利益集团的构成与运作进行分析。

与实施的问题上,前文提及的拥有经济资源的企业主与拥有人力资源的潜在移民工人的结盟,即为例证之一。

第二,利益集团领导和主要成员的社会地位。俗话说,人微言轻。反之,如果一个团体的主要成员拥有较高的社会地位,就比较有可能与政府决策层实现直接对话,其所伸张的要求,也比较能够吸引媒体报道,得到社会关注,获得公众舆论支持,从而成为强化对国会或议会影响力的有效砝码,这是资本主义民主政治运作中的重要环节。在涉及国际移民政策的游说活动中,由于外来移民大多缺乏在移入国的社会资本,因此,往往只能由一些非政府组织的著名社会活动家或人权领袖,前来充当外来移民(有时还包括非正规移民)利益的代言人,即为明证。

第三,利益集团的凝聚力。稳定的利益集团往往需要通过强化组织,规范章程,确立领导管理体系,并通过教育活动提高成员对本团体的认同感,从而增强本团体的凝聚力。然而,许多利益集团可能是围绕某一特定事件或政策制定的短暂组合,因此,群体成员的一致性不可能通过严格的章程或制度进行约束,而必须靠"共同利益"进行征集与维系,靠组织大规模活动时所使用口号的号召力,靠组织联系网络的广泛性和有效性提高影响力。在涉及移民政策的问题上,移民族裔群体的力量,是相关利益集团在运作时十分注意借重的力量。美国近年来的移民政策改革中,以墨西哥移民为主的拉美裔族群力量增长迅速,成为自由主义移民政策支持者着重争取的对象。在法国,如何争取来自北非的穆斯林移民的支持,是法国两派政治势力在争取选票时都必须小心制定的策略。在德国,面对 400 万来自土耳其的移民及其后裔,德国各利益集团在制定政策或组织行动时也必须顾及土耳其族裔的心理感受及可能形成的连锁反应。

第四,利益集团领导者的能力。利益集团领导人无疑是各自团体的核心人物,是行动的主要策划者,因此,他们的个人品质、知识才能、领导能力、人际关系、领导风格,对所领导之利益集团能否达到预期目的,有着至关重要的影响。作为利益集团的领导人,必须具备在民主框架内进行政治运作的专业知识与技能,需要有传递信息的必要渠道,掌握在恰当时候使用恰当手段的技巧,或引诱或逼迫政府决策者做出有利于本群体的决策。就围绕移民政策的利益集团而言,无论其是支持还是反对外来移民,都需要了解移民及移民文化,而且还应当具备与异国异族移民进行跨文化沟通的能力。

第五,利益集团进行游说或组织活动的技术与途径。资本主义民主政治框架显示出议政渠道的多元化,任何利益集团想要维护自身的利益,必须想方设法参与政治活动,影响政府决策,以使国家决策于己有利。利益集团为了重要的政治目的,势必竭尽所能。组织院外游说是利益集团最常用的平和的影响手段,以恰当的方式提供经济支持是施加影响的有效方式,在大选的关键时刻运用本利益集团手中的选票"说话"也是影响决策层的重要途径。此外,借用民众力量,组织一定规模的集会、游行、示威,乃至发动罢工、罢市、罢课,以影响公共决策的方向和公共权力的运用,也屡见不鲜。法国历次移民政策修订的关键时刻,几乎都在相关利益集团领袖的发动与组织下,发生大大小小的公开集会或游行示威,尤其是"具有巴黎抗议特色"的占领教堂行动。例如,1996 年法国政府实施非法移民有条件合法化的消息传出后,一批无证黑人移民随即于 8 月占据了他们在巴黎聚居区的教堂,几十位无证件华人也占据了巴黎华人聚居的 13 区教堂,举行抗议示威活动,要求法国政府给予合法身份。2000 年 6 月,当法国又一次对非法移民实施合法化行动进行时,数以万计的无证者举行了席卷巴黎、里昂等城市的大游行,来自中国的一批无证移民占据巴黎的圣玛丽教堂,要求身份合法化。2008 年 2 月,再度有大约 3000 名无证移民在巴黎的"美丽城"(Belleville)一带举行抗议示威活动,要求让所有无证者合法化。这些以无证移民为主举行的大规模抗议行动的背后推手,主要是法国无疆界教育组织、反对选择性移民联盟、巴黎无证者协调联盟等一批社团组织及相关机构。

第六,利益集团的立场与同一时期社会主流思想的吻合度,利益集团的要求是否与政策制定者存在相互利用、相互支持的关系。利益集团的立场如果与社会主流思想吻合或接近,就比较能够获得社会大众的理解与支持,从而提高影响力;如果利益集团所追求的是政府同样感兴趣并有意付诸实施的政策,那么,利益集团的成功及效度就可能大大提高。因此,利益集团与政府决策层和公共权力掌握者之间的关系往往又分又合。然而,"社会主流思想"并不是绝对的,往往会因时因势而具有一定的相对性。例如,维护民族国家利益,尊重人权平等,帮扶贫弱群体,都是人类社会的基本原则,也是发达国家大多数民众的共识,是社会的主流思想。然而,在事关国际移民政策的问题上,以上基本原则之间恰恰可能产生冲突:在单一民族国家利益与全人类共同平等幸福之间,矛盾显而易见。

当代资本主义民主政治的普遍趋势之一是利益集团政治的多元化发展,利益集团数量大幅增加,不同利益集团之间你争我夺,这一切既可能对垄断性权力形成制约,同时又可能因政治权力日趋分散,导致与民主意愿背道而驰的两个结果:一是由于利益集团力量分散,公共权力的掌控者实际上握有更大的权力;另一种可能则是经济强势的跨国资本集团更有可能在政治上拥有相对优势,从而更具备取得主导权的实力,为自己争得更多的利益。在民主旗号下形成并不断发展的利益集团政治,有可能最后与民主初衷背道而驰。

第三节　民主机制与移民抗争

移民政策的制定与实施,与外来移民的生存、发展息息相关,因此,利用发达国家资本主义民主机制的合法途径,为争取自身最大权益而进行合法抗争,长期贯穿发达国家移民历程之始终。移民的政治行动,从分散的个体行为到有组织、有目标的集体抗争,从不满、抱怨、申诉到罢工、罢市等大张旗鼓的压力运动,从运用"弱者的武器"①到拿着手中的选票说话,利益集团与外来移民在不同程度与领域内的结合与抗争,是相关国家国际移民政策制定与实施中不可忽视的重要因素。

美国既是世界上首屈一指的移民大国,又是实行资本主义民主政体的国家,本节以美国为例,剖析移民与民主政治的关系如何影响国际移民政策的制定与实施。

一、移民选票与选举政治

在美国,自从20世纪60年代民权运动之后,反对种族歧视的民主进程获得重大进展,美国成为当代国家体制中确立成年公民"一人一票"民主政治的代表性国家。美国的选举政治发展到今天,已经形成了高度发达的竞选机制,所谓"选票是美国政党的生命",其所反映的就是现代执政党越来越

---

① 美国著名政治人类学家斯科特基于对东南亚农民反抗实践的调查,提出了著名的学术概念——"弱者的武器"(weapons of the weak),指处于弱势地位的农民在权力极不公平的环境中,公开地以违规行为(如:偷懒怠工、装傻卖呆、小偷小摸、无事生非等),来表达弱者对社会游戏规则的不合作(James C. Scott, *Weapons of the Weak: Everyday Forms of Peasant Resistance*, New Haven: Yale University Press, 1985)。

注重通过胜选显示自身权力来源的合法性,而四年一度的"选战"也因此渗透到美国社会生活的方方面面。由于两大政党及其候选人的命运基本取决于选票,在竞选时,两党为争夺民众拉选票,不得不竞相提出符合选民利益的政策主张。因此,每逢大选开场,就成为不同利益团体最为活跃的时刻,他们或为某一候选人助选拉票,或对某一政策主张进行抗议、游说,无论红脸白脸,其根本目的都是力图对可能上台当政之政党及其政要施加影响。

美国作为世界上首屈一指的移民大国,其移民政策与选举政治的关系,在当今资本主义民主机制中表现得可谓淋漓尽致。外来移民通过参与美国选举政治而力图发挥作用,至少表现在以下三个方面。

其一,自 20 世纪 70 年代以来,外来移民总量及其在美国总人口中所占比例节节攀升,形成不容低估的潜在票源。根据美国移民研究中心(Center for Immigration Studies)提供的研究报告,从 19 世纪末到 20 世纪初,外来移民在美国总人口中所占比例最高曾经达到 14.7%。不过,从 20 世纪 20 年代到 20 世纪中叶,移民人口从总量到相对比例都不断下降,并且在 20 世纪 60—70 年代形成一个明显低谷,外来移民在总人口中的比例仅为 5% 左右,最低时仅为 4.7%。然而,进入 80 年代以后,外来移民人口重新攀升,尤其进入 21 世纪之后,移民总量突破 3000 万,占总人口比例突破 10%。2007 年底的统计显示,全美外来移民总人数已经达到 3790 万,相对比例高达总人口的 12.6%(详见图 3-6)。而且,在受到外来移民青睐的地区,移民在人口中所占比例更高。例如,在加利福尼亚,第一代移民在总人口中的比例达 27.6%,如果再加上第一代移民移居美国后才生育的未成年子女,则相应比例更上升至 37.9%,在纽约州,相应比例分别为 21.6% 和 27.9%,在墨西哥移民集中的佛罗里达州,相应比例为 19.1% 和 23.8%。① 2000 年布什在竞选美国总统时,其竞选团队核心人物卡尔·罗夫就曾经特别强调移民政策与移民票源关联的重要性。他指出:即使非法移民没有投票权,他们在美国

---

① Steven A. Camarota,"Immigrants in the United States,2007:A profile of America's Foreign-Born Population",美国移民研究中心网站研究报告,2007 年发布(Center for Immigration Studies,http://www.cis.org/immigrants_profile_2007)。

出生长大的子女最终会加入选民行列,因此,这是一部分不可忽视的重要
票源。①

百万人/%

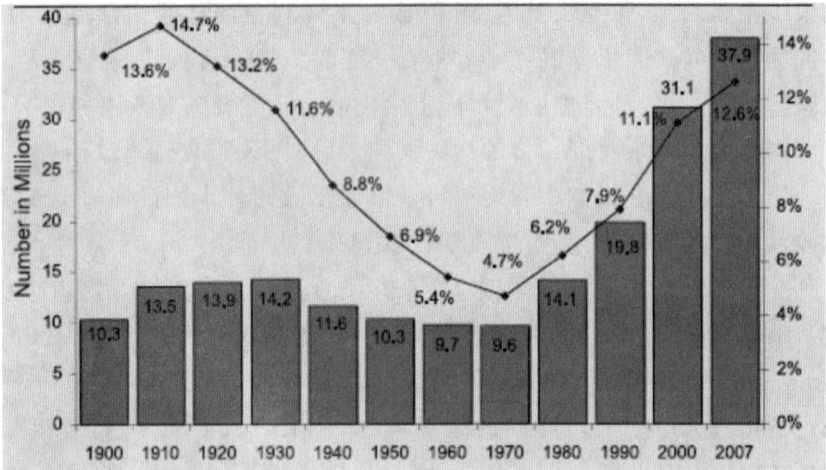

图 3-6　美国移民人口总数及其在总人口中所占比例(1900—2007 年)

资料来源:Steven A. Camarota, Immigrants in the United States, 2007: A Profile of A-
merica's Foreign-Born Population, 美国移民研究中心网站研究报告,2007 年发布(Center
for Immigration Studies, http://www. cis. org/immigrants_profile_2007)。

　　其二,美国移民入籍比例随移民总量增加而上升,新移民入籍意愿和参
政意愿均明显增强。美国政策规定,凡取得美国永久居留权(绿卡)资格五
年以上,并已满 18 岁的人士,均可经过移民局向联邦法院申请成为美国公
民。因此,自 20 世纪 80 年代以来正式移居美国的外来移民中,入籍美国的
人数也相应增加。根据美国移民政策中心(Immigration Policy Center)2008
年公布的统计数据,外国移民中业已入籍美国的适龄选民占全美选民人数
的 7.3%。在全美 51 个州和直辖特区中,具有移民背景的选民比例高于全
美平均数的有 11 个州,其中比例超过 10%的有五个州:加利福尼亚州比例
最高,达19.4%,余下依次为:纽约 15.9%,新泽西 14.9%,夏威夷 13.4%,

――――――――――

　　①　根据美国1971 年通过的宪法修正案,凡年满 18 岁和 18 岁以上的公民都拥有选举
权,但各州还有一些地方性的补充规定。例如,有 6 个州的法律规定选民必须拥有财产;有
12 个州规定乞丐、流浪者、受济贫院抚养的人没有选举权;19 个州对选举人的文化水平有一
定限制;大多数州都规定选民必须在本州居住一定期限后,方能在本州投票。

佛罗里达12.0％。①而且,随着平等、人权理念越来越深入人心,新一代移民的政治诉求、政治参与意识均明显增强,因此,入籍移民的投票率也呈现不断上升的大趋势。美国官方统计数字显示,以 2004 年总统大选为例,欧裔白人的投票登记率为 75.1％,非洲裔的登记率为 68.6％,西班牙语裔为 57.9％,亚裔最低,但也超过了一半,达 52.5％。舆论普遍认为,美国 2008 年总统大选的投票率达到新高,其中尤以移民投票率提升明显。美国亚太法律中心就 2008 年大选投票率的调查结果显示,是年参与投票的亚裔选民中,有 26％的亚裔选民是首次投票,而在华裔中,首次投票者达 36％。② 由于美国总统大选实行的是体现州权平等原则的州选制,即某一总统候选人在一个州的选举中获得多数,他就拥有这个州的全部总统"选举人"票。因此,在那些移民高度集中的选举州,移民手中的选票对于本州"选举人"票之归属所具有的重要影响不言而喻;然而,在那些移民比例相对较低,但两党势均力敌的地区,移民选票的归属也同样令竞选人不能掉以轻心。近年来,美国政要在竞选时,都要到不同族群的聚居地拉票,显示其对不同族裔的亲和力。数以百万计手中握有选票的美国外来移民及其后裔,促使美国大选时所有候选人的竞选团队,都必须认真考察当地民众对于移民、移民政策的基本态度。

其三,美国移民与选举关系的另一个特点是随着拉美裔移民及其选民比例上升,直接影响到美国历届竞选人都特别重视与拉美移民相关的政策取向。自 20 世纪 80 年代以来,以墨西哥和古巴移民为主构成的"拉美裔"或"西班牙语裔"族群无论在人口总数或相对比例上,都呈直线上升趋势:1980 年之前,拉美裔移民在入境美国的总移民人口中占 43.7％,80 年代上升到 56.6％,90 年代57.3％,进入 21 世纪后再上升到 58.7％(详见表3-4)。换言之,在全美约 3 亿人口中,拉美裔接近总人口的 15％,其中 2/3 集中在加利福尼亚、佛罗里达、纽约等九个州。因此,竞选人在拉票的时候,一般都会特别注重涉及拉美裔移民的相关政策。

---

① 根据美国移民政策中心(Immigration Policy Center,IPC)提供的数据整理(http://www. immigrationpolicy. org/index. php? content＝pr0608)。

② 《出口民调显示洛杉矶华裔七成五投票支持奥巴马》,中国新闻网 2008 年 11 月 8 日 (http://www. chinanews. com. cn/hr/mzhrxw/news/2008/11-08/1442210. shtml)。

表 3-4　移民来源地与入境美国年份

单位:万人

来源地 \ 类别	在移民总数中比例	移民总人数	入　境　年　份				2000 年后移民比例
			1980 年之前	1980—1989	1990—1999	2000—2007	
拉丁美洲	54.6%	2037.2	344.3	444.2	646.7	601.5	58.7%
墨西哥	31.3%	1167.1	178.8	240.8	389.0	358.3	34.9%
加勒比	9.1%	337.9	88.6	75.2	96.0	78.1	7.6%
南美	7.3%	272.5	49.2	58.5	85.2	79.6	7.8%
中美	7.0%	259.7	27.4	69.7	76.5	85.5	8.3%
东亚与东南亚	17.6%	655.8	123.3	172.0	192.2	168.2	16.4%
欧洲	12.5%	464.6	200.7	53.8	118.7	91.4	8.9%
南亚	5.5%	204.4	24.9	38.8	68.0	72.7	7.1%
中东	3.5%	131.0	34.4	39.8	32.4	24.4	2.4%
撒哈拉非洲	2.8%	103.0	13.0	15.5	34.9	39.6	3.9%
加拿大	1.9%	69.9	30.9	9.0	18.4	11.6	1.1%
其他地区	1.7%	62.1	15.8	12.2	18.0	16.1	1.6%
总计	100.0%	3728.0	787.3	785.3	1129.3	1025.5*	100.0%

* 原统计数为 1025.8,经核实原统计有误,现更正为 1025.5。

资料来源:Steven A. Camarota, Immigrants in the United States, 2007: A Profile of America's Foreign-Born Population, 美国移民研究中心网站研究报告,2007 年发布(Center for Immigration Studies, http://www. cis. org/immigrants_profile_2007)。

　　从表 3-4 可以清楚地看到,自 20 世纪末叶以来,拉美裔移民数量直线攀升,而且,每年还有大约 40 万在美国出生的拉美裔达到选民的年龄标准而享有选举权,[1]当共和党的布什竞选 2000 年美国总统时,为了争取迅速增加的拉美裔选民的支持,他不但用"结结巴巴的西班牙语"与拉美裔选民套近乎,而且,包括布什弟弟能够操一口流利的西班牙语、布什的弟媳妇是拉美裔,也被用来进行大选的宣传。当 2004 年大选紧锣密鼓之际,布什为竞选总统连任,特地提出了"移民政策改革方案",允许非法移民临时在美国合法工作,享受各项福利。此举果然受到不少拉美裔,甚至不少拉美裔民主党人的欢迎。然而,布什的竞选对手克里以布什未能在执政期间实现其竞选时

————————

　　①　姬虹:《美国拉美裔的选举投票倾向》,《中国社会科学院院报》2008 年 4 月 15 日。

对拉美裔选民的承诺为由,在公开演讲中多次严厉指责布什口是心非:"布什上任以来,更多的拉美裔家庭陷入了贫困,失业的拉美裔人数增加了16%,白人与拉美裔之间拥有住房的差距拉大了7%。拉美裔选民有理由提出疑问:布什为什么隔了4年才想起对他们的承诺?"竞选双方的唇枪舌剑,最终以布什的胜利告终。尽管布什得以胜选连任总统有多重原因,但在争取拉美裔选票上的成功举措,无疑是重要因素之一。有分析指出,在此次大选中,布什创纪录地获得了拉美裔选民45%的支持率,这是一个历史性的进展,尤其是在拉美裔集中的新墨西哥、内华达、爱荷华等几个州,布什能够成功地争得拉美裔的支持,是决定大选结果的最直接因素。《休斯敦纪事报》的分析指出:如果布什当初在新墨西哥和内华达州竞选时没有展开那些针对拉美裔选民的拉票活动,以及最后以毫厘之差赢得爱荷华,布什可能早就输掉了大选。[①]

2008年,当美国又一轮总统选举拉开序幕时,全美拉美裔选民总人数已经上升到1180万,[②]争取拉美票源再度成为各竞选团队的重要议题。在第一轮初选时,各候选人就纷纷争打"拉美牌":共和党总统竞选人、前马萨诸塞州州长米特·罗姆尼在佛罗里达州雇用了拉美裔的竞选顾问;民主党人希拉里·克林顿在游说拉美裔选民时,以承诺共同实现"美国梦"而争取支持;新墨西哥州州长、民主党人比尔·理查森直接打出"拉美裔美国人"的身份;民主党参选人约翰·爱德华兹的竞选网站不仅开辟西班牙文版,还设计了一句西班牙语竞选口号:"明天从今天开始";而最终在选举中大获全胜的奥巴马则特地请来一位墨西哥裔美国人为其创立网站"奥巴马的朋友",专门用来与拉美裔美国人加强联系。

2008年大选中另一引人注目的现象是,许多没有选举权的外来移民,也积极投入助选运动。媒体报道显示,在外来移民聚居的佛罗里达、加利福尼亚等地区,好些合法入境但尚未取得美国国籍的移民,甚至一些自身仍处于无证生存状态的移民,都积极充当了助选志愿者。他们有的支持奥巴马,有的支持麦凯恩,为了给自己支持的候选人拉票,他们不辞辛苦地挨家挨户敲门,或一次次地打电话、发传单,做宣传。针对移民没有投票权却也积极参

---

① 《美学者:布什新任期移民改革难有进展》,《华盛顿观察》2004年第43期。

② James G. Gimpel, Latino Voting in the 2008 Election: Part of a Broader Electoral Movement,美国移民研究中心网站(Center for Immigration Studies, http://www.cis.org/articles/2009/back109.pdf)。

与竞选这一现象,"印裔移民支持麦凯恩"组织的全国主管普塔解释说:"很多人都希望某天真能为自己的候选人投下一票。虽然现在还不行,但他们依然希望参与其中,因为这样会想象自己成为了美国政治的一部分。"①

关于 2008 年美国总统大选中移民族群选票的作用,已经吸引了从新闻媒体到学术界的关注。《华尔街日报》在投票结果公布之前的分析报告认为:拉美裔选民的投票倾向,是决定哪位候选人会在新墨西哥、内华达和科罗拉多等"摇摆州"赢得选举的关键。美国国务院国际信息局(IIP)《美国参考》载文指出:占美国总人口 14% 的非洲裔因奥巴马成为总统候选人而感到振奋,因而积极参加预选和初选的人数之多,为历史上所罕见。美国人口学家、布鲁金斯学会高级研究员威廉·弗雷(William Frey)指出:2000—2008年美国总人口的增长中,拉美裔的增长占一半以上。虽然拉美裔的投票率较低,但是,弗雷注意到,在那些共和、民主两党势均力敌的州,例如科罗拉多州、佛罗里达州和弗吉尼亚州,恰恰是少数族裔人口迅速增长的地区,尤其是拉美裔增长迅速的地区,因此,以拉美裔为代表的少数族裔选民的选举倾向,在这几个州具有举足轻重的作用。② 美国相关机构关于 2008 年选举结果的分析表明,奥巴马获得了拉美裔选民 67% 的选票,尤其是票源在两个候选人之间"摇摆不定"的那些州,高达 72.3% 的拉美裔选民将手中的选票投给了奥巴马,而这些州的非拉美裔选民中,投给奥巴马的选票比例则低得多,仅有 58%。③

英国学者德鲁克在分析外来移民对美国选举的政治影响时,曾经尖锐指出,围绕移民政策的争论与利益冲突,已经搅乱了美国原先政治力量的组合。美国未来的民主党总统候选人,将不得不在以下两种可能中进行选择:或是通过反对移民以获得工会选票,或是支持移民以获得拉丁美洲人以及其他新来者的选票。而美国未来的共和党总统候选人,同样也将面临两难

---

① 《没权投票也无妨 美外来移民积极为候选人拉票》,《中国日报》"环球在线",2008 年 11 月 1 日(http://www.chinadaily.com.cn/hqgj/2008-11/01/content_7163975.htm)。

② Ralph Dannheisser, Obama, McCain Compete in Wooling Hispanic Voters: Hispanics' Growing Numbers Influence could be Decisive in a Close Election, 美国政府网站(http://www.america.gov/st/elections08-english/2008/August/20080819181648rressiehnnad0.1129267.html)。

③ James G. Gimpel, Latino Voting in the 2008 Election: Part of a Broader Electoral Movement,美国移民研究中心网站(Center for Immigration Studies, http://www.cis.org/articles/2009/back109.pdf)。

选择：或是支持移民而得到那些需要廉价劳动力的企业主的支持，或是站在反移民的立场上争取白人中产阶级的选票。①

显然，当外来移民形成一定规模之后，利用手中的选票，甚至通过参与志愿活动协助拉票，影响竞选人做出对本利益集团有益的承诺，业已成为美国民主政治舞台上的重要动向，是移民政治学需要进一步深入研究的重要课题。

二、移民抗争与政客弄权

总统竞选团队及各级政要对移民票源的重视，自然也激发与移民和移民政策相关的各利益集团利用不同手段，发出自己的声音，吸引政界关注。然而，同样需要指出的是，选举政治中常见的现象是，竞选承诺与胜选后的政策制定与实施并不一定相互吻合，甚至可能南辕北辙。因此，各利益集团除了利用选举时机提要求、加压力之外，还利用资本主义民主机制允许的范围，开展长期的院外活动，宣传游说，直至罢工、罢市、罢课，举行公开的示威抗议游行活动。移民群体的多方抗争与各级政客的权术操纵，不但影响国际移民政策的走向，而且是当今资本主义民主机制框架内又一发人深省的政治博弈现象。

如前所述，布什在竞选时，曾为争取拉美裔的选票而承诺将大赦墨西哥非法移民，并向墨西哥开放所谓"客工"市场。当布什如愿登上总统宝座后，倒也确实将移民政策改革列为其执政期间的重点方略之一。2001 年 7 月，在总统授意之下，当时的国务卿鲍威尔和司法部长阿什克罗夫特在一份关于美国边境安全和移民问题的草案中，提出了给予美国境内墨西哥裔非法移民逐步身份合法化的计划。该提案一经披露，即刻在全美及相邻的墨西哥引起截然不同的强烈反响。美国境内的墨西哥非法移民及其亲属自然欢欣鼓舞，连墨西哥总统福克斯也在第一时间对这一计划表示热烈欢迎。② 然而，与此同时，美国从政界到民间众多人士却对该方案提出强烈批评：一是认为如此政策无异于鼓励更多非法移民违法进入美国；二是指责布什政府此举刻意偏袒墨西哥移民，是对民权运动后确立的对不同种族移民一视同

---

① 彼得·德鲁克著，张达文译：《移民将成热点问题》，《国外社会科学文摘》2002 年第 1 期。

② 墨西哥总统福克斯自 2000 年就职之后，就一直强烈要求美国给予在其境内非法生活工作的墨西哥移民以基本合法权益。

仁原则的背叛。

当美国参众两院对 2001 年移民改革法案众说纷纭,争论不休时,震惊世界的"9·11"事件令形势突变,外来移民与恐怖威胁搅成一团,移民政策也从美国的经济、社会问题,被迅速提升到国家安全的高度。在一切服从于国家安全的最高原则下,移民政策明显趋向紧缩与严控。2005 年 12 月,在加强美国国家安全的主旨下,美国众议院通过了第 4437 号法案:《2005 年边境保护、反恐与控制非法移民法案》,制定了一系列针对外来移民的苛刻法令。该法案的主要规定包括:无合法证件滞留美国移民的量刑标准,将由"民事违法"升级为"触犯联邦刑法"的犯罪行为,最高可判刑一年并予以强制遣返;雇佣非法移民的雇主将受到追加惩罚;为移民提供援助的相关机构包括教会都必须检查其所帮助对象的法律身份;为了阻止非法移民入境,需强化边境安全管理措施,将在美国与墨西哥边界建立一道长达 370 英里的隔离墙,并允许动用军队和地方执法力量来阻止非法移民流入;对于那些打击非法移民不力的国家,美国将削减对其相关援助。由于该法案鲜明的反移民特质,被美国媒体和民间简称为"反移民法令"。

"反移民法令"的出台激起了美国民间的强烈反弹,不同利益集团围绕支持与反对该法令展开激烈论争:支持者认为这有利于美国社会安全,反对者抗议这一法案违背人道人权。2006 年 3 月 7 日,数千民众走上美国首都华盛顿的街头,为劳工移民请命;3 天后,近 10 万人涌入芝加哥,再度为同一目的上街游行。当人们得知美国参议院计划在 2006 年 3 月 28 日对这项法案进行辩论时,反对该法案的利益集团联合成立了"3·25 同盟",号召在参议院举行辩论前的 3 月 25 日举行大游行。是日,仅在加利福尼亚州洛杉矶市一地,就有约 50 万人参加了示威游行。

面对席卷全美的大规模抗议行动,美国参议院在审议移民改革法案时,持不同意见的议员彼此均作出若干妥协,结果达成了一项新的、相对温和的 3 月 27 日议案。在这一新议案中,原先措辞强硬的将非法入境和逾期滞留定为重罪的地方,被减轻为"民事违法行为";同时加入了"以恰当方式接纳客工"的计划,以及在一定条件下给非法移民提供成为美国公民的机会等条款。同时,关于在美墨边界建立隔离墙的内容,也暂时被剔除。

然而,相关抗议行动并未就此打住。当参议院的新议案公布后,美国各地移民权益组织仍然继续串联,发动了更多大规模的系列抗议示威行动。2006 年 4 月 11 日,数十万移民走上街头,高呼:"要求大赦! 反对遣返!""我们是劳动者！不是罪犯！"接着，以全美拉美裔团体为主的抗议组织者，又大举号召全美移民在 5 月 1 日这天全面罢工、罢课和罢市，并举行"无移民日"大游行，以显示移民对社区的重要性，抗议美国国会辩论严苛的反移民法案。据美国有线电视新闻网等美国主流媒体报道及洛杉矶警察局估算，在洛杉矶，大约有 65 万人上街，芝加哥约 30 万人、科罗拉多州丹佛约 7.5 万人，在休斯敦有数千人，从纽约、华盛顿到旧金山、圣迭戈，以及内华达州拉斯维加斯、凤凰城等，各地都有相当多的民众加入了游行队伍，而游行示威组织则宣称全美有数百万人次参加游行，其中绝大多数是拉美裔墨西哥移民。他们挥舞星条旗，高举用西班牙语或英语书写的标语牌，高呼："反对严苛移民法！""反对在美墨边境修建隔离墙！""大赦非法移民！"其中有的标语牌更加入了用手中选票提出警告的内容："今天我们游行！明天我们投票！"

美国 2006 年的五一大游行，是自 20 世纪 60 年代民权运动之后在美国爆发的最大规模的群众运动，是外来移民在民主机制内进行抗争的最激烈手段。然而，值得注意的是，这一被媒体称为"抗议海啸"的大规模移民抗争运动，其结果却多少与移民抗争组织者和参加者的愿望背道而驰。因为，支持反移民法案的利益集团利用美国主流社会民众惧怕社会动乱的心理，借外来民族发动并参与的大规模群众运动可能引发的潜在威胁大做文章，渲染大游行中显示出来的异己影响力，强调乃至夸大移民和非法移民对美国国民社会福利的侵害，引起白人中产阶级的不满与恐慌，结果导致国会中反移民的保守势力获得更多支持，进一步壮大了强化移民执法的支持力度。

2006 年五一大游行之后两周，原本想借移民改革为自己加分的布什总统，在 2006 年 5 月 15 日发表的电视演说中，明确站到了反移民势力一方，提出加强美国边界管制的安全倡议，并向国会申请 19 亿美元的预算，用于修筑美墨边界隔离墙，并增派 6000 名国民警卫队加强边境防卫，阻止"入侵美国"的非法移民。

进入 2007 年，面对新一轮总统大选即将开始，总统布什又再度将他心仪的"移民政策改革"提上了参众两院的议事日程。此时，围绕移民政策改革问题，美国最高决策层出现了两个政策修订法案。

一个被称为"白宫版"，支持者以共和党参议员为主，基本内容包括：非法移民可申请为期 3 年的工作签证（Z 签证），并且可以交纳 3000 美元申请延期，延期次数不限；但是，如果要申请绿卡，申请人则必须返回自己的出生地，向那里的美国使领馆申请移民签证再返回美国，并且交纳 10000 美元罚款。申请来美临时工作的工人将持 Y 签证,此类临时工人不能带家属来美。

另一版本被称为"移民奋斗法案",主要支持者是一批众议院的民主党议员,他们指责"白宫版"法案的后果将导致移民家庭分裂,人为制造一个永远不能融入美国社会的"临时工底层阶级"。"移民奋斗法案"提出的基本原则是:2006 年 6 月 1 日前来美的非法移民如果要继续在美国生活工作,必须交纳 500 美元罚款,通过安全资格审查,证明自己有一项正当工作,懂英语,无犯罪记录,即可得到临时的工作证件;如果合法工作 6 年之后,再交纳 1500 美元罚款,就可申请绿卡或成为美国公民。该法案还提出:每年允许 10 万临时工进入美国,以填补那些美国人不愿从事的工作岗位的空缺。

如果对以上两个提案进行认真比较,可以发现其基本原则都是以满足企业主对外来廉价劳工的需求为主,因而有意对境内非法移民实施合法化,只不过在具体程序、实施条件上有所差异。然而,以即将开场的大选为潜在动因,基于不同的政治目的,参众两院对两个议案争议不休。经过多轮磋商后,布什政府终于在 2007 年 5 月 17 日出台了又一个被称为"协商版"的移民政策改革法案——《2007 年边界安全与移民改革法案》。该法案在保留满足企业对廉价劳工需求的基本原则之下,对以上两个版本做了若干调和,制订了一套雇佣临时工人的计划。值得注意的是,调整后的"协商版"突出的另一重要内容,是制订了有别于现行亲属移民制度的"计点制移民体系",对申请绿卡者的语言能力、工作经验与教育程度等制定了系列标准。

"协商版"移民法案虽然在总统布什的大力推动下隆重登场,但并没有能够如愿得到参众两院多数议员的支持。支持者以布什及自由派政要为主,虽然其所提出的正面理由集中于该法案能够在保障本国劳工利益的基础上,有步骤地解决美国劳工短缺问题;而"计点制"移民体系则有利于提高美国所接纳移民的素质。反对者则质疑,该法案等同于对非法移民的特赦,对合法移民不公,对美国社会造成新的隐患。工会代表认为临时劳工计划制造廉价劳工问题,雇主将有可能据此降低工资水准。

协商版法案在移民群体中的反映也十分强烈,并直接引发了新的分化。以墨西哥移民为主的拉美裔社群基本对新法案持有保留的欢迎态度,因为他们注意到布什总统在解读该法案时,提及为了实施全面的移民政策改革,必须解决美国境内约 1200 万名非法移民的身份问题,可以允许满足一定条件的非法移民申请美国公民身份。反之,在美国的华人族群内部,对新法案则表现出两种不同的态度:以家庭团聚为主要迁移途径的华人底层劳工移民坚决反对新法案,认为众多劳工移民帮助美国解决了劳工匮乏问题,但他们的家庭团聚却被设置了新的障碍,因而将可能长期承受骨肉分离之苦;反之,以留学生为主的知识移民群体,则对以计分制选择移民,提高移民素质的新举措无任欢迎。

在协商版移民法案审议期间,代表不同利益集团的议员们提出了 200多条修正案,不少针锋相对。例如,有的要求补充相应条款,增加非法移民取得为期 3 年工作签证(Z 签证)的难度;有的却指责如果增加难度就是"破坏整个法案的基本核心",因此不仅不能增加难度,而且还应当更加宽松。又如,在涉及亲属移民权益的问题上,有修正案提出让绿卡持有人的配偶及子女可依公民资格申请立即移民,不需排期等候;但另一方则以亲属移民增加社会福利负担,实际上是低素质移民的通道等为由,极力反对。为了能够在有限时间内尽快结束辩论并投票表决,200 多项修正案经过整理,缩减为27 条修正案,但仍然没能消弭分歧。

许多评论都指出该法案在布什任期接近尾声时强势出台的深层因素,即布什需要通过移民改革,确立任内的"重大建树",争得有效执政立法的声誉,为本党在下届大选争取更多的移民票源。而不同利益集团也都看到这是布什任内能否实施移民改革,及如何实施移民改革的最后机会,因此,支持和反对协商版移民法案的人马都铆足了劲,全力对议员进行游说,力图增加对本利益集团更为有利的条款。

2007 年 6 月 28 日,"协商版"移民政策改革法案正式提交参议院表决,结果以 46 票赞成、53 票反对,遭到否决。至此,两党议员均认为,此轮投票过后,美国政治即将被 2008 年总统大选所主导,布什希望在任内做出移民改革之重要建树的梦想,彻底终结。美国境内上千万非法移民虽几经抗争,还是失去了利用总统换届机会成为合法公民的机会。2008 年 12 月 2 日,即将离任的布什在接受 ABC 晚间新闻节目主持人查理·吉布森(Charlie Gibson)专访时说:其执政八年最大的遗憾之一就是未能通过综合性的移民改革法案。美国移民政策改革的接力棒,交到了新一任总统奥巴马的手中。

回顾美国在布什任期内围绕移民政策改革出现的曲折历程,可以看到以总统为代表的国家权力机构,如何运用手中掌握的行政权力,与不同利益集团周旋,斗智斗勇。

其一,在民主政治框架内,虽然民众可以利用手中选票,可以通过从游说到示威等不同方式,发出自己的呼声,表达自己的意愿,其对最高决策层的影响虽然不应低估,却远远不是万能的。在国家利益的旗号下,各类群体运动时常成为不同利益集团进行较量的砝码。前面提及的美国 2006 年移民五一大游行导致与移民运动组织者的愿望背道而驰的结果,就是移民抗争在政客权术争斗中被利用的例证之一。

其二,最高决策层在制定重要的公共政策时,必须能够超越不同利益集团的单边需求,方可能获得多数赞同而得以付诸实施。同时,为了能够掌控手中的权力,又往往通过不均等的利益分割使抗争力量分化而削弱影响。从布什执政期间先后多次出台的移民改革方案中可以看到,每一方案许诺给予诉求方的利益份额,总是大小不均等。例如,提出允许境内非法移民在一定条件下可以转换身份,同时将这一特许权首先给予墨西哥移民,由此,既获得这一增长最为迅速之移民团体的支持,又因为亚裔等其他非英语移民族群对于不能共享新政优惠心存不满,从而扩大了移民内部不同族裔的分裂鸿沟。又如,在提出有计划引入移民方案的同时,订立移民计分制令具有较高教育水准背景的移民群体看到移民的捷径,却令那些劳工移民感到失落与被歧视。总之,正是通过诸如此类在决策时切割蛋糕的不同方式,令利益集团的群众基础因所得不同而分化,而最高决策层也就得以更有效地在政治上掌控公共政策的走向。

其三,围绕移民政策的政治博弈中,支持与反对力量的分界既不完全是左派、右派对立,更不完全显现为民主党与共和党之争,而是与特定时期、特定利益相结合。布什执政后期提出的移民政策改革方案,就是逆本党大多数议员的意见而动,支持者中反而以民主党议员居多,说明利益博弈的复杂性。

总之,围绕国际移民政策制定与实施中不同利益集团的博弈,成为当今发达国家政治舞台上被反复演绎的热点。利益集团策动,外来移民抗争,本国政客弄权,广大善良民众在错综复杂的信息左右下无所适从,表面上的"群众运动"往往可以透视到背后"运动群众"的推手,其显性结果就是在一定程度上造成当今发达国家国际移民政策左右摇摆,在实际执行中则一而再、再而三地出现政策失灵之弊端。

第四章　多元文化与国际移民政策

多元文化主义的政治理念和国际移民流动、国际移民政策的制定与实施密切相关。在当今世界上，许多国家都越来越普遍地形成多元种族、多元文化比肩共存的现实生态。不同族群、不同文化可以和平共处，还是必然导致文明冲突？如何应对在某些地区业已潜在的或凸显的矛盾？什么才是民族国家应当奉行的正确的民族文化政策？诸如此类的问题，随着全球化时代国际移民流动数量、范围与影响不断拓展，越来越突出地显现其重要性，因而一直是众多仁人志士殚精竭虑孜孜求索的重要问题。

自 20 世纪 70 年代以来，澳大利亚、加拿大、法国等西方国家，曾经先后将"多元文化主义"的政治理念尊奉为国策，并成为本国移民政策的基本指导思想。多元文化政策实施初期，曾经在澳、加等国获得朝野一片赞美，以为是实现民族共荣的最佳良策。然而，进入 90 年代之后，来自左右两方面的批评之声，却不绝于耳。尤其是进入 21 世纪，先是发生了震惊世界的"9·11"事件，接着又相继在欧洲发生马德里、伦敦等多起伤亡惨重的恐怖袭击案，由是，多元文化主义从理念到政策，遭到空前尖锐的质疑与批判，围绕多元文化主义的争论从文化层面被提升到国家安全的高度。欧洲的荷兰、丹麦等国，已经明确放弃多元文化政策，转而强调国民在文化与认同上的一致性。

第一节　学术理念与治国方略

多元文化主义从缘起到进入治国方略，都与国际移民的流动、定居与发展息息相关。探讨当代国际移民政策的制定与实施,不能不追溯并反思多元文化主义从理念到政策的历史演变和内涵实质。

一、多元文化主义溯源

马克思主义国家学说明确指出,国家是阶级矛盾不可调和的产物和表现,国家的本质属性是它的阶级性。但是,近现代国家的发展历程,则至少还在三个层面上同时展示出其所具有的民族属性:国家不论在疆域范围或人口构成上大都显示出特定的民族属性,迄今为止国家总是代表和维护特定的民族利益,因而每个国家都对国民具有"一种天然的族性规约"。[①] 民族身份、阶级属性与政治认同、国家观念彼此交织,相互博弈,错综复杂,是当今世界几乎所有民族国家普遍存在的现象。

随着历史的发展,绝大多数国家的民族构成都是既拥有一个在人口比例上占据多数乃至绝对多数的主体民族,同时又有数个、数十个乃至上百个较小民族。中国的汉族人口占 90% 以上,同时还有 55 个少数民族;俄罗斯联邦的民族主体俄罗斯民族占总人口的约 80%,同时还有大约 160 个少数民族。[②] 即便是如同日本那样传统上被视为典型单一民族的国家,实际上除大和民族之外,不仅有大约 120 万生活在日本冲绳县的琉球族群,数万生活在北海道的阿依努族(旧称"虾夷人"),还有数十万业已入籍成为日本国民,但原籍为韩国、菲律宾、中国等不同国家的跨国移民。

另一个典型的民族国家是韩国。韩国在历史上是一个被公认为典型单一民族的国家,但近年来,随着韩国经济日益融入世界市场,尤其是韩国自身劳动力出现短缺,韩国外来人口数量已明显上升。据韩国媒体报道,2007年韩国的外国移民已经达到 100 万,占总人口的 2%,估计到 2030 年,将增加到占总人口的 7%。而且,估计在正式移民之外,在韩国务工的外国非正规移民工人还有大约 20 万。韩国必须认真考虑如何应对本国成为多元种

---

① 王希恩:《民族过程与国家》,甘肃人民出版社 1998 年版,第 293 页。

② A Great Number of Children in Russia Remain Highly Vulnerable, 1 *June* 2007. 联合国儿童基金会网站(*United Nations Children's Fund*,http://www.unicef.org/russia/media_6762.html)。

族社会的公共政策。①

显然,在全球化浪潮的冲击下,伴随着人口的高度流动性,不同民族、不同文化之间你中有我,我中有你,早已是当今世界各国司空见惯的社会现象。

民族的直接表象是具有民族特色的文化。如果说二战期间希特勒法西斯对异族人口灭绝人性的大屠杀之类的恶劣行径早已为人类社会所不齿的话,那么,如何应对一个民族国家内部多种不同民族、不同文化的延续与发展,多民族国家如何应对客观存在的多元文化,是当今世界几乎所有国家都需要严肃面对的重要问题。

"多元文化主义"(Multiculturalism)溯源于"文化多元论"(Cultural Pluralism),其理论渊源可以追溯到 20 世纪初美国学术界关于"熔炉论"(Theory of Melting Pot)的争论。

美国是一个移民国家。一方面,众多外来移民共同缔造了美国;另一方面,不同族群之间的竞争与矛盾贯穿美国历史之始终。因此,如何协调族群矛盾,一直是美国社会的重要问题。

一般认为,关于美国乃"种族熔炉"之说,可以一直追溯到 1782 年法裔美国人埃克托·圣约翰·克雷夫科尔(Hector St. John de Crevecoeur)出版的一本书信体文学作品《一位美国农夫的信件与 18 世纪的美国蓝图》(*Letters from an American Farmer and Sketches of Eighteenth-Century America*)。在这部作品中,作者首先提出了一个当时仍然困惑着"美国移民们"的问题:究竟何为"美国人"? 接着,作者以一位美国农夫的眼光描述了一个自由理想社会的蓝图,并借此回答了他所认为的"新美国人"的问题。他认为:美国人来自欧洲的英国、爱尔兰、法国、荷兰、德国、瑞典等不同国家,当他们历经艰辛踏上美洲大陆后,他们就不再是欧洲的某国人,甚至也不再是欧洲裔。他们所应当面对的,是将欧洲旧大陆的所有传统、偏见、习俗一概弃之脑后,热情地以全新的观念拥抱新大陆,接受新观念,认同新政权,并获得新的社会地位。在这片新大陆上,不同民族的个人全都在相互融合中而形成一个新的人种(a new race of men)。因此,什么是美国人? 美国人就是这样

① 《韩国时报》(*Korea Times*)2007 年 6 月 25 日,转引自:http://www.koanthro.or.kr/data/data/jg/50/EthnicityandMulticulturalisminAmerica% 20-% 20Edward% 20Chang.pdf。

一个新人种:他们原先散布于欧洲各地,但来到美洲大陆后却共同造就了迄今为止最完美的一种社会制度。①

且不论当年美国的社会制度究竟离"完美"有多么遥远,仅就克雷夫科尔所提出的"新美国人"而言,其所彰显的,无疑是当年前往美洲大陆拓荒先驱的理想与追求,是美国于 1776 年独立之后,迫切希望摆脱欧洲阴影、走上独立发展道路的写照。还值得注意的是,克雷夫科尔所列举的"不同民族",全都来自欧洲,全是白人,具有一定的同质性。因此,虽然在这最早的"美国人"想象中,并没有明确界定出一个掌握话语权的主体民族,但其"融合"的基础无疑有特定指向,那就是"以欧洲白人为主体"的潜台词。与此相关的一个例证是,1790 年通过的美国第一部"归化法案"即明文规定:有资格获得美国国籍的人,必须是"自由的白人"。②

随着历史的发展,当越来越多的非欧洲白人也移居到美洲大陆之后,"熔炉论"所具有的种族限制就一步步显现出来了。19 世纪美国著名的思想家、作家拉尔夫·沃尔多·爱默生(Ralph Waldo Emerson)曾在 1845 年的私人笔记中,明确以"熔炼炉"(Smelting Pot)一词描绘他的乌托邦理想。在他关于"美国人"的民族想象中,来自世界不同地区的白人和非白人,都将在美洲大陆上融为一体。然而,当来自大洋彼岸数以十万计的中国人登上美国大陆,加入到开发美国西部的劳动大军中时,美国社会上层的绝大多数白人,对这一"非我族类"的劳工群体却充满了歧视,认为中国人不具备与白人同等的权利。③ 爱默生虽然是一位崇尚人权、民主的思想家,却也没有能够超出其种族局限,他同样将"中国人"排斥在他所推崇的"熔炼炉"之外,对各种排华政策与言论持赞同态度。就在他去世后没几天,美国国会正式批准了《排华法案》(Exclusion of Chinese),公开对来自中国的移民设置具有明显歧视性质的种族性限制。

1908 年,从英国移居美国的犹太裔作家以色莱尔·赞格维尔(Israel

---

① 根据英文"维基百科"网页"熔炉"(melting pot)所援引的该书内容翻译、整理(http://en. wikipedia. org/wiki/Melting_pot)。

② 《美国法典》第一卷,转引自张庆松:《美国百年排华内幕》,上海人民出版社 1998 年版,第 7 页。

③ 根据历史记载,当美洲加利福尼亚发现金矿的消息传到大洋彼岸后,1848 年第一批中国人远渡重洋,登陆美国。在那之后的三四十年间,一批批中国人前往美国追求自己的金山梦,到 19 世纪 70 年代后期,在美国的华人人口已经超过 10 万人。

Zangwill)创作了戏剧《熔炉》(The Melting Pot),并在美国各地轮流上演,引起社会热烈反响。作者借剧中主人翁之口宣称:"美国是上帝的熔炉,伟大的熔炉! 所有来自欧洲的不同种族都将在这个熔炉中熔炼重生! 上帝正在铸造美国人!"当时的美国总统西奥多·罗斯福也被吸引前往观看演出,据说演出一结束,他就在包厢里连声高呼:"太好了! 太好了!"[①]总统与民众对该戏剧的高度认可,以及随之引发的关于"熔炉"的广泛讨论,使"熔炉论"真正在美国社会民众中广泛流行。

　　然而,美国真的是"民族的熔炉"吗? 进入 20 世纪之后,在源源不断进入美国的新移民中,非欧洲白人裔移民的相对比例明显上升,社会民族构成日趋复杂化,因此,"熔炉论"受到来自左右两方面的猛烈批评。右翼观点强调正统熔炉观,认为能够在美国这个"上帝的伟大熔炉中"熔炼重生为真正美国人的,只是信仰新教的欧洲白人(White Anglo Saxon Protestant, WASP),而那些来自亚洲的中、韩、日移民,那些来自拉美的西裔移民,则是不可融合的族群。

　　来自左翼的批评意见则强调社会文化的多元性,认为"熔炉论"所主张的"单一化"理念在哲学上是错误的,在现实中是行不通的。1909 年,美国著名的实用主义哲学家、心理学家威廉·詹姆士(William James)在《多元宇宙》(A Pluralistic Universe)一书中提出了"多元社会论"(plural society),认为哲学和社会人文主义的基石是多元主义,只有奉行多元主义,才能建设一个更美好、更平等的社会。[②]

　　1915 年,另一位犹太裔美国哲学家、哈佛大学教授霍勒斯·卡伦(Horace Kallen)进一步对"熔炉论"提出批评。他认为,文化差异与民族自尊是相辅相成的,保持民族的多样性,尊重种族和民族差异,只会更有利于美国国家的巩固。因为,个人与族群的关系取决于祖先、血缘和家族关系,是不可

---

　　① 《熔炉》的主角大卫是一位犹太青年音乐家,原居俄罗斯。在一场反犹大屠杀中,大卫自己死里逃生,来到美国,家人全都不幸丧生。大卫基于自己在美国的生活经历,创作了一部名为"熔炉"的交响乐,抒发他的美好理想:所有不同种族的人民,都能彼此相亲相爱,融为一体。大卫在美国爱上了一位美丽的俄罗斯姑娘微拉,她同时是一位基督徒。当大卫前去面见微拉的父亲时,竟意外发现他就是当年造成大卫全家丧生的那场大屠杀的指挥官。该剧的最后,在"熔炉"交响乐中,微拉的父亲忏悔了他的罪过,大卫和微拉高兴地相拥亲吻(根据英文"维基百科"网页"以色莱尔·赞格维尔"(Israel Zangwill)对该剧目的介绍进行编译(http://en. wikipedia. org/wiki/Israel_Zangwill)。

　　② William James, A Pluralistic Universe, University of Nebraska Press,1996.

分割、不可改变的。美国不仅在地理和行政上是一个联邦,而且也应该是各民族文化的联邦,美国的个人民主也应该意味着各族群的民主。1924 年,卡伦在《美国的文化与民主》(*Culture and Democracy in the United States*)一书中正式提出"文化多元主义"(Cultural Pluralism),他认为,在民主社会的框架内保持各族群的文化,将使美国文化更加丰富多彩。卡伦的理论提出后,很快引起学术界的关注。支持者认为,"文化多元主义"承认不同种族或社会集团之间享有保持"差别"的权利精神,与美国独立宣言和宪法序言中的平等思想是相互吻合的。

第一次世界大战加剧了美国的英裔美国人和德裔美国人之间的紧张关系,尤其是大战后期爆发的俄国十月革命,导致美国社会出现强烈排外的"红色恐怖"。在此大背景下,"熔炉论"被推向极致,要求所有外来移民都必须无条件、无保留地完全同化于美国社会,否则,就可能被指控对美国不忠而遭遇麻烦。因此,直至 20 世纪上半叶,虽然有关"文化多元主义"的争论在美国长期延续,但是,同时包括既强迫同化又无情排斥非欧裔白人种族之双重内涵的"熔炉论",仍然长期是美国政府移民治理政策的主导。

进入 20 世纪 60 年代,欧美民权运动蓬勃兴起,对传统权威提出了多方位的挑战。在美国,以黑人为主体的民权运动风起云涌,他们认为自己是美国主流社会必不可少的组成部分,理应享有与白人平等的政治、经济、文化权益。在加拿大,占全加人口四分之一、法语裔人口占 80% 以上的魁北克人要求民族权益的斗争日益白热化,甚至逐渐凸显民族分离倾向。在此伏彼起的民权运动中,关于"文化多元"的争论迅速走出书斋,成为引人注目的现实政治问题。

二、多元文化政策登场

进入 20 世纪 70 年代后,北美的加拿大和南太平洋上的澳大利亚两个移民国家,相继正式将多元文化主义引为国家执政纲领的指导原则,多元文化主义从书斋走向社会实践的大舞台。

第一个在世界上率先实施多元文化政策的国家是加拿大。20 世纪 60 年代,在加拿大魁北克地区的法裔社群中,要求让法语、法兰西文化传统享有与英语及不列颠文化传统同等权利的呼声十分强烈。面对英、法两大族裔之间民族文化矛盾日渐白热化的状况,加拿大政府组成"皇家双语双文化调查委员会"(Royal Commission on Bilingualism and Biculturalism),就是否应当制定"以英法文化为基础的双语双文化政策"进行全面调研。然而,该委员会的调查却发现,旨在促进英法两大族裔和平共处的"双语双文化"观念提出后,却遭遇到更多方面的批评:坚持主张以英语为唯一官方语言的一派认为,除了魁北克之外,其他地区法语族群微不足道,将双语定为国策不仅浪费公共资源,而且会进一步助长具有分裂倾向的"魁北克民族主义";强调法语重要性的人士则批评政府拟定推出的双语政策,可能导致法语文化被强势英语文化同化;与此同时,最为激烈的反对意见来自所谓"第三势力",即母语不是英语也不是法语的所有其他族群,他们在加拿大西部省份所占比例远远超过当地的法语族群,在他们看来,"英法双语政策"较之单一英语政策,对他们的排斥与打击更严重,因此坚决反对。

"皇家双语双文化调查委员会"在全面征求各方意见的基础上,向政府提交了新的报告,建议将"多元文化"融入原先的双语双文化政策。该项建议得到了加拿大政府的重视。1971 年 10 月 8 日,加拿大自由党领袖、时任加拿大总理的皮埃尔·特鲁多(Pierre Trudeau)在众议院发表关于多元文化的重要讲话。他提出,我们不主张消除文化差异,我们希望每个人都能在一个团结统一的加拿大国家中和平共处,因此,政府鼓励加拿大各民族在保持本族文化的前提下,彼此共享文化特色和价值观,使我们的社会更加丰富多彩。特鲁多总理正式宣布"将在双语框架内实施多元文化政策",并着手制定"多元文化法"(Multiculturalism Act)。次年,加拿大政府内阁增设"多元文化部长"(Multiculturalism Minister),具体制定展示各民族文化、研究各民族历史、推进各民族交流等六大规划,各级地方政府也设立"多元文化工作部",多元文化政策正式在全加付诸实施。各级政府均设立专项资金,用于资助各族裔群体的文化活动,建立不同族裔的文化活动中心。

特鲁多关于推广多元文化的一系列政策,遭到在野党的批评。进步保守党领袖马丁·布赖恩·马尔罗尼(Martin Brian Mulroney)指责特鲁多是为争取选票而作秀,违背了他自己在竞选时提出的在加拿大推行参与式民主,建立"公平社会"的基本原则。然而,有意思的是,在马尔罗尼于 1984 年赢得大选就任新一届加拿大总理后,不仅没有改变特鲁多在任时所推行的多元文化政策的基本原则,而且还有所拓展。在马尔罗尼任内,加拿大多元文化法于 1988 年 7 月 21 日正式得到皇室御准,完成国家立法的全部程序。"多元文化"被正式列入加拿大宪法《加拿大权利与自由宪章》的第 27 项条

款,规定"必须将本宪章置于多元文化语境中进行解释"。^①

加拿大一直以本国在世界上率先实施多元文化主义而深感自豪。继加拿大之后正式将多元文化主义理念引入国策的另一个国家是澳大利亚。

澳大利亚也是一个著名的移民国家,来自世界各地不同肤色、不同民族、不同文化背景的千百万移民,共同为澳大利亚的建设发展贡献了自己的力量,国际移民政策是澳大利亚的立国之本。然而,在历史上,自《1901年移民限制条令》(Immigration Restriction Act 1901)付诸实施之后,澳大利亚在长达半个多世纪的历史时期,仅对来自欧洲的白人裔移民敞开大门,对来自其他地区的非白人移民则实施严格限制,奉行不言自明的"白澳政策"(White Australia Policy)。

进入20世纪60年代后,波及欧美的大规模民权运动,同样对澳大利亚社会形成强烈冲击,"白澳政策"遭到进步人士的强烈批评。1970年,澳大利亚政府在决议中认可澳大利亚实际上已经成为一个"多元文化的国家"。1972年12月,澳大利亚激进的工党领袖高夫·惠特拉姆(Gough Whitlam)在竞选中获胜,组成新一届政府。

惠特拉姆工党政府的重要举措之一,就是正式宣布废除"白澳政策",实行民族平等的移民政策。惠特拉姆总理任命他的竞选伙伴、另一名激进的工党领导人艾尔·格拉斯比(Al Grassby)担任政府的移民部长。格拉斯比上任不久即出访加拿大,专门对加拿大正在推行的多元文化政策进行实地考察。格拉斯比回国后,以"一个朝向未来的多元文化社会"(A Multicultural Society for the Future)为题,阐述了澳大利亚新政府移民政策的基本原则。他指出:如果我们不建设一个多元文化主义的社会,那些"不说英语的移民"就会被排斥在社会之外,这不利于澳大利亚国家的发展。澳大利亚应当是"民族的大家庭",我们应当尊重所有移民带到澳大利亚的不同的文化,我们不仅不能抹杀他们的特性,而且应当认识到,移民们所带来的不同文化都是对澳大利亚的重要贡献。格拉斯比作为移民部长发表的这一政策性演讲,被认为是"多元文化主义"在澳大利亚成为移民政策指导的重要标志。

1976年澳大利亚自由党领袖马尔科姆·弗雷泽(Malcolm Fraser)赢得竞选,就任新一届澳大利亚总理。新一届自由党政府虽然与前一届工党政

---

① 该条款的英文原文是:Which requires the Charter to be interpreted in a multicultural context.

府在执政理念上存在诸多差异，但是，在多元文化政策上，却基本延续前一届政府的政策，并且进一步推动多元文化政策在澳大利亚全面实施。

弗雷泽政府按多元文化原则对政府移民部门进行了改组。前任惠特拉姆时期曾改组过移民部，将其主要职责限于教育、社会福利和住房，同时另外成立"劳动与移民部"，主管移民与劳动计划事务。弗雷泽政府再度对此设置进行改组，专门成立一个独立的"移民与民族事务部"，并组建了两个重要的咨询机构——澳大利亚民族事务委员会（the Australian Ethnic Affairs Council，AEAC）和澳大利亚人口与移民委员会（Australian Population and Immigration Council，APIC）。这两个咨询机构为推进多元文化政策的制定与实施，发挥了特殊作用。

澳大利亚民族事务委员会的首任主席是著名的左翼学者、政治活动家泽西·朱伯尔斯基（Jerzy Zubrzycki）。朱伯尔斯基原籍波兰，1955 年 12 月接受澳大利亚国立大学的聘请，从英国移民澳大利亚，担任社会学教授。朱伯尔斯基曾亲眼目睹第二次世界大战期间法西斯惨无人道的种族屠杀，本人多次死里逃生。战争期间的特殊经历，促使他成为坚定的左翼政治活动家。移民澳大利亚后，他积极投身澳大利亚民主政治建设。1977 年，在就任澳大利亚民族事务委员会主席时，朱伯尔斯基发表了热情洋溢的就职演说，他强调：无论委员会的成员们本身隶属于哪一个民族，我们的职责都是为全体澳大利亚人服务，澳大利亚的未来将是一个多语言、多种族、多文化的社会。他指出：为什么澳大利亚是一个成功的国家？就因为这片土地欢迎来自不同国家、不同民族的移民，因为所有移民都能够愉快地在这片国土上生活。[①] 朱伯尔斯基代表委员会负责起草了提案《一个多元文化的澳大利亚社会》（Australia as a Multicultural Society），第一次对澳大利亚的多元文化进行全面定义，指出澳大利亚多元文化社会应当遵循三个基本原则：维护社会团结，保持文化特性，坚持机会平等。由于朱伯尔斯基为传播多元文化主义，为多元文化政策在澳大利亚的制定、实施与全面推广作出过重要贡献，因此被誉为"澳大利亚政府多元文化政策之父"。

墨尔本著名律师弗兰克·加尔巴利（Frank Galbally）也对澳大利亚早

---

① 澳大利亚民族事务委员会主席朱伯尔斯基的英文讲话全文《建立多元文化的澳大利亚》（Making Multicultural Australia），原文详见：http://www. multiculturalaustralia. edu. au/doc/zubrzycki_3. pdf。

期多元文化政策实施作出重要贡献。1977 年,加尔巴利受命主持了一项大
型国家项目:"移民抵达后的相关规划与服务评估"(Review of Post-arrival
Programs and Services for Migrants),并就此提交了一份全面的报告:《移民
服务与规划》(Migrant Services and Programs)。在该份报告中,加尔巴利提
出了加强移民规划与服务的四项基本原则,即:所有移民都享有获得服务与
支持的平等机会;每个人都有权保留自己的文化,同时也应当尊重他人的文
化;既要制定适应移民需要的总体规划,又要有适应其特殊需求的个别计
划;所有规划和服务都应当征求服务对象的意见与要求。加尔巴利强调,多
元文化主义是实施以上所有规划的基本原则。加尔巴利在报告中还建议成
立一个专门的研究院进行多元文化政策研究,并对民众实施"多元文化主义
的全方位教育"。弗雷泽政府几乎全部采纳了加尔巴利报告的建议,包括于
1981 年正式成立了"澳大利亚多元文化事务研究院"(Australia Institute of
Multicultural Affairs)。

　　1982 年,前面提及的两大多元文化咨询机构合并成立"澳大利亚人口与
民族事务委员会"(Australian Council of Population and Ethnic Affairs),朱
伯尔斯基担任新委员会的主席,并被视为该委员会的灵魂人物。同年,该委
员会下属民族事务特别小组向政府提交了一份报告,题为"为全体澳大利亚
人的多元文化主义:我们正在发展中的国家观"(Multiculturalism for All
Australians: Our Developing Nationhood)。该报告将多元文化主义置于澳
大利亚发展中的国家观与国家认同的核心,并且在上面提及的多元文化三
项基本原则的基础上,增加了具有重要意义的第四项原则,即所有社会成员
都应当"平等参与社会事务,共同承担社会责任",使多元文化政策更趋
完善。

　　1983 年,澳大利亚工党领袖鲍勃·霍克(Bob Hawke)在新一轮大选中
获胜,以霍克总理为首组建的工党政府,同样是多元文化政策的积极推进
者。霍克任内在事关多元文化政策方面最重要的举措之一,就是于 1986 年
解散了"多元文化事务研究院",并于次年改组成立"多元文化事务办公室"
(Office of Multicultural Affairs)和"多元文化事务咨询委员会"(Advisory
Council on Multicultural Affairs),以法定的官方机构行使多元文化事务的
管理和咨询职能。多元文化事务办公室成为澳大利亚各级政府的常设机
构,负责回应澳大利亚各族群的要求,处理相关事务,并提供相关服务。

　　1989 年,应霍克总理要求,多元文化事务咨询委员会向政府提交了《一

个多元文化的澳大利亚的国家议程》（National Agenda for a Multicultural Australia）。该报告很快以政府的名义正式公布，成为多元文化政策的纲领性文件。该报告重申多元文化主义对于澳大利亚社会的主导性意义，进一步拓展多元文化的内涵，明确阐述多元文化政策的目标。该报告强调，多元文化主义旨在使所有澳大利亚人都在接受不同文化表征的前提下，维护澳大利亚社会的平等和谐与公平正义，澳大利亚多元文化的指向，是要实现多元文化主义与更广泛社会目标的相互结合。报告指出，仅仅提出建立一个多元文化的社会是不够的，政府必须采取切实有效的措施，以多元文化政策推动社会和谐，保障社会公平，确保所有人力资源能够最有效地用于为澳大利亚国家未来发展作出积极贡献。[①]

继霍克总理之后担任澳大利亚总理的是保罗·基廷（Paul Keating），他虽然基本延续前任政府的多元文化政策，但已有所调整，尤其是开始强调"统一国家认同"的重要性。1995 年，澳大利亚多元文化咨询委员会就多元文化政策进行新一轮评估后，提交了《多元文化的澳大利亚：朝向 2000 年之后的新步伐》（Multicultural Australia：The Next Steps towards and beyond 2000）。该报告的基调仍然强调澳大利亚是一个"包容的多元文化社会"，但较之既往不同的是，该报告突出强调"统一的国家认同"，并明确指出在历史上业已形成的"英格兰—爱尔兰文化"在澳大利亚国家文化中居于主导地位。基廷总理对此给予明确支持，并在公开场合反复加以强调。他认为，自由民主的价值观是澳大利亚多元文化政策的基础，在多元文化政策之下，一方面，每一位澳大利亚人无论其种族、社群、宗教、语言、性别或出生地有何差别，都享有平等的权利，另一方面，每一位澳大利亚人也都必须忠诚于澳大利亚，忠诚于国家的利益和未来，必须遵守澳大利亚的宪法与法律，遵守性别平等和言论宗教自由等基本原则，并接受英语为澳大利亚的官方语言。

总之，从 20 世纪 80 年代到 90 年代中期，是多元文化政策在澳大利亚全面推广的全盛时期。从弗雷泽（1976—1983 年）、霍克（1983—1991 年）到保罗·基廷（1991—1996 年）先后三位澳大利亚总理，都是多元文化政策的积极推行者和执行者。在此期间，澳大利亚形成了多元文化政策的组织制度

[①] 参阅 Brian Galligan & Winsome Roberts，Australian Multiculturalism：Its Rise and Demise. 该论文发表于 2003 年 9 月 29 日—10 月 1 日在澳大利亚塔斯马尼亚大学举行的"澳大利亚政治研究学会年会"。

基础,确立了为澳大利亚境内所有不同民族提供平等服务的基本原则,形成了全面推行多元文化政策的制度保证,建立健全了实施多元文化政策的组织架构。多元文化主义被确认为协调澳大利亚所有族群关系最合适的模式,是政府处理族群事务的指导性政策。

第二节　原则定义与正反论辩

大量人口跨境流动的直接后果之一,是越来越多西方大城市都呈现出所谓"文化马赛克结构"(Cultural Mosaic)。多元文化政策既是适应这一变化,同时也更凸显文化多元的社会与政治影响。换言之,众多外来移民推动相关政府实行认可差异的多元文化政策,而多元文化政策付诸实施后,则又进一步使马赛克文化结构更加凸显,更加多元。随着"多元文化"从学术理念转化为治国安邦的大政方针,围绕"多元文化"的争论也就在更为宽广的层面上展开了。

尽管当今世界上从东到西,对"多元文化主义"津津乐道者不乏其人,但其准确内涵究竟应当包含哪些内容? 其涵盖面究竟有多广? 尤其是在多元文化主义理念之下制定的多元文化政策,究竟是原则性的,还是工具性的? 是阶段性的,还是长期性的? 是局部性的,还是全局性的? 一直众说纷纭。进入 21 世纪,随着一系列恐怖事件的发生,关于多元文化主义的争论被提升到国家安全的高度,重新定位。

一、定义、内涵与影响

多元文化主义的定义与内涵存在狭义和广义的不同。就多元文化起源范畴而言,这是一个与外来异民族移民社群相关、针对一国之内与主流文化存在差异的"他者"文化的特殊理念与政策。

多元文化主义的基本原则是承认并促进文化的多样性。在现代社会,多元文化主义是对强调"文化同一性"的反叛,多元文化主义推崇并且保护文化的多样性,力图为曾经长期受到排斥破坏的原住民和外来移民文化提供支持,以改变少数族群文化与主流文化之间的不平等地位。[①]

在世界上率先倡导实施多元文化政策的加拿大和澳大利亚政府,都对多元文化做出过官方阐释。1971年,当加拿大政府率先实施多元文化政策时,总理特鲁多对多元文化的解释是:鼓励加拿大各民族在保持本族文化的前提下,彼此共享文化特色和价值观,使我们的社会更加丰富多彩。1978年,当澳大利亚移民部长在正式宣布澳大利亚为"多元文化社会"时,也曾就"多元文化"做过如下一番阐述:现在的澳大利亚是一个多元文化社会,我们都属于某一个种族,源于特殊的文化背景,因此,政府允许各移民族群保留自身的文化、语言、习俗和生活方式,鼓励人们维护自己的文化传统,鼓励人们学会欣赏彼此的差异。澳大利亚1983年正式公布的移民政策又进一步明文规定:移民将成为澳洲多元文化社会的一分子,成为多元民族的组成部分,移民既要融入澳洲的多元文化社会,又获得保留与传播其族群传统文化特色的充分机会。

在学术层面上,前面提及的被誉为"澳大利亚多元文化之父"的著名社会学家朱伯尔斯基,在1982年发表的著名的《为全体澳大利亚人的多元文化主义》报告中,对多元文化主义做出全面定义,指出:多元文化主义是澳大利亚正在发展与完善中的国家观与国家认同的核心,多元文化主义应当包含四项基本原则,即维护社会团结,保持文化特性,信守机会均等,平等参与社会事务的同时,共同承担社会责任。

在移民学的意义上,有西方学者总结了"多元文化主义"至少应当包含的四个基本点:第一,外来移民有权成为移入国的公民;第二,给予外来移民族群以平等的权益是政府义不容辞的职责;第三,具有不同文化特性的族群或个人有权要求得到尊重;第四,主流社会应当根据外来移民族群的特殊文化需求修订相关政策。总之,"多元文化"绝不仅局限于"文化",而是囊括了给予各民族政治、经济、社会、文化的平等权等多重内涵。[②]

联合国教科文组织也积极介入多元文化的理论探讨与政策实施。1995年,联合国教科文组织在澳大利亚召开了"全球文化多样性大会"(Global Cultural Diversity Conference)。该组织提交给大会的报告对"多元文化"内

---

① David Jary & Julia Jary, *Sociology*, Collins Dictionary: Harper Collins Publishers, 2000, p. 399.

② Stephen Castles & Mark J. Miller, *The Age of Migration: International Population Movements in the Modern World*, Houndmills: MacMillan Press, 1993, p. 264.

涵做了如下总结:多元文化包含各族群平等享有"文化认同权、社会公平权以及经济受益需求"。为了贯彻在全世界保护和促进文化多样性的宗旨,联合国教科文组织倡导并制定了一系列国际公约,其中与多元文化主义关系最密切的当数《保护和促进文化表现形式多样性公约》(Convention on the Protection and Promotion of the Diversity of Cultural Expressions)。该公约于 2001 年在巴黎正式签订。根据该项公约,"文化多样性"系指"各群体和社会借以表现其文化的多种不同形式。这些表现形式在他们内部及相互之间传承。文化多样性不仅体现在人类文化遗产通过丰富多彩的文化表现形式进行表达,而且,弘扬和传承还体现在借助不同方式和技术进行艺术创造、生产、传播、销售和消费的过程之中"。根据该公约,确认文化多样性是人类的一项基本特性,文化多样性是人类的共同遗产,应当为了人类的共同利益对其加以珍爱和维护。文化是发展的主要推动力之一,文化的发展与经济的发展同样重要,并且所有个人和民族都有权参与两者的发展并从中获益。公约阐述文化多样性创造了一个多姿多彩的世界,文化多样性使人类有了更多的选择,从而得以提高自己的能力和形成价值观,进而成为全世界各社区、各民族和各个不同国家可持续发展的一股主要推动力。公约强调,多样性的文化具有巨大活力,文化互动与文化创造力对滋养和革新文化表现形式发挥关键作用,文化多样性会促使为社会整体进步而参与文化发展的人们发挥更大的作用。公约还提出,联合国教科文组织肩负着确保尊重文化多样性的特殊使命。

经历二三十年的发展,多元文化主义作为国家民族文化的指导性原则,被赋予越来越宽广的内容。归纳起来,主要涉及以下七个方面:[①]

(1)承认公民可以拥有双重甚至多重国籍;

(2)政府支持报刊、电视、电台使用各少数民族自己的语言;

(3)支持少数民族为本民族的节假日举行特别庆典;

(4)允许在学校、军队及日常生活中穿着传统或宗教服装;

(5)支持少数民族音乐艺术发展;

(6)制定专门政策鼓励少数民族在政治、科技、教育等机构都拥有自己的代表;

---

① 参阅英文"维基百科"网页"多元文化"(Multiculturalism)(http://en.wikipedia.org/wiki/Multiculturalism)。

（7）允许少数民族在本族群内部适用特殊条规。

值得一提的是，虽然"多元文化"从理念到政策最初都是针对非主体民族的外来移民族群或弱小族群而提出的，然而，随着多元文化理念和政策影响的拓展，多元文化也在一定程度上越出了作为他者存在的移民族群文化的范畴，将社会上众多"弱势群体"都包含在内。例如，克里斯蒂安·约克（Christian Joppke）就将"多元文化主义"定义为"当今民主国家中为争取民族、种族、宗教、性别平等而展开的广泛而深刻的政治运动"。①纵观加拿大、澳大利亚、美国、法国等多元文化群体活跃的国家，尽管族群问题仍然是"多元文化政策"关注的主体，但是，从妇女、残疾人、同性恋到一些新兴宗教等所谓"弱势社会群体"或曰"非主流群体"，都曾经在不同程度上被列为"多元文化政策"应当给予特殊关照的对象，或正在努力争取成为"多元文化政策"理应关照的对象。在积极提倡并支持多元文化的个人与群体中，除了与移民和外来族群相关的议题之外，相当一部分是为妇女、残疾人、同性恋、新兴宗教争取平等权益。因为本研究以移民政策为主题，故而不涉及"多元文化主义"中与移民没有直接关系的问题。

澳大利亚、加拿大等国在不同程度上实施"多元文化"已有数十年，然而，这些国家围绕该政策之利弊的争论从来没有停止过，比较双方的不同论点，有助于加深我们对"多元文化"的全面认识。

二、赞赏、批评与争论

在涉及移民政策的问题上，多元文化主义的提倡者和支持者主要从以下三方面论证多元文化政策积极的社会意义。

首先，支持者普遍认为，在实施多元文化政策的国家，反映不同民族特色的文化活动丰富多彩，展示了该政策最普遍、最显著的社会效果。在这些国家，各外来移民或少数民族群体可以自由地保持、弘扬本民族的文化。他们可以成立民族性的社会团体，开办向本族裔子女教授本民族语言文化的学校，组织展示本民族文化习俗的节庆活动；可以创办以本民族语言为工作语言的报刊、电视、电台等，并得到政府在道义上乃至经济上的支持；可以依

---

① Christian Joppke, Multiculturalism and Immigration: A Comparison of the United States, Germany, and Great Britain, in David Jacobson ed. , *The Immigration Reader: America in a Multi Disciplinary Perspective*, Massachusetts: Blackwell Publishers, 1998.

照自身意愿,在学校、军队及日常生活中穿着本民族的传统服装;可以举行本民族传统节日的庆典,并享受本民族特殊的节假日;甚至在有的国家,还允许一些族群在内部依据自己的习俗条规实施奖惩管理。

其次,推行"多元文化政策",有助于形成宽容、理解"异"文化的社会氛围,有利于不同民族或种族和睦相处。支持者多提倡宽松的移民政策,积极参与为外来移民、弱势族群赋权的"支持行动"(Affirmative Action)。他们反对任何对外来移民进行强迫同化的政策,认为视外来移民为异己将严重伤害民族情感,造成一个与移入国社会格格不入的"另类"社群,造成社会的分裂。有的国家政府还进一步放松国籍管制,允许国民持有双重(甚至多重)国籍,少数民族在政治机构、科技领域、教育等领域可以享有特别的代表名额。

再次,推行"多元文化政策",有利于缓和当今世界上错综复杂的宗教矛盾。在当今世界上,不同教派之间势不两立,乃至兵戎相见,时有所闻。美国哈佛大学奥林战略研究所所长塞缪尔·P.亨廷顿(Samuel P. Huntington)提出的"文明冲突论"就明确将"宗教差别"列为比"种族差别"更具有排他性的冲突基因。这位美国著名的政治学家认为,一个人可以同时拥有法国与阿拉伯血统,可以同时拥有双重国籍,但一个人绝不能同时既是天主教徒又是穆斯林。因此,在文明冲突中,"你是什么人"是一个既定的且无法改变的事实,从波斯尼亚到高加索到苏丹,答错了这个问题就可能性命难保。可是,按照"多元文化主义"的理想,宗教也是一种文化,基督教堂、清真寺、佛庙尽可比邻而设:信仰基督教的进教堂做礼拜,信奉伊斯兰教的上清真寺颂古兰经,信奉佛教的到佛庙对佛祖顶礼膜拜,彼此完全可能和平共处。一个得到广泛赞誉的事例是:新加坡在每年送旧迎新之际,都由政府组织全国所有不同教派的主要代表相聚在一起,用各教派不同的话语,共同为人类祈福。

总之,多元文化主义者强调,只有真正、全面实施多元文化政策,方能缓解当今世界上诸多民族、种族、宗教矛盾,营造平等、和谐的新世界。

然而,自"多元文化"提出后,对该理念及政策的种种批评就不曾停止过。批评者的立场不同,看问题的角度各异,甚至不同批评意见之间也针锋相对,莫衷一是。在多元文化主义与国际移民政策的问题上,批评意见来自左和右两个方面。

其一,来自右翼势力的批评主要集中于斥责多元文化政策危害国家统一和民族团结，阻碍社会融合与文化趋同，导致社会分裂为不同的族群帮派，甚至可能造成国家分裂。

近代以来民族国家的基本理论与实践，包括民族国家框架内从血缘、语言、习俗到宗教的一致性，在相当长的历史时期内一直被视为理所当然。第二次世界大战德国法西斯灭绝人性的种族清洗，是民族主义狭隘化登峰造极的体现，从而激起民众重新从正反两方面认识民族主义的合理范畴。多元文化主义是对狭隘民族主义的反叛，然而，批评者却强调指出，多元文化主义之下实施的双语或多语教育、双重或多重国籍、权力机构中代表机制的双重或多重标准，或许在某种程度上激励了少数民族和外来族群参与政治，但是，从长远看，一个统一的社会将可能因此而分割为帮派政治下的小群体，固化并凸显差异，并驱使国家走向实质上的分裂。

在澳大利亚，对多元文化政策的批评从未停止过。1988 年，当时澳大利亚著名的亚洲问题研究专家斯蒂芬·菲茨杰拉德博士（Dr Stephen FitzGerald）曾在一份题为"移民：对澳大利亚的承诺"的评估报告中，从移民政策的角度对多元文化政策提出了尖锐的批评。报告指出：多元文化主义并没有能够得到绝大多数澳大利亚人的认可，因为"在绝大多数澳大利亚人心目中，多元文化主义与己无关，它仅仅是为外来移民和少数族群而制定的。但是，从当地原住民到许多早期移民，对多元文化都不认同"，由此可见，多元文化政策没有群众基础。该报告是自澳大利亚正式实施多元文化政策后，第一次以官方委托报告的形式对多元文化政策提出异议，因此被认为是打开了关于多元文化主义争论的"潘多拉魔盒"。[①] 在澳大利亚学界，墨尔本大学历史学教授杰弗里·布雷尼（Geoffrey Blainey）是又一位对多元文化主义持强烈批评意见的著名学者，他自 20 世纪 80 年代后期，就不断撰文批评多元文化政策。在被广泛引用的《一切为了澳大利亚》（All for Australia）一书中，他尖锐指出：如果政府一意孤行，继续执行多元文化政策，将会把澳大利亚变成一个"部落群"（cluster of tribes）。他认为，多元文化主义是"以牺牲澳大利亚主体民族利益为代价，强调少数民族的权利"，破坏澳大利亚国

---

① 　Brian Galligan & Winsome Roberts，*Australian Multiculturalism：Its Rise and Demise*，2003，p. 10.（该论文发表于 2003 年 9 月 29 日—10 月 1 日在澳大利亚塔斯马尼亚大学举行的"澳大利亚政治研究学会年会"）

家的凝聚力,"从道德、理论到经济都是彻头彻尾的谎言",是"危险的口号"。①

美国的争论也很激烈。普利策新闻奖得主亚瑟·施尔辛格(Arthur M. Schlesinger)在《美国的分化:对多元社会的反思》一书中指出,放弃同化、提倡差异的多元文化主义有可能导致"族性崇拜"被无限放大,多元文化主义在多数情况下所表现出来的,是"种族中心主义和分裂主义的,是无视西方历史,只强调西方罪恶",多元文化主义的支持者所极力鼓吹的,实质上是要"以非西方文化去取代美国传统的欧洲文化"。②

劳伦斯·奥斯特(Lawrence Auster)是又一位对多元文化主义持严厉批评态度的右翼美国学者,他在《抹杀美国:无边界民族政治》(Erasing America: The Politics of the Borderless Nation)、《多元文化理念如何攻占美国》(How the Multicultural Ideology Captured America)等著述中,严厉指责多元文化主义对美国业已出现并且还在继续深化的威胁。他认为,虽然多元文化主义美其名曰促进不同文化价值的平等观,但实质上却是以贬低我们自己的民族文化为代价,去提升其他文化的地位和权力,是在促进文化平等的旗号下,行破坏美国主流文化之实。在他看来,所谓"多样性"、"文化平等"、"绚烂马赛克"等美丽辞藻,似乎将种种文化平等和谐地共存于同一社会中,但其所导致的后果,却是那些边缘的、非主流的族群及其文化,将取代现实中的主流社会文化。换言之,美国社会将在多样化的名义下,丧失其自由民主的本性。③

美国著名政治学教授亨廷顿也强烈批判多元文化主义,他在《文明的冲突》一书中指责多元文化主义"基本是反西方主义的"。他指出:一些试图实施多元文化主义的西方国家领导人"有时企图摈弃本国的文化遗产,使自己国家的认同从一种文明转向另一种文明。然而迄今为止,他们非但没有成功,反而使自己的国家成为精神分裂的无所适从的国家"。在美国,"多元文

---

① Brian Galligan & Winsome Roberts, *Australian Multiculturalism: Its Rise and Demise*, 2003, p. 12. (该论文发表于 2003 年 9 月 29 日—10 月 1 日在澳大利亚塔斯马尼亚大学举行的"澳大利亚政治研究学会年会")

② Jr. Arthur M. Schlesinger, *The Disuniting of America: Reflections on a Multicultural Society*, W. W. Norton & Company(1991 年初版,1998 年修订再版).

③ 转引自:Lawrence Auster: How the Multicultural Ideology Captured America, *The Social Contact*, 2004(Spring), pp. 197~208.

化主义者同样拒绝接受本国的文化遗产。然而，他们并非要美国认同另一种文明，而是要建立一个拥有众多文明的国家，即一个不属于任何文明的、缺少一个文化核心的国家。历史表明，如此构成的国家不可能作为一个具有内聚力的社会而长期存在。一个多文明的美国将不再是美利坚合众国，而是联合国"。① 因此，美国和西方的未来取决于美国人再次确认他们对西方文明的责任。在美国国内，这意味着拒绝造成分裂的多元文化主义的诱人号召。不论亚洲和美国社会之间存在着怎样的经济联系，根本的文化差异将使两者无法同居一室。在文化上，美国是西方大家庭的一员；多元文化主义者可能损害甚至破坏这种关系，但却不能替换它。亨廷顿认为：如果按照多元文化主义的理念，摒弃美国信条和西方文明，那"就意味着我们所认识的美利坚合众国的终结。实际上这也意味着西方文明的终结"。因此，"一个多元文化的美国是不可能的，因为非西方的美国便不成其为美国"。②

对多元文化主义持如此严厉批评意见的主要是右翼政治势力，其社会影响在"9·11"事件后急速上升，支持力量明显壮大。关于这一点，本书在"反恐政治"一节中还将着重论述。

其二，来自左翼群体最严厉的批评是斥责多元文化主义为"新种族主义"。

美国学者迈克尔·S.伯林纳博士（Michael S. Berliner）和加里·赫尔博士（Gary Hull）在《多样性和多元文化：新种族主义》（Diversity and Multi-Culturalism：The New Racism）一文中尖锐指出：多元文化主义是种族主义经过政治伪装的托词。因为，按照多元文化主义的逻辑，一个人的种族或民族属性与生俱来，不可改变，它左右着一个人的认同、思维与价值观。自提倡多元文化主义以来，批判种族主义、提倡淡化族群差异的观点遭到排斥，而那种以种族差异为基础的"文化差异体系化"（institutionalized diversity）的观点却被奉为圭臬。推行"多元文化政策"，已导致将民族隔阂固定化、合法化，实际上无异于在不同种族之间构筑起不可跨越的鸿沟。"多元文化"在为弱势族群提供特别关照的漂亮口号下，结果却是同一国家内多个相互对立的族群彼此不断争权夺利。如果说那些公开主张某一种族比其他种族优越的人是赤裸裸的种族主义者，那么，强调个人种族属性至上的多元文化

---

① 亨廷顿著，周琪等译：《文明的冲突》，新华出版社 2002 年版，第 353 页。
② 亨廷顿著，周琪等译：《文明的冲突》，新华出版社 2002 年版，第 354、368 页。

主义论调则是改头换面的新种族主义,其对社会造成的危害同样不容低估。美国马里兰大学教授埃德温·A.洛克(Edwin A. Locke)也撰文指出:多元文化不过是试图以一种新的种族主义去"纠正"原有的种族主义。因为,你不可能一面教育学生你的肤色决定了你的文化认同,一面又要求学生淡化肤色意识;你不可能既主张多元文化主义,又希望学生对不同文化背景的个体一视同仁;你不可能既强调保持族群文化传统的必要性,又鼓励学生应当摒弃种族观念而建立个人自尊。

一些被认为是"多元文化"直接受益者的移民后裔,也依据自身经历对这一"变相的种族主义"提出抗议。在笔者参加的一次讨论会上,一位生活在荷兰的土耳其移民后裔慷慨陈词:我们生在荷兰,长在荷兰,我们的母语是荷兰语。可是,"多元文化"却认为我们仍然是土耳其人,我们的母语是土耳其语,我们的文化是土耳其文化,这是强加于我们的标签,是种族歧视。另一位出生于德国的斯里兰卡移民后裔也批评道,"多元文化主义"认为我们的母语是父辈的语言,我们应当保持父辈的文化,可是,如果我们不能像德国人一样熟练地运用德语,不融入德国社会,我们根本就不可能在德国求得任何良好的工作职位。认为移民后裔应当保持其自身文化的主张,实际上是想将我们永远置于肮脏、危险、低贱的工作岗位。

围绕多元文化主义的争论还有许多。有批评指出,"多元文化主义"将错综复杂的社会问题简单地化约为"文化问题",进而幻想通过"文化展示"(而且仅仅限于外在文化景观的展示)消除根源于生存竞争的族群矛盾,结果只能是乌托邦。德国学者冈瑟·舒尔茨(Gunther Schultze)提出,"多元文化"的致命弱点表现在它把错综复杂的社会问题(尤其是生存竞争问题)简单化了。按照"多元文化主义"的逻辑,民族矛盾仅仅是个文化问题,是在吃、穿、语言、节庆、信仰等方面表现的不同民俗,因此,解决民族矛盾的途径就是允许外来移民或少数民族自由保持其"文化习俗",自由展示其外在的文化景观。舒尔茨以德国的土耳其移民后裔为个案,指出:不同族群竞争的实质是生存竞争。当德国需要大量外劳时,外来劳力被当成"客人"而受到主流社会的欢迎,"多元文化"比较容易地就为主流社会所接受,并带上了理想化的色彩。然而,当德国的失业率上升,劳动力市场需求发生变化之后,"客人"就被描绘成了"从第三世界到发达国家瓜分我们现有社会福利的入侵者",排斥外来移民的社会舆论随即占了上风。因此,民族矛盾的症结是经济利益的竞争,这绝不是通过允许外来移民自由展示其文化特性就能缓和的。

围绕"文化"是否有先进与落后之分的争论,也反映在对多元文化主义的不同评价上。崇尚"全球性科学文化观"的批评者认为多元文化存在"反理性的谬误",为反科学、伪科学披上了合法的外衣。例如,面对当今全世界人口激增与资源匮乏的严峻矛盾,有的宗教仍然坚决反对应当对人口增长实行有计划控制;又如,有些民族依然允许"一夫多妻",限制妇女人身自由。批评者指出,按照"多元文化"的定义,诸如此类的"文化"都应当受到尊重,倘若如此,那么,人类社会还有没有进步、正义、道德可言?台湾作家龙应台曾经在《批判性阅读》一文中列举过如下例证。近数年来,欧洲国家最大的辩论之一,便是如何对待伊斯兰文化中某些价值观,譬如所谓"荣誉处死"。在德国和英国都有来自伊斯兰国家的移民妇女被自己的家族杀害,理由是这些妇女违反了某些伊斯兰的"荣誉"观,譬如跟不为家族所认可的男性交往。当这些以基督教值为主流的国家要对杀人者进行审判时,争议的关键就是:所谓"荣誉处死"这种"异质文明"能否被接受?如果"排斥"这种"异质文明",是否就成为"狭隘的民族主义"?事实上,当欧洲知识分子以"文化相对论"的理由来要求容忍"荣誉处死"这种价值时,最强烈的反对声音来自伊斯兰世界内部的知识分子,很多人认为"荣誉处死"根本不能代表伊斯兰文化,而是被曲解滥用了。欧洲知识分子所谓对"异质文明"的尊重,落实了反而是对伊斯兰人权的无情践踏。

还有批评指出,"多元文化"所反映的是一种静止的(或曰僵死的)文化观。"多元文化"以"允许各民族保持自己的传统文化"为历史的进步,然而,"传统"并非一成不变。文化是生生不息的绵延过程,任何一个民族的文化都伴随着历史发展而不断吐故纳新,并与其他文化相互交流,相互渗透。众所周知,今天被视为西方现代文化的"迪斯科"起源于非洲,相当时期内被视为中国之"国服"的中山装是参照西服设计的。"文化"在异地传播中发生变异的情况就更明显了。例如,"麦当劳"在其祖籍地美国所代表的是大众化的快餐文化,可是,当麦当劳进入中国之后,由于其环境幽雅整洁,"洋味"十足,却演变为中国大学生、城市青年白领的消闲场所,成为中上收入家庭为年幼子女欢度生日的主要选择地之一。又如,"中餐"被视为中国文化的典型代表当无疑义,可是,一个初到西方的中国人,可能完全不懂得西方诸多中餐馆餐牌上都开列着,并且受到西方人欢迎的中餐"什碎"(Chop Suey)是道什么菜。① 而且,如果对西方不同国家的中餐略作比较,其间的差异同样显而易见。以笔者曾经做过实地调查的西欧国家为例。在法国,由于来自原印度支那的十多万华人移民是当地华人社会的主体,因此,法国中餐馆的餐牌上常可见到"越南米粉"、"金边粿条"等带有印度支那特色的"中餐"。在荷兰,由于今天的印度尼西亚历史上曾经长期是荷兰的殖民地,当初印度尼西亚独立时,十多万人返回荷兰,由于他们当中许多人了解甚至习惯了东方饮食文化,故而成为当时荷兰中餐馆的主要顾客,并直接推动了荷兰中餐馆的发展。由于这一历史渊源,时至今日,荷兰中餐馆大多标明为"印尼—中国餐馆"。文化伴随移民迁移、定居而发生适应性的变化,于此可见一斑。

如果说以上争论基本上还是学者、政客们基于不同见解而产生的和平争议的话,那么,"9·11"及随后连续不断的各类恐怖事件的发生,则从根本上改变了许多人对于多元文化主义与政策的认识与基本态度。进入 21 世纪之后,围绕多元文化主义展开的争论,更多是基于国家认同的基本价值观,批评意见主要集中于以下要点:多元文化主义破坏国家民族的一致性,阻碍社会融合与文化同化,导致社会分裂为不同的族群帮派。

在加拿大,2007 年加拿大《全球邮报》公布的一项全国性问卷调查结果显示:在不是来自欧洲白人英法语族群的其他第一代移民中,只有33%明确认同自己是"加拿大人"。② 批评者据此强烈谴责政府实施多元文化主义政策的错误,认为如此之低的认同率,显然不利于加拿大国家的统一与发展。

在澳大利亚,进入 21 世纪之后,虽然多元文化仍为其国策,但内涵已经转向。政府发言人在各种场合一再强调的是,澳大利亚承认文化多元的客观事实,但绝不将"多元文化"当成政策的目标,反之,实施多元文化,是为了促进统一国家的认同,是尊重自由民主的共同价值观。

加拿大和澳大利亚作为当今世界上两大实施多元文化主义的国家,其学界、政界围绕多元文化主义从理论到实践而展开的种种争论,不少问题值

---

① 关于中餐"什碎"(杂碎)在西方的起源,有多种不同传说。一说一八八几年的一天深夜,美国旧金山的一些矿工想上餐馆吃饭,可所有美国餐馆都关门了,无奈中进了一家中餐馆。这家中餐馆的厨师为了应付这些不速之客,把当天剩余的各种肉、菜、饭煮成一锅,加上调料,端上给客人。没想到这些矿工吃后大为满意,问厨师今晚吃的是什么菜,这位厨师顺口答道:"什碎。""什碎"由此传开。

② How does Multiculturalism Translate from Minorities? *Global and Mail*, Jan. 12, 2007.

得我们认真思考。

首先，"多元文化"从理念到政策，都与来自异文化的移民和少数民族问题密切相关，是从学者到政界为消解错综复杂的民族矛盾而开出的一剂药方。因此，探讨"多元文化"，决离不开以下两大相辅相成的基本事实：一方面，作为地缘政治实体和国际法主体的民族国家构筑了当今世界的基本格局；而另一方面，随着跨国移民从绝对数量到相对比例均持续上升，一国内多民族共处又是绝大多数民族国家普遍存在的客观事实。文化具有群体性，它是历史积淀下来的被群体所共同遵循或认可的共同的行为模式，就此意义而言，各民族的民族性即族群文化是不可能轻易改变的，因而"多元文化主义"所积极倡导的"尊重民族特性"的原则，是维持国际社会安定的前提。相对于纳粹主义的"种族灭绝"行径，相对于迄今仍存在于一些国家的"强迫同化政策"，多元文化主义无疑是历史的进步。但是，我们同时也绝不能忘记，人类社会是在交往中发展的，尤其在一个统一的多民族国家内，不同族群要沟通，就需要一种能够相互理解的语言，进而需要建立起共同的道德标准，遵循共同的游戏规则，形成能够凝聚各族群的共同价值观，也就是必须"求同"。倘若每一民族都片面强调"与生俱来"的族性，凸显其"特殊性"，势必加剧民族冲突，甚而导致国家分裂。

其次，在古往今来的民族交往中，"求同"与"存异"作为一对矛盾是长期存在的客观现实，两者不可偏废："存异"展现的是丰富多彩的人文景观，"求同"所反映的则是相互增强了解、促进融合的进程；"存异"不可能只是保持"井水不犯河水"，"求同"也不一定就是对弱势族群文化的完全同化。无数实例业已证明，不同文化在相互交往中彼此都在发生变异，尽管这是一个十分漫长的过程。可以说，无论是某一民族国家的发展史，还是推而广之纵观整个人类社会的发展史，其所折射的不外是种种不同文化在直接或间接交往中相互渗透、相互影响的历史。就此意义而言，"多元文化主义"强调了"存异"的一面，而忽视了"求同"的必然。实际上，以不同民族为载体的不同文化之间"求同"与"存异"的不断磨合，一直作为人类社会的发展动力而发挥其作用。

最后还必须指出的是，迄今为止，"多元文化主义"基本上是西方政治文化圈内的话语，含有西方国家主体民族对于外来的或弱势的族群"施以恩惠"的潜台词。正因为如此，"多元文化主义"一方面以"民族无论大小都有权保持自己的民族文化"体现了社会的进步与正义，但另一方面，"多元文化主义"的某些执行部门或执行者,却又往往以自己脑海中的"既定模式"去定格"异民族"及其后裔,甚至在"多元文化"的旗号下,将"异文化"(尤其是其中展示其陈规陋习的东西)当成供"主体民族"把玩的对象。对于这种披上了美丽外衣的种族主义,值得警惕与深思。

第三节　欧阿移民与"欧拉伯"

　　当多元文化主义在加拿大和澳大利亚成为基本国策并被广泛推行时,在欧美其他发达国家也引起热烈反响,一些左翼知识分子和政治活动家纷纷要求在本国实施多元文化政策。在美国,虽然没有正式宣布实施"多元文化政策",但是传统的"熔炉论"、"同化论"逐渐被越来越多人所摒弃,取而代之的是"美国应当是多元种族、多元文化之'沙拉拼盘'(tossed salad 或 smorgasbord)"。与此同时,在 20 世纪 70 年代因经济高涨而引入了大量外籍劳工的西欧国家,进入 80 年代后也普遍面临如何缓解"客工"与本国人矛盾的问题,由此,英、法、荷、比、丹等国相继在不同程度上实施"多元文化政策",允许外来移民族群保持本族群文化的"多元文化热"在西欧迅速升温。总之,从 20 世纪 80 年代后期到 90 年代中期,是多元文化主义在欧美澳多数发达国家"高歌猛进"的时代。

　　然而,自"9·11"恐怖事件发生之后,深受反恐政治影响的欧美社会,外来移民,尤其是持不同宗教信仰之外来移民在数量上不断增加,各种持有一定政治、文化偏见的言论、观念纷纷见诸报刊。这些情况激起普通民众的担忧。其中所谓"欧拉伯"概念的提出乃至发展为"欧拉伯威胁论",即为典型例证之一。

一、欧洲穆斯林移民社群

　　本书第二章追溯了近半个多世纪以来欧洲国家移民流动变化的基本态势。欧洲在历史上一直是向外输出移民的地区,直到第二次世界大战结束,伴随着战后重建、经济发展,欧洲才逐渐转变为移民输入国。而且,正如本书第一章从人口生态角度所做的分析,由于近半个世纪以来欧洲国家本国人口出生率下降,劳动力缺失,当历史进入 21 世纪之时,欧洲大多数国家已经不得不依赖外来移民填补本国底层劳动力岗位的严重空缺。然而,还必须指出的是,人口生态结构的改变,还直接对欧洲国家的文化、宗教产生深远影响,此乃绝大多数欧洲国家所始料未及之事。

就地缘政治结构而言,第二次世界大战后以来,除了欧洲内部从南向北的移民流动之外,从欧洲外部进入欧洲国家的移民基本可以区分为两大类。

第一类是来自原欧洲殖民地的移民。例如,当印度尼西亚、苏里南独立时,当地民众可以在原宗主国荷兰与新独立民族国家的国籍之间进行选择,有一批当地知识分子、原政府或军队的官员、雇员等,选择了荷兰国籍并移居荷兰。又如,20世纪70年代印度支那发生政治变动时,法国作为原印支三国的宗主国,接纳了近20万来自印度支那的难民及其家属。再如,阿尔及利亚、摩洛哥、突尼斯等北非国家原是法属殖民地,印度、巴基斯坦、伊朗、伊拉克以及中国香港等,曾经是英国的势力范围,基于宗主国对于原殖民地的特殊历史渊源,这些国家或地区的移民源源进入欧洲。

第二类是人力资源丰富,但发展水平相对低下的欧洲近邻国家。此类型以西亚的土耳其为突出代表。土耳其地跨欧亚大陆,在第一次世界大战期间曾一度与德国结盟。20世纪60年代,当西欧进入经济发展高峰期时,土耳其仍然处于落后贫困的状态。1961年10月,德国与土耳其政府签署了《德国劳务市场向土耳其招聘劳动力协议》,这是土耳其与西欧国家签订的第一份劳务输出协定,随后数年,数十万土耳其移民工人进入了德国的工矿企业,成为德国经济发展一支重要的生力军。接着,土耳其又在1964年与荷兰、比利时和奥地利三国,在1965年与法国,1967年与瑞典签署了同类劳务输出协议。据1985年统计,全欧土耳其移民已经接近200万,成为遍布西欧主要国家的移民劳工大军。[①]

然而,更值得注意的是,当我们从宗教文化角度对这一庞大的移民群进行分析时,我们就会发现,无论是西亚的土耳其、伊朗、伊拉克,北非的阿尔及利亚、摩洛哥、突尼斯,还是印度尼西亚、马来西亚、苏里南,这些国家的民众均以信奉伊斯兰教为主。当这些国家的移民进入并定居欧洲之后,自然而然地带来了他们原来的伊斯兰宗教信仰与文化。他们在西欧国家中谋生,虽然接触的是西欧的文化,耳边回响的是基督教、天主教堂的钟声,但

---

① Ural Manco, Turks in Western Europe (http://www.flwi.ugent.be/cie/umanco/umanco3.htm).

是,在他们内心深处扎根的,是与生俱来的伊斯兰信仰。因此,以"客工"身份为业缘,以共同的原居地为乡缘,再加上以共同的宗教信仰为神缘,就在欧洲不同国家形成了一个个游离于主流社会边缘的穆斯林社群。

如前所述,20世纪80年代中后期到90年代,欧洲的瑞典、法国、荷兰、丹麦等国分别在一定程度上实施过多元文化政策,效法加拿大和澳大利亚,不仅宽容异文化的社会活动,给予其一定的自由空间,政府还往往为这些多元文化活动提供一定的经济支持。在法国,政府官员会兴高采烈地参加不同族群为自己民族的节日举办的大型庆典,以示支持。在荷兰,由政府少数民族部全额资助的荷兰广播基金会(NOS)专门为来自土耳其、摩洛哥、印度尼西亚、中国等不同国家的移民开办了不同的民族语言广播节目。

根据多元文化政策,伊斯兰教的仪式、习俗等,都被认定为民族文化而得到尊重。20世纪80年代之前的西欧主要城市,几乎见不到具有醒目特征的清真寺,初到欧洲的穆斯林移民们为满足精神上的需求,往往通过私人联络而定期聚集到某一穆斯林家中的厅堂、地下室或住宅后院做礼拜,时而有来自其祖国的阿訇前来为其传道,但均属私人小范围内的活动。随着多元文化理念的推广,加之同期阿拉伯国家以石油为武器引领经济腾飞,穆斯林移民们再也不能接受局促在地下室中的礼拜,他们要求自己的文化平等权,而来自祖籍国宗教界的经济支持,则让一座又一座具有大圆顶、宣礼塔的清真寺落户西欧城市,既构建穆斯林移民社群的精神堡垒,又形成西欧城市的新景观。穆斯林社群遍布欧洲,成为欧洲各移民接纳国触目皆是的新文化现象。

英国广播公司(BBC)2005年底的统计显示,除俄罗斯之外,欧洲主要国家穆斯林人口总数约为2152万,大约占欧洲总人口的5.6%。① 2008年"世界穆斯林人口网:欧洲穆斯林"(Muslim Population Worldwide: European Muslim Population)的统计数据也表明,除俄罗斯之外欧洲主要国家的穆斯林人口总数是2075万,约占总人口的5.3%。两项统计结果相似。另外,如果将占俄罗斯总人口19%即总计2704万穆斯林人口统计在内,2008年全欧

① 详见英国广播公司(BBC)网站"穆斯林在欧洲:国别指南"(Muslims in Europe: Country Guide)(http://news.bbc.co.uk/2/hi/europe/4385768.stm)。根据该网站说明,相关统计采用的是各个国家正式公布的人口统计数据,该统计未将俄罗斯包括在内,最后修订日期是2005年12月23日。

洲人口为 7.35 亿,其中穆斯林人口则达到 5146 万,占总人口的 7%。[①] 如果与其他地区相比较,那么,欧洲穆斯林人口比例远远低于非洲(47.81%)和亚洲(27.24%),但明显高于北美(2.19%)、南美(0.42%)和大洋洲(1.49%)。[②]

　　在欧洲国家中,阿尔巴尼亚是二战后欧洲国家中唯一以穆斯林人口为主的国家。1946 年阿尔巴尼亚人民共和国成立,当时在全国约 250 万人口中,穆斯林约占三分之二。在阿尔巴尼亚劳动党领导下,全国宗教活动被禁止,清真寺被关闭,但民间地下宗教活动从来没有完全停止过。1990 年 5 月 8 日,阿尔巴尼亚人民议会宣布解除对宗教的禁令,清真寺礼拜活动全面恢复。

　　近年来从苏联和南斯拉夫联邦独立出来的国家中,阿塞拜疆、哈萨克斯坦、波黑、科索沃、马其顿等也是以穆斯林人口为主的国家。其中,科索沃的穆斯林人口占该国总人口比例最高,达 90%;阿塞拜疆穆斯林人口约占总人口的 70%~80%,哈萨克斯坦穆斯林人口约为 50%,波黑穆斯林人口 150 万,占总人口的 40%,马其顿穆斯林人口 63 万,占总人口的 30%。另外,俄罗斯穆斯林人口约 2700 万,约占俄罗斯总人口的 19%。[③]

　　除以上国家之外,当代欧洲其他国家的穆斯林人口主要由外来移民及其后裔构成。在法国,穆斯林人口总计已经达到 500 万~600 万,是欧洲一国内穆斯林绝对人口总量最多的国家,法国穆斯林社群主要由阿尔及利亚、摩洛哥、突尼斯等前法属北非殖民地国家的移民及其后裔构成。在德国,20 世纪 60—70 年代来自土耳其的移民工人及其家属,已经在该国形成一个总人口约 300 万的穆斯林社群。在英国,当地穆斯林人口近 200 万,其来源国包括南亚的印度、巴基斯坦和中东的土耳其、伊朗、伊拉克、阿富汗、索马里等国。在荷兰、丹麦、比利时、奥地利、瑞典等国,以外来移民及其后裔为主构成的穆斯林社群也已在该国总人口中占 4%~5%(详见附录五)。

---

　　①　详见"世界穆斯林人口网":http://www.islamicpopulation.com/Europe/europe_general.html。

　　②　详见"世界穆斯林人口网":http://www.islamicpopulation.com/world_general.html。

　　③　科索沃穆斯林人口系参考"英国广播公司(BBC)网站"提供的数据整理(http://news.bbc.co.uk/2/hi/europe/4385768.stm);其余国家穆斯林人口比例依据《中国伊斯兰百科全书》提供的国别资料统计(四川辞书出版社 1994 年版)。

　　欧洲穆斯林社群构成的另一醒目现象,是穆斯林人口的年轻化。英国
2001年人口普查显示,英国穆斯林人口中16岁以下的占三分之一,是英国
最年轻的社群。在全欧盟在非穆斯林人口中,青年比例约为16%~20%,而
穆斯林群体中,青年比例则高达45%~50%。欧盟劳动人口中大约16%~
20%的劳工是穆斯林。①

　　由于外来移民大多进入欧洲城市就业、生活,因此,在欧洲一些大城市
中穆斯林社群的比例更高。例如,法国的马赛是与北非联系密切的一个重
要港口城市,大批来自北非的移民及其后裔落户当地。据2007年统计,以
马赛为中心的普罗旺斯—阿尔卑斯—蓝色海岸(法文简称为"PACA")地区
人口中,信仰伊斯兰教的人口已经达到25%,有人甚至预测马赛将在不久的
将来成为欧洲第一个穆斯林人口占多数的重要城市。欧洲著名国际都市中
穆斯林人口占10%以上的至少还有4个,其中,荷兰首都阿姆斯特丹穆斯林
人口18万,占全城人口的24%,荷兰另一个重要港口城市鹿特丹穆斯林人
口占13%,斯德哥尔摩20%,哥本哈根12.6%(详见附录五)。

　　自20世纪90年代以来,伴随着穆斯林社群的壮大,为适应其宗教文化
生活的需求,清真寺相继出现于欧洲各地。1963年英国全国仅有13座清真
寺,进入21世纪时,已猛增至600多座,全国穆斯林组织超过1400个。在首
都伦敦西南郊,2003年建立了全西欧最大的清真寺,占地21000平方米,可
同时容纳万人做礼拜。而且,在伦敦为迎接2012年奥运会的早期宣传计划
中,为争取阿拉伯国家对其申办奥运会的支持,曾宣布将在奥运会主场馆附
近建造一座可让4万人同时做礼拜的更大规模的清真寺。在法国,约600
万穆斯林拥有1300多座清真寺,并设有专门的电视台为穆斯林社群服务,
法国迪斯尼乐园也专门设有穆斯林祈祷室。在意大利,大约150万穆斯林
建造了450座清真寺。在荷兰,第一座在外观上具有鲜明特点的清真寺于
1975年建于荷兰东部的工业城市阿尔默洛(Almelo),时至20世纪末,荷兰
全国大大小小的伊斯兰礼拜场所达400多个。② 在德国,1990年之前全国仅
3座清真寺,十多年后,德国的400万穆斯林已经在全国各地建造了159座

---

　　① 中国穆斯林网:《欧洲新建清真寺如雨后春笋迅速发展》(http://www. musilinchi-
na.com/? viewnews-172)。

　　② Jan Rath, Thijl Sunier & Astrid Meyer, Islam in the Netherlands: The Establish-
ment of Islamic Institutions in a De-pillarizing Society, *Tkjdschrift voor Economische en So-
ciale Geografic*([荷]《经济与社会地理》),No. 4, 1997, p. 392.

具有显著伊斯兰风格的大清真寺,同时还有外部造型特征不明显的清真寺上千处。[①] 自 20 世纪 90 年代以来,数以千计的大小清真寺在全欧各国拔地而起,在伦敦、罗马、柏林、巴黎、维也纳、日内瓦、莫斯科、阿姆斯特丹、鹿特丹、马德里、斯德哥尔摩等欧洲的世界名城,都在 20 世纪与 21 世纪之交的一二十年内,矗立起规模可观的清真寺,有些足以与历时千百年之基督教、天主教教堂相媲美。

当各地清真寺吸引众多穆斯林青年之时,欧洲各地传统基督教教堂却信众寥寥,两者形成鲜明对照。英国的一项调查显示,伦敦穆斯林经常到清真寺做礼拜的比例高达 80%,但本国信仰基督教的民众每月到教堂参加礼拜两次及两次以上的比例仅为 6.3%,而且,由于经常上教堂的信众以老年人为主,到 2040 年,同一比例很可能进一步下降到 2%。一些教堂因为门可罗雀,不得不改为非宗教性质的社区中心或商业性的办公室,有的基督教场所甚至不得不以某种方式"转让"给伊斯兰团体。考克斯新闻社(Cox News Servics)的相关报道以"欧洲空荡荡的教堂与满当当的清真寺"为大字标题,的确是现实的写照。[②]

面对欧洲穆斯林社群规模和伊斯兰宗教影响与日俱增的状况,欧洲内外一些人忧心忡忡,甚至恐惧不安,近年来最具代表性的就是所谓"欧拉伯"概念的提出与传播。

二、"欧拉伯"的缘起、内涵与反思

"欧拉伯"(Eurabia)一词是英文"欧洲"(Europe)与"阿拉伯"(Arabia)两词组合之后形成的一个新的人造词汇。"欧拉伯"最初出现于 20 世纪 70 年代中期,是具有"欧阿合作"之意的一个中性词。美国"9·11"事件发生、布什政府发起反恐战争后,以法国为首的德、比、荷等"老欧洲"国家拒绝与美国携手参战,引起美国和欧洲一批右翼势力的强烈不满。在此大背景下,"欧拉伯"被再次提出并做政治重解,成为欧洲正在阿拉伯化甚至伊斯兰化

---

①   Emerging Threads Analysis: Churches vs Mosques in Europa, *United Press International*, October 17, 2007(http://www.upi.com/Emerging_Threats/2007/10/17/Analysis-Churches-vs-Mosques-in-Europe/UPI-80321192654436/).

②   Empty Churches, Full Mosques in Europe, *Cox News Service*, December 13, 2007 (http://www. dailycamera. com/news/2007/dec/13/empty-churches-full-mosques-in-europe/).

的特定政治符号。

1973年石油危机发生后,由法国领衔,当时的欧共体建立了与阿拉伯联盟的"欧—阿对话"(Euro-Arab Dialogue)框架。当时,法国的"欧洲与阿拉伯友好世界合作委员会"、伦敦的"中东国际"和日内瓦的"中东研究协会"合作出版了一本时事性杂志,名为《欧拉伯》,正式"制造"了"欧拉伯"一词。该杂志就当时欧洲与阿拉伯的政治经济对话发表评论,但并没有产生太大社会影响。在那之后,"欧拉伯"不时被一些组织、团体采用,但基本不具有特定政治意义。例如,荷兰鹿特丹伊拉斯姆斯大学(Erasmus Universiteit Rotterdam)的"摩洛哥—荷兰学生联合会"就自我命名为"欧拉伯学生联合会"(Eurabia Studentenvereniging),欧拉伯在此只是一个中性且多少有些自我调侃意思的标签。

"欧拉伯"成为具有特定政治意义的概念并引起广泛社会关注,与2005年1月出版的《欧拉伯:欧洲—阿拉伯轴心》[①](以下简称《欧拉伯》)一书密切相关。

《欧拉伯》的作者贝特·叶奥(Bat Ye'or)是一位犹太裔女学者,她出生于埃及,第二次中东战争后被迫离乡背井,远走他乡,1957年以"无国籍难民"身份得到英国庇护,不久进入伦敦大学学习考古学。1959年,贝特·叶奥结婚并随其英国籍丈夫入籍英国,次年夫妻共同移居瑞士,贝特·叶奥随之转入日内瓦大学继续完成学业,后成为瑞士永久居民。

自20世纪70年代以来,叶奥发表了大量著述,以犀利尖锐的文笔,阐述她激进的犹太复国主义政治观,毫不留情地对一切反犹观念口诛笔伐,尤其是在美国"9·11"事件之后,更对"伊斯兰激进组织"大加鞭挞。因生命安全曾经受到威胁,这位犹太女学者一直用各种笔名发表文章。1971年她发表第一部专著时使用的笔名是雅胡蒂雅·玛斯丽雅(Yahudiya Masriya),意为"埃及犹太之女";而"贝特·叶奥"则是她自20世纪80年代后较常使用的又一笔名,取自希伯来文"尼罗河女儿"之意。[②]

叶奥在《欧拉伯》一书中追溯自伊斯兰教诞生后在历时千年的历史长河中,伊斯兰讨伐异教的行动如何无情地扫荡欧亚非大陆,步步攻城略地,将

---

① Bat Ye'or, *Eurabia: The Euro-Arab Axis*, Cranbury, N. J.: Fairleigh Dickinson University Press, 2005.

② 在围绕《欧拉伯》展开的争论中,有人在网上公布了叶奥的真实姓名、年龄、地址、照片等,但朋友们为保护她的安全,也发出许多帖子,要求相关版主删去真实资料。

原本信奉犹太教、基督教、印度教、佛教的城池一个个伊斯兰化。在警告世人必须警惕伊斯兰狂热扩张性的基础上,叶奥着重分析了自 20 世纪 70 年代以降欧洲与阿拉伯关系的演进趋势。她认为,自从 20 世纪 70 年代中期以法国为首的欧共体与阿拉伯联盟高层建立了"欧—阿对话"框架之后,欧阿双方就开始了肮脏的政治经济交易,阿拉伯联盟以石油为诱饵,牟取欧洲对阿拉伯国家的政治支持。

在叶奥笔下,欧美争霸是欧拉伯形成的最大推手。她认为,无论是当年的欧共体还是今日的欧盟,与美国都不存在价值观或意识形态上的差异,欧美之间长期延续的是争夺世界霸权的竞争。她指责欧洲为了达到在国际政治舞台上与美国分庭抗礼的目标,竟然不惜以牺牲原则为代价,迎合甚至臣服于阿拉伯国家,以换取后者的支持。叶奥认为,欧阿交易的最终目标,是在政治、工业、金融及文化传媒全面合作的基础上,实现商品、人员的互通有无,扩充实力,从而形成一个足以和美国相抗衡的"泛地中海的欧—阿实体"(pan-Mediterranean Euro-Arab entity),将美国势力逐出中东,彻底孤立直至灭亡以色列。

叶奥从人口生态的角度,剖析了"欧拉伯"形成的人口基础。她指出,由于欧洲人口出生率下降,劳动力短缺,而贫困的阿拉伯国家则保持着很高的出生率,欧阿之间形成了又一层交换。大量穆斯林劳动力堂而皇之地被请进欧洲,在法国,穆斯林人口达到 10%,在丹麦达到 15%。而且,在欧洲新出生的人口中,穆斯林后裔几达半数。叶奥用极具讥讽的犀利笔调写道:想当年,欧洲帝国主义曾经在穆斯林的土地上为所欲为;现如今,却是伊斯兰国家对欧洲政治颐使气指,可怜而无奈的欧洲对穆斯林在自己土地上进行的殖民化,竟然束手无策,听之任之。

叶奥指斥欧洲的多元文化政策是 20 世纪 30 年代绥靖政策的现代翻版。她认为,宽容的多元文化政策既为伊斯兰教在欧洲传播敞开方便之门,同时也助长了伊斯兰教的政治观、价值观在欧洲全面扩散,直接对欧洲的传统文明产生重大影响。伊斯兰教已经在欧洲许多国家成为仅次于基督教、天主教的最大宗教,穆斯林在当地社会宗教文化生活中的影响处处可见。她认为,欧洲向阿拉伯臣服的政策,虽然看似满足了欧洲政治家们称霸世界的野心,实际上却导致欧洲社会出现危险的背离欧洲传统自由民主原则的倾向,当代欧洲法西斯和新纳粹势力的兴起,正是伊斯兰激进主义在欧洲势力扩张的直接结果。就在叶奥构思和写作《欧拉伯》之际,2004 年 3 月 11 日发生了马德里爆炸案,接着,同年 11 月 2 日又发生伊斯兰激进分子在光天化日之下公然杀害荷兰电影制片人凡·高的事件,[①]叶奥认为这一切都是欧洲养虎为患的报应。

用叶奥自己的话说,《欧拉伯》所描述的是近 30 年来欧洲政治文明的转型,即欧洲如何从具有悠久历史的犹太—基督文明,转变为臣服于伊斯兰强权的后犹太—基督文明。她认为,如果说欧拉伯始于法国企图通过与阿拉伯联手而掌控欧阿联盟的话,那么,其结果却是伊斯兰激进组织横行欧洲,是欧洲的阿拉伯化,甚而是欧洲的伊斯兰化,是欧洲臣服于阿拉伯而出现了一个反美反以的欧拉伯。

叶奥在书中建构了"欧拉伯"理念的有五大支柱:欧洲人的胆怯与贪婪促成欧—阿联手,欧—阿之间因石油利益交换而结盟,欧洲人愚蠢地以为基督教与伊斯兰教可以和平共处,欧洲尤其是德国人内心充满对以色列的仇恨,欧洲旨在与美国争夺霸权。叶奥据此总结道,欧拉伯成为胆小的欧洲民主派、专横的阿拉伯统治者与胡作非为的伊斯兰恐怖组织之间奇特的联手。

《欧拉伯》一书出版后,即刻引起欧美政界、学界的广泛关注。而且,就在叶奥著作发表半年后,2005 年 7 月 7 日,伦敦遭遇恐怖袭击,四名自杀式炸弹袭击者及被逮捕的嫌犯都是穆斯林移民后裔,该事件更进一步推动叶奥与欧拉伯之说的影响力急剧升温。支持者给予该书高度评价,认为该书在提供翔实资料、有力证据的基础上,描绘出欧拉伯可悲可叹的现实。支持者还指出,叶奥的研究显示绝大多数欧洲人对近在咫尺的威胁或者一无所知,或者视而不见,而一群欧洲政治家则有意无意地充当了伊斯兰激进分子的帮凶。[②] 对此,欧拉伯的警告振聋发聩:"欧洲政治已经被阿拉伯绑架";"欧洲本以为能够从与阿拉伯的合作中捞取好处,结果却是具有悠久历史文化传统的欧洲正在被阿拉伯伊斯兰宗教所淹没",因此,该书"无疑是进入 21

---

① 德奥·凡·高(Theo van Gogh)是一位荷兰电影制片人,拍摄制作了一部名为"屈服"的电影,批评伊斯兰社会针对妇女的暴力,引起荷兰穆斯林的强烈不满。2004 年 11 月 2 日,凡·高在阿姆斯特丹街头遭到一名伊斯兰激进分子的攻击,身负重伤,不治而亡。凡·高被杀后,在荷兰乌得勒支、鹿特丹、布列达等城市相继发生清真寺被烧,穆斯林被殴,张贴侮辱伊斯兰教的小传单等针对穆斯林的袭击事件,是战后以来荷兰本土少有的种族、宗教冲突事件。

② Tom Gross, Jihad Warning, *New York Post*, June. 26, 2005.

世纪之初的一部重要著作"，①叶奥是"一位具有远见卓识的勇敢的预言家"。②

　　继《欧拉伯》之后，一批围绕同一主题的著作相继问世。同年10月，美国《华盛顿时报》社论版主编托尼·布兰克利（Tony Blankley）出版了《西方最后的机会：我们能在文明冲突中获胜吗？》一书，指责欧洲已经在欧拉伯的道路上走得太远。他认为，欧洲不仅接纳了大量穆斯林移民，而且由于穆斯林移民群体的高出生率，欧洲的人口构成正在欧拉伯化。而且，欧洲多元文化主义在所谓一切文化平等的口号之下，已经完全丧失了对自身文化和民族进行保护的意识，欧洲对伊斯兰的宽容，实际上已经转变为对西方自身文化令人惊异的自惭形秽。布兰克利甚至将欧拉伯与20世纪30—40年代希特勒的欧洲相提并论，认为美国绝不能与一个和法西斯同流合污的欧拉伯共存。③

　　2007年6月，在伦敦地铁爆炸案两年之际，英国资深记者梅勒妮·菲利普斯（Melanie Phillips）以蕴涵"伦敦已经被阿拉伯人伊斯兰化"的新词"伦敦斯坦"（Londonistan）为书名，出版了新著《伦敦斯坦：伦敦如何在内部制造一个恐怖的城邦》。她认为，两年前发生的伦敦地铁爆炸案将一小撮伊斯兰激进分子暴露在光天化日之下，当年的大不列颠帝国之都，竟然在近十年沦为伊斯兰激进分子的总部，就在英国情报部门的鼻尖下，恐怖组织公然编织起了一个集联络、招募、训练甚至金融营运为一体的犯罪网络。作者严厉指责欧洲许多国家所奉行的多元文化主义是一剂危险的麻醉药，其所导致的结局将是完全臣服于"宗教法西斯"。④

　　2007年9月11日，在"9·11"事件六周年之际，纽约道伯利德出版社推出了《沉睡的欧洲：激进的伊斯兰如何从内部摧毁西方》一书。该书作者布鲁斯·巴威尔（Bruce Bawer）是美国多家报刊的专栏作家，1998年移居阿姆斯特丹，当他在欧洲居住近十年后出版该书时，自认为已经成为一名"欧洲人"，有足够资历对欧洲评头论足。他认为，欧洲社会政策失误严重，政府当

　　①　Mordechai Nisan, The Arabization of Europe, *The Jerusalem Post*, April 29, 2005.

　　②　David Pryce-Jones, Captive Continent, *National Review*, May 9, 2005.

　　③　Tony Blankley, *The West's Last Chance: Will We Win the Clash of Civilization?* Washington: Regnery Publishing, 2005.

　　④　Melanie Phillips, *Londonistan: How Britain is Creating a Terror State within*, London: Encounter Books, 2007.

局将那些本应为劳动者发工资的巨额钱款拿去发救济,养懒汉。他痛斥多元文化主义是无原则的宽容,他认为,正因为多元文化主义在欧洲被奉为"圣经",因此,无论是学界、政界还是媒体,任何一点批判伊斯兰激进组织的声音都遭到压制,其结果,是伊斯兰激进分子得以在欧洲营造一方为所欲为的天地。他认为,当天真的欧洲人仍然沉醉在社会和谐的美梦之中时,生活在他们身边的部分穆斯林移民却在享受着欧洲美好社会福利的同时心怀叵测,他们所制造的骚乱、暗杀乃至大规模恐怖爆炸,正在扼杀欧洲的自由与民主。①

以欧拉伯为主题相继问世的著作还有不少,且好些都以骇人听闻的书名吸引读者的眼球,如:《欧洲末日:古老大陆的墓志铭》②、《欧洲警示:为什么欧陆危机也是美国的危机》③、《衰落与垮台:欧洲的慢性自杀》④、《孤独的美国:我们所知道的世界末日》⑤、《投降:牺牲自由,取悦伊斯兰》⑥,等等。

"欧拉伯"之说的出现,欧洲的阿拉伯移民社群及伊斯兰教被严重妖魔化,有其特定的历史因果关系,涉及欧洲内外多重因素。本书不是对欧阿、欧美关系的全面分析,仅仅结合本研究之主题,着重从当代欧洲移民政策以及与移民治理密切相关的多元文化主义之实施与影响的角度,剖析"欧拉伯"背后的原因及其给予世人的启示与反思。

如前所述,欧洲 20 世纪 60—70 年代实施的"客工"制度,以及该制度影响下确定的以"临时"观为主导的移民政策,长期将移民工人排除在主流社

---

① Bruce Bawer, *While Europe Slept: How Radical Islam Is Destroying the West from within*, New York: Doubleday, 2006. 2009 年 5 月,该作者又出版了另一部新作《投降:牺牲自由,取悦伊斯兰》(Bruce Bawer, *Surrender: Appeasing Islam, Sacrificing Freedom*, New York: Doubleday, 2009),笔者尚未读到此书,但根据笔者读到的书评,该书对伊斯兰的指责更加登峰造极。

② Walter Laqueur, *The Last Days of Europe: Epitaph for an Old Continent*, New York: St. Martin's Press, 2007.

③ Claire Berlinski, *Menace in Europe: Why the Continent's Crisis Is America's too*, New York: Three Rivers Press, 2007.

④ Brude S. Thomton, *Decline and Fall: Europe's Slow Motion Suicide*, London: Encounter Books, 2007.

⑤ Mark Steyn, *America Alone: The End of the World We Know It*, Washington: Regnery Publishing, 2008.

⑥ Bruce Bawer, *Surrender: Appeasing Islam, Sacrificing Freedom*, New York: Doubleday, 2009.

会之外。将外来移民工人当"客工"的潜台词,就是希望他们在做完客之后就该"自觉"打道回府。但是,当接纳国想要将"客人"送出国门时,却发现客人已经在当地生根:客人们不想回去了,因为他们已经习惯于移入地的工作生活;他们也回不去了,因为时过境迁,与原居地已经形成距离,而在当地成长的下一代更是对原居地完全陌生。

从发展中国家进入发达国家的第一代移民工人的共同点,是他们可以接受低于当地人的生活水平,可以接受在低于当地工人工资水平的条件下从事脏、乱、险、贱的工作,并且超时超量打拼。因为,他们潜在的参照系,是原居地的工资与生活水准,从移入国获得的高于原居地的收入,使他们在心理上获得了向上流动的满足。而且,第一代移民工人往往是当地国社会文化生活中的一个隐形群体,他们大多埋头工作赚钱,对当地国社会文化不熟悉,更缺乏争取自身权益的意识与路径。他们可以接受在家中地下室里悄悄做礼拜,满足于听来自家乡的阿訇在私人场所为其传经布道。当这些外来客工群体既无经济实力也无政治渠道时,一般连想都不敢想去要求政府为其提供宗教礼拜的正式场所。因此,在 20 世纪60—70 年代的德、法、荷等国,当地人所看到的,可能是某些街区多了些阿拉伯面孔,可能是自己孩子的班级上增加了阿拉伯裔同学,然而,他们不会看到那些在私人场所举行的礼拜,不知道来自中东国家的阿訇在对他们的同胞们说些什么,也不去关心穆斯林邻居的精神需求是什么。

在貌似安宁的表象下,20 世纪 80 年代后西欧国家在一定程度上实施的多元文化政策,在提倡文化平等的显功能背后,同时也产生了从另一维度唤醒移民后裔民族、宗教意识的潜功能。

多元文化政策倡导外来移民享有文化上的平等权,具有不同文化、宗教背景的外来移民们,可以正式组织自己的社团,公开庆祝自己的特定节日,向下一代教授自己的民族语言和传统习俗。由此,建立正式的清真寺,很快成为穆斯林移民社群的强烈要求,而德、法、荷、英等欧洲国家当局也以居高临下的文化宽容予以恩准。然而,令主人们料想不到的是,此时也正是中东产油国经济高速发展的阶段,迅速壮大的经济实力使其有可能成为境外穆斯林移民群体建造清真寺的后盾。因此,在欧洲穆斯林移民社群的积极要求与运作下,在来自祖籍国的经济支持下,短短十几二十年,一座又一座具有大圆顶、宣礼塔的清真寺,迅速遍布欧洲名城。

在欧洲成长起来的年青一代穆斯林,他们所接受的是自由、平等的教育,要求与当地同龄人享有平等的权利,过和当地人一样的生活。然而,外来移民家庭缺乏当地社会资本支持的现实,存在于主流民族与外来民族之间实际上的不平等,主流社会以居高临下的态势对"异民族"表现出的"关怀"或"恩惠",无不激起年青一代移民后裔的不满。理想化的自由平等想象和遭受社会排斥的生活现实相互碰撞,转而向与生俱来的伊斯兰教信仰寻求精神支柱,就成为当今依然生活在欧洲底层的年轻穆斯林群体具有共性的生存状态。

　　有调查以德、法、荷等国的穆斯林青年女性为例,显示其所形成的"双文化"特征:在政治上,她们理直气壮地争取并维护自己作为欧洲居民的一切权利,在个人生活上,她们要求享有充分的自由,尤其不接受父母对自己婚姻及私生活的任何干预。但是,在宗教文化上,她们却强化并大力彰显对伊斯兰教的高度认同,甚至比父母辈有过之而无不及。当年她们的母亲中有好些人在下飞机的同时就随手摘掉了自己的头巾,尽量淡化乃至抹去自己与欧洲当地女性外在的差异,有些实在无法不戴头巾的女性,也选择那些颜色鲜亮的头巾,融美化与宗教习俗为一体。然而,当女儿一辈成长起来时,一些人却出人意料地捡起母亲们扔掉的头巾,而且回归到传统的以黑、白为主的单一色调,更有甚者还穿上最保守的伊斯兰黑色长袍。通过这些具有特殊象征意义的行为,她们自豪地彰显自己纯粹而圣洁的穆斯林认同,凸显自己的身份象征。①

　　穆斯林移民后裔在回归伊斯兰的趋势下,又出现进一步分化。信奉传统伊斯兰教者是主流,他们崇尚和平正义,鄙视物欲横流的"西方文化",拒绝与没落的"西方社会"同流合污,他们强化自身的宗教文化认同,从中汲取精神力量。但对少部分人而言,当传统伊斯兰教无法平息他们的不满与内心深处的躁动时,某些特定事件的刺激或极端主义的蛊惑,就可能引诱其走向人类社会的对立面。那些被极端主义洗脑、控制的少数人,穿起长袍,蓄起胡须,以反社会行为发泄不满,证明自己的"不凡",甚至由仇恨而疯狂而丧失理智。美国皮尤研究中心(Pew Research Center)2006 年的一项调查显示,在法国、西班牙和英国,虽然约三分之二的穆斯林反对针对平民的自杀

---

　　① Sylvia Poggioli, In Europe, Muslim Women Face Multiple Issues, *National Public Radio*, Jan. 20, 2008 (http://www. npr. org/templates/story/story. php? storyId = 18226044).

性袭击,但几乎每六名穆斯林中仍有一人认为"为了捍卫伊斯兰而对平民进行自杀性攻击基本上是正当的"(详见表4-1)。

表4-1　对穆斯林针对平民进行自杀性爆炸的支持率(％)

类别 国别		问题:如何评价为捍卫伊斯兰而对平民进行自杀性攻击?				
		基本正当	偶尔正当	绝非正当	空缺	总计
欧洲国家	法国穆斯林	16	19	64	1	100
	西班牙穆斯林	16	9	69	7	101
	英国穆斯林	15	9	70	6	100
	德国穆斯林	7	6	83	3	99
其他国家	约旦	29	28	43	0	100
	埃及	28	25	45	3	101
	土耳其	17	9	61	14	101
	巴基斯坦	14	8	69	8	99
	印度尼西亚	10	18	71	1	100
	尼日利亚穆斯林	46	23	28		100

原注:被访者均为穆斯林。调查时间为2006年3月31日—5月14日。

资料来源: Pew Research Center Project, The Great Divide: How Westerners and Muslims View Each Other, 2006年6月22日网上发布,第4页(http://pewglobal.org/reports/pdf/253.pdf)。

　　欧拉伯之说正是抓住了欧洲内部所发生的上述社会现象,将其推到极致,演绎出了骇人听闻的欧拉伯威胁论。

　　"欧拉伯"之说的出现同时亦有重要的外部原因。首先,欧拉伯之所以能够立足并吸引四方呼应,所凸显的是美国和以色列政界、学界、媒体右翼力量的集结,他们不满法、德等"老欧洲"国家对布什政府所掀起的反恐行动采取的不合作态度,力图推动欧洲向右转,将欧洲绑上美国反恐的战车。虽然欧拉伯相关著作中所描述的诸如欧洲人口老化、穆斯林人口比例上升等事实,的确具有客观真实性,但所谓欧阿轴心、欧洲末日、欧洲慢性自杀等论调,则无疑是以危言耸听恐吓世人。

　　其次,"欧拉伯"在批判多元文化主义绥靖政策的旗号下,实际上是人为地固化不同宗教之间的矛盾,并将其无限扩大化。如前所述,根据英国广播公司(BBC)与世界穆斯林网分别公布的统计数据,欧洲穆斯林人口总计约5000万,约占欧洲总人口的5.5％。虽然总人数可观,但是,他们根本就没有形成一个四处张牙舞爪,并与所有非穆斯林为敌的宗教帮派。一方面,众所周知,在伊斯兰教内部早已分化出什叶派、逊尼派、苏菲派、哈瓦利吉派等不同派别,而什叶派和逊尼派两大派系之间的对立有时并不亚于伊斯兰与非伊斯兰信众之间的差异。另一方面,在欧洲穆斯林中,阿尔巴尼亚、科索沃、波黑等国的本土穆斯林社群,与德、法、英等国的外来穆斯林移民群体之间几乎没有什么直接交往;而在欧洲外来穆斯林移民中,又因为分别来自西亚、北非、南亚等不同国家,相互之间也还存在从语言文化、政治意识到社会网络之间的诸多差异。例如,在英国穆斯林移民当中,既有相当一部分是从马来西亚到英国留学并在完成学业后留居当地的知识分子,也有得到英国庇护的伊拉克难民,虽然他们同为穆斯林,但彼此之间的差异,与前者同其信奉基督教的英国同事之间的差异相比,有过之而无不及。

再次,"欧拉伯"无视欧洲穆斯林移民群体崇尚和平友好的主流,无视他们在长期与欧洲本地民众的和平交往中业已增进了的相互理解与和睦共荣。仍以表4-1的数据为例,欧拉伯的支持者从中看到的是欧洲穆斯林对恐怖行为的高支持率,但是,我们同样可以注意到,与尼日利亚、约旦、埃及的穆斯林群体相比,欧洲穆斯林群体对恐怖行动的认同度相对是比较低的。尤其德国的例证更具说服力:德国穆斯林社群主要是来自土耳其的移民及其后裔,根据同一调查,土耳其本国穆斯林对恐怖袭击持基本赞成态度的比例是17％,而德国穆斯林中持赞成态度的比例是7％,比前者低10％。由此可见,生活在德国的穆斯林移民及其后裔与其祖籍国的穆斯林之间,已经在政治倾向上形成一定差别。

综上所述,"欧拉伯威胁论"将欧洲与阿拉伯国家的外交关系、伊斯兰在欧洲的影响,尤其是伴随着阿拉伯移民在欧洲立足而形成以清真寺为表征的阿拉伯社区问题,统统推上了冷战之后所谓"文明冲突"之国际政治的层面。"欧拉伯"之说可谓亨廷顿"文明冲突论"的欧洲版,是欧、美、以社会中的右翼势力分化欧阿友好力量,挑拨欧阿关系,要挟欧洲彻底放弃温和的多元文化主义的一柄利剑。与此同时,在欧洲,随着围绕多元文化主义的争论从文化层面被提升到国家安全的高度。德国《法兰克福汇报》的社论就提出,外来移民应该承认和接受欧洲的主导文化。这不是说他们必须彻头彻尾地"德国化",但必须掌握所在国语言,接受法律和欧洲人世世代代形成的传统习俗。唯有如此,文化的多样性才能得以维护。[①] 多元文化主义被认为

---

① 转引自王昕:《透视阿拉伯移民在欧洲社会的历史嬗变》,《阿拉伯世界研究》2007年第1期。

助长了移民群体与主体社会的分离，允许他们既享受欧洲福利社会的优惠，却放纵其滋生对自己置身其中的社会文化的仇恨，强迫同化外来移民的理念再度被提倡，英国、荷兰、丹麦、法国等国相继在不同程度上放弃多元文化主义，正式退回到单一文化主义（Monoculturalism），转而强调国民在文化与认同上的一致性。

因此，深刻认识"欧拉伯"的缘起、实质及影响，剖析欧盟国家近 30 年来所实施的移民政策和宗教文化政策的显功能与潜功能，应当是我们研究欧盟国家国际移民政策时必须特别关注的一个重要问题。

第五章　族群认同与国际移民政策

民族理论的建构学派认为民族是"想象的共同体",同种、同源的民族亲情是与生俱来的特殊情感,而基于共同语言文字的印刷术的普及,进一步强化了现代民族意识。血浓于水的民族情感往往能够使生活在不同地域乃至不同国度的同一民族互视为亲人;反之,即便同为邻里,但因为归属于不同族群,也可能在内心深处互视为"他者"。德裔社会学家达伦多夫在论述现代社会冲突时曾经指出,虽然排斥他者的态度、措施和规定都是违背公民社会基本原则的,但是,"只要公民社会仍然局限在民族的边界之内,它就必然与排他的态度、措施和规则相结合"。[①] 在各国国际移民政策的制定与实施中,基于与生俱来之民族情感的排他性同样在不同程度上有所反映:少数国家直截了当地在政策中明文规定欢迎并无条件接纳本民族境外移民回归,但多数国家则是比较含蓄地表现在对外来移民的选择与接纳当中。

本研究选择在这一问题上较具代表性的以色列、俄罗斯和英国,分析族群因素如何作用于相关国家之国际移民政策的制定与实施。

第一节　以色列移民政策的族群因素

人们一般说到移民国家,总是以美国、加拿大、澳大利亚等为代表,其实,以色列作为一个直到 20 世纪中叶才人为重新建构的现代国家,是当今

---

① 达伦多夫:《现代社会冲突》,中国社会科学出版社 2000 年版,第 66 页。

世界上一个最特殊的移民国家。①

以色列国的建立，是19世纪后期迅速兴起的犹太复国主义运动所取得的最直接成果。由于这是曾经饱受歧视、迫害的犹太人按照自己的民族理想构建的"犹太人之家"，因此，以色列自建国伊始，就公开在其基本国策中突出犹太人、犹太语、犹太教不可动摇的绝对权威地位。而且，由于以色列是一个由犹太移民建立起来的国家，因此，移民政策作为以色列建国以及建国之后最重要的国策，更是毫不隐晦地彰显全面偏向犹太人的种族取向。

一、国家建构与强迫同化

以色列是犹太人通过迁移建立，并通过吸引全球犹太移民而获得发展的特殊国家，因此，以色列从移民机构设置、移民选择接纳到移民权益福利等，无不突出独尊犹太人的种族特性。

1948年5月14日，以色列国正式宣告成立。在立国宣言中，以色列明确宣告："联合国安理会于1947年11月29日通过决议，正式宣布在以色列的土地上成立一个犹太国家……联合国承认犹太人拥有建立其国家的权力。如同其他民族，犹太人拥有对于自己国土的天赋权利。"研究以色列问题的专家指出，"'犹太国家'与'独立国家'寓意不同。'犹太国家'指的是建立这个国家的第一要旨是'为犹太人立国'，而不是独立。而且，'犹太国家'（Jewish state）也与'犹太人的国家'（the state of Jews）寓意不同，'犹太人的国家'仅仅指明这是一个犹太人的庇护地，是犹太人能够安居的地方，而'犹太国家'则指明这是一个以犹太教为根基建立的国家"。② 正因为如此，以色列国的一切表征，都具有鲜明的犹太人特色：国旗以大卫星（Star of David）为标志，国歌赞颂犹太人回归以色列，希伯来语是以色列唯一的官方语言，犹太教则是以色列的国教。

犹太复国主义者认为，犹太人是一个民族，一个国家，犹太教是犹太人民族性的象征，它规范犹太民族的族群隶属性，犹太复国主义者不仅要摆脱犹太人在历史上受歧视的处境，而且要使那些因为长期生活在非犹太环境而多少丧失犹太教信仰的犹太人，找到民族认同的归依。新建立的以色列

---

① 感谢荷兰阿姆斯特丹大学亚洲研究中心以色列犹太裔学者巴拉克·卡里尔（Barak Kalir）博士为本人提供关于以色列移民政策的详细英文资料。

② A. Orr, *The unJewish State：The Politics of Jewish Identity in Israel*，London：Ithaca Press，1983，p.15.

国以"联合被流放到全球各地的犹太人"为宗旨,实施从精神上到物质上全面鼓励犹太人移民到以色列的立国战略。1950年,以色列议会制定了《回归法》(Law of Return),赋予全世界每个犹太人自由回归以色列的权利。1952年,以色列又公布《国民法》(Law of Citizenship),明确规定来自世界任何一个地方的犹太人,只要愿意回归以色列,自踏上以色列国土的那一刻起,就自动获得以色列国籍,成为以色列公民,享有由以色列国家赋予其公民的一切权利和福利。

《回归法》和《国民法》奠定了以色列建国以来的移民政策基础,并一直执行至今。在以色列的官方用语以及日常习惯语中,犹太人移民以色列被称为"欧列姆"(Olim)。欧列姆的意思源自《圣经》,基本含义是"上升之人"(Ascenders),指的是犹太人一项历史悠久的习俗,即犹太人定期到圣山朝拜,是一个人生不断升华的进程。根据以色列的立国信念,犹太人回归以色列就是实现人生的升华。因此,以色列移民事务主管当局按其希伯来文名称的原意,可以翻译为"升华与接纳部"(Ministry of Ascendance and Absorption),由此可见以色列国家执政者吸引犹太人"回归"的强烈意愿。

然而,值得注意的是,无论是《回归法》或《国民法》,都因为没有明确给出如何定义"犹太人"身份的基本原则而存在明显缺陷,并在实际操作中争议不休。因为,犹太人长期散居世界各地,犹太人与非犹太人通婚现象并非罕见,如何界定这些异族通婚的"非纯粹犹太人"后裔,是以色列国家以种族标准选择接纳犹太移民时极具争议的关键问题之一。在制定法律的过程中,围绕如何确认犹太人身份的争论十分激烈,各方意见无法调和,而国家成立后对于基本法的迫切需求,只好将这一关键问题暂时搁置。

在以上基本法制定后的数十年间,围绕犹太人身份确认原则而展开的争论,虽然意见纷繁,但基本可以分为自由派和正统派(又称保守派)两大派别。持自由主义观念的政治家基本认定的标准是:只要当事者本人认同于犹太民族,忠诚于以色列国,就可以被接纳为犹太人。他们希望建立一种更公民化的国家观,将拥护以色列国家置于单纯的犹太种族认同之上。与之对立的正统派则不同意,他们坚决反对自由派的开放性观点,认为:如此开放的"犹太人"观,将有可能导致包括阿拉伯人在内的数百万自称是"以色列人"的移民进入以色列,并享受以色列公民权,如此一来,不但以色列作为犹太国家的纯粹性将不复存在,而且还将严重威胁以色列的国家安全。正统派主张奉行纯粹血统主义,强调犹太人血统的纯粹性和犹太教的权威性,主张以此作为接纳以色列国民的先决条件。

以色列建国后围绕"犹太人"定义的激烈争论延续了大约 20 年,直至 1970 年方由以色列最高法院做出裁决,对"犹太人"身份定义立下三项基本原则。其一,因为犹太教以母系传承,因此,只要母亲是犹太人,子女就自动被确认为犹太人,并获得以色列国籍。其二,如果母亲不是犹太人而父亲是犹太人,那么,子女就必须皈依犹太教,方可被确认为犹太人并被接纳为以色列国民。而且,改宗犹太教的仪式,必须在以色列国内进行,如果是在以色列国境之外改宗,则必须经过特定的确认程序。其三,特别制定一项被称为"祖父条款"的规定,即允许那些犹太男性与非犹太女性结合后延续至第三代的混血后裔,能够在确认其祖父是"犹太人"的条件下,通过皈依犹太教等程序后,回归以色列,并被接纳为以色列国民。

1970 年法案的规定是自由派与政治派争论并互有妥协的结果,同时也是因应了当时以色列社会经济发展对于人口增长的急迫需求。然而,虽然有了上述明确规定,但以色列国内各派政治力量之间围绕国家种族策略的争论从未完全停息,并且伴随着各派政治势力在以色列国家政治舞台上的力量消长,长期影响以色列移民政策在宽松严紧之间左右摇摆。由此可见,虽然以色列一再声称其实施的是民主政治,但是,以色列在内外政策上显而易见的种族主义色彩,对非犹太人享有基本权力设置的各种制度性障碍,因此实际上是一个"种族共和国",是"实行单一民族统治的国家"。[①]

以色列作为一个特殊的移民社会,同样存在移民融合的问题。虽然与美、加、澳等移民国家不同,以色列以强烈的犹太人血统、犹太教原则立国,以犹太认同、犹太宗教强制同化所有来自世界各地的犹太移民,但是,来自不同地区的犹太移民依然在以色列社会中形成了不同的次级群体。以色列的社会分层,显现出种族与移民来源地双重因素的结合。

就法律而言,来自世界各地的犹太移民在自己祖国所享有的地位是平等的,但是,由于历史缘故,许多人出生成长于不同地区,有些家族已经在非犹太环境中生活了几代甚至几十代,他们的母语、习俗、信仰都打上了原居地的烙印,有些甚至因为是异族通婚的后代,连肤色都发生了变化,只是保

① A. Ghanem, State and Minority in Israel: The Case of Ethnic State and the Predicament of Its Minority, *Ethnic and Racial Studies*, Vol. 21, No. 3, 1998, pp. 428～447;O. Yiftachel, Israeli Society and Jewish-Palestine Reconciliation: Ethnocracy and Its Territorial Contradictions, *Middle East Journal*, Vol. 51, No. 4, 1997, pp. 505～519.

留了一个犹太人的民族称号,以及与生俱来的对于犹太民族的想象上的认同。当他们在不同时期、因不同原因而"回归"以色列后,虽同为犹太移民,但相互之间不仅母语不同,经济地位不同,而且还可能持有不同的政治观念,甚至在自我认同上也表现出差异,故而形成清晰可见的鸿沟。虽然以色列政府移民部的一大重要工作就是促进并协助新移民们重新学习,适应自己母族文化,但谈何容易。

以色列国家建立后接纳世界各地犹太移民的过程,大致可以 1970 年为界,分为前后两个阶段,并且各有一个移民的高峰年代。以色列建国后第一个阶段的移民高潮期出现在二战结束至以色列建国初期。当时,一个崭新的以色列国的蓝图,给予在第二次世界大战中饱受蹂躏的犹太人以光明和希望,数以十万计得以从德、意法西斯集中营中幸存下来的犹太人,在获悉以色列建国的消息后,即刻奔向自己新生的祖国。随之,20 世纪 50 年代东西方冷战格局的形成,又促使持不同政见的大批犹太人纷纷从东欧国家迁居以色列。因此,在建国之初仅有约 65 万犹太人口的以色列,仅在建国后的头 12 年,就接纳了大约 120 万犹太新移民,从而奠定了犹太人在以色列境内占据总人口 80% 以上的绝对优势地位。[①]

伴随着第一阶段移民进入并定居以色列,以色列对来自不同国家地区的犹太移民形成了两种习惯性的区分,即所谓"西方犹太人"(Western Jews)和"东方犹太人"(Estern Jews)。

西方犹太人主要指来自欧美等西方国家的犹太移民。当初以色列建国的主要倡导与推动者以该群体为主,他们将欧美的政治经济制度、思想意识形态融入了以色列的建国理念之中,是创立以色列的有功之臣。而且,仍然生活在欧美国家的犹太人一直是以色列国在政治、经济上强有力的支持者,因此,就总体而言,西方犹太人在以色列社会普遍享有比较高的社会地位。

东方犹太人则主要指来自中东、北非地区的犹太移民。由于他们大多来自较为贫困的发展中国家,原居地社会文化环境与以色列差别明显,本人大多两手空空回到祖国,既无良好教育背景又无特别技能,因此往往被安置到以色列较不发达的边缘新区,居于先天不利的地位。但是,东方犹太人的总体出生率远远高于西方犹太人,因此,进入 20 世纪 70 年代中期后,以色

---

① 根据以色列学者巴拉克·卡里尔(Barak Kalir)博士提供的以色列统计局的资料。并参阅宋全成:《欧洲犹太移民潮与以色列国家的移民问题》,《文史哲》2003 年第 2 期。

列国内东方犹太人的数量已经超过了西方犹太人，影响力开始上升。尤其是在以色列出生成长的新一代东方犹太人，更是不满西方犹太人在政治、经济上的特权地位，纷纷奋起抗争，要求享有平等的权利与地位。

以色列建国后第二阶段的移民高潮出现在 20 世纪 90 年代，随着柏林墙倒塌，苏联解体，数以百万计的犹太人蜂拥而入以色列，形成自以色列建国以来最为汹涌的移民潮。根据以色列移民部公布的统计资料，从 1989 年到 2004 年期间，以色列接纳犹太移民总计达 118 万人，其中来自苏联的犹太移民共 96.2 万人，占移民接纳总数的 82%。在苏联移民最集中的 1990 年和 1991 年，以色列国在一年之内就分别接纳了 18.5 万和 14.8 万苏联犹太移民。1989 年时全以色列人口是 455.9 万，其中犹太人 371.7 万。然而，此后短短十年间，以色列所接纳的新移民总数几近以色列原有总人口的四分之一，犹太人口的三分之一。①

骤然而至的大批新移民，无疑对以色列社会形成了猛烈的冲击，数以百万计的前苏犹太移民，是一个具有与既往移民群存在明显不同的新移民群。就其自身构成而言，该群体专业人士较多，总体教育水准相对较高；就迁移背景而言，他们因 1989 年苏联、东欧的政治巨变而出现群体迁移，在短期内大量涌入以色列，结果造成住房、就业、子女就学等一系列问题，虽然以色列政府为其提供了从特殊津贴到免费语言学习等多方位的特殊照顾，但是，巨大的生活环境变迁，仍然使许多人难以适应。尤其是对诸多专业人士而言，要在以色列这样一个小国找到完全适合自己专业的工作岗位，机会极其有限，因此，对这部分专业人士而言，满怀希望回归祖国的迁移，带来的却是社会地位向下流动及生活上的多方不适应，因而引发了多重社会问题，成为国际移民学界关于以色列移民政策研究中的一大热点问题。②

以色列社会犹太移民群体中的另一个特殊构成，是所谓"黑犹太人"

---

① 根据以色列移民接纳部网站公布的统计数据。1989—2004 年，以色列共接纳移民 1180870 人，其中来自前苏境内的犹太移民共 962458 人。1990 年接纳前苏移民共 184740 人，1991 年接纳 147670 人。1992—1999 年，每年平均接纳前苏犹太移民在 6 万人以上（http://www.moia.gov.il/NR/rdonlyres/19A1D970-2EE9-4760-BE99-4593EC98BE97/0/netuney_alia_2004.pdf）。

② 前苏移民在以色列社会中遭遇的现实困境，是国际移民学界关于以色列移民政策研究的一大热点问题。在过去十多年间，两大国际移民杂志《国际移民评论》（*International Migration Review*）和《国际移民》（*International Migration*）业已发表十多篇相关主题论文。

(Black Jews)或"深肤色犹太人"(Dark-skinned Jews)群体。在非洲的埃塞俄比亚长期生活着一个外表皮肤黝黑,但内心仍然保持"犹太人"认同的族群。他们的祖先移居非洲后,数代与当地人通婚,肤色及外貌均发生明显变化,尤其是肤色已经与当地黑色人种接近,因此被称为"黑犹太人"。在以色列建国之初,这批黑犹太人中就有人申请"回归祖国",但是因为其"犹太人"身份未得到认可,一直未被接纳。直到 1970 年关于"犹太人"身份的新规定公布后,这一群体方得以依据"祖父条款"获得"回归"以色列的资格。因为埃塞俄比亚贫困落后,加之战乱连年,因此,生活在该国的黑犹太人与当地人一样,大多生活贫困,未能接受良好教育,知识贫乏,缺乏谋生所需技能。相对富裕的以色列,给他们带来新的生活希望,因此,埃塞俄比亚的黑犹太人纷纷走上回归的道路。据 2002 年以色列的人口统计,在以色列的黑犹太人总数约为 7.5 万人,其中 80%是来自埃塞俄比亚的第一代移民,其余则是在以色列出生的新一代。[①] 虽然他们满怀希望回归自己的祖国,但是因为他们特殊的肤色,加之长期生活在埃塞俄比亚的贫困环境中,他们对犹太文化传统实际上已经十分陌生,因此一直在以色列犹太人中被视为异类,绝大多数长期生活在以色列社会底层。

表 5-1 是关于以色列不同来源地犹太移民及生活在以色列之巴勒斯坦男性的职业构成状况。从中可以看到,来自不同地区的移民群体之间存在较为明显的差异。就总体而言,来自苏联的犹太移民的就业率和从事高、中技术工作的比例都是最高的,而来自埃塞俄比亚犹太移民的同一比例则处于最底层,其从事高、中技术工作的比例,不仅低于来自其他地区的犹太移民群,也低于全以色列的平均数;而他们从事低技术或非技术工作的比例,则远远高于其他移民群及全国平均数。

---

① A. Ben-David & A. Tirosh Ben-Ari, The Experience of being Different: Black Jews in Israel, *Journal of Black Studies*, Vol. 27, No. 4, 1997, pp. 510~527; Shira Offer, The Social-economic integration of the Ethiopian Community in Israel, *International Migration*, Vol. 42, No. 3, 2004, pp. 29~52.

表 5-1　以色列不同来源地男性移民职业构成

类别	原居地	埃塞俄比亚	苏联	东方国家	巴勒斯坦*	全国
就业状况	就业率	66.0	81.1	80.1	72.1	79.9
	失业率	5.0	4.1	3.2	3.7	3.3
	非就业人口比例	29.0	14.8	16.7	22.2	16.8
	问卷总数	1584	6246	14503	5857	40879
工作类别	高技术工作	3.8	28.0	17.7	11.4	26.0
	中等技术工作	10.0	11.0	23.2	13.1	18.6
	低技术或非技术工作	86.1	61.0	59.2	75.5	55.4
	问卷总数***	1045	5067	11616	4223	32662**

　　*　笔者注意到本栏就业率、失业率和非就业人口比例相加总数仅为98%。原文如此，未做说明，疑有误。
　　**　原文缺。根据原文相关资料计算。
　　***　此行数据仅限于对正式就业者的统计。
　　资料来源：Shira Offer, The Social-economic Integration of the Ethiopian Community in Israel, *International Migration*，Vol. 42，No. 3，2004. 根据该文章中表一的相关数据整理制表。

　　当今以色列的犹太人社会中，从不同地区迁移到以色列的犹太人之间的分界线是相当明显的。以色列的社会分层，显现出种族属性和移民来源地双重因素的结合，从欧美回归的西方犹太人大多居于社会上层，从中东和北非回归的犹太人则基本处于社会中层，而来自埃塞俄比亚的黑犹太人，则处于以色列社会的最底层。那些来自苏联地区的犹太移民，则因为存在向下流动趋势而与其他移民群体之间存在隔阂。

　　而且，虽然同为犹太移民，但移民之前成长于不同政治文化环境留下的烙印，并不会因为迁移到一个犹太国家而立刻消除。鉴于来自不同地区犹太移民之间存在的现实隔阂，在犹太复国主义国家观的引导下，为了强化以色列国家的凝聚力，以色列历届政府一直对所有犹太移民实行"熔炉主义"的强迫同化政策。作为犹太复国主义国家建构的重要组成部分，所有来自不同地区的犹太移民在进入以色列后，都无一例外地被要求完全抛弃其不符合犹太文化传统的习俗，毫无保留地接受犹太民族文化与认同，将自己锻造成为纯粹的以色列国家的犹太人（Sabra）。为了达到这一目的，以色列对犹太新移民制定了一系列促进融入的政策。政府向所有被批准移居以色列的犹太移民提供住房和迁居的旅费补贴，进入以色列后的头半年，所有犹太移民都将获得生活津贴,进入免费的语言班,不仅学习语言,而且学习犹太文化习俗,按犹太教教义规范行为举止,强化所有新移民对以色列的国家认同与对犹太人的民族认同。

二、种族排斥与分而治之

在以色列国家人口构成中,长期维持着犹太人与阿拉伯人之间 8：2 的比例。在宗教信仰上,虽然以色列以犹太教为国家信仰,但阿拉伯人基本信仰伊斯兰教,同时还有小部分人信仰基督教等其他宗教。因此,以色列事实上是一个多民族、多宗教的社会。虽然以色列在独立宣言中信誓旦旦,保证所有国民无论其宗教、种族、性别如何,均享有完全平等的社会政治权利,但是,这一名义上的原则,在种种奉行犹太人至上的实际政策中早已化为乌有。

由于历史的原因,以色列在巴勒斯坦地区建国时,当地早已是阿拉伯人的聚居区。以色列宣布建国次日,不满领土被占的阿拉伯人发起攻击,第一次中东战争爆发。在巴以双方激烈的交火中,96 万原本居住在巴勒斯坦地区的阿拉伯人流离失所,沦为战争难民。以色列在美、英等西方国家的支持下,赢得第一次中东战争的胜利。战后,那些仍然留居在以色列国土疆域内的阿拉伯人被赋予以色列公民权,但是,由于犹太人在各领域占有绝对支配权,因此,这些阿拉伯人虽然拥有公民权,却在就学、就业等多方面遭受公开歧视,成为实际上的劣等公民。

1967 年,以色列为拓疆扩土,发动了当代战争史上著名的"六日战争",以迅雷不及掩耳之势,占领了西奈半岛、加沙地带、戈兰高地、耶路撒冷老城和约旦河西岸地区,总面积达 6.5 万平方千米。当时,就如何管辖被占领土上的巴勒斯坦人,以色列政府面临两种选择:或将被占领土上所有居民吸纳为以色列公民,或公开实施种族隔离政策。前一选择虽然有利于从法律上使被占领土"合法化",但大批巴勒斯坦人入籍以色列,可能使犹太人作为以色列国家主体民族的相对比例下降;而后一选择则可能使本已处于国际社会谴责之下的以色列承受更大压力,而且也可能导致巴勒斯坦人更顽强的反抗。最终,以色列政府采取了相对折中的手段:拒绝被占领土上的巴勒斯坦人享有以色列国家公民的法律地位,但吸纳他们进入劳动力短缺的以色列劳动力市场,企图以相对高于巴勒斯坦地区的劳动力价格雇佣巴勒斯坦人,以换取该地区的稳定。

在 20 世纪 70—80 年代,以色列政府一直实行这一利用巴勒斯坦人,却不给予其起码公民权的政策,其结果是从法律上扩大了以种族为界的不平等。来自被占领土的巴勒斯坦人不享有以色列的政治权利,不能参加以色列工会,也不能自组社团。政治资本的缺失使这些巴勒斯坦工人无法与以色列雇主进行任何交涉谈判。而且,由于被占领土地区本身没有什么经济机会,迫使他们只好接受有利于以色列雇主的工作条件。

具有种族特性的排斥性政策,形成了以色列劳动力市场的双重分野,在建筑业、农业、服务业等工作条件比较艰苦、收入较低、保障较差的工作岗位,雇佣了大批阿拉伯人。1994 年的统计显示,以色列雇主从被占领土上雇佣的巴勒斯坦工人达到 11 万人,大约占全以色列劳动力的 9%。尤其在建筑行业,由于不断到来的新移民加之绵延不断的战争,造成建筑市场需求量巨大,因此,在以色列建筑行业工人中,巴勒斯坦人占 45%,而建筑业因此也被贴上了"阿拉伯人工作"的标签。①

1995 年,被誉为"和平斗士"的以色列总理拉宾不幸遇害身亡,中东和平进程遭遇重创,巴以关系出现新的紧张局势。在被占领土上,巴勒斯坦人加紧进行有组织的反抗以色列军事占领的斗争,同时开展针对以色列平民的恐怖主义行动。以色列以防范恐怖袭击为由,颁布禁止巴勒斯坦人自由行动的禁令,加紧沿"绿线"(Green Line)封锁边界,而被占领土上的巴勒斯坦人领袖也经常发起大罢工,阻止工人进入以色列。

为弥补以色列劳动力市场的空缺,以色列雇主们纷纷要求政府颁发特别准证,允许他们自由地从其他国家引入移民劳工。此举在以色列议会中引发激烈辩论:反对者担心其他民族移民工人进入以色列,会威胁以色列作为犹太人国家的纯粹性,但又拿不出更好的解决办法。结果,包括前总理拉宾在内的国家政要,以"保护以色列犹太人生命安全"为最高原则,开始向罗马尼亚、泰国、土耳其、中国等不同国家的劳务人员发放进入以色列的工作准证。1993 年,以色列向非阿拉伯外国劳工发放的工作签证共 9600 份,1994 年增加到 3 万份,1996 年又猛增到 10.3 万份,此后长期维持在年均 8 万份上下,进入 21 世纪时,外国劳工已经占以色列全国劳动力构成的 10%

---

① David V. Bartram, Foreign Workers in Israel: History and Theory, *International Migration Review*, Vol. 32, No. 2, 1998, p. 306, p. 308.

左右。[①]

　　虽然大批来自不同国家的工人投入以色列的经济建设中,但以色列独尊犹太人的移民政策丝毫没有改变。在犹太国家的立法、行政、执法领域内,没有给予非犹太移民任何应有地位,法律明文禁止在以色列建立任何可能有损于以色列犹太特性的政党组织。非犹太移民进入以色列只能打工,从事犹太人不愿意做的工作。按照以色列的移民政策,无论非犹太移民工人在以色列居住工作多少年,都不能获得永久居留权,更不可能加入以色列国籍成为公民,因而也就不能享受以色列的任何社会福利。在以色列,犹太人和非犹太人之间在种族血缘上存在的与生俱来的隔阂,由国家政权颁布的法律法规正式确认为不可逾越的鸿沟。

　　总之,以色列的移民政策具有极其鲜明的种族特性,具体表现在移民选择、移民同化及种族排斥等不同方面。一些进步的以色列学者业已尖锐指出:以色列的移民政策一方面允许那些对以色列国家与文化没有认同感,仅仅依照“祖辈条款”而被认可的“犹太人”落户以色列,但另一方面却不允许那些在以色列土地上出生成长、说希伯来语、认同以色列国家的非犹太人拥有以色列国家所赋予国民的合法权益,显然是十分荒谬的。如此政策导致的显而易见的结果,就是不断地将那些业已定居在这片国土上的非犹太人塑造为心怀不满乃至仇恨的“他者”,从而给以色列国家的发展不断制造新的威胁与潜在风险。[②]

第二节　俄罗斯移民政策的族群因素

　　从历史上的沙皇俄国时期,历经苏维埃社会主义共和国联盟约 70 年,再到今天的俄罗斯联邦,多民族共处一直是俄罗斯的基本文化生态,而不同民族之间的交融、矛盾、冲突也一直贯穿俄罗斯发展之始终。

一、苏联解体与族群地理重构

　　在沙俄帝国时代,沙皇政府实施大俄罗斯主义主导下分而治之的民族

---

① 根据以色列学者巴拉克·卡里尔(Barak Kalir)博士提供的以色列统计局的资料。

② 摘自笔者与以色列学者巴拉克·卡里尔(Barak Kalir)博士的交流笔记。

政策,从抬高俄罗斯权贵的社会地位到强迫异民族改宗东正教,本已存在的民族鸿沟进一步扩大,不同民族之间矛盾冲突不休,直至兵戎相见,累积了深重的历史怨恨。苏联革命领袖列宁因而曾尖锐指出:沙皇俄国是各民族的监狱。

1917年十月社会主义革命诞生了人类历史上第一个红色政权,1922年苏维埃社会主义共和国联盟正式成立。在以列宁为首的布尔什维克政党领导下,强有力的集权政治依靠共同的意识形态和遍布全苏的共产党机构,加之强大的军事力量,将15个加盟共和国维系一体,一时成为世界民族国家建构的一大典范。

苏联从成立到解体,历经风风雨雨,走过了大约70年的历程。在这70年间,民族政策一直是历届政府的关注重点。虽然苏联以马克思主义为指导,而民族平等是马克思主义的基本原理,但苏联却始终未能消除不同民族在实际上的不平等现象。苏联境内生活着100多个民族,由于历史积怨,加上以主体民族划分行政区域的体制性原因,虽然同为苏联公民,但不同民族首先认可的是本民族国家,然后才是"苏维埃社会主义共和国"。在政策层面上,俄罗斯作为联邦内的第一大国,其利益高居于其他加盟共和国之上;俄罗斯民族作为联邦内的主体民族,亦享有实际上的优势地位,俄语作为苏联事实上的官方语言,在全苏境内被广泛推行。[①] 斯大林公开推崇俄罗斯民族是加入苏联的所有民族中最杰出的民族,是苏联各民族的领导力量,同时又以残酷手段镇压国内有分裂倾向的少数民族,先后将波兰人、朝鲜人、德意志人、卡拉恰耶夫人、卡尔梅克人、车臣人等境内十余个弱小族群,整体驱逐到中亚和西伯利亚。因此,即便在苏联的全盛时期,俄罗斯民族与其他民族之间潜在的或公开的矛盾,从来就没有完全消停过,而依靠威权政治而实施的强迫民族迁徙政策,更是加剧了民族对立,增加了民族冲突的隐患。[②]

---

① 虽然除俄罗斯之外的加盟共和国大多仍然以自己的地方语言为本加盟共和国的官方语言,但正式场合社会上层的通用语仍以俄语为主。

② 刘显忠在介绍进入21世纪后史学界对苏联民族关系史的研究状况时指出:"俄罗斯学家一致认为,苏联时期对少数民族的强行迁移不仅给这些民族的生活带来了诸多不便,也给迁入地区带来了一系列新的经济、管理、政治、意识形态、民族关系等问题,导致了新的民族矛盾的出现"(详见刘显忠:《近年来俄罗斯史学界有关苏联民族关系史的研究状况》,《世界民族》2007年第2期)。参阅师建军、付奋龙:《苏联特殊移民政策的深层原因》,《俄罗斯研究》2007年第6期;詹真荣:《杰出的贡献严重的失误:论斯大林在民族理论上的得失》,《民族研究》2000年第2期。

20 世纪 90 年代,苏联在经历一系列剧烈政治动荡后最终解体,原先的加盟共和国纷纷宣布独立,成立以本地主体民族命名的独立民族国家。此前长期压抑的对于俄罗斯民族在苏联享有特殊地位的强烈不满,在独立后迅速反弹,形成一股股不断高涨的地方性民族主义浪潮。新独立民族国家的第一代领导人,无不具有强烈的民族主义色彩,许多"以其人之道,还治其人之身"的政策相继出台。例如,历经苏联近 70 年的政策影响,俄语在各国已经被广泛使用,但是,苏联 14 个加盟共和国独立后,立刻都宣布本国主体民族语言为官方语言,各国教育系统也改用本国主体民族语言为主要教学用语。[1] 同时,非本国主体民族的权利也在实际上受到限制,例如,在就业、提职等方面,本国主体民族大多受到公开或潜在的"照顾"。与此同时,同样是对于苏联强权政治的反叛,新独立的民族国家在进行政权建设时,亦无一例外地以民主化、自由化为口号。由此,一方面是抬高本国主体民族的地位,另一方面则给予"全体民众"以更多"自由权",如此看似矛盾的政策,对人口生态结构产生的直接影响,就是在苏联新独立的民族国家之间,出现了具有族群重构特征的人口大规模流动。

苏联解体后以族群重构为特征的人口迁移的一大动向,是俄罗斯共和国之外的俄族人口大批"回归"俄罗斯。在苏联存在的最后十年,苏联境内的人口流动方向也曾经以俄罗斯为目标,但那是因为俄罗斯是苏联境内经济较发达、城市化发展占据优势的地区。苏联解体后,俄罗斯曾经拥有的这些优势已不复存在,同为"回归",但动因则完全不同。

苏联解体后,除格鲁吉亚和波罗的海三国外,其余 11 个国家签约组成了"独立国家联合体"(简称"独联体",Commonwealth of Independent States,CIS),但是,在新独立的国家,尤其是波罗的海三国,许多非俄罗斯族人对于本民族在苏联时期曾经受到的压制、同化、矮化经历,耿耿于怀,当本民族终于重新建立起独立的民族国家时,倍感扬眉吐气,而且,他们在长期受到压抑的情绪得到释放的同时,往往走向另一极端,即对原先居于主流地位的俄罗斯人表现出鄙视、不满与排斥。如前所述,这些新独立民族国家的重要文化政策之一,就是提升本民族语言的地位,将之作为官方正式语言,与此相应,原先被广泛运用的俄罗斯语即刻遭到排斥,其普遍做法之一就是

---

① 在 14 个独立的苏联加盟共和国中,只有白俄罗斯、乌兹别克斯坦、吉尔吉斯斯坦等少数几个国家同时允许在官方场合使用俄语。

在就学、就业等各类考试中,均以本民族语言为正式用语。面对民族主义情绪强烈反弹的社会环境,那些在苏联时期因种种原因而迁徙到俄罗斯加盟共和国之外居住和工作的俄罗斯族民众,不能不感到难以接受。他们既无法适应骤然下降的社会地位,更担心新独立国家迅速崛起的地方民族主义会伤害他们的就业权利、公民身份、养老金、继承权等社会保障,影响他们子女的求学与就业,因此,许多人赶紧利用一切可能的机会,向本民族的母国俄罗斯迁移,由此就在苏联解体后的大约十年间,出现了所谓"俄罗斯人回归故土"的潮流。

俄罗斯国家统计委员会的调查数据显示,在苏联解体后人口大量流动的 1990—1998 年期间,亚美尼亚和塔吉克斯坦国内的俄族人口外迁比例最高,分别达到原俄族人口的 56.9% 和 55.2%,阿塞拜疆和格鲁吉亚外迁的俄族人口达到 45.4% 和 43.4%。吉尔吉斯斯坦、土库曼斯坦和乌兹别克斯坦三个国家外迁的俄族人口达到本国俄族人口比例的 23%～25% 之间。据俄国学者的统计,在苏联解体前的 1989 年,散居在俄罗斯以外苏联各地的俄罗斯族人口大约有 2530 万,在 1990—1998 年间,大约有 500 万人"回归"俄罗斯,他们当中大约有 280 万是纯粹血缘上的俄罗斯民族,另外 200 多万则是以俄语为母语。[①] 另一数据显示,在 1992—2001 年前后十年间,从苏联境内其他新独立民族国家迁移进入俄罗斯的移民总数约为 640 万,其中70% 都是俄罗斯族人。[②] 在"回归"的俄罗斯人中,以专业技术人员和企业白领为主,一是因为他们对于民族主义的冲击更为敏感,二是他们也比较容易靠自己的专业技能在移居地找到新的工作机会。[③]

同一时期,在俄罗斯人向俄罗斯迁移的同时,因为对本民族终于建立起独立民族国家的向往,许多原本散居在苏联境内不同地区的非俄罗斯族人口,也纷纷向以本民族为主建立的民族国家迁徙,而各民族国家在立国之后,同样也对本民族人口"回归"祖国,敞开欢迎的大门,由此,会聚起了苏联解体后与俄族人口反向的移民浪潮。例如,乌克兰一宣布独立,原先居住在俄罗斯境内的乌克兰人担心失去乌克兰的公民身份,有将近一半即刻返回

---

①　詹娜·扎扬柯夫斯卡娅:《独联体近期移民趋势》,《国际社会科学杂志(中文版)》2001 年第 3 期。

②　李炜:《俄罗斯移民问题及其发展趋势》,《人口学刊》2005 年第 5 期。

③　詹娜·扎扬柯夫斯卡娅:《独联体近期移民趋势》,《国际社会科学杂志(中文版)》2001 年第 3 期。

乌克兰。[①] 另一个国家哈萨克斯坦独立后,明确表示欢迎哈萨克族回归家园,1991—1997 年间,共接纳了 16.4 万哈萨克族回归者,其中 9.3 万来自苏联境内的其他国家,6.25 万来自蒙古。[②]

苏联解体还引发大批日耳曼人、犹太人的再迁徙,而且,他们的迁徙同样表现出鲜明的族群认同因素。苏联解体前,大约有 200 万日耳曼人生活在苏联,他们主要集中居住在哈萨克斯坦(95.7 万人)和俄罗斯(84.2 万人)。1989—1998 年间,哈萨克斯坦境内日耳曼人外迁比例达三分之二,俄罗斯境内日耳曼人也有大约五分之二离俄外迁。1997 年的统计显示,从苏联境内迁移到苏联以外国家的人口中,德裔日耳曼人占 35%,俄罗斯人 26%,犹太人 14%,乌克兰人 11%。其中,55% 移居德国,12% 移居美国,1.9% 移居以色列。[③] 基于种族性因素,自 20 世纪 70 年代石油危机之后就对外来移民关闭大门的德国,也对来自苏联的德裔日耳曼人网开一面,1992—2000 年期间,德国接纳了 55 万来自俄罗斯的移民。[④]

苏联解体后出现的以种族为界的人口地理重构,是族群认同在政治风云激荡时的特殊反映。人们不会忘记,在第二次世界大战结束后,伴随着民族国家独立的汹涌大潮,在东欧、南亚、非洲都曾经出现过不同民族朝向以本民族为主体建立的国家进行的交互式大迁移。深藏在人们心中的与生俱来的民族情感,如何在遭遇外在刺激时形成导向性的迁移推力,从苏联解体后的族群人口地理重构中,我们再次看到其深刻而持久的影响力。

二、俄罗斯移民政策的族群偏好

同样值得注意的是,在 20 世纪 90 年代初期政治变迁带来的族群地理重构趋向平静之后,俄罗斯为解决本国劳动力人口短缺问题而出台的移民政策,依然显示出鲜明的族群偏好,对外来移民的选择存在明显的双重标准。

---

① 詹娜·扎扬柯夫斯卡娅:《独联体近期移民趋势》,《国际社会科学杂志(中文版)》2001 年第 3 期。

② 詹娜·扎扬柯夫斯卡娅:《独联体近期移民趋势》,《国际社会科学杂志(中文版)》2001 年第 3 期。

③ 詹娜·扎扬柯夫斯卡娅:《独联体近期移民趋势》,《国际社会科学杂志(中文版)》2001 年第 3 期。

④ 李炜:《俄罗斯移民问题及其发展趋势》,《人口学刊》2005 年第 5 期。

本书在第一章人口篇中业已指出,当代俄罗斯青壮劳动力短缺现象十分严重,如何吸引外来劳动力以保证本国经济发展的需求,一直是俄罗斯新时期发展的重要国策之一。

苏联解体后,俄罗斯国际地位一落千丈,除解体后因民族因素而造成的迁移外,另一明显的趋势是高端人才外流,他们既对苏联解体感到失望与不安,同时又受欧美发达国家优厚待遇的吸引,纷纷向欧美发达国家迁移。面对俄罗斯人才和劳动力的双重流失,普京总统在执政期间特别注重吸引外资,吸引人才,同时也明确意识到利用外国劳动力促进其经济发展的必要性。普京在 2006 年国情咨文中强调指出,为了克服俄罗斯的人口危机,必须执行一种经过深思熟虑的移民政策。俄罗斯有关机构也指出,未来 20 年俄罗斯将需要 2500 万左右的劳动移民。如果不能达到这一目标,俄罗斯的经济发展将面临停滞的危险,养老金系统也将走向衰落。[1]

由于历史渊源,俄罗斯与独联体许多国家民众曾经长期生活在同一政治体制管辖之下,即使各自独立后,边界管理也相对宽松,人口无证无序流动普遍,为此,俄罗斯联邦政府制定了一系列政策,以应对骤然高涨的人口迁移潮。

其一,俄罗斯设立了处理移民事务的专门机构,并将其隶属于俄罗斯政府内务部。[2] 1991 年 12 月,俄罗斯联邦政府设立了"移民人口委员会",次年 6 月,在此基础上正式成立"移民局",制定《俄罗斯移民政策的基本方针和实施办法》,并在全国各地设置移民局的分支机构,专门处理移民问题。2002 年 2 月,为了加强对移民的监督管理力度,普京总统正式宣布将移民局归属俄罗斯内务部管理,并任命职业警察出身的内务部副部长兼任移民局局长一职。普京强调,将联邦移民局划归内务部是为了整顿国家移民事务方面的秩序,俄罗斯欢迎国外劳动力资源进入俄罗斯,移民局的任务是帮助国外劳动力资源顺利进入俄罗斯。当有人质疑将移民局归属内务部是否将此机构军事化时,移民局局长对此予以否认,并强调指出:俄联邦移民局的主要

---

① 徐海燕:《俄罗斯民族迁徙进程中的非法移民问题》,《俄罗斯中亚东欧市场》2007 年第 9 期。

② 俄罗斯内务部相当于我国的公安部,是俄罗斯政府中的强势部门,主要职能是保障国家的内部安全。

任务是为愿意来俄罗斯工作和学习的人创造良好的环境。^① 2004 年 7 月,普京签署《俄罗斯联邦移民局问题法令》,规定移民局建制包括一名局长,5 名副局长,下设 13 个分局。法令规定,联邦移民局和地区机构工作人员总数为 18090 人。法令再度明确规范内务部移民局的主要职责,即负责协调联邦中央机构和地方联邦主体机关实施国家移民政策,执行联邦有关难民和移民的法律等。^②

其二,在俄罗斯政府制定的关于国际移民的法律法规中,明显表现出对于具有一定政治、文化相似性之独联体民众的选择偏好。

1990 年联合国第 45 届大会通过了《保护所有移徙工人及其家庭成员权利国际公约》。参照这一国际公约,俄罗斯与独联体其他国家于 1992 年制定了一项在独联体成员国内部保护劳动移民者及其家属权利的协定,^③1994 年,又签署了《关于劳动移民和劳动移民社会保护领域合作协定》,对独联体框架内的劳动力流动进行规范性约定,包括:各成员国彼此承认对方的文凭学历,在成员国之间对跨国就业者的工龄、税收、社会保障等制定对等协议。1998 年,相关国家又携手订立《关于在打击非法移民方面相互合作协定》。俄罗斯联邦于新时期制定并实施的一系列移民政策,明显表现出以同族同源同文为选择标准的移民偏好。俄罗斯对移民需求的首选目标,是那些曾经长期被囊括在苏联境内的民众,尤其是生活在乌克兰、阿塞拜疆、塔吉克斯坦、乌兹别克斯坦等与俄罗斯之间矛盾较小的独联体国家公民。

2001 年俄罗斯政府开始起草新的《移民法》,以吸引对国家经济建设有用人才为主要原则,其所规定的"人才"包括科技专家、文体杰出人士和技术人员。2002 年 2 月 20 日,俄罗斯国家杜马通过新的国籍法草案,新法律规定:获得俄罗斯国籍需具备的首要条件是在俄罗斯境内居住 5 年以上,其中每年出境时间不得超过 3 个月;其次,申请者在申请加入俄罗斯国籍时必须

---

① 新华网:《加强对移民事务管理,俄将联邦移民局划归内务部》,2002 年 2 月 26 日,(http://news. xinhuanet. com/newscenter/2002-02/26/content_291187. htm)。

② 中新网:《普京签内务部和移民局改组法令,任命两部门高官》,2004 年 7 月 20 日(http://news. china. com/zh_cn/international/1000/20040720/11792305. html)。

③ 但是,只有阿塞拜疆、亚美尼亚、白俄罗斯、吉尔吉斯斯坦、塔吉克斯坦、乌兹别克斯坦和乌克兰等七个国家在公约上正式签字。

放弃原有国籍;最后,申请加入俄罗斯国籍的外国公民必须掌握俄语。①
2002 年 6 月 21 日,俄罗斯国家杜马通过了《俄罗斯联邦外国公民法律地
位》,该部法律在俄罗斯历史上第一次建立了移民和国家直接对话的法律基
础,第一次确立了劳动移民限额、移民卡、劳动移民税等原则概念。

2006 年 6 月 22 日,当时的俄罗斯总统普京公布了一项名为"海外爱国
者自愿重返俄罗斯联邦七年计划",旨在通过提供贷款和失业补助等手段,
吸引海外俄罗斯人重返俄罗斯。根据该项计划的界定,"俄罗斯的海外爱国
者"指的是"在俄罗斯文化中成长的、说俄语并且不愿意与俄罗斯失去联系
的人"。自愿回归的海外爱国者,将在政府资助下,落户到远东和西伯利亚
等人烟稀少的边境地区和战略要地。俄罗斯政府将为自愿重返俄罗斯的海
外侨民提供相当于 3000 美元的安家费用,帮助侨民解决住房、择业和子女
上学问题。为了推行该计划,俄罗斯政府派出政府官员到海外俄罗斯移民
较多的国家和地区广泛进行宣传。俄罗斯官员估计,符合该项计划的海外
爱国者有大约 2500 万人。据《纽约时报》2009 年 3 月的报道,在该计划公布
实施后两年多期间,政府已投入大约 3 亿美元用于该项目,受该计划吸引回
归祖国的俄裔大约有 13000 人。②

2006 年 11 月 15 日,俄罗斯政府通过《关于 2007 年俄罗斯境内企业使
用外国劳动力许可配额》的决议,俄罗斯向与之不存在免签关系的国家公民
提供务工配额 30.8 万人,另向与之存在免签关系的国家(主要是独联体国
家)公民提供多达 600 万人的务工配额。在以独联体国家公民为主要对象
之移民政策的影响下,俄罗斯境内的外来劳动力大约 80% 来自独联体国家,
总计可能达到 1500 万人。因为,"他们懂俄语,好融合,易管理。具有相同
文化背景的移民流入,无疑将对俄罗斯的进一步发展产生积极的影响"。而
且,基于俄罗斯国家政治利益的需要,"普京曾多次指出,对来自独联体国家
的移民进行合法安置并使其过上正常生活,是俄罗斯加强与独联体国家间
联系的一个强有力杠杆,这有利于俄罗斯巩固其在独联体的核心地位"。③

---

① 参阅邓兰华、张红:《俄罗斯华侨华人与俄联邦的移民政策》,《华侨华人历史研究》
2005 年第 2 期。

② 转引自《俄为解决人口下降,邀海外俄裔回国定居》,新加坡《联合早报》2009 年 3 月
24 日。

③ 潘广云:《俄罗斯的独联体劳动移民及相关问题分析》,《东北亚论坛》2008 年第 6
期。

俄罗斯以"前苏公民"为偏好的移民选择政策,直接导致俄罗斯对于来自其他族群文化背景的移民,存在较强的警惕心态,并采取更严格的防范措施。如何应对来自邻邦中国的大批新移民一直是当代俄罗斯移民政策的一大焦点问题,本书第六章将专门论述当代中国新移民问题,在此不赘述。

第三节　英国反恐政治与移民政策走向

发生在 2001 年的"9·11"事件对于当代世界历史进程的深刻影响,依然存在诸多有待进一步深究的问题。如果说自 1989 年柏林墙倒塌、苏联解体,20 世纪最后十年洋溢在西方各国的是一片得意与乐观情绪的话,那么,"9·11"事件无疑如当头棒喝,令那些依然陶醉在冷战胜利狂欢中的西方政治家们顿时惊诧莫名。取而代之的,是"一种无法辨认、多重向度的恐惧",而且,这种恐惧在"移民=种族=贫穷=福利=犯罪=丧失工作=税金=威胁等一系列符号下被架构出来,提供一种可兹辨认的标的,界定出一种'他们'和'我们'的对立,并使许多坚信需要一定程度种族主义和排外主义的领导们从中获利"。[①]

本节以英国为例,剖析进入 21 世纪之后,恐怖袭击对欧美发达国家产生的政治影响,并着重从恐怖袭击与外来移民族群关系角度,剖析反恐政治对移民政策走向业已产生,并且仍在发酵之中的潜在深层影响。

一、恐怖袭击与反恐政治

2001 年 9 月 11 日,在劫持民航客机撞向纽约世贸中心双塔的恐怖分子中,包括来自阿拉伯国家的穆罕默德·阿塔和马尔万·谢赫。这两人都曾经是德国汉堡科技大学的留学生,于 2000 年先后持合法旅游签证进入美国,到佛罗里达州威尼斯的霍夫曼飞行学校学习飞行。入学后,他们提出了将旅游签证改为学生签证的申请,虽然未获答复,但并不影响他们一直在该校正常学习生活,直到他们自动"离校"踏上不归路。可是,在"9·11"事件

---

① 曼纽尔·卡斯特著,夏铸九、黄慧琦等译:《千年终结》,社会科学文献出版社 2003 年版,第 416 页。

发生半年之后,这两人所在的学校竟然收到从美国移民局发出的正式信函,通知这两名已经命丧黄泉的恐怖分子的学生签证获得批准。信件显示:两人学生签证的获批日期分别是 2001 年 7 月和 8 月,正式通知信函的发出日期是 2002 年 3 月 5 日,寄达日期是 3 月 11 日。这一极具讽刺意义的事件,引起人们对美国移民局移民签证政策的强烈质疑与批评。美国移民局将此工作失误归咎于信息处理系统老化,数据传递不及时,而美国飞行培训学校居然允许没有有效签证的学生在该校长期就读,同样引起社会各界的猛烈抨击。

　　然而,就"9·11"事件与外来移民、移民政策,乃至与多元文化原则下的移民管理政策之间错综复杂的关系而言,以上事件所反映的,只不过是冰山一角。美国对"9·11"事件的调查结果显示,所有参与事件的恐怖分子几乎都具有某种移民身份,他们大多接受过高等教育,好些还曾在如同德国这样科技发达的西方国家名正言顺地当过留学生,他们进入美国的身份是留学生,是商人,是旅游者,他们大都有社会保险号码,可以开设银行账号,获得信用卡,他们在外表上一点都不像此前人们印象中那种杀气腾腾的"亡命之徒"。

　　"9·11"事件对移民政策的影响是全方位的。在美国政府的层面上,事件过后仅一个半月,美国总统布什就签署颁布了《美国爱国者法案》。[①] 该法案以防止恐怖主义为名,极大地扩充了美国警察机构的执法权限。根据法案授权,美国警察可以在"反恐"的名义下,监听普通民众的电话,监控电子邮件往来,查询各类财务往来记录。美国财政部可以在"反恐"的名义下,对被认为可疑的金融活动进行监控。尤其是在移民监管方面,执法机构的监控权限更是被无限扩大化。2002 年 3 月,美国总检察长正式宣告建立一个遍及全美的"天网",专门用于收集成千上万个来自中东和南亚的移民及其后裔在美国的居住、生活、工作情况。4 月,总检察长再度下令,为"保护国家安全",移民局无须向社会公布所逮捕嫌疑分子的姓名。7 月,司法部公告全国,所有非公民必须在十天内报告地址变更情况,否则就可能受到罚款、关押乃至被驱逐出境的惩罚。8 月,司法部明文规定,所有合法访问美国的人,

---

　　① 《美国爱国者法案》正式名称的全文是《使用适当之手段阻止或避免恐怖主义以团结并强化美国的 2001 法案》(*Uniting and Strengthening America by Providing Appropriate Tools Required to Intercept and Obstruct Terrorism Act of* 2001),按照英文原名首字母缩写是"USA PATRIOT Act",而"Patriot"是英文中的"爱国者",因此简称为《美国爱国者法案》。

都需要接受指纹注册和登记。在新学期开始之前,美国所有大学都被要求提供在校国际学生和教职员中非美国公民的信息,尤其是那些来自中东和南亚国家的师生的详细信息,以确定他们是否与恐怖主义有染。可见,在"9·11"之后,反恐成为美国移民政策的主导话语,尤其是对那些持不同宗教信仰、不同意识形态的移民群体,更表现出明显的排斥。美国移民局在"9·11"之后进行大改组,新主政官员几乎是以宁左勿右的心态,将大批正常的移民申请人拒签于美国国门之外。墨西哥移民被描绘成包围着美国的外来"侵略者",美国边防军需要"保家卫国",移民控制与国家安全紧密相关。

在民间层面,各种关于移民与恐怖事件相关的报道与传闻,激发民众对于外来移民的猜疑与恐惧急剧上升,普通民众的国家安全观发生了重大变化。一些普通民众在"9·11"之后忽然意识到:恐怖分子就在身边!美国安全竟然如此脆弱!因此,受《美国爱国法案》引导,他们认可政府强化对移民与边界控制的种种举措,在占据绝对压倒优势的反恐话语的高压之下,美国社会对个人自由的推崇让位于对国家安全的关注,布什也就得以在"反恐"名义下发动战争。

在美国"9·11"事件发生911天之际,恐怖分子又策划制造了震惊世界的西班牙马德里2004年3月11日大血案。是日晨,马德里三处火车站发生连环爆炸案,事件共造成191人死亡,1500多人受伤。马德里爆炸案的主要策划者是土耳其人萨尔哈内·法克赫特,直接指挥者是摩洛哥人雅马·阿米达,他们均在爆炸中自杀身亡。在事后被逮捕判刑的主要案犯中,有从摩洛哥、叙利亚、埃及、阿尔及利亚和巴勒斯坦等中东、北非国家进入西班牙的阿拉伯人,也有已经入籍西班牙的移民后裔。

2005年7月7日,正值八国峰会在英国举行之际,恐怖组织制造了56人死亡、700多人受伤的伦敦地铁系列爆炸案。事后英国警方发现,在此次事件中充当人弹的30岁的穆罕默德·西迪基·汗、19岁的杰曼·林赛、18岁的哈西卜·侯赛因,以及赫扎德·坦维尔等人,竟然都是"英国人"!他们来自英格兰北部的约克郡,是成长于英国本土的信仰伊斯兰教的移民后裔。欧洲情报官员的信息指出,基地组织一直在欧美等国寻找、招募具有极端主义信仰的青年人,将其送到索马里等国进行培训,再派回其"所在国"制造恐怖袭击事件。

2006年8月10日,英国警方宣布破获了一起炸机阴谋,19名恐怖疑犯的姓名和住处被公之于众,其中14人居住在伦敦东区。这一事件再度震惊了英国乃至整个西方社会,因为所谓"恐怖分子"竟然完全是西方社会"调教"出来的移民后裔,居住在大城市,从表面上看,他们从语言到衣着举止都与普通英国青年没有什么太大不同。

如此接连发生的恐怖事件或未遂恐怖事件均与移民及移民后裔相关,因此,从美国到欧洲,无不在反恐口号下强化了对非法移民的打击力度,西班牙前首相阿斯纳尔更是明确强调以打击非法移民为仅次于反恐的第二大任务。然而,以上恐怖事件的指挥者和制造者不少其实是合法移民,甚至是已经入籍当地国或完全在当地国出生成长的合法公民,因此,对非法移民的打击行动,在实践中往往表现为对于伊斯兰激进组织以及与之相关移民群体的全面监控。

当反恐成为国家安全的主导话语时,那种宽容、尊重移民人权、文化与习俗的多元文化理念,也就遭遇到颠覆性的挑战。

二、多元现实与一体走向

英国的多元化现实与反恐政治对英国社会形成的强烈冲击,具有特别典型的意义。

在欧洲国家中,英国是一个具有特殊地位的国家。在历史上,英国既曾经号称"日不落帝国"而称霸全球,又曾经因其国民迁移世界各地而将英语、英国文化传播四方,以致英语成为当今世界使用范围最广的交际语言。

自二战结束,民族独立运动兴起,大英帝国彻底解体。然而,战后初期,由于大战造成的劳动力缺失,以及大英帝国沿袭下来的以其世界各地之臣民庇护者自居的理念,英国政府于 1948 年制定的《国籍法》,对"英国臣民"作极其宽泛的定义:既囊括居住在联合王国和尚未独立地区的"联合王国和殖民地公民",也包含居住在已经独立但仍然留在英联邦之内的所有国家的"英联邦公民"。而且,既然是"英国臣民",那么,所有这些国家和地区的公民都可以自由出入英国,由此也就形成战后朝向英国的第一波移民潮,英国迅速地从移民迁出国向移民迁入国转变。1962 年,英国制定并出台新的《移民法》,将英国公民与英联邦的"海外子民"相区分,对后者移居英国进行一定限制①,但总体而言,因为英国与其前殖民地之间千丝万缕的联系,从这些地区移居英国的移民源源不绝。

时至 20 世纪末,来自世界不同国家地区、具有不同语言文化背景的移民,已经使英国成为一个多元文化、多元族群的国家。据英国政府正式公布的统计数据,在英国总计 6060 万人口中,大约 7.9％隶属于少数民族群体,其中既有已经移居英国上千年的来自南欧的罗马人、来自北欧的丹麦人和犹太人,也有 16 世纪才开始移居英国的吉卜赛人,18 世纪后移居英国的穆斯林,以及在大英帝国瓦解后,于 20 世纪 50 年代从加勒比地区移居英国的黑人群体,20 世纪 70 年代从南亚印度、巴基斯坦、孟加拉大批涌入的移民,此外,来自中国、非洲等不同国家和地区的移民也在英国形成了各自的社区。② 英国国家统计局的数据则显示,2001 年英国人口中有 490 万人(8.3％)出生于英国本土之外,比 1951 年的 210 万(4.2％)翻了一番以上。其中,除了来自欧盟其他成员国以白人为主的移民(260 万人)之外,人数最多的两大移民群是印度裔(55.98 万人)和巴基斯坦裔(33.64 万人),共占外来移民人口的 18.5％。③

以世界著名的大都市伦敦为例。在伦敦对外宣传其旅游资源的网页上,"多元文化的伦敦"(Multicultural London)是其突出宣传的内容。该网页图文并茂地从 14 个不同侧面,展示伦敦文化的多样性,包括:非洲的伦敦、希腊的伦敦、爱尔兰的伦敦、日本的伦敦、加勒比的伦敦、拉美的伦敦、土耳其的伦敦、东南亚的伦敦、中东的伦敦、波兰与东欧的伦敦、亚洲的伦敦、犹太的伦敦、华人的伦敦和东欧的伦敦。④ 以上区分虽然在地区、民族的划分上有交叉,有重复,但无疑令世人对多元伦敦印象深刻。

因为外来移民往往依族群纽带相对聚居一处,伦敦全城各地分布着众多的外来移民聚居区,例如:如今已经成为旅游热点之一的伦敦唐人街位于

---

① 例如,1962 年 1 月颁布的英国移民法规定:对非英国公民移居英国实行"保证人制度"(a voucher system),即每个新移民都必须提供由雇主出具的证明,保证抵达英国之后即刻就能得到雇佣或任职,其移民申请方能获得批准。

② 参阅英国驻华大使馆网站提供的资料"多元文化的英国"(Multicultural Britain):(http://ukinchina.fco.gov.uk/en/about-uk/people-politics/multicultural-britain)。

③ 英国国家统计局网站资料(http://www.statistics.gov.uk/cci/nugget.asp?id=1312)。

④ 参阅"伦敦旅游网"(Visit London)(http://www.visitlondon.com/maps/multicultural_london)。

%

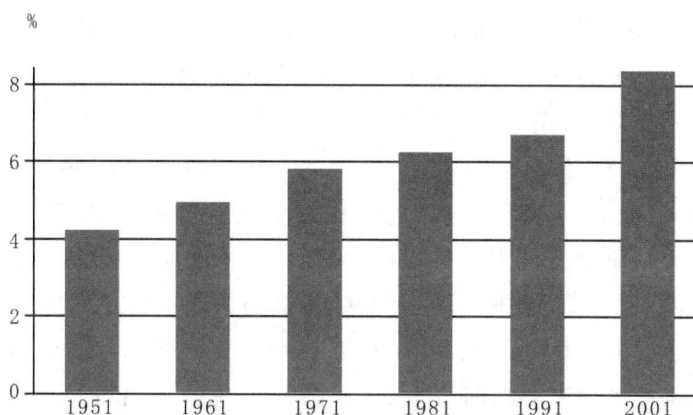

图 5-1　英国总人口中外国出生移民比例(1951—2001 年)

资料来源:英国国家统计局网站资料(http://www. statistics. gov. uk/cci/nugget. asp? id=1312)。

伦敦市中心的苏豪区(Soho);伦敦的多斯顿(Dalston)和哈克尼(Hackney)是两个聚居着众多来自非洲和拉美移民的街区;艾治威道(Edgware Road)、贝斯沃特(Bayswater)和肯辛顿(Kensington)周边主要是中东移民聚居区;大约 20 万犹太人散居伦敦城各地,但北伦敦斯坦福山周边曾经长期是奉行传统犹太教的犹太人聚居地,而如今伦敦城中最充满活力的犹太人街区则位于高特格林(Golders Green),那里具有浓郁犹太情调的咖啡厅、餐馆和各色酒吧吸引了许多年青一代的犹太人;从伦敦南面的纽温敦格林(Newington Green)延伸至北面的帕尔默格林(Palmer's Green),19 世纪时曾经是塞浦路斯移民的聚居区,后来发展成为"土耳其人和塞浦路斯人"及"希腊人和塞浦路斯人"两大聚居区,然而,进入 21 世纪后,由于该地区土耳其人(包括库尔德人)不断增加,该地区已经成为伦敦著名的洋溢土耳其风情的社区。

从伦敦市中心出发,搭乘公交车向东行驶约一个小时,就可以抵达一个叫做沃森斯托镇(Walthamstow)的地方。以镇中心为起点,有一条长约 1 千米的阿尔伯特街,街道两旁一家紧挨一家,共有大约 450 个简易摊位和 300 多家店铺。在这些摊位和店铺中,各类商品从日常生活所需的蔬菜瓜果到真假难辨的金银首饰,应有尽有,其装饰风格和店员的外表装束,各自展现的是从波兰、俄罗斯、印度、中国、加勒比到南亚的多姿多彩的异域风情,而夹杂在杂货铺之间的,则有英国、土耳其、印度、葡萄牙或中国式的各类酒吧或餐饮小吃店。走在这条街市上,空气中混杂着中东、印度、非洲和中国音乐,身边涌动的人流中则包括白、黑、黄、棕等各色人种。这是一个著名的移民社区,不同民族的交流与碰撞司空见惯,多元文化之纷繁令人眼花缭乱。20世纪中叶以降,由于沃森斯托镇处于大伦敦边缘,该地区发展水平相对滞后,生活费也比较低廉,因而成为大批涌入英国之外来移民的落户地,并在安居的过程中带来了具有自身特色的物质文化。渐渐地,低廉与文化多元的结合,使沃森斯托镇呈现出特殊的色彩,一些中等收入阶层,也受吸引而迁入该社区。有人说,这里是真正的联合国;有人认为,在这里你能吃到各国的美食,学会与各种不同文化和平共处。正因为如此,当伦敦于2005年争得2012年奥运会主办权时,该区以其多元文化的突出特色,而被英国政府确定为伦敦奥运会的五个主办区之一。

然而,在2006年8月伦敦未遂炸机案被破获后,沃森斯托却因为警方在该地居民中发现并逮捕了两名恐怖嫌犯而受到世人的关注。当时,警察在沃森斯托街区实施24小时监控,阿尔伯特街上有两处住宅受到警方搜查,一批媒体从业者为捕捉新闻而在该地“蹲点”,该地区的任何动静都被立刻曝光。这无疑是向全社区昭示:“恐怖分子”就在各位身边! 生活在沃森斯托的本地人的直接反应是:我真的了解我的邻居吗? 我真的愿意冒险生活在这里吗? 英国媒体在介绍嫌犯时,则反复使用“不敢相信”这样的字眼:不敢相信这两位在当地颇有名气的业余机械师竟然是恐怖分子! 不敢相信伦敦大学生物化学专业学生、22岁的瓦希德·扎曼是恐怖分子! 不敢相信恐怖嫌犯虽是南亚裔青年,但他们大多来自中产阶级家庭,并且完全在英国出生成长!

随着调查的深入,大量关于这批恐怖嫌犯的资料被公之于众。人们认识到,参与谋划恐怖事件的嫌犯大多是巴基斯坦移民的后代,可以算是土生土长的英国人,他们的日常生活与一般英国年轻人并无二致。他们的父辈或祖父辈移民英国后,为改变命运,不辞辛苦地在当地辛勤工作,为了挣钱养家,甘愿接受社会底层的任何工作。第一代移民大多习惯于生活在当地主流社会边缘,甚至主流社会之外,他们的心理补偿,来自与原居地相比的高收入,满足于与过去相比经济条件的改善。但是,他们的后代则不然。在英国出生成长的新一代,他们接受的是英国式的教育,他们的社会参照系是身边的同龄人,既然英国社会倡导的是“平等”教育,那么,大家就应当完全一样! 但是,“他们”在实际生活中还是和英国社会主体的“我们”有鸿沟! 因为外貌长相,因为与生俱来的伊斯兰宗教信仰,还因为缺乏需要经年累月积淀的社会资本,使得移民新一代虽然生在英国,许多人却依然是英国社会中的"他者"。

伦敦警方在破获 2006 年伦敦未遂炸机案之后所公布的结果,对整个英国社会震动极大。在英国社会中,原本就对多元文化政策持批评态度的那部分人,在恐怖事件后更是纷纷指责政府政策严重失误,并以此为例,证明多元文化政策所主张的文化宽容如何破坏民族的一致性,阻碍社会融合与文化同化,导致社会分裂为不同的族群帮派,为恐怖分子提供了滋生的土壤。有的更将社会隔阂及恐怖主义归咎于伊斯兰教,认为不同宗教信仰固化了"我们"与"他们"的对立。

"优果"(YouGov)是英国颇具影响的一家民意调查机构。根据该机构在 2006 年 8 月公布的一项问卷调查结果,答卷人中有 18% 认为"大多数英国穆斯林对这个国家不忠"(而一年之前同一比例仅为 10%),赞同"英国的穆斯林基本是平和、守法的"的比例则从一年前的 23% 下降为 16%,而认为存在因"伊斯兰威胁"而导致文明冲突的比例更是从前一调查的 32%,猛增到 53%。英国社会舆论普遍认为,延续近 20 年的多元文化政策已经以失败告终。"我们试图避免将单一的英国认同和英国文化强加于他人,但是,在没有共同纽带的情况下,我们又如何能够终结社群的孤立状况并将其融为一体?"[1]"我们英国自己多元文化社会养育的孩子"制造了恐怖事件,将社会对于多元文化的共识"炸得粉碎"。[2]

英国政府推行的多元文化政策曾经允许甚至鼓励穆斯林组建社团,并希望通过与穆斯林社团领袖的沟通,加强政府对穆斯林社群的了解与影响,希望全英各地大大小小的清真寺能够成为团结穆斯林群体的核心,并影响其信众进一步成为英国的良好公民。然而,一系列恐怖事件发生后,英国政府在将矛头指向本·拉登等恐怖主义分子的同时,也使众多穆斯林移民社群受到牵连,特别是未遂炸机案揭示存在英国本土之恐怖主义(home-grown terrorism)阴谋组织之后,英国执法机构对少数族群更加"关照"。一个众所周知的事实是,无论是正常盘查或是特别搜查,一看对方外表多少显现出中

---

① Philip Johnston (Home Affairs Editor), Islam Poses a Threat to the West, Say 53pc in Poll, *The Daily Telegraph*, August 25, 2006.

② Tariq Modood, Multiculturalism, Liberal Citizenship and National Identity: On British Muslims, Montserrat Guibernau & John Res eds., *The Thnicity Reader: Nationalism, Multiculturalism & Migration*, Cambridge: Polity Press, 2010, p. 244.

东、南亚人的特征,执法者的态度立刻就变得特别严肃紧张,问讯特别严厉,盘查也特别"仔细"。如此举措无疑令年轻的移民后裔们深感难以言喻的切肤之痛,进而加剧一些人心中原本存在的不满,甚至将其推向极端主义的不归之途。由此,问题也就从如何使"他们"接纳主流社会的文化与价值观,改变成"我们"为什么允许"他们"自行其是?"我们"究竟该不该接纳"他们"?英国主流话语得出的结论则是"我们"没有必要去理解"他们","他们"应当无条件认同"我们",并全盘接受"我们"的价值观与文化。

在 2005 年"7·7"爆炸案之后,英国于同年 11 月 1 日正式向所有移民推出"英国公民入籍考试"。这项考试名为"英国生活"(Life in the UK),申请人需要回答一份全英文试卷,内容涵盖英国社会、传统和政府等三大类问题,涉及英国的社会制度、政府机构等政治性常识,也包含在英国需要了解的生活性常识,如就业、纳税、保险、教育,以及如何使用图书馆等公共服务设施。考试限时 45 分钟,考试费用 34 英镑,应考者必须在 24 道题目中正确回答至少 18 道,才算合格。英国设立这一考试的目的,就是要求申请入籍的外来移民必须了解英国的政治与社会,必须明白取得英国公民资格的同时所需要承担的义务和责任。英国移民大臣还指出,今后的考试对象还可能扩大到那些希望在英国获得长期居留权的移民。显然,英国政府在反恐话语主导下所采取的一系列政策的背后,实际上都隐含着要求外来移民完全同化于英国的潜台词。

如果说以色列与俄罗斯在其国际移民政策中凸显族群因素的个案,因这两个国家特殊的历史、文化与政治背景而具有一定的特殊性,那么,英国的事例则从另一个角度表明,进入 21 世纪之后,在反恐政治的影响下,诸多发达国家移民政策都强化了移民选择中对宗教、种族、文化因素的考量。欧盟的共同法之一是允许各国劳动力在成员国之间自由流动,2004 年欧盟东扩,一次性将塞浦路斯、捷克、爱沙尼亚、匈牙利、拉脱维亚、立陶宛、马耳他、波兰、斯洛伐克和斯洛文尼亚等十个国家纳入欧盟,在基于地缘政治和历史文化的"欧洲情结"中,就包含引入与欧盟国家主体民族在血缘、文化上比较亲近的东欧劳动力的潜在考量。然而,制约民族选择的移民政策,却未必都能如愿以偿。无论是欧洲还是北美,在经历了战后半个多世纪以来越来越大规模的人口跨境流动后,已经出现了许多未曾预料到的新问题。

亨廷顿在《文明的冲突》中的一段论述引起了不少学者的关注,他认为:"在后冷战的世界中,人民之间最重要的区别不是意识形态的、政治的或经济的,而是文化的区别。人民和民族正试图回答可能面对的最基本的问题:我们是谁?……人们用祖先、宗教、语言、历史、价值、习俗和体制来界定自己。他们认同于部落、种族集团、宗教社团、民族,以及在最广泛的层面上认同文明",因此,"民族国家仍然是世界事务中的主要因素"。^① 尽管亨廷顿关于"文明冲突"的必然性之说仍有诸多可商榷之处,但就其所指认的民族认同存在的广泛性和必然性而言,则无疑是当今世界一个不可否认的现实。

---

① 亨廷顿著,周琪等译:《文明的冲突》,新华出版社 2002 年版,第 6 页。

第六章　中国的跨境移民与国际移民政策

　　中国是一个有着悠久移民历史的人口大国,所谓"有阳光的地方就有华人"即为真切写照;而从有唐一代的"万方来朝"到今天数以百万计的世界各国人士来华寻梦,中国这个拥有13亿人口的世界人口第一大国,也已经成为一个既有移民迁出,也是移民迁入,兼有移民过境之三重现象并存的国家。虽然当代中国尚无独立明确的国际移民政策,但是,中国独具一格的侨务机构设置和卓有成效的侨务政策,是具有中国特色之国际移民政策的体现。

　　本章探讨当代中国移民政策与出入中国之人口跨境流动的博弈,既剖析当代中国人走向世界的基本动因、迁移途径与人口构成,也阐释近十多年才开始出现的外国人寻梦中国带来的新问题,进而梳理具有中国特色的侨务政策,钩稽当今国际移民新时代对中国移民政策提出的新课题。

第一节　走向世界的中国人

　　之中。就东南沿海,尤其是闽、粤地区而言,从有唐一代至明末清初,梯山渡海、谋生异域,曾经长期是当地人民求生存、求发展的自发行为,在长期和平移居过程中形成的血缘、乡缘纽带,将闽粤与今日之东南亚地区的诸多国家紧紧地联系在一起。进入19世纪,当西方列强用洋枪洋炮轰开了古老中国的大门之后,殖民者掳掠人口的罪恶活动,就无情地把中国丰富的人力资源强行纳入了西方资本主义运行的轨道,"契约劳工"、"苦力贸易"的罪恶行径,驱使中国人的海外迁移史发生了质的变化。于是,伴随着种植园经济的兴起,伴随着一座座矿山的开发,除了在闽、粤人传统的移居地东南亚之外,在遥远的美洲、非洲乃至大洋洲,也都出现了被迫卖身的中国苦力。这是中国人近代海外移民史上血泪交织的一页。

在中华人民共和国成立之初,中国政府对当时海外侨胞的估计数是1300万~1500万,85％以上集中于东南亚国家。[①] 进入 20 世纪 50—60 年代,中华人民共和国向外人口流动出现一个明显的凹谷。就外部因素而言,随着世界冷战格局形成,资本主义和社会主义两大阵营势不两立,中国人传统移民区东南亚国家自 20 世纪 50 年代后基本对中国关闭了移民的大门。就内部因素而言,新中国成立后卓有成效的爱国主义和革命理想教育,不仅使广大人民群众愿意为新中国艰苦奋斗,而且还吸引了数十万海外侨胞回国参加社会主义建设。

20 世纪 70 年代末,当中国改革开放打开了对外交往的大门之后,伴随着一波又一波的"出国潮",数以百万计的中国人融入了当代滚滚涌动的跨国迁移大潮中。中国人在重新认识世界的同时,也加速了走向世界的步伐,中国的跨境移民成为当今国际移民潮中一个引人注目的组成部分。

一、改革开放与当代中国移民潮

自改革开放以来,我国有数百万人通过不同途径跨境迁移。对于中国改革开放 30 年来基本属于自发形成的跨境移民潮,急需了解其发展、变化及趋势,总结其影响、经验及教训。我国目前的基本国情是:国内普通劳动力市场严重供大于求,高级专业人才则相对紧缺。如何在深入了解发达国家移民政策的基础上,制定符合中国国情的移民政策,既促进中国劳动力合情合理地加入国际劳务市场竞争,争取更广阔的生存空间;又能有效吸引境外专门人才为我所用,为人口正常跨境流动提供必要的政策性支持,是为必要。

本书在绪论将当代国际移民的主要迁移类型分为工作性、团聚性、学习性、投资性、休闲性和托庇性等六类。就中国当代跨境移民而言,以工作性、

---

① 庄国土:《华侨华人与中国的关系》,广东高教出版社 2001 年版,第 282 页。

团聚性和学习性迁移为由的迁移数量最为集中。随着改革开放取得巨大成就，投资性移民逐渐增加，休闲性迁移也开始显现。至于以各类"难民"身份寻求获得正式移民身份的情况，在过去数十年内从未间断，但根据笔者多年的追踪调查，大多数属于以寻求庇护为手段，以实现移民身份合法化为真正目的。

在当代跨境迁移的中国人中，以城乡普通劳动者居多，其所吸引的社会关注度也比较高，是笔者多年来一直关注并追踪分析的群体。因此，本章以从中国城乡向国外迁移的劳动者为主要分析对象。

（一）改革开放与人口跨境流动兴起

在中国南方的闽、粤、浙侨乡，出国务工以提升个人及家庭经济地位的流动已有数百年历史。但是，在中华人民共和国成立后的50—60年代，由于当时特殊的政治环境，跨境流动陷入低谷，到"文革"时期，"海外关系"几乎可以同"敌对关系"相提并论。当代中国大陆再次兴起出国潮，基本是20世纪80年代之后的事。但是，在闽、粤、浙侨乡，当"文革"进入后期、动乱尚未完全结束的70年代，侨乡农村地区已经敏感地捕捉到了国内外相关重要信息而踏上了跨国跨境的迁移之途。

1971年6月，国务院颁布了《关于华侨、侨眷出入境审批工作的规定》，恢复因"文革"而中断了的对归侨侨眷出国申请的审批，尽管条件严格，获准者寡，但政策毕竟出现了松动。由此，从传统侨乡福建的晋江、福清，浙江的文成、青田，到广东的开平、台山等地，敏感的侨乡人立即借海外亲缘关系纷纷申请出境出国。"文革"结束后，自1978年起，中国政府又相继颁布了《关于放宽和改进归侨侨眷出境审批意见》等一系列文件，为归侨侨眷出国出境提供方便。由彼迄今，出国浪潮就没有停息过。

20世纪70年代兴起的跨境移民潮大约受四大因素影响。其一，香港经济机会和港英当局"抵垒政策"的吸引力。20世纪70年代正是被誉为"亚洲四小龙"之一的香港进入经济腾飞的发展期，劳动力十分短缺，工资水平见涨。而且，港英当局于1974年宣布对来自中国内地的入境者实行"抵垒政策"，即任何人只要能成功越过边境进入香港市区，即可向港英当局申领香港身份证，享有居留工作权利。"抵垒政策"先后实施约五年，利用该政策进入香港约30万人，其中，绝大多数是广东人，外省人中则以福建人为主。另据港英政府的年报，1971年获准移居香港的中国内地人为2530人；1972年即猛增至 20355 人；1978 年再出现新高，达 7 万人以上。①

其二，中国闽粤侨乡地区与东南亚的传统亲缘纽带关系在新形势下继续延伸。闽粤地区传统跨国亲缘关系以东南亚为主，20 世纪 70 年代出国风初起之时，虽然东南亚国家仍然对中国人紧闭移民大门，但侨乡人却可以凭借到东南亚"探亲"的证件，进入香港"等候"，并借机转为香港合法居民。"文革"后福建侨乡的第一波出国潮充分利用了这一途径。从 1972 年到 1979 年，每年从福建正式获准出国的归侨侨眷均在万人以上。

其三，日本为"战争孤儿"提供的优惠政策也被充分利用为新的移民渠道。中日恢复邦交后，日本厚生省自 1975 年开始到中国搜寻日本的"战争孤儿"，并规定：凡日本战争孤儿均可申请回迁日本，一切费用由日本政府承担。二战前福州福清地区即有人赴日谋生。按福清高山乡人的说法：一九七几年时，有个在抗战期间从日本回乡的高山人，利用其保存的日本"出生证"向日本驻华大使馆提出申请，不久即获准带着全家包括儿子媳妇、女儿女婿及孙辈共 60 多人（有的说"一百多人"）"回迁"日本。而且，据说在那之后没几年，福清又有好几十人利用其"日本出生证"率眷属 400 余人"回迁"日本，另外还有 1000 多人做了"日本归侨认证"。② 尽管笔者未能追踪到第一位"回迁者"的真实情况，③但是，从此类"传闻"在当地广泛流传的程度，从当地人讲述那些"幸运者"时那种眉飞色舞的神态，我们很容易感受到这一"回迁传闻"所产生的示范效应。据日本学者的研究，中日邦交刚一恢复，的确立刻就有福清人利用其亲缘纽带申请赴日"家庭团聚"，当时"很容易拿到日本国籍，能享受日本的社会保障。后来发生一些冒充日籍中国人的事件，

---

① "抵垒政策"从 1974 年延续至 1979 年。1979 年 9 月 30 日，港英当局宣布：自 10 月 1 日零时起，取消"抵垒政策"，实施非法入境者一被逮捕即押解回中国内地的"即捕即解"政策。相关资料依据笔者 1997 年 1 月在广东深圳的调查笔记。

② 据当地人介绍，提出"日本归侨认证"的凭据是身上接种牛痘后留下的标志：中国接种牛痘的标志是拇指型，印尼是长型，而日本是梅花型。当地人做"日本归侨认证"的另一目的是其子女可以在参加中国高考时享受给予归侨子女加分的优待。

③ 笔者曾经就此向一位研究"在日中国人"问题的日本学者请教，对方认为：并不是持有本人在日本的"出生证"就可以"回迁"日本，所谓"种痘标志"也不够，主要是必须证明具有日本血统才能被接纳为"日本人"回迁日本。日本是一个采取血统主义户籍的国家，1985 年以前的规定是：只有父亲是日本人，孩子才能得到日本户籍。1985 年以后，改为只要父母有一方是日本人，孩子即可得到日本户籍。

审查内容越来越严格",直至"要用 DNA 来确定亲子关系等等"。[①] 无论是"出生证回迁"还是"赴日家庭团聚",一个显而易见的事实是,在福州侨乡,早于 20 世纪 70 年代中后期就出现若干赴日新移民,而他们回传的信息及拓展的网络,则直接推动了 80 年代骤然高涨的赴日移民潮。据福清侨务部门正式登记的资料,1980 年后十来年间有 2 万福清人出国到日本,但当地人普遍认为实际赴日人数至少 10 万。[②] 侨乡网络快速充分地利用政策空间实现移民有效流动,此为典型一例。

其四,冷战时期以美国为代表的西方国家对来自中华人民共和国之移民所采取的特殊政策,也成为吸引移民的一大渠道。20 世纪 80 年代初侨乡人的赴美途径,主要是借助亲缘纽带申请移民、探亲、旅游,或是到外轮当海员后借靠岸美国之时"跳船"留居当地,入境后先打工赚钱再说。很快,"美国干一年等于香港干三年","美国干一月等于家乡干三年"的说法就在福州地区不胫而走,成为直截了当的"赴美动员"。而且,正当在美国的"无证居留者"与日俱增而颇有点人心惶惶时,忽然,美国政府于 1987 年实施的一纸大赦令,使全美大约 300 万非法移民转眼间变成了"堂堂正正的美国人",其中也包括数万业已抵美的福州非法移民。[③] 1993 年美国政府正式通过实施《中国学生保护法》,又给不少与"民运"毫无关系的福州侨乡人以转换身份的机会。[④] 随着如此"振奋人心"的消息伴随着各类解读源源回传,侨乡人不断"听说":只要能证明自己想多生几个孩子而不果,只要能证明自己曾受过什么"迫害",再后来,只要说练过什么"法轮功",都可能成为申请在美合法居留的理由。美国居留程序中这卡那卡的用途,在美国"上庭"的种种程序,乃至美国的哪位律师或哪家律师行"更有办法",侨乡人说来无不头头是道。

----

　　① 笔者感谢日本淑德大学社会学部教授、研究日本华人问题学者田岛淳子提供的背景资料。

　　② 侨乡民间流传的所谓"日本怕福清(偷渡者)"之说,从一个侧面反映出福清人在日本的影响。

　　③ 美国政府 1986 年通过的《移民改革和控制法》(*Immigration Reform and Control Act of* 1986)规定:1982 年 1 月 1 日以前的非法入境者,或至 1982 年 1 月 1 日在美国连续居住满两年的非法移民,均可获得临时居留权;如果他们能证明自己对英语、美国历史和美国政治制度有所了解,可在获得临时居留权 18 个月以后申请永久居留权。

　　④ 1990 年 4 月 11 日,美国总统发布行政命令,允许 1989 年 6 月 5 日—1990 年 4 月 11 日在美国境内的中国学生、学者申请永久居留权。1993 年 6 月 30 日,美国移民归化局正式公布《中国学生保护法》实施细则,7 月 1 日正式生效。

总之,自 20 世纪 70 年代以后,作为对改革前全盘贬低西方之反弹,向往西方的思潮在中国尤其是闽、粤、浙等地的重点侨乡地区骤然高涨,具体表现为个人以能够"出国"为"有本事",家人以有"侨"为荣耀。既然"侨眷"在获得出国护照及取得入境签证上都占有优势,在侨乡就出现了有亲靠亲、无亲"找"亲之风,从传统的儿女联姻、子嗣过继"建立"起人为的亲缘纽带,进而出现"假结婚"、"假过继",乃至通过"蛇头"操纵的人口跨境走私贩运,各类正规或非正规的迁移渠道,相继应运而生。

(二)当代中国人口跨境流动的主要动因

近年来,笔者曾多次组织研究生围绕国际人口流动专题,在福建、浙江等人口外迁集中的农村地区进行田野调查,同时也利用学生假期回家时,组织他们带着问卷和访谈提纲,进行有针对性的访谈调查,搜集了大量资料。根据我们调查了解的资料,改善本人及家庭的经济生活条件,是跨境流动最主要的动因。而且,客观地说,在一定程度上达到目的的移民大约在半数以上。正因为如此,在福建沿海地区就有如此说法:"出去一人富一家,出去十人富一村。"

由于跨境流动以赚钱、改善经济条件为主要目的,因此,迁移者的收入期望值都比较高,但又呈现出地区性差异。根据我们的调查,相对而言,福建与浙江作为传统的移民地区,加之在海外有一定的乡缘亲缘网络提供初期迁移的支持,流动者预设的期望值相对最高,大多以能够赚回 100 万元以上人民币为出境务工的目标。以福州地区为例。根据笔者 2003 年的调查笔记,被访者及其亲属所期待的是:到美国后先到中餐馆或制衣厂等地打工,刚抵美国、无经验、无技术的普通工人大概每月可以有 1000 多美元收入;有一定经验后可以逐步增加到 2000 美元;掌握一定技能成为厨师后,收入可以增加到每月 3000 美元;再以后一定是设法自己创业,当老板。

从我们调查的资料看,其他省份如河南、江西、山东等地,当地人对于出境劳务收入的期望值比福建人低得多。河南是中国的人口大省,收入相对也比较低。根据我们 2008 年调查反映的情况看,河南农村对出境务工的基本期望值是每年挣 3~5 万元人民币,三年带回 10 万元。山东通过工会组织到新加坡务工,其月收入大约相当于 6000~7000 元人民币,如果多加班,大约可以达到上万元。如此收入与当地务农者在家或外出打工的收入水平均形成强烈反差,因此对当地农民也有相当吸引力。

根据出境劳务中介的介绍,目前招收出境劳务的条件,大约在外每月纯收入至少要 500 美元以上,才有可能招收到工人。根据笔者本人长期追踪调查的经验,这里所指的应当是在没有直接海外关系的内陆地区。虽然有一部分被访者不愿明确透露自己在境外的收入,但根据观察和相关分析,大约可以做如下区分:如果境外收入可以达到国内收入的五倍以上,在招工时就有一定吸引力。但对于那些刚出校门的年轻人又有所不同,国外异域风情的体验对他们的吸引力是比较强的,因此,如果预期的收入能够高于国内一两倍,也会有一定的吸引力。

虽然今天的福建、浙江等地,比起中国的内陆地区,经济相对发达,当地也有不少机会,但是,在不少农村地区当地人中间普遍流行的看法是:今天在中国也有不少赚钱机会,可是,要赚大钱的话,要有“关系”,有资本,有本事。这些我们都没有。可是,如果“出国劳务”,只要你老实下力气干活,不赌不嫖,就可以赚到钱。如此“说法”,对于文化水平不高,又没有什么特殊技能的农村中青年,特别有吸引力。

有一位被访者在出国前是学生,家住福建亭江,没有什么特殊技能。家里花了 7 万美元通过办理假结婚送他去美国。到美国后,他先到中餐馆为外卖送餐,每月正式收入是 1200 美元,但加班和“小费”,还可以再增加一千多元收入。虽然送餐中曾经遇到抢劫,送餐的汽车及放在车上的所有证件及个人用品,都在眼皮底下被人抢走,但自己对收入还是满意的。到美国四年多,汇款回家还清了出境的贷款,并准备下一步要自己创业,做进出口生意。

另一名被访者出国前是福建一乡镇中学的老师,年收入两三万元人民币。通过“自费留学”途径去了英国。虽然“在英国的就业经历非常艰辛……很难跟人描述”,但几经周折,目前的收入已经达到年薪约 50 万元人民币,因此认为“出国这条路是走对了,完成甚至超过了原先定下的目标”。

还有一位被访者是江西某县的张小姐,她在出境前刚从当地一所中专毕业,自己陈述“刚毕业,家里经济状况很不好”,当时学校给她推荐了一份工作,但每月工资只有七八百,她不满意,于是报名参加赴日本的劳务。在日本按合同工作了三年。虽然她不愿意直接说明自己赚了多少钱,但很自豪地说“回来后给家里买了一套房子”。

河南新县是国家级贫困县,当地接受访谈的人员之一是仍在日本务工的陈先生的妻子。据她介绍,陈先生到日本后,在一家海鲜店打工,主要做海鲜加工及搬运,由老板提供食宿,每年收入可以达到约 10 万元人民币,家庭生活因此大有改善,家人对此十分满意。

类似的例子很多。根据我们调查了解的情况,大约三分之一被访者明确表示对自己或家人在境外的收入及生活基本满意,表示出境最大的收益就是改善了自己及家庭的经济状况。访谈资料分析还表明,如果境外收入能够达到境内收入的五倍以上,满意度是比较高的。

然而,还必须指出的是,根据笔者多年来的调查经验,愿意接受访谈的,大多是在国外比较"成功"的人士。那些出国受了骗、未赚到钱或遭遇"不幸"的人,大多不愿多谈自己的经历。笔者本人在福建一个跨境务工人员比较集中的村子进行调查时,曾经通过熟悉的村民介绍,访问过三位"失败者":一人在以色列工作两年多就被遣返,"只赚了一点点钱";第二人在以色列一年,开始在公司做,半年后公司倒闭自己出来找活,但才做半年就被抓遣返,"这一趟亏本";第三人在以色列两年,"赚钱只够还债"。在访谈中可以明显地感觉到这三人都不愿谈论自己的"倒霉"经历,认为这是很没面子的事。

由于以出境打工赚钱为目的,因此,在境外生活的劳务人员生活大都十分节俭,能不花钱就尽量不花钱,能少花钱就尽量少花钱。有一位被访者在回答"在境外最难忘的事情"时说:"在日本剪头发太贵,和同乡相互自己剪,刚开始剪得很丑,就剃光头。"许多被访者都说自己在境外时,除了最基本的生活费之外,最"大"的花费就是"电话卡(费)"。有一位妻子的陈述令人印象深刻,她说:"丈夫出国打工期间,天天打电话回家,说孩子需要感觉到父亲的存在。丈夫回家时,带回最多的就是电话卡,几百张。丈夫的钱舍不得花在别的消费上,全花在打电话上。"

根据对访谈资料的统计,打工者在境外的花费占收入的 5%～60% 不等,差别明显,具体取决于收入多寡、生活在哪个国家、老板是否提供食宿,以及从事什么职业。如果由雇主提供食宿,花费就较少,如果需自己租房,支出就相对比较高。但笔者通过分析比较注意到:无论其收入多少,也无论在哪个国家,大约 70% 以上的就业者在境外的花费仅占到个人境外每月收入的 20% 左右。境外打工节省下的钱大多数都寄回中国的家中,用于归还出国时欠下的债务,或贴补家里的日常支出。有的父母则表示在外打工的儿子寄回来的钱都存起来了,等儿子回来后可用来盖房、结婚等。有的回归人员自己则提及,目前的问题是不知道该将打工带回来的钱用来做什么,存银行利息太低,投资做生意没经验。因此,打工者境外收入的钱大多被用于盖房,盖大房,甚至盖大坟。炫耀性消费是普遍现象,以消费性支出为主,而生产性支出则比较有限。

我们在调查中还了解到,在已婚女性出国务工人员中,至少三分之一不愿将境外收入直接寄给丈夫,有的寄给自己的父母,有的寄给自己的姐妹,甚至有的寄给公公婆婆。问及顾虑,主要是担心丈夫随意花钱,自己辛辛苦苦赚来的钱不能真正用到该用的地方。可是,在外出务工女性回国后,所存下来的钱基本上还是用于贴补自己小家庭的日常生活开支,及子女的培养。

本书第一章曾经援引世界银行行长在《2006 年全球经济展望》前言中关于"国际移民"之经济功能的一段话,他认为:"移民"是"战胜贫困的重要力量",因为,"国际移民可以给移民自身、移民的家庭、移民的来源国和目的国都创造具有实质性的福利效益"。中国劳动力跨境迁移所带来的连锁经济效应,与国际上发展中国家移民经济呈现出来的普遍趋势,是相一致的。

(三)跨境流动规模与构成

国际移民人口统计历来是世界移民学界难以破解的一大难题,当代中国新移民总量是吸引政界、学界关注的重要基础问题。近年来我国学者已经在深入研究的基础上,取得了一定成果。本研究拟在评介相关成果的基础上,进一步检索、整理、统计中国新移民主要接纳国统计机构网站正式公布的移民数据,提出若干补充意见。

纵观国内关于新移民数量的统计分析,主要有以下三大路径。

路径之一:深入主要移出地,搜集当地政府机关掌握的相关数据,再结合田野调查进行补充、考订,对新移民总量进行综合统计。

厦门大学南洋研究院"世界华侨华人分布和职业构成课题组"通过深入调研,就新移民构成数量提出了一系列数据。课题组负责人庄国土教授于2006 年发表的报告提出:"近 30 年来,中国向海外移民的数量可能达 450 万人以上,其中移居发达国家的人数可能在 250 万～300 万左右。20 世纪 70年代末至 1999 年,中国内地和台湾、香港地区通过正常途径移民发达国家的人数估计为 200 万人以上,至少还有 50 万～70 万的非法移民,他们大多来自中国大陆。从中国移居新加坡、马来西亚、缅甸、泰国、菲律宾、越南及其他国家的合法、非法移民大约有 60 万～80 万人。"[①]

---

①　庄国土:《近 30 年来的中国海外移民:以福州移民为例》,《世界民族》2006 年第 3期。

　　中国新闻社是以台港澳同胞、海外华侨华人和与之有联系的外国人为主要服务对象的国际性通讯社。中新社社长郭招金 2009 年 10 月在接受记者专访时提出："世界各地的新华侨华人总数超过 600 万。"他认为："新世纪以来，新华侨华人的数量以每年接近 3% 的比例增长，9 年间增加了 417 万人；加上之前约 20 年里的 220 万人，世界各地的新华侨华人总数超过 600 万人。与老华侨华人主要来自东南沿海地区不同的是，新华侨华人来自全国各地，已呈遍地开花之势，名列前几位的分别为福建省 110 余万人，浙江省 145 万人，广东省 100 余万人，上海市 50 余万人，北京、天津各 30 万人，东北三省共计 40 万人。"①

　　福建的福州地区是对外非正规移民相当集中的一个地区。据 2002—2003 年间福建省侨办和厦门大学东南亚研究中心对福建新移民的调查数据，福建省内新移民的数量估计有 90 万～100 万人，通过非正式渠道出国的占 40%～50%。福建省侨办主任在 2007 年 2 月 1 日的报告中指出：历时一年多的了解福建重点侨情工作已基本完成，闽籍海外侨胞总数为 1264 万人，比 1996 年增长了 22.4%，其中新华侨华人逾 100 万人，增长逾 1 倍。目前福建 9 个设区市中旅外侨胞人数最多的是泉州市，达 750 万人。②

　　福建省社会科学院"新华侨华人与华裔新生代研究课题组"也对福建省新移民进行了调查，他们于 2008 年提出的具体数据是：福建省的"新华侨华人 110.49 万人"，其中，"福州 38.09 万人，莆田 35.92 万人，泉州 28.39 万人，南平 2.80 万人，三明 1.52 万人，厦门 1.50 万人，龙岩 1.48 万人，宁德 0.47 万人，漳州 0.33 万人"。③

　　广东江门五邑地区是全国著名侨乡，五邑人大量移居美国、加拿大、澳大利亚、新西兰等国家。一项关于广东五邑侨乡新移民的调查显示："每年有近万人获准合法移居国外……25 年来五邑新侨民数多达 30 万人。2003 年江门市侨情调查资料更高达 48 万人。"④

　　在浙江省著名侨乡青田，根据公安部门提供的数据，该县总人口 47 万，

----

① 周军：《世界华商的荣景与困境：专访中国新闻社社长郭招金》，《政府法制》2009 年第 10 期。

② 中新社消息：《福建海外华侨华人十年增加 230 万对当地贡献突出》(http://www.chinanews.com.cn/hr/zgqj/news/2007/02-02/866404.shtml)。

③ 张进华：《改革开放 30 年福建新移民的发展与贡献》，《八桂侨刊》2008 年第 4 期。

④ 方灿宽：《五邑侨乡新移民潮探秘》，《八桂侨刊》2005 年第 1 期。

截至 2001 年全县跨国移民 18 万余人,其中 12 万在欧洲,2 万在美洲,遍及全球 120 多个国家和地区。[①]

京津地区是新移民集中的大都市。北京侨办主任 2003 年的讲话指出:目前全世界新华侨华人专业人士数量共计 45.8 万人,其中 13.5 万人回中国发展。北京的新华侨华人总数已超过 10 万,在京城各科技园区投资创业的新移民企业已有 3000 多家。据此,北京市提出了"首都侨务"战略。[②] 天津的统计数据显示:截至 2008 年底,在海外生活工作的天津籍侨胞约 30 万人,其中 70% 以上是 20 世纪 80 年代后通过各种渠道移居海外的新华侨华人。天津市人民政府副市长任学锋 2009 年 9 月在天津市第十五届人民代表大会常务委员会第十二次会议上指出,海外天津人与其他省籍侨胞相比,有多个鲜明特点:分布面广,居住在 69 个国家和地区,其中以北美、澳洲、欧洲、东南亚、日本等国家和地区及中国香港、澳门地区较为集中;年纪较轻,以新华侨华人为主,多数人年龄在 40～50 岁之间;学历层次整体水平较高,50% 以上拥有大专以上学历,包括相当数量的硕士和博士。[③]

无论是政府相关部门数据还是田野调查资料,总是包含一定的推论成分,与相关负责人、研究团队或个人全面掌握信息的程度及调研的细致度和广泛度相关。尽管难免有所偏差,但正式数据加田野调查是国际移民学界常用的方法,也经常被引用为相关政策制定时的参考。

路径之二:通过在主要移入国的调研,根据当地使领馆侨务官员、侨社侨领提供的数据,进行统计。

在国外调研方面做得最为广泛细致的,当属国务院侨务办公室国外司副司长朱慧玲博士。近十多年来,朱慧玲博士因工作需要,遍访世界各地侨社,通过拜访使领馆官员并与各地华侨华人代表座谈,对国外侨情进行大量实地调研,发表了丰富的国外侨情调研资料。根据朱慧玲 2002 年发表的调研报告:"20 世纪 70 年代以来,移居发达国家的新华侨、华人和华人再移民,共计 400 万～500 万人",其中,来自中国大陆者逾 170 万人,包括美国 50 万,加拿大 20 万,澳大利亚 10 万～20 万,欧洲逾 70 万,日本 17 万。另外还

---

① 高晓洁、吴玉鑫:《跨国移民:来自侨乡青田的研究报告》,《社会》2002 年第 11 期。

② 中新社消息:《北京市侨办主任乔卫:新侨乡的"首都侨务"战略》(http://www.chinanews.com.cn/2003-01-10/26/262035.html)。

③ 新华网天津频道消息:《海外天津籍侨胞约 30 万人》(http://www.tj.xinhuanet.com/2009-09/27/content_17822540.htm)。

有中国香港外迁移民约 75 万,中国台湾外迁移民近百万,以及印支三国华人再移民约 70 万。[①] 中国学者对于拉美、非洲侨情涉猎较少,朱慧玲的调研补充了这方面的数据,指出:非洲 40 多个国家和地区居有华侨华人共 25 万人(2002 年数据);[②]拉美有华裔和华侨华人估计共约 600 万,其中混血华裔有 400 万~500 万,纯中华血统华侨华人约百万(2005 年数据)。[③]

上海社科院吴前进研究员根据国际关系研究领域的相关资料统计,撰文指出:"改革开放以后出国的新华侨华人约 600 万,主要分布在美国(200 万),加拿大(85 万);欧洲(100 万),澳大利亚、新西兰(35 万);日本(25 万);东南亚(100 万);非洲与拉丁美洲(25 万)。"[④]

由于中国侨务官员或学者难以长期在移入国进行深入细致的调查,因而其所提出的数据多为间接获得,且相对比较宏观。

路径之三:通过人口学的统计方法,在可以获得的旧有人口数据基础上,推算出当代人口统计数量。

由上海华东师范大学人口学教授桂世勋指导的课题组就华侨华人及新移民数量提出如下统计模式:在已有的世界各地区总人口数、总人口自然增长率和各地区华侨华人总数等资料许可的条件下,在假设每个地区的华侨华人自然增长率等于同期该地区总人口自然增长率的前提下,按各大洲人口累计自然增长率估算方法,计算某一时期内中国内地和港、澳、台地区向国外净移民规模。该课题组据此给出的估算结果是:1980 年前后至 2000 年前后中国内地和香港、澳门、台湾地区向国外净移民总人数为 632.14 万人。[⑤]

庄国土教授对东南亚华侨华人和新移民的人口估算,也采取了人口学的方法,即"通过考察历史人口数据变动及可能的人口自然增长率",同时注意到:由于作为估算基础的历史人口统计数据多源自殖民政府或当地土著政府,相关数据"普遍存在低估或大幅度低估实际华侨华人规模的现象",因

① 朱慧玲:《21 世纪上半叶发达国家华侨华人社会的发展态势》,《华侨华人历史研究》2002 年第 2 期。

② 朱慧玲:《非洲侨情及其特点》,《八桂侨刊》2002 年第 1 期。

③ 朱慧玲:《拉丁美洲侨情现状与特点》,《八桂侨刊》2005 年第 4 期。

④ 吴前进:《论新时期"海内外同胞关系和谐":21 世纪以来新华侨华人与中国的关系互动》,《毛泽东邓小平理论研究》2008 年第 12 期。

⑤ 上海"新华侨华人与华裔新生代研究"课题组:《新华侨华人与华裔新生代研究报告》,未刊稿。

此，又设定华侨华人的人口增长率可能稍低于当地土著，假设两者至少可相互抵消，再将得出的数据与各家估算和从东南亚侨社获得的信息相互印证，据此得出结果是：东南亚华侨华人总数 3348.6 万，其中新移民 253 万～283 万。①

台湾"侨委会"根据美国 1990 年、2000 年两次人口普查的资料，再依据历年美国人口出生率、死亡率、华裔第一代人数等数值进行推算，提出如下报告：1949—2000 年间从中国台湾地区移民到美国的第一代移民约 39.1 万人，至 2000 年仍存活者约 34.4 万人，父母为中国台湾移民而在当地出生的第二代约 18.5 万人，合计在美中国台湾移民约 52.9 万人。②

人口学统计最重要的前提是必须拥有准确的人口基数，后续假设只有建立在对基数进行有力论证的基础上，才能扎实可信。无论如何，以上研究均从不同角度追踪当代中国走向世界之新移民的数量，为我们了解当代海外侨情动态提供了参考。

近年来，笔者因研究需要，一直追踪中国移民主要目的国国家统计局网站公布的相关数据，从中查找与当地国华侨华人相关的资料。在此，谨将相关数据整理报告如下。

美国是人口统计数据比较完备的国家，美国华侨华人的统计数据具有延续性，学者们对此也比较了解。根据美国十年一度的人口普查数据公布的资料，1970 年美国华侨华人总数为 43 万，1980 年为 80 万，1990 年为 180 万，2000 年为 288 万。而 2007 年公布的全美华侨华人的统计数是 3538407 人。其中，在美国之外出生人数 2228317 人，国外出生人口中 97.2% 出生于亚洲。③ 根据这一比例，即美国华侨华人中大约三分之二系出生于国外的移民，那么，在 1970 年之后增加的 310 万华侨华人中，属新移民者大约为 200 万。笔者注意到，这一数据基本为国内外学界及相关部门所采纳。

① 庄国土:《东南亚华侨华人数量的新估算》，《厦门大学学报》2009 年第 3 期。
② 转引自暨南大学图书馆华侨华人文献资料中心：http://hqhr. jnu. edu. cn/article. asp? newsid=4381。
③ 详见美国人口统计局网站资料(http://factfinder. census. gov/servlet/IPTable? _bm=y&-geo_id=01000US&-qr_name=ACS_2007_1YR_G00_S0201&-qr_name=ACS_2007_1YR_G00_S0201PR&-qr_name = ACS_2007_1YR_G00_S0201T&-qr_name = ACS_2007_1YR_G00_S0201TPR&-ds_name=ACS_2007_1YR_G00_&-reg=ACS_2007_1YR_G00_S0201:035;ACS_2007_1YR_G00_S0201PR:035;ACS_2007_1YR_G00_S0201T:035;ACS_2007_1YR_G00_S0201TPR:035&-_lang=en&-redoLog=false&-format=)。

　　加拿大统计资料显示,从 1971 年到 2006 年期间,加拿大共接纳了
733370 名来自中国的移民,其中,来自中国大陆 439290 人,来自香港 225750
人,来自台湾 68330 人,①即来自中国境内的正式新移民总计 733370 人。

　　澳大利亚 2006 年人口统计数据显示,全澳人口中,出生于中国大陆的
206591 人,出生于香港的 71803 人,出生于澳门的 2013 人,出生于台湾的
24368 人,总计 304775 人,占澳大利亚总人口的 1.5%。澳大利亚人口中有
669896 人填报其父母至少有一方是中国人,其中 26% 出生于澳大利亚,
10% 出生于马来西亚,8% 出生于越南。② 另据 2001 年的统计,澳大利亚华
裔人口中,第一代移民占 74.1%,第二代移民 20.7%,第三代 5.2%,与非华
裔通婚比例 14.8%,在家中使用非英语为主要家庭用语的比例为 79.6%,
其中,40% 主要讲广东话,24% 讲普通话,6% 讲中国大陆其他方言,9% 讲东
南亚国家语言。③ 据此可以认为,澳大利亚的中国新移民大约 30 万,华侨华
人华裔总数大约 70 万。

　　新西兰国家统计局的数据显示,2006 年新西兰全国登记为华人的总人
口为 147570 人,比 2001 年的 105057 人增加了 40.5%。其中,出生于中国
的移民从 1981 年的 4169 人,增加到 2006 年的 78117 人,④换言之,照此推
算,新西兰的中国新移民总计在 7.5 万人左右。

　　英国国家统计局的数据显示,自进入 21 世纪以来,中国新移民成为英
国增长最快的外来移民群体。英国华侨华人总数在 2001 年是 22.7 万,此后
维持年均 9.9% 的高增长率,到 2007 年增加了 17.3 万人,总计达 40 万人。

　　① 详见加拿大亚太基金会数据(http://www. asiapacific. ca/en/publications/statisti-
cal-reports/immigration-canada-asia-pacific-1961-2006)。
　　② 详见澳大利亚国家统计局网站数据(http://www. censusdata. abs. gov. au/AB-
SNavigation/prenav/ViewData? action = 404&documentproductno = 0&documenttype =
Details&order=1&tabname=Details&areacode=0&issue=2006&producttype=Census%
20Tables&javascript = true&textversion = false&navmapdisplayed = true&breadcrumb =
POLTD&.&collection = Census&period = 2006&productlabel = Country%20of%20Birth%
20of%20Person%20(full%20classification%20list)%20by%20Sex&producttype=Census%
20Tables&method=Place%20of%20Usual%20Residence&topic=Birthplace&)。
　　③ 详见澳大利亚国家统计局网站数据(http://www. abs. gov. au/AUSSTATS /abs@. nsf/
7d12b0f6763c78caca257061001cc588/af5129cb50e07099ca2570eb0082e462! OpenDocument)。
　　④ 详见新西兰国家统计局网站数据(http://www. stats. govt. nz/NR/rdonlyres/
5F1F873C-5D36-4E54-9405-34503A2C0AF6/0/quickstatsaboutcultureandidentity. pdf)。

其中90%即大约36万是新移民。①

意大利国家统计局2006年12月31日的统计数据显示,意大利华侨华人共144885人,男性76739人,女性68146人。在意大利外国侨民中,中国移民人数位于阿尔巴尼亚、摩洛哥、罗马尼亚之后,居于第四位,占意大利总人口的0.25%。② 由于1975年意大利全国仅有约1000名华侨华人,因此,可以认为意大利近30年来正式接纳中国新移民及其家属将近15万。③

西班牙国家统计局数据显示,截至2008年1月1日,在西班牙正式登记的中国移民总数是124022人,占西班牙同期外国移民总数的2.4%,在西班牙所接纳外来移民中居第12位。④ 西班牙1975年统计显示,当时全西班牙华侨华人仅有大约2000人,⑤因此,近30年的中国新移民及其家属超过12万人。

法国是中国新移民相对集中的欧洲国家,根据该国于2005年正式公布的移民数据,是年全法人口中出生于中国、持中国护照、有合法居留的移民63000人(不包括已入籍移民);来自印度支那的华裔移民16.2万(包括已入籍者)。⑥ 笔者注意到,法国学者皮埃尔·皮卡尔(Pierre Picquart)却提出了高得惊人的数据,他认为:"2007年光是法国就有100万华人。"⑦但时隔不久,他在另一场合又说:生活在法国的中国人或华裔大概介于60万～70万

① 详见英国国家统计局(Office for Nations Statistics,UK)2009年9月14日公布的《族群人口评估说明(2001—2007)》(Population Estimates by Ethnic Groups:2001 to 2007 Commentary,http://www.statistics.gov.uk/downloads/theme_population/PEEGCommentary.pdf)。

② 详见意大利国家统计局网站数据(http://demo.istat.it/str2006/query.php? lingua=ita&Rip=S0&paese=A9999&submit=Tavola)。

③ 意大利国家统计局公布的是合法移民数据,明显低于一些民间机构的统计。例如,意大利"多民族活动与研究基金会"的移民报告认为当地华侨华人移民总数达26万人(转引自意大利《欧洲华人报》消息,http://hqhr.jnu.edu.cn/article.asp? newsid=11782)。

④ 详见西班牙国家统计局网站数据(http://www.ine.es/prensa/np503.pdf)。

⑤ 李明欢:《欧洲华侨华人史》,中国华侨出版社2002年版。

⑥ 因为当年印支华裔大多是作为"难民"被法国所接纳的,因此有专门的统计数据。笔者感谢法国Carine Guerassimoff博士协助查询并提供数据(http://www.ined.fr/en/pop_figures/france/immigrants_foreigners/)。

⑦ 罗慧珍、谢晓阳:《欧洲华人创造奇迹》,《亚洲周刊》2007年第42期(电子杂志网址:http://www.yzzk.com/cfm/Content_Archive.cfm? Channel=ae&Path=2222470742/42ae1a.cfm)。

之间,而且"每年抵达法国的华裔非法移民约有 6 万之多"。① 虽然国内很多媒体都引用皮卡尔的说法,但笔者认为,一是皮卡尔自己的数据相互矛盾,二是他从未提供数据的正式来源,因而不足为信。笔者通过法国 Carine Guerassimoff 博士提供的法国正式统计数据推算,认为法国华侨华人比较合适的统计数应当在 40 万左右,减去印支华裔移民,减去 1975 年统计数 9 万人(假定此后 35 年同一人群的死亡率与出生率基本可以对抵),那么,不包括印支华裔在内的法国中国新移民(包括入籍和未入籍)总数估计在 15 万左右。②

在亚洲国家中,笔者能够获得正式移民人口统计数据的国家仅有日本和新加坡。日本国家统计局的数据显示,1980 年在日中国人总数是 43748 人,占当时日本外籍居民总数的 6.5%;2005 年增加到 346877 人,占同期日本外籍居民总数的 22.3%。③ 由此可见,日本自 20 世纪 80 年代以来,接纳了超过 30 万来自中国的新移民。

自 20 世纪 90 年代以来,新加坡采取鼓励符合条件的新移民参与新加坡国家建设的政策,接纳了近 200 万各类移民,其中约三分之二属于"非居民",即从印度尼西亚、泰国、马来西亚等邻国到新加坡务工的移民工人,另外约三分之一属于定居性移民,其中华人比例约为 74%。④ 照此推算,新加坡接纳了大约 50 万中国新移民。

由于受相关国家资讯公开程度及笔者本人掌握语言的限制,其他一些中国新移民的重要接纳国,如欧洲的俄罗斯和匈牙利,东南亚的缅甸、菲律宾、马来西亚等,以及近年来吸引了不少中国新移民的非洲国家,笔者均未能查找到相关数据。不过,虽有缺憾,但以上由移民接纳国发布的正式数据,无疑具有重要参考价值。要而言之,根据美、加、澳、新(西兰)、英、西、意、日、新(加坡)九国正式公布的统计数据,共接纳中国新移民总计 453.8 万人。如果再加上笔者所考订的法国的中国新移民人数,那么以上十国接

---

① 转引自暨南大学图书馆华侨华人文献信息中心《巴黎华裔族群全欧最大,专家称全法华裔 60 万～70 万(2008)》(http://hqhr. jnu. edu. cn/article. asp? newsid=11836)。

② 李明欢:《欧洲华人社会剖析:人口、经济、地位与分化》,《世界民族》2009 年第 5 期。

③ 详见日本国家统计局网站数据(http://www. stat. go. jp/english/data/kokusei/2005/poj/pdf/2005ch11. pdf)。

④ 根据新加坡国家统计局数据(http://www. singstat. gov. sg/stats/themes/people/demo. html)。

纳的中国新移民总数为 468.8 万人。这应当可以作为改革开放 30 年来中国新移民总量统计的重要基础。

据此,笔者提出进一步推论:除以上十国外,俄罗斯、阿根廷、南非及东南亚的缅甸、菲律宾等国的中国新移民数量也比较多。但是,由于这些国家移民政策变化大,国情不稳定因素多,中国新移民流动多、定居少,如 2009 年发生的缅甸果敢冲突、俄罗斯关闭中国大市场等事件,都直接影响中国新移民出现大批回流。因此,笔者倾向于不要将这些国家的中国新移民数量估计过高。

综上,笔者认为:自 20 世纪 70 年代末中国改革开放到 21 世纪第一个十年止,源自中国本土的合法新移民数量总计约 550 万。如果再加上 20 世纪 70 年代从印度支那迁移到世界各地的华裔移民,则总计可达 600 万以上。

二、目的国移民政策与中国新移民

目的国政府所执行的国际移民政策对外来移民的流向、从业及定居、发展等,影响明显。在历史上,美国、加拿大等国都曾制定过专门针对中国移民的"排华政策",澳大利亚存在过排斥一切有色人种的"白澳政策";在当今世界上,则有欧盟国家允许成员国公民在成员国之间自由流动,以色列为世界各地犹太人"回归"给予特别优惠,等等。不过,就总体而言,目前世界上绝大多数国家在正式文本中基本上都不会专门设置针对某一国移民或某一族群的特别条款,然而,这并不是说各国就真的在移民政策中完全排除种族偏见,反之,不少国家在移民政策执行中的族群偏好是相当明显的。

本节选择俄罗斯、法国和以色列三国为例,分析不同国家的移民政策对中国当代人口跨境流动的影响。①

(一)俄罗斯移民政策与中国新移民

如何应对来自邻邦中国的大批新移民一直是俄罗斯移民政策的焦点问题。苏联解体与中国的改革开放,形成推动中俄边境经贸人员往来的巨大动因,也因此成为两国关系中一个始终引人关注的症结。

20 世纪 50 年代,中国与苏联曾经是社会主义友好邻邦,进入 60 年代

---

① 选择俄、法、以三国为研究案例主要基于如下两点考虑:其一,鉴于中国学者对于中国人移民东南亚、北美、澳洲等已有较多研究,而对俄、法、以的资料及研究均相对较少,希望能增添新认知;其二,俄、法、以三国的移民政策互不相同,且各有一定代表性,希望有利于拓展比较的视野。

后,两国之间形成从意识形态到外交关系的紧张状态,民间人员往来被阻隔。进入 80 年代后,中苏关系出现重大转折。1984 年,当时的中共中央总书记胡耀邦视察了位于中苏边境的黑河市,提出睦邻友好、建设黑河的战略主张。1987 年,黑河与对岸的苏联阿穆尔州做成了第一桩边境生意。由此,伴随着中苏关系一步步向正常化迈进,昔日硝烟弥漫的中苏边境,转眼间人声鼎沸,经贸往来络绎不绝。

1987 年夏,中苏之间的陆路交通开始部分开放。1989 年,位于黑龙江北部的逊克边境口岸开放,1990 年,绥芬河边境开放。进入 90 年代后,中苏之间绵延 3045 千米的国境线上,相继开放了 15 个边境口岸。中苏两国产品各有所长,在长期以重工业为基础的苏联,当地人民十分喜爱中国轻巧廉价的日用工业品及款式新潮的服装,中苏边境贸易蒸蒸日上。一些旅行者、留学生和出国人员最先发现了“新大陆”:一件从家中穿来的皮夹克摆在地摊上,可以卖数千卢布。而且,中国的清凉油一小盒 1 美元,珍珠项链一条15 美元,丝绸衬衫一件 60 美元。这些在中国国内满目皆是的平常物品,在苏联竟然都可以获得几倍甚至几十倍的利润,怎不令闻者瞠目结舌。[1] 一些目光敏锐、敢拼敢闯的中国商人,为此厚利所刺激,又了解到苏联政府宽松的出入境政策,纷纷寻找关系索取访苏邀请,以办理签证,登上跨越西伯利亚的远东列车,专门从事中苏之间的长途贩运,中国名噪一时的“倒爷”由此而生。

惊人的利润,本身就散发着巨大的诱惑力,吸引着越来越多人跻身其中,渐渐地,原属民间个体行为的跨境贩运,逐步向组织化、规模化过渡。专门从事中苏贸易的公司不仅在中国相继成立,有的还直接以中国侨民的身份在莫斯科、在与中国相邻的远东城市“安家落户”,其所经营的货物也从“肩扛手提”过渡到一车皮一车皮运送。适应这一新的变化,有的“倒爷”成了莫斯科的“坐商”,他们不再奔波于中苏两地,而是专门在莫斯科负责接收、批发货物,由此,其行为已开始向“移民”过渡。

据俄罗斯联邦移民局报告,1997 年头 10 个月,共有 16.8 万中国人进入俄罗斯的三个远东省,但如期离境者只有 3.6 万人。留居俄罗斯的中国人中,大多数投入了远东地区的开发与建设,真正进入乌拉尔山脉以西欧洲境内的中国人相对少得多。1997 年的统计表明,获得莫斯科正式居留的中华

---

①　徐江善:《寻梦俄罗斯》,新华出版社 1997 年版,第 60 页。

人民共和国公民共 11335 人,但研究者和警方认为,俄罗斯欧洲部分的中国人大约在 5 万～20 万之间。[①] 国际移民组织曾在俄罗斯作过一项访谈,23 名受访华人中,大多数希望在俄罗斯生活下去,有 4 人表示了再度移民的愿望,2 人希望去美国,1 人要去匈牙利,还有 1 人希望到西欧的其他国家。[②]

中国人要获得移居俄罗斯的正式身份并不容易。一般而言,只有具备如下身份方可能申领在俄罗斯合法长期居留的身份:在俄罗斯正式注册的公司担任中层以上职务,受聘俄资公司或机构(如大学)在俄工作,在俄罗斯留学或进修等。如果与俄罗斯公民结婚并真正定居俄罗斯,可以申请加入俄罗斯国籍。

自 20 世纪 90 年代以来陆续进入俄罗斯的中国人,大约可分为以下三大类。

第一类是由中国政府有关部门依据两国协议有组织外派的工人。

地广人稀的俄罗斯实际上具有相当大的人口容量。全俄罗斯人口密度仅为每平方千米 8.6 人(1997 年数字),其中,位于俄罗斯远东地区的哈巴罗夫斯克省(Habarovsk Province),人口密度仅为每平方千米 1～2 人。时任俄罗斯总统的梅德韦杰夫在 2010 年 7 月的一次讲话中指出,"自 1991 年起的 20 年来,(远东地区)人口减少了 25%","主要由于人们朝西移居,到俄罗斯的欧洲地带寻找更好的生活之故",在乌拉尔山以东的俄罗斯人口,以每年减少 50 万人口的速度大幅下降。[③] 然而,在与俄罗斯相邻的中国东北地区,人口密度是每平方千米 260 人。边界两边如此巨大的人口密度反差,自然会推动人口由高密度地区向低密度地区流动。远东地区是在 16 世纪之后才被当时的沙皇俄国划入其版图的,中国东北地区人民因谋生而进入远东地区在历史上曾经长期绵延不绝。中苏关系正常化之后,中国丰富的人力资源也加入了苏联远东地区的建设行列。从 20 世纪 80 年代末起,黑龙江、吉林、辽宁、江苏等省相继派出建筑队伍,一批批跨过边界,到俄罗斯承包建筑工程,为俄罗斯兴建了大批旅馆、商店、办公楼及民用住宅。与此同时,黑龙江边远地区的农民也在政府组织下承包了俄罗斯远东地区的大片农田,他们精耕细作,在寒冷的远东地区培植了大量蔬菜,缓解了俄罗斯农

---

① 徐江善:《寻梦俄罗斯》,新华出版社 1997 年版,第 26～27 页。

② Alexei A. Maslov:《俄罗斯》,载潘翎主编:《海外华人百科全书》,香港三联书店,1998 年,第 330 页。

③ 《俄罗斯担忧西伯利亚人口减少》,《联合早报》2010 年 7 月 5 日。

副产品市场的紧张状况。1999 年,俄罗斯向乌克兰、土耳其、中国、越南及阿塞拜疆的居民正式发出 20 万张工作签证,允许他们进入俄罗斯从事建筑业或务农经商。

由政府组织向他国派遣的劳工,有一定的工作期限,到期就要返乡,但是,有些人在工作期间了解了当地情况,或掌握了足以应付基本需求的俄语,因此在合同期满后仍然留居当地,有的则在回国后即刻又以个人身份再度出境。尤其是在俄罗斯承包了土地的中国农户,因为土地经营的周期性长,往往一住多年,其身份也就从"外劳"向"侨民"转化。此外,有的外派工人自己不想在外久留,但却用在外打工挣来的钱,带回的信息,将子女送上了移民之路。

第二类是手持各种"邀请函"进入俄罗斯的中国人。

早期"倒爷们"在苏联获取的厚利,是吸引众多后续者的重要原因。由于存在着庞大的期望寻梦俄罗斯的移民群,因此,各种以"入境"为经营对象的大小公司也就应运而生。1987 年俄罗斯曾对移民法进行修订,规定申请入俄签证需出示俄罗斯方面"有效的邀请函"。在俄罗斯,所有城市的公安部门都有权发放邀请函。因此,有的公司注册成立后,就专门"经营"各类邀请函,它们以公司业务需要为名,频频向中国国内发出各类"邀请",从中牟利。有的"公司"则利用俄罗斯法律的漏洞,贿赂贪婪的俄罗斯官吏,获取有效邀请函,再将其"转卖"到中国国内,为潜在移民群开辟进入俄罗斯的通道。一位在俄罗斯进行过实地考察的新华社记者指出:"在俄罗斯,凡是来经商做买卖的个体商贩,99％是以探亲名义出国的。在我所接触的所有中国商贩中,他们都是花钱买了一张邀请函办的手续。黑龙江的哈尔滨、五常县,吉林的延边花钱买邀请函的人的最多。有的花 700 元,有的花 900 元,最高要花 1500 元。"[①]

当中俄边境旅游开始兴旺之后,又有人打起了"旅游护照"的主意。1988 年 9 月 24 日,黑河首先开创了"中苏一日游"的旅游项目,当年中苏双方交换组团 26 个,1046 人次。[②] 其后,旅游规模不断扩大,参加人员也从最初满足于领略异国风情,到从事边境交易的"一日倒",再后来就有人以此作为进入异国谋生的途径。一些想要出国而又不具备正常出国条件的人,可

---

① 徐江善:《寻梦俄罗斯》,新华出版社 1997 年版,第 64 页。
② 徐江善:《寻梦俄罗斯》,新华出版社 1997 年版,第 267 页。

以花几百元人民币从那些在中俄边境从事非法经营者手中"买一本有效期在半个月之内的旅游护照",凭此进入俄罗斯,并留居当地谋生。

第三类曾经"热门"一时的入俄途径是"自费留学"。

20世纪90年代之前的中国,因高等教育规模有限,每年都有大批高考落榜生痛不欲生,但在俄罗斯,丰富的教育资源及教学设施闲置浪费,希望转换为生财之道。1991年秋,在黑龙江省教委的协助下,黑龙江大学与俄罗斯的伊尔库茨克大学达成协议,俄方在"一位学生一年收费1000美元"的条件下,接收中国自费留学生。是年冬,第一批自费赴俄留学生走出了国境。当时,有关各方都认为这是办成了一桩利国利民的大好事。然而,谁曾想,此法一出,没过几个月,立刻被利用为又一桩牟取非法利润的买卖。

1992—1993年间,在中国东北及一些大城市的报刊上,接二连三出现了许多诱人的"留学俄罗斯(或独联体)"的招生广告,无须参加考试,没有年龄限制,甚至也不问报名者原有的文化基础,只要交上大约1万元人民币,就可以到俄罗斯高等学府"留学一年",学完后可以获得文凭,还可继续到其他高等学府继续深造。从广告上看,从事派遣留俄学生的,有高等院校的附设机构,有政府下挂组织,也有各类公司企业,名目繁多。一时间,报名者蜂拥而至,前来交款的大多是未来留学生的父母,他们中不少人倾毕生之积蓄交上各种钱款,希望为子女铺就一条闪光的留学之路。然而,当一批批自费留学生怀着美好的憧憬踏出国门,进入俄罗斯,抵达目的地之后,许多人发现当初广告上所宣传的那一切诱人的留学条件竟然子虚乌有,有的甚至连生存都成了问题。就像自费留学热曾吸引万人关注一样,在国内媒体上被一次次揭露的"俄罗斯自费留学欺诈案",也一次次地遭到国人的道义谴责。据调查,当时俄罗斯的确有许多空置的教学设备,也欢迎外国留学生,但是,那些从事"留学生意"的公司,将付给俄方的费用压到最低点,即大约相当于一人一年5000元人民币,而将另外5000元人民币中饱私囊,故而引发了一系列"自费留学生问题"。进入俄罗斯的自费留学生们,有些的确向心求学,虽遭遇种种困难,仍矢志不移。但也有相当一部分人,或混迹市井打发时光,或借留学之名进入异域后即刻不辞而别,消失于经济大潮之中。

近一二十年来,俄罗斯境内的中国新移民问题已一再引起有关方面的高度关注,关于俄罗斯境内华人人数的统计,更是各说不一。1997年,笔者曾参与主持在阿姆斯特丹举行的关于"欧洲华人移民现状"的研讨会,会上,来自俄罗斯的学者阿列克塞·马斯诺夫(Alexei A. Maslov)提出:历经十多年移民潮后,仅仅在俄罗斯境内,就涌入中国新移民达 500 万人。随后,他又在另一公开发表的文章中提出:自苏联解体后,移居前苏地区的中国人"估计高达 400 万至 600 万人。1993 年,估计有 250 万华人通过不同途径进入俄罗斯,远远超过来自其他国家的访客。据现场调查显示,至少有三分之一的华人访客表示,他们渴望能长期在俄国居留;四分之一的人宣称,他们能够留下来"。但是,在同一文章中,他又提及:"据 1994 年布鲁塞尔的国际移民组织提及一个专家的估计,俄国约有 20 万名华人,大部分住在俄国东部或西伯利亚,而在莫斯科的华人约有一万名,其他大城市则约有数千名华人。"① 由此可见,"400 万到 600 万"之说,显然太过夸张了。

　　然而,俄罗斯官方也不断对中国新移民提出各种耸人听闻的警告。俄罗斯国防部长格拉乔夫就曾发出警告,认为:"中国人正在和平地征服俄罗斯远东地区。"俄罗斯高级移民官员提出:"我们必须反对中国扩张主义。"② 甚至还有俄罗斯学者预测:"到本世纪中叶,移居俄罗斯的中国人数量将达到 1000 万,成为俄罗斯境内位居第二的民族群体",认为:中国正在有计划有目的地对俄罗斯实施人口扩张,数以百万计之中国移民的存在已经打破了远东地区的人口结构平衡,结果可能出现中国人以和平方式占领远东。③ 诸如此类耸人听闻的论调,完全是以"中国扩张"蛊惑人心,制造新的民族矛盾。

　　2009 年 6 月 29 日,俄罗斯有关当局突然下令关闭全俄华商最集中的切尔基佐沃大市场,大批在俄华商经济利益面临一朝化为乌有的险境。7 月 6 日,在中国驻俄大使馆指导下,由俄罗斯中国总商会牵头,俄罗斯各华商组织负责人联合成立了"华人华商大市场问题临时协调小组",与俄方洽商。7 月 25 日,中国商务部副部长高虎城率领中国政府经贸代表团专程前往莫斯科,就如何妥善处理"大市场"问题与俄罗斯政府进行交涉,并取得共识。7 月 29 日,莫斯科市政府与俄中国总商会及华商代表会面,就货物运出、存放等问题具体磋商。随着切尔基佐沃市场的关闭及政策调整,标志着延续 20 余年的中俄民贸混乱无序局面的一个重要转折。

---

　　①　Alexei A. Maslov:《俄罗斯》,潘翎主编:《海外华人百科全书》,香港三联书店,1998 年,第 329 页。

　　②　《国际先驱论坛报》(*International Herald Tribune*)1995 年 8 月 25 日,转引自亨廷顿著,周琪等译:《文明的冲突》,新华出版社 2002 年版,第 272 页。

　　③　于晓丽:《俄罗斯远东"中国移民问题"论析》,《华侨华人历史研究》2006 年第 4 期。

鉴于历史上民族矛盾错综复杂,甚至成为苏联解体的重要原因之一,因此,今天的俄罗斯领导人在接纳外来移民问题上,对于民族问题是十分审慎的。中国作为俄罗斯的邻国,不仅与其有着漫长的相互接壤的边界,而且在人口密度上差距悬殊,在文化上各自隶属于不同文化圈,大量中国移民进入俄罗斯,既为对方国家经济发展所需要,但又始终是其挥之不去的心病。2007年,中俄两国元首在莫斯科签署了《中俄联合声明》,指出:"双方将根据本国法律,为两国自然人、法人和其他经济实体在本国境内从事正常的贸易、投资和经营活动提供便利,采取有效措施保护对方公民在本国境内的人身、财产安全及合法权益。"[①]

(二)法国移民政策与中国新移民人口构成

在欧洲,法国是最早出现中国移民群体的国家之一。自20世纪80年代以来,来自中华人民共和国的新移民源源进入法国,法国华人社会的人口总量持续攀升,最新数据显示,法国华侨华人人口总数已经从20世纪50年代不足3000人,猛增到大约45万人,其规模在欧洲各国中高居首位。[②]

由于法国移民政策的严格限制,大批不符合法国移民接纳条件的中国新移民是通过各种非正规途径进入法国的。如前所述,非正式跨国移民分布零散,从居住到就业均不隶属于任何正规组织,具有相当的隐秘性,是一个十分敏感的社会群体。笔者通过多年在巴黎的追踪调研,获得了一个包含两万多名巴黎中国新移民的数据库。在此,拟通过对该数据的分析,揭示法国的中国新移民最主要的三个地缘性社群,即浙江、福建、辽宁新移民人口构成的不同特征,进而通过对移民传统、制度政策及市场因素的综合解读,探讨原居地与接纳国双方的相关政策如何制约移民人口的构成模式。

该数据库由法国"语言文化辅导协会"提供。法国"语言文化辅导协会"由法国人马克·保罗(Marc Paul)创办于1996年,并担任会长。该会的创会宗旨是向巴黎的中国新移民提供学习法语、了解法国生活环境的服务。由于成效突出,自1999年3月起,该会获得巴黎警察局特许,可以用协会名义为巴黎的"无证"新移民提供"地址担保"。这是一项十分重要的特许权,因为,尚未获得在巴黎长期居留权的"无证"新移民,只要凭手上的有效证件

---

① 新华网莫斯科2007年3月26日电:国家主席胡锦涛和俄罗斯总统普京26日在莫斯科签署《中俄联合声明》。

② 参阅李明欢:《欧洲华侨华人史》,中国华侨出版社2002年版,第830页,并根据笔者2008年在法国调查搜集的数据。

（如原居地的护照、身份证或有效公证材料等），即可到该会进行注册登记，从而获得一个"合法地址"，用于和家人通信联络，或向法国的银行、邮政、医疗、移民等相关机构申办各类手续。由于拥有这一特许权，从 1999 年 3 月到 2004 年 8 月 1 日，共有约 2.7 万名新移民到该会登记。[①] 在郑重承诺仅将相关资料用于学术研究之后，会长删去相关登记资料中有关个人姓名、在法临时居住地址、联系电话等隐私资料后，向笔者提供了记录有 2.7 万新移民基本资料的数据库。

经过整理，该数据库的总登记数为 26950 人，除去无效、[②]重复及非中国人的登记条目，[③]数据库中一共保存了 20586 名中国新移民的登记资料。以下是依据来源地、性别、年龄等不同要素进行分项统计的结果。

首先，从新移民人口的省籍分布看，其基本特点可以总结为：大集中、广分布。"大集中"即来自传统侨乡浙江的移民仍然高居榜首，占 58.5%。[④]"广分布"则表现为进入法国的中国新移民已经遍布除台湾地区以外的各省、市、自治区。倘若再进一步分析，则可以看到在法中国新移民的分布呈现出明显的阶梯状态：第一阶梯是浙江省；其次是福建省，占 11.3%；再者是辽宁省，占 9.8%。必须指出的是，因为法国华人习惯于将来自辽宁、山东、天津、吉林、黑龙江等地操"北方话"的新移民统称为"东北人"，因此，包括上述五省市新移民在内的"东北人"总计达 4453 人，占总人数的 21.6%，而来自其他 23 个省、市、自治区及香港特别行政区的新移民全部加在一起，仅占总人数的 3.5%（详见表 6-1）。

---

① 按规定，该会不接受 16 岁及 16 岁以下"未成年人"注册登记。

② 有的条目原先仅有姓名及备注，无其他内容。因为姓名及备注部分在数据库提交给笔者时已经删去，所以部分条目成为空白的无效条目。

③ 从登记材料中可以发现，在该会登记并寻求帮助支持的还包括来自印度、孟加拉、巴基斯坦、越南、柬埔寨等国的新移民。

④ 浙江人一直是欧洲华侨华人社会最主要的地缘群体。详见李明欢：《欧洲华侨华人史》，中国华侨出版社 2002 年版。

表6-1　在 ASLC 登记的中国新移民人数(按所登记的省籍划分)

省籍		总人数	比例(%)	
浙江		12038	58.5	
福建		2318	11.3	
辽宁	"东北人"或"北方人"	2018	9.8	21.6
山东		1210	5.9	
天津		606	2.9	
吉林		468	2.3	
黑龙江		151	0.7	
上海		1043	5.1	
广西		96		
广东		93		
江苏		92		
河南		81		
河北		70		
江西		58		
四川		39		
湖南		38		
北京		35		
湖北		34		
安徽		27		
山西		21	3.5	
新疆		10		
贵州		7		
云南		7		
甘肃		5		
内蒙古		5		
海南		4		
重庆		4		
青海		3		
香港		3		
宁夏		1		
西藏		1		
总计		20586	100.0	

　　进一步的分析还显示,各省新移民在省内的来源地也同样显示出"大集中"的态势。浙江省新移民主要集中于浙江省的传统侨乡瑞安、温州、青田、文成等。其中来自瑞安县的新移民占浙江省总人数的 40.3%,其余依次为

温州、青田、永嘉等。而占浙江省新移民总人数 3.8% 的人口,根据其本人的登记,则分别来自舟山、余姚、杭州、台州、安吉、洞头、奉化、嘉兴、金华、丽水、宁波、平阳、绍兴、泰顺、萧山、义乌等大约 60 个不同县市地区(详见表6-2)。

表 6-2　浙江省新移民主要来源地

来源地	人数	比例(%)	比例(%)
瑞安	4850	40.3	80.3
温州	3271	27.2	
青田	1538	12.8	
永嘉	1015	8.4	19.7
文成	560	4.7	
瓯海	208	1.7	
乐清	133	1.1	
其他县市	463	3.8	
总计	12038	100.0	100.0

福建省新移民的地区分布也呈现相似状况。来自福清、莆田两个相邻地区的新移民占福建新移民总数的 85.5%,其余则分别来自长乐、明溪、福州、连江、平潭、永春、永定、上杭、泰宁、长汀、永泰、龙岩、闽侯、建宁、将乐、南平等 40 多个县市(详见表6-3)。

表 6-3　福建省新移民主要来源地

来源地	人数	比例(%)	比例(%)
福清	1071	46.3	85.5
莆田	908	39.2	
长乐	56	2.4	14.5
明溪	46	2.0	
福州	37	1.6	
连江	28	1.2	
其他县市	169	7.3	
总计	2315	100.0	100.0

　　辽宁省新移民主要来自沈阳、抚顺两市,占总人数的 67.3％,其余则遍及铁岭、鞍山、丹东、辽阳、开原、大连、本溪、阜新、锦州、营口、凤城、辽中等 50 多个县市地区(详见表 6-4)。

表 6-4　辽宁省新移民主要来源地

来源地	人数	比例(％)	比例(％)
沈阳	935	46.3	67.3
抚顺	423	21.0	
铁岭	197	9.8	32.8
鞍山	98	4.9	
丹东	86	4.3	
辽阳	43	2.1	
开原	45	2.2	
其他县市	191	9.5	
总计	2018	100.1	100.1

　　就性别构成而言,以上三大主要地缘群体显示了三种不同的性别构成模式:浙江男女比例基本持平(51％∶48.9％);福建以男性占绝对多数(75.7％∶24.3％);而辽宁则正好相反,以女性占三分之二以上(详见表 6-5)。三省新移民人口构成形成明显差异(详见图 6-1)。

表 6-5　浙江、福建、辽宁三省在法新移民性别结构

省份	女		男		空缺	总计
	人数	％	人数	％		
浙江	5890	48.9	6145	51.0	3	12038
福建	560	24.3	1749	75.7		2309
辽宁	1390	68.9	628	31.1		2018

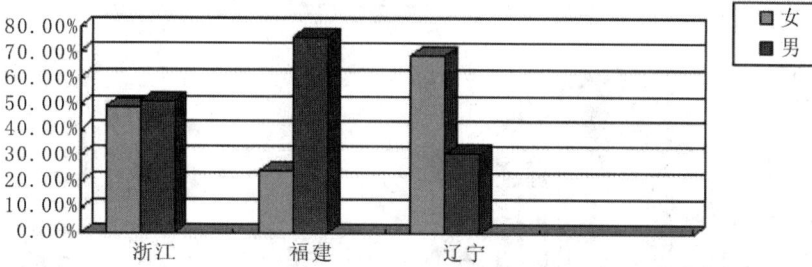

图 6-1　浙江、福建、辽宁三省在法新移民性别结构图

就新移民的年龄构成而言,以浙江新移民年龄构成最年轻,福建次之,而以辽宁新移民年龄构成最高。具体言之,浙江新移民的 90％集中于 17～40 岁年龄段,男女无明显差异,年龄中位数是 28。福建新移民 87％集中于 21～40 岁,90％的女性和 80％的男性 86％集中于这一年龄段,全体年龄中位数是 30。而在辽宁新移民中,80％集中于 31～45 岁年龄段,女性的 82％、男性的 74％集中于这一年龄段,全体年龄中位数达到 37,女性群体的年龄中位数更高过男性,达到 38。

新移民年龄构成的另一特点是总体年龄跨度。其中,浙江移民群的年龄跨度最大。由于"语言文化辅导协会"只接受 17 岁以上的新移民进行登记,因此,浙江、福建最低年龄都是 17 岁。但在整个数据库中,55 岁以上共 179 人,其中 150 人来自浙江,男性年龄最高 78 岁,女性最高 73 岁。如此高龄还通过非正规途径移民法国,令人关注(详见表 6-6、图 6-2、图 6-3、图 6-4)。

表 6-6　浙江、福建、辽宁三省在法新移民年龄构成

省份	年龄中位数			最大年龄		最小年龄	
	全体	男性	女性	男	女	男	女
浙江省	28	28	28	78	73	17	17
福建省	30	31	29	57	47	17	17
辽宁省	37	36	38	59	55	20	21

从以上对新移民人口数据的基本分析中可以看出,浙江、福建、辽宁三

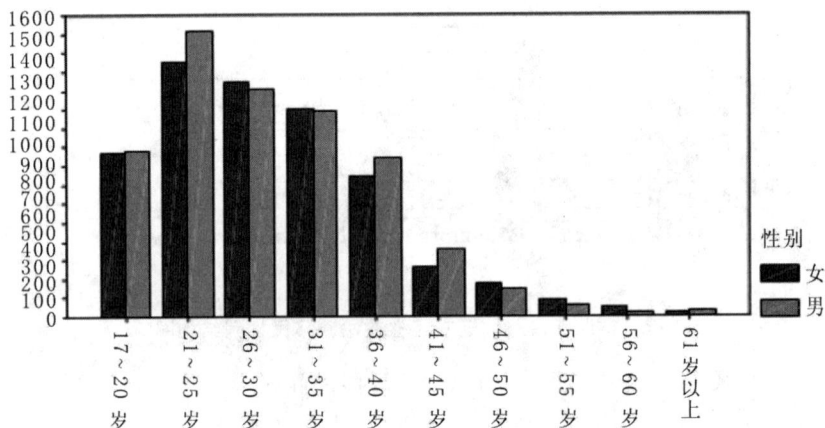

图 6-2　浙江省新移民年龄、性别构成图

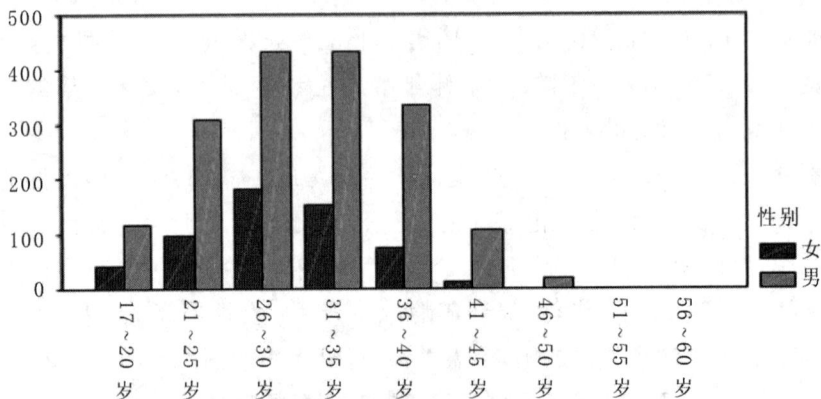

图 6-3　福建省新移民年龄、性别构成图

省新移民在人口构成上显示出不同的地域特色:浙江移民群性别均衡、平均年龄小,但总体年龄跨度大;福建移民群以年轻男性移民构成移民人口主体;以辽宁为代表的东北移民群则以中年女性构成移民人口主体。

　　形成如此明显地域性差异的原因何在? 笔者以为,国家制度政策的规制性力量、地域性传统的路径依赖关系以及市场需求关系的绩效原则,共同构建了三种地域性移民模式的差异格局。

　　首先,就国家制度政策规制性力量的影响而言。

　　如前所述,制度政策对于跨国移民而言,包括来自移出地和移入地的双重影响。就移出地而言,制度的规制性力量作用于东北移民群体的影响最

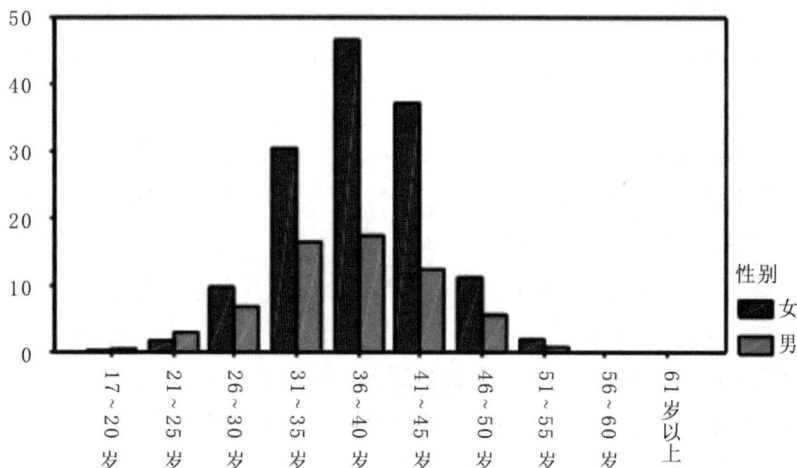

图 6-4　辽宁省新移民年龄、性别构成图

为明显。可以说,直到 20 世纪 90 年代之前,东北从未出现过朝向欧洲的跨国迁移潮流,不存在跨国谋发展的传统,因此,近十多年来出现的东北移民潮直接受制于国家政策的规制。其主要表现有二:其一,国有企业改制的影响。20 世纪 90 年代后东北国有企业改制,原本捧惯"铁饭碗"的大批国有企业职工被推向市场,生活路径发生根本变化。在此制度性变革的冲击下,原本存在于南方的出国谋生之风,在东北引起了连锁反应。部分人员将下岗或内退得到的五六万元补偿金,一次性付给中介,作为改变命运的"投资",由此走上了出国之路。其二,下岗再就业政策中性别倾向的规制。由于东北有许多夫妻双方同为国有大型企业的职工,按照政策规定,如果夫妻双方都下岗,必须照顾一方重新就业,而这一照顾大多给了男方。因为,一来按照中国的文化传统,男性被认为理应承担养家职责;二来在中国的就业市场中,三四十岁的男性如果不太计较的话,还比较可能重新找到工作。结果,大批中年女性成为国有企业改革后果的直接承受者。这一背景成为东北出国人流中以中年女性占据主导地位的一大制度性因素。

就移入国而言,法国的移民政策一直处于调整之中,但总体趋势是:其一,人道主义的主导地位尚未被完全动摇,家庭团聚、难民接纳等人道主义通道继续存留。其二,加强对独立移民申请人专业、技能、年龄、语言等方面的考核与选择。在如此制度政策的规制下,浙江人除了充分用足其亲缘纽带的作用外,还表现在收养、联姻等真真假假的"无亲造亲"的非正规操作中。前面提及的浙江 55 岁以上的老年移民群,主要是去帮助忙于立业的子女打理家务,因为法国担心太多老年人来分享其社会福利,所以大多允许父母来法探视子女,却不允许其长期居留,结果许多老龄父母在入法签证过期后成为留居巴黎的"非正规移民"。

东北情况则又有所不同。东北大型国有企业原先名声较大,因此,当20世纪90年代东北人开始走上出国之途时,他们办理签证比"南方人"要方便得多,许多90年代出国的东北人是以原国有企业雇员的身份,通过考察、旅游、商务、留学等合法途径出国的。一位辽宁女性被访者说得十分形象:"去办商务考察签证那天,我风衣一披,拎包一拿,派头十足,签证官一看就给签证了。哪像那些福建、浙江农民,缩头缩脑,一看就是偷渡客。"能够率先走出国门的东北女性,相当一部分表现得十分独立、泼辣,敢作敢为。而且,在大方接受笔者访谈的东北女性中,离异出国者不在少数,她们明确表示:到法国就是想再嫁一次,拼一下。这一群体特点也直接影响到她们在法国的职业选择。

其次,就地域移民传统的路径依赖关系而言。

浙江温州、青田地区朝向法国等西欧国家的移民潮迄今延续上百年,业已在当地形成颇具影响力的地方小传统,因此,对这些地区的潜在移民而言,他们自幼就在耳濡目染中受到移民文化的熏陶,走上移民之路似乎理所当然。而且,在移民过程中,既可从亲朋好友那里获得迁移信息,又可指望一定的经济支持乃至抵达后的居住安置及就业安排。这种"协助"无论是基于亲情,还是融亲情与市场交易为一体,均司空见惯。由于浙江移民在欧洲多从家庭式的小餐馆、小加工厂起步,一家老少的相互帮助是基础,男女老少都能在这种家庭式的经营中各得其所,即便是老年人,也能为子女看家、带小孩或打理家务。因此,浙江移民既在数量上占据主体,又呈现出男女老少共同移民,且总体年龄跨度大的态势。

福建省也是传统侨乡,其向东南亚迁移的历史远比浙江人移民欧洲要早得多。如前所述,改革开放初期的20世纪70—80年代,福建人跨境迁移的主要方向最先以日本、美国为主,欧洲是在20世纪90年代后才逐渐凸显为又一迁移的目的国。由于福建移民基本来自农村,文化程度低,也没有什么专门技术,因此无论是到美国或日本,多进入底层打工。福建人的特点是对出国后可能需要面临的困境有较充分的思想准备,他们对于苦活累活不太计较,一门心思赚钱。一位被访的福建人对此直言不讳:"在日本的同乡为赚钱连死人都背,我在法国不错了,没什么可抱怨的。"如此行为背后,其实有福建侨乡那种"爱拼才会赢"、"今日出国吃苦，来日衣锦还乡"之传统信念的支撑。而且，正因为知道要吃苦受累，福建历史上以单身男性下南洋闯天下、女性留守家乡的传统也就在向欧洲开拓新的移民地域时，继续延伸。①

再次，市场需求关系绩效原则的影响。

在三个群体中，以浙江人在法国的人脉最好，环环相扣的乡缘网络使浙江新移民能够比较快地进入由先期移民之乡亲所建立的餐馆、皮件加工厂、制衣厂或批发店打工。而且，由于浙江温州地区民营经济发达，小商品市场活跃，因此，一些有经济头脑的温州新移民还通过移民延伸本乡本土的生产销售链条，从进出口批发贸易中获取最大绩效，走上跨国致富之路。

福建虽然民营经济也比较发达，但因为其主要集中于闽南地区，而法国的福建人主要来自福清、莆田等地，与闽南人存在方言、文化上的隔阂。而且，在法国的福建人还缺乏在当地的网络，因此往往只能从给浙江人打工起步。因为福建人能吃苦，单身青年男性又不介意奔波于法国比较偏僻的外省边远地区，做那些浙江人自己不愿干的杂活，因此大多倒也能较快地找到打工赚钱的机会，适应市场需求并从中获益。当如此信息反馈回其家乡后，自然也就延续了同一类型的连锁迁移模式。

相对而言，东北人进入法国市场的困难最大。由于他们来自城市，原先多有比较体面的工作，打心底瞧不起那些"浙江农民"，然而，在法国的现实环境中，他们人到中年，既缺乏能够为法国市场所需要的特殊技能，又不懂法语，结果只能给浙江人打工，有的被访女性甚至是到那些连自己都没有合法身份的浙江人家中当保姆，可以想见其心理落差有多大。而且，无论是在浙江人的工厂打工，还是在浙江人家中当保姆，由于大多数东北人都没有在当地合法务工的身份，因此只能接受低工资，加班加点更是常事。在此过程中，一些东北女性走上了从事特殊服务的道路。这也与法国的市场需求相关。一些法国人生性浪漫，对东方文化、东方女性有一种猎奇心态。据法国警方介绍，来自东北的中国女性比较大方、外向、主动，受法国男性欢迎。当生存遭遇困难时，一些女性就去从事"按摩"或直接"站街"从事性服务，因为这对她们而言，是唯一能够比较迅速地解决生存问题的途径。而且，的确也有些人由此而有了与法国人直接接触的机会，实现了"再嫁一次"的愿望。

---

① 笔者在拙著《福建侨乡调查》的"结语：解读福建侨乡"中，从海疆文化、边缘文化、底层文化、跨界文化四个层面，对福建侨乡文化进行了解读。

如此"成功"例证则又转化为制约东北人移民途径的因素。

综上所述,正是制度、传统与市场三重因素的相互影响与作用,对移民人口构成的差异格局产生了决定性的影响。而且,非正规移民群的总体特点是处于社会的边缘状态,缺乏按正规制度安排获得上升流动的机会,故而可能采用特殊的非正规路径去突破制度和结构的屏障,在灰色空间中探求发展,希冀获得命运的改变。这是剖析法国的中国新移民人口构成及其影响因素所给予我们的启示。

(三)以色列移民政策与中国移民工人

本书第五章就以色列移民政策进行了分析,指出其所具有的极其鲜明的种族特性,具体表现在移民选择、移民同化及种族排斥等不同方面。然而,自 20 世纪 90 年代中期,中国的移民工人也开始进入以色列,高峰期达到约 5 万人。本节根据笔者在福建农村的调查,剖析以色列移民政策对中国移民工人的影响。

如前所述,当代以色列是一个完全由移民建立的国家。以色列正式立国后,大批犹太人从世界各地回归"祖国"。据相关统计,从以色列正式建国到 1991 年,先后有大约 200 万犹太人从 80 多个国家回归以色列,他们成为以色列国家建立和发展所需的基本人力资源。但是,由于散居世界各地的犹太人以注重教育、崇尚经商著名,因此,移居以色列的犹太移民以专业、商业人士为主。虽然以色列建设中人力资源最为缺乏的是建筑、农业、家庭服务等领域,但无论是以色列本土的犹太人,或是外来的犹太新移民大多不愿进入这些领域务工。因此,自 20 世纪 70 年代以来,以色列国内工作条件比较艰苦、收入较低、保障较差的行业,主要招募的是近邻巴勒斯坦阿拉伯人。1995 年,被誉为"和平斗士"的以色列总理拉宾不幸遇害身亡,中东和平进程遭遇重创,巴以关系出现新的紧张局势。以色列以防范恐怖袭击为由,加紧沿"绿线"(Green Line)封锁边界,并随之转向其他国家招聘非阿拉伯裔劳务人员,以接手原本由巴勒斯坦人从事的大量劳务工作。从相关统计资料可以明显看出,1995 年是一个转折点,在那之后,来自其他国家的劳务人员开始超过了在以巴勒斯坦劳务人员的总人数(详见图 6-5 和图 6-6)。

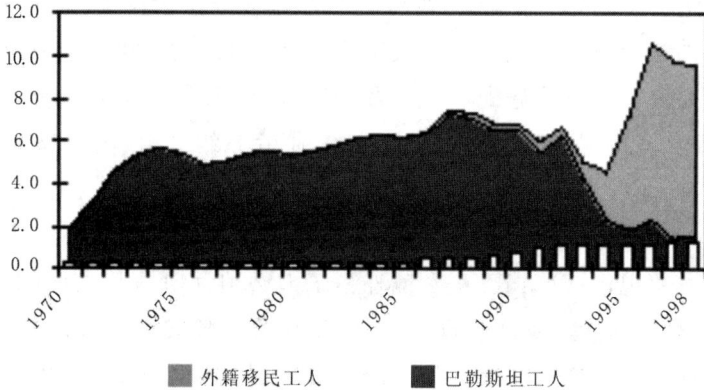

图 6-5 在以色列的外籍工人(1970—1998 年)

资料来源:David V. Bartram,Labour Migration Policy and the Governance of the Construction Industry in Israel and Japan,*Politics & Society*,Vol. 32,No. 2,2004,p. 139.

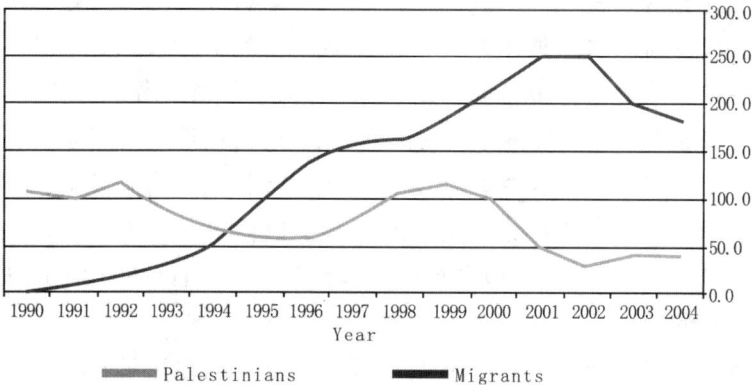

图 6-6 受雇于以色列的巴勒斯坦人及其他国家移民人数统计(1990—2004 年)

资料来源: Martha Kruger, Israel:Balancing Demographics in the Jewish State (www. migrationinformation. org/profiles/ display. cfm? ID=321).

　　外籍劳务人员是以色列经济发展不可缺少的资源。据以色列银行 2002 年公布的数据,是年在以的外籍工人达 26.3 万人,占全以劳动力的 12.8%。[①]按人口比例估算,在世界各国中,以色列拥有的外籍劳务人员比例

---

　　①　中华人民共和国驻以色列大使馆经济商务参赞处网站"经贸新闻":《中国承包商会与以色列建筑商协会签署劳务合作基本原则》(2002-09-29 22:19)。

仅次于瑞士居全球第二。以色列政府对外籍劳务实行配额管理,每年按比例向需要外籍劳务的相关部门发放工作签证配额。以 2001 年为例,是年以色列政府规定的外籍劳务配额是 8 万,实际发放 7.82 万,其中建筑劳务约 4 万,主要来自罗马尼亚、土耳其和中国;农业劳务约 2 万,主要来自泰国;家政劳务约 1.8 万,主要来自菲律宾。①

以色列对引进外籍劳务制定了一系列的政策法规,其中对外籍劳务人员影响最大的规定有二:其一,入境外籍工人必须为申请其入境的原雇主工作,一旦离开原雇主另谋工作即为非法,工作签证随之自动失效。② 其二,每一工作签证的有效期为一次两年,最长可以延长至 27 个月,可以多次往返,但期满后必须离境。③

自 2002 年后,以色列的外籍劳务政策发生重大变化。2002 年第三季度以色列失业率高达 10.4%,失业人数达 264800 人,相当于在以外籍劳务人员的总和。由此,以政府认为外籍劳务占据了以色列人的就业岗位,于是决定通过减少外籍劳务、遣返无证非法外劳来降低以色列人的失业率。2002 年 10 月,以色列总理沙龙宣布被称为"关闭天空"的重要政策,具体包括:驱逐 5 万名非法外劳以整肃劳务市场,大幅度削减外籍劳务配额以空出岗位给本国的失业者。在此后两年的时间内,以政府为遣返外籍劳务增加了 2.5 亿谢克尔的预算和 470 名警察,并投入巨资对本国失业者进行职能培训,但结果却并不理想。以色列的失业率依然持续增长,从 2002 年的 10.4%,上升到 2004 年底的 10.7%。以色列学者因而公开指出:以政府"关闭天空"的政策是失败的。④

面对来自以色列国内各方面尤其是建筑行业的强烈批评抗议,以色列政府被迫"有限开放天空",对相应外劳政策进行调整。2005 年公布的新法以"提高使用外劳成本,增加本国劳动力的就业率"为基本指导思想,重要举

---

① 中华人民共和国商务部网站:《中国和以色列劳务合作情况》(http://hzs.mofcom.gov.cn/aarticle/ztxx/i/ak/200403/20040300190559.html)。

② 根据笔者 2008 年 10 月在网上查到的消息,在以色列新移民法中增加了如下规定:外籍工人每工作满一个季度后,如提出合理要求,可获准更换雇主,合法流动。

③ 此法最初是以巴勒斯坦劳务人员为主要对象制定的,他们时常来往于以色列与巴勒斯坦之间。

④ 中华人民共和国驻以色列大使馆经济商务参赞处网站"经贸新闻":《以色列学者称以现行外籍劳务政策失误》(2004-10-27 05:28)。

措有三:第一,向使用外籍劳务的雇主增收费用,规定雇主需为每位外籍劳务交纳人头税 4000 谢克尔,申请费 400 谢克尔,手续费 150 谢克尔。第二,提高外籍工人所得税的征收点,在取消外籍工人所得税 2.75 个百分点优惠的同时,增加 8 个百分点的征收率。第三,允许业已在以色列的外籍建筑劳务配额有效期延长到 63 个月,稳定业已在以色列国内的外籍劳务人员。[①]这一系列政策对于包括福建劳务在内外籍劳务人员的影响,本书将在下文具体探讨。

表 6-6 是以色列国家统计局公布的 1995—2003 年间以色列正式发放的工作签证的国别统计数据。就中可以看出:在巴勒斯坦以外国家中,以罗马尼亚所获工作签证总数最高(18.73 万);在亚洲国家中,以泰国获得进入以色列的工作签证数最高(8.86 万)。

表 6-6　以色列正式发放的工作签证(1995—2003 年)

单位:千人

	1995	1996	1997	1998	1999	2000	2001	2002	2003
发放工作签证总数	90.8	78.3	64.0	64.2	53.3	52.2	78.2	33.2	31.0
全亚洲	25.9	36.8	24.6	29.1	25.6	23.0	39.1	22.9	20.5
中国	1.9	3.6	1.5	3.0	3.6	2.9	11.8	1.8	1.3
土耳其	6.0	9.0	4.7	2.9	2.2	1.8	4.9	0.6	1.8
黎巴嫩	4.6	5.2	4.8	5.4	3.2	0.9	0.0	0.0	0.0
菲律宾	2.3	3.2	4.5	6.7	7.2	7.6	8.9	7.4	6.4
泰国	10.4	14.9	7.9	9.0	8.4	8.0	11.7	12.1	6.2
其他亚洲国家*	0.7	0.9	1.2	2.1	1.0	1.8	1.8	1.0	4.8
全非洲	0.3	0.4	0.4	1.0	0.5	0.6	0.5	0.3	0.2
全欧洲	48.8	49.8	35.3	30.7	24.0	26.7	36.9	9.4	9.6
罗马尼亚	41.3	37.9	25.1	19.3	13.8	16.6	23.7	4.5	5.1
苏联**	2.5	4.4	3.7	3.4	3.3	4.3	5.9	2.1	2.2
保加利亚	2.0	3.3	2.5	2.4	2.0	2.3	4.5	1.1	0.9
其他欧洲国家	3.0	4.2	4.0	5.6	4.9	3.5	2.8	1.7	1.4
其他国家	1.1	1.4	2.0	3.0	2.9	1.7	1.4	0.6	0.6
不明	2.3	2.4	1.7	0.5	0.2	0.1	0.1	0.0	0.0

* 包括苏联中位于亚洲的国家。

** 包括苏联中位于欧洲的国家。

资料来源:以色列中央统计局网站数据(www.cbs.gov.il)。

---

①　中华人民共和国驻以色列大使馆经济商务参赞处网站"经贸新闻":《以色列劳务市场近况》(2005-04-21 16:21)。

中国人和犹太人是世界上两个具有悠久历史和文化的民族。根据我国出土的东汉石碑记载,早在东汉时期,就有犹太人在中国皇帝的御林军中供职。[①] 唐代时,一批批犹太商人沿着丝绸之路来到中国,活跃于中国的商贸市场。到了北宋年间,河南开封甚至出现了犹太人的聚居区。在中国历代重要的港口城市如杭州、宁波、扬州、泉州等地,都形成过犹太人的商贸群体。在远东地区,中国是唯一曾经存在过犹太人社区达千年以上的国家。而且,从 20 世纪初期到第二次世界大战期间,随着欧洲反犹恶浪不断高涨,数以万计的犹太难民先后逃往中国寻求庇护,从哈尔滨到上海,形成了若干现代犹太人社区。在二战期间,中国是少数几个有效地保护了犹太人的国家之一。[②]

第二次世界大战结束后,1948 年 5 月 14 日,以色列国宣告成立。1949 年 10 月 1 日,中华人民共和国宣告成立。由此至 20 世纪 80 年代,中华人民共和国与以色列国的关系基本处于紧张、对抗的状态。中华人民共和国宣布支持阿拉伯国家,不承认以色列国为正式国家,两国之间不存在任何直接往来。甚至在国际体育赛事中,中华人民共和国选手也拒绝与代表以色列国的选手进行比赛。20 世纪 80 年代初期,阿拉伯国家召开了非斯会议,承认以色列有"生存权利",阿以关系出现缓和,随之,中华人民共和国与以色列的关系也开始解冻。1985 年,中华人民共和国与以色列之间开始了恢复正常关系的谈判,1992 年 1 月 24 日,中华人民共和国与以色列国宣布正式建立外交关系。此后,两国之间的经济、科技往来迅速拓展。

然而,由于中东地区战乱不止,因此,普通中国民众对于以色列的直觉印象仍然是相当负面的。从 2000 年至 2005 年,中国零点调查公司就中国普通市民对以色列的直觉印象进行调查(详见表 6-7)。从表中的相关数据中可以看出如下三个要点:第一,31％以上的答卷人对以色列最主要的直觉印象是"战争、侵略、武器、强权、恐怖事件",其中 2002 年的比例高达50.1％。第二,大多数普通中国人对以色列仍然不太了解,对以色列不了解或无印象者比例在 2000 年高达 60.5％。第三,中国人对以色列的了解与关注在过去五年内有了明显的进展。因为对以色列"不了解或无印象"的比例从 2000

---

①　参见陆西亚:《中以关系的回顾与展望》,《现代国际关系》1998 年第 5 期。

②　参见 Xu Xin, *Jewish Diaspora in China*, *Encyclopedia of Diasporas*：*Immigrant and Refugee Cultures around the World*. eds., by Melvin Ember, Carol R. Ember & Ian Skoggard, New York：Kluwer Academic/Plenum Publishers, 2004, pp. 152～164.

年的 60.5％ 下降到 2005 年的 23.3％。同一调查还显示,在中国市民中,女性、低学历者、城市开放度越低的居民对中以关系的认识相对更为模糊。①

表 6-7　中华人民共和国城市居民眼中的以色列

2000 年 5 月		2001 年 12 月		2002 年 4 月		2003 年 10 月		2005 年 1 月	
战争 侵略 武器 强权	47.7	战争 侵略 情报 强权	34.0	战争 强权 恐怖事件 武器	50.1	战争 强权 恐怖事件 武器	31.0	战争 强权 恐怖事件 武器	32.4
不了解 无印象	60.5	不了解 无印象	33.6	不了解 无印象	19.7	不了解 无印象	26.6	不了解 无印象	23.3

资料来源:零点调查 & 数据网 2000—2005 年连续五次进行的《中国城市居民眼中的以色列》调查。详见零点调查公司网站:www.horizonkey.com。

考察以色列移民政策与中国移民工人进入以色列的跨国迁移问题,不能不注意到以上社会大背景。

中国是一个人力资源极其丰富的发展中国家。中以劳务合作始于 1992 年,1995 年后开始出现较明显增长。如表 6-6 所示,1995 年中国获得入以工作签证占总签证数的 2.1％,2001 年达到最高峰即占总签证数的 15％,2002 年后又回落到占总签证数的 5％ 左右。从 1995 年至 2003 年,中国累计获得进入以色列的工作签证 3.14 万份,占同期以色列发放工作签证总数的 5.8％,在亚洲国家中次于泰国、土耳其、菲律宾,位居第四。

在以色列劳务市场中,各主要劳务输送国业已形成自身具有优势的业务范围:建筑劳务主要来自巴勒斯坦、罗马尼亚、土耳其和中国;农业劳务主要来自泰国;家政劳务则主要来自菲律宾。根据我们的调查,在建筑劳务市场中,中国北方大型国有建筑公司采取的主要是在以承包大型建筑工程,尔后从国内组织施工队伍,赴以工作;而福建人则大多通过中介公司赴以,主

_____

① 中国"零点调查"公司成立于 1992 年,是中国大陆第一家真正形成公众影响力的民间调查公司。相关数据详见其网站:www.horizonkey.com。

要从事铺地砖、铺瓷砖、刷墙等建筑装修业务。

跨国移民研究中的难点之一是关于移民人数的统计。不同源流提供了不同的统计数据，即便同为中华人民共和国商务部网站在不同时间发布的信息，也存在明显差距。现将笔者所能查找到的关于在以中国劳务人员的相关统计数据制成表 6-8。

表 6-8　中国在以色列正式登记在册的劳务人员(1999—2003 年)

年份	在以劳务人员总数（人）	全年完成营业额（万美元）	人均完成营业额（万美元）	资料来源
1999	7795	6492	0.83	中国劳动力市场信息网监测中心
2001	16400	—	—	国际商报·中国石油网
2002	9638	10114	1.05	中华人民共和国商务部网站
2002	17030	—	—	中华人民共和国商务部网站
2002	20000	—	—	中华人民共和国驻以色列大使馆网站
2003	5768	6215	1.08	中华人民共和国商务部网站
2004	10000	—	—	中国对外承包工程商会网站

在以色列的中国人中有多少福建人？有报道认为，在以色列的中国劳工中，"90％以上为福建人，他们大都来自该省的福清、平潭、莆田、泉州、厦门等地"。[①] 另据香港《文汇报》报道，1992 年中国和以色列建交时，以色列国土上只有 10 个中国人，十分"珍稀"。然而，自中以建交并签订劳务合作协议以来，经过十多年的交往，在这片只有 2 万平方千米，硝烟炮火弥漫的土地上，每平方千米就有 1～1.5 个福建人。[②] 照此统计，仅福建人在以色列就可能达到 2 万～3 万人。上述数据的准确性自然有待考量，但在以色列的

---

① 人民网消息：《在以色列的中国福建女劳工已经开始撤离》(2003 年 3 月 22 日)(http://news. sohu. com/09/18/news207451809. shtml)。

② 郭成荣：《硝烟炮火无所惧？以色列每平方公里一名福建人》，2002 年 7 月 20 日(http://www. dzwww. com/xinwen/guoneixinwen/200207200575. htm)。

中国劳务人员中福建人数量可观，则是一个不争的事实。为什么有这么多福建人前往以色列务工？他们在以色列的境遇如何？

1. 为什么去以色列？

福建省有权办理到以色列务工的劳务机构有 5 家，即福建中福对外劳务合作有限公司、中国福通国际经济合作公司、中国福州国际经济技术合作公司、厦门国际经济技术合作公司、厦门建隆经济技术合作公司。20 世纪 80 年代初，福建省劳务输出主要前往东南亚和港澳地区。1998 年东南亚金融危机爆发，经济萧条，所需劳务人员数量大幅度下降。与此同时，恰逢以色列向非阿拉伯地区招募劳务人员的数量增加，而中以关系又明显改善，于是，前往以色列的福建劳务人员数量出现相应增长。

在笔者围绕以色列劳务而重点调查的三个村庄中，其朝向以色列的劳务迁移都是在 1995 年后开始的。前引零点调查公司的资料显示出中国市民对于以色列存在明显的负面印象，但是，受教育程度越低、居住地离都市越远则对以色列的看法越模糊。我们的调查印证了这一事实。在我们所调查的村庄中，当地人在出现前往以色列的劳务流动之前，基本对以色列一无所知。

在 TT 村一座新近盖好的三层楼的楼房中，房屋的主人、曾前往以色列务工的 CXY 先生在谈起自己去以色列的经历时说道：①

　　我 1995 年去以色列，是我们村第一批去的。当时是建隆公司来招工，说要招泥水工，还要考试。在街上贴了广告，我就去报了名。听说建隆是政府的公司，没什么怀疑。还听说去以色列的劳务是新加坡人介绍的，本来在厦门市招工，但没人去，公司有个老板是我们这里人，知道我们这里有做泥水工的传统，就介绍到我们这来招工。

　　我读到初中毕业，17 岁就开始学做泥水工。1985 年镇里组织第一批劳务去新加坡，当时不仅不用交钱，还补贴每个报名的人 50 元。当时我想去，但父亲看了电影《海囚》，②坚决不让我去，要我结婚。那一批我们这里去了 50 人，现在大概有一多半在新加坡定居了。

　　1995 年招工去以色列时，我父亲因为生病住院，欠下了一大笔钱。

① 访谈笔记 2003 年 2 月 24 日：访 CXY。

② 历史影片《海囚》摄制于 1981 年。影片通过讲述一个 19 世纪中叶被掠卖华工因不堪虐待而奋起暴动，却被清政府绞杀的故事，揭露英国殖民者与清政府在中国沿海地区掠卖华工的罪恶行径。影片中的不少实景取自厦门及周边地区。

我自己去报了名,这次父亲知道后没说什么。我们其实都不知道什么以色列,反正是出国劳务,就这样。

报名后要考试,要我们当场铺瓷砖。我的手艺是最好的,当然录取了。办手续交 5 万元,还要交镇经济联合社 500 元,公证体检什么的加起来还要大概 2000 元。当时招工的人告诉我们在以色列做工 1 小时工钱 2.2 美元,超过 8 小时 3.25 美元,超过 12 小时 3.75 美元。我觉得可以赚到钱。办手续的钱都是借的,亲戚都借遍了。还好我做人不错,大家都相信我会赚到钱。

我记得很清楚我们是 1995 年 3 月 3 日到以色列的。一批飞机过去,共 63 人。听说总数是 100 人。大部分是同安人。我们是第一批,在以色列全没亲戚,什么人都不认识。

没想到去了以后第一个月工资就发不出来。我们去向主管交涉,但以色列主管说两个月工资一起发。可是,做了两个月后,还是没有发工资。我们气坏了,我们都是借了钱出来的,没有工资怎么行。我们商量后,就开始罢工。但没有用,以色列主管叫来警察,威胁要把我们全部遣送回国。我看情况不对,就和几个同伴一起离开了工地。留下的人,有一大半不久就被遣送回国,他们的钱都亏了⋯⋯

我们那批去的人,大概有一半人不愿被送回,自己设法留下。留下的当中,赚到钱的大约有一大半。我的看法,赚到钱的大概占总数的30%。我们自己出去后,可以说不怕没活干,只要不被抓,赚钱不是问题。我们主要替以色列人做室内装修。一个项目,叫以色列人做,要 2万谢克尔①的话,叫我们做只要 5000 谢克尔。做了第一家,主人很满意,就帮我们介绍客户,后来很多以色列人都来找我们做。一开始我们并不知道以色列的市场行情。我记得很清楚,我第一次给以色列人铺地板,当时我要价 2000 谢克尔,可做好后以色列人付给我的却是 2000美元,大约相当于 7000 谢克尔,他以为我本来要的价就是美元。当然,干那么多活,按美元算都是便宜的。不过,从那以后我就知道怎么要价了。

我开始是自己做,后来慢慢有老乡和我一起做,因为我不久就会说

---

① 谢克尔(Shekel)是以色列的货币单位。据被访者介绍,1995 年时 295 谢克尔=100美元,后来谢克尔贬值,到 2004 年时,500 谢克尔=100 美元。

以色列话，可以在市场上和雇主谈价钱什么的，会找工。最多的时候我手下有十多个工人……我们都没有正式身份，但一般没有问题。后来因为竞争，一个工头认为我抢了他的生意，知道我没有身份，就去报警……结果我就被送回来了。

在以色列 5 年多，赚的钱带回来盖了这幢楼，还有十多万人情钱在外面。亲戚朋友什么的看我从以色列回来有钱，来借钱，我当年也是借钱去以色列的，现在也应该借给别人。我老婆想不通，没办法。

XW 村 GZY 也在以色列当过"工头"：①

我是 1996 年 6 月去以色列的。是我们这里的第二批。我的一个堂姐夫第一批 1995 年去了以色列。他传回来的消息说那里可以赚到钱，我就报名去了。招工的是福州华源公司漳州分公司。劳务费 37000 元，中介 2000 元，再加上机票、护照、公证等，总共花了将近 6 万元。这些钱都是借的。合同工资是每月基本工资 500 美元，如果铺地板可以拿到 600 美元。去以色列后先在公司做。工资被七除八扣，干了三个半月算算才拿到手 900 美元。有点知道以色列情况后我就在公司下班后再去找活，结果没两个月就赚了 1500 美元。不懂以色列话，就用手势加表情，有时还说闽南土话，以色列人也懂了。反正就是装修，铺地板，铺瓷砖。发现公司剥削太厉害，外面好赚钱，第四个月没完我就离开公司自己做。半年多后就把出国时欠的债还清了。

大概不到一年我就可以说希伯来语。在市场上可以和以色列雇主交流，而且我们的活做得好，保质保量，价钱便宜。活做不完，我就找老乡帮忙。他们在我手下做活，月工资 2500 谢克尔，加班什么的最多的可以拿到 4000 谢克尔。我还从家乡把姐夫、侄儿等申请过去，他们都在我手下做。我告诉他们：任何时候只要你们觉得可以自己干了，你们就离开这里。有些比较厉害的，过三几个月就自己出去做，有的一直在我手下做，比如我姐夫，他不敢出去，就一直在我手下做，他觉得这样更保险，赚钱也不错。

我们村最高峰时有 30 多人在以色列。据说 2001 年、2002 年那几年，每个月汇回我们村的美元大概有 3 万。

以色列沙龙"关闭天空"后，很多人被抓……现在村里大概还有 30

---

① 访谈笔记 2005 年 2 月 2 日：访 GZY。

多人在以色列。

GZY 强调自己是在 2002 年初"自愿"回国的。按他的说法,他在赚了钱之后,还曾在以色列的学校上了一年学,学希伯来语。因为想今后做以色列与中国之间的贸易、劳务。他原以为回国后再出去不是问题,因此打算先回国给家里建房子。他花了一年多时间盖了一幢在村子里首屈一指的楼房。没想到 2002 年回国后,以色列沙龙出台"关闭天空"的政策,再去以色列变得极为困难,直至笔者做访谈的 2005 年 2 月,他仍在寻找能够再往以色列的途径,心里很窝火:"真没想到会有什么'关闭天空'的政策。在以色列一天至少赚 400 元,在这里一天赚不到 40 元,根本不想做工。"用他的说法:"当年我花了 6 万元去以色列。现在如果花 12 万能去我也愿意。"

进入 ZN 村的调查是通过朋友关系找到村干部 LSJ 先生,他本人没有去过以色列,但他在访谈中谈到自己对村里去往以色列的劳务迁移的基本看法:[①]

　　我们这里的经济水平在龙海的 14 个乡镇中大概排在第 4—5 位,农民生活不成问题,但手头的钱不多,比如要盖房子、娶媳妇什么的,钱就紧了。

　　1992 年我们村第一批去新加坡做劳务,当建筑工人。1997 年村里开始有人去以色列。是通过龙海外经委来招工的。这些年算起来出去了 60 多人,都是男的。劳务费年年不同。近两年去以色列的劳务费涨到 9 万元,加上其他费用还要高,但还是有人去。一般一年可以还清劳务费。但如果一去就被抓,那就亏了。按我们村这些年的情况,去以色列明显赚钱的大概 30%。标准很简单,看他家是不是盖新房。算来盖新房的有十多户,已经盖好的有 6 幢,每幢大概花 30 万～40 万元。有的房子盖好外壳后,内部装修做不起来,我们就知道他赚的钱不是太多。现在村里还有 7 个人在以色列,他们在那里好几年了,肯定赚到钱了。隔壁村 XY 还有 30 多人在以色列。留得越久,钱赚得越多。

　　我们村现在办好护照拿在手里的少说也有二三十人,他们都在等机会。看到别人赚了钱,都想去。我们是去做劳务,不是什么非法的事。反正是靠劳动赚钱。大家都知道以色列现在抓得厉害。但是,也知道被抓的人多、被送回来的人多,留下的人就更好赚钱,工资更多。

---

① 访谈笔记 2004 年 12 月 10 日:访 LSJ。

有点搏一下的意思。当然,如果还没赚到钱就被抓回来那就糟了。听说我们村有一个人最近还拿到了合法身份,运气很好。

　　听到以色列爆炸的消息,村里的人都会议论,有亲人在以色列的更紧张。但是根据回来的人说,他们在外面其实并不害怕,是"怕抓不怕炸"。在外面天天做工,基本不去那些热闹的地方,不去坐公车,不去餐馆酒吧,不去市场人多的地方,其实没什么危险。回来的人没有主动回来的,都是被抓到后遣送回来的。进入中国海关时会被罚款。回到村里就没什么。主要是有没有赚到钱。没赚到钱就被送回来的,在村里觉得很没面子。赚到钱回来的人就盖房子。回来后都不愿在这里做事,因为钱太少。在以色列做一天工赚四五百,在这里做一天才赚几十块,没人愿做。

应我们的要求,在村委会的办公室里,这位村干部打电话找那些从以色列回来的人到办公室来和我们见面。半小时内,来了六七人。据 LSJ 介绍,愿意来的都是在以色列赚到钱的,那些没赚到钱的就不愿意出来见人。

"中介"是出国劳务的重要环节。在调查中,一位被访者向我们介绍了自己所了解的情况:[①]

　　我到以色列后听说,以色列人开了一家"格罗巴公司",专门从中国招聘工人。开始时,中国公司给他提供一个工人,它要向中国公司付2000美元招聘费,是给工人提供的安家费什么的。后来这家公司有一个管事的与福清人叫陈晓滨的交了朋友,福清人把自己的妹子介绍嫁给了以色列人。后来福清人就通过以色列妹夫和几个以色列人一起开办了新的公司,我们中国人叫它"雅芳公司"。老板是以色列人,叫约翰,看上去30多岁的样子。他们专门做中国劳务生意。生意到了他们手上,给中国公司一个劳务名额要向中国公司收4000美元。这个公司可以做到包入境。我介绍自己的亲戚到以色列做工也是通过他们,交给他们4000美元,他们就可以办好所有手续。听说办了2000多人。发大财了。

笔者在调查中还注意到,中以之间经过多年的劳务往来后,这些村庄的普通村民们对以色列事务都表现出特别的关注。尤其是那些从以色列归来的劳务人员,谈起这些年"谢克尔"与美元或人民币的比价走向,头头是道,

---

①　访谈笔记 2003 年 2 月 24 日:访 WYH。

对于以色列总理沙龙,更是不仅知其名,而且还能对其"关闭天空"的政策评头论足。访谈中,有些人还评说起"中以关系",而且在有意无意之间将中以关系的变化与在以中国劳务人员的处境联系起来。例如,有人谈道:2000 年中国向以色列支付 10 亿美元购买飞机,以色列就对中国劳务开启大门;2002 年 6 月江泽民首访以色列后,两国关系密切,中国人进入以色列更方便;伊拉克战争爆发后,以色列对中国不满,中国人在以色列的处境明显困难……从诸如此类的评说中,我们可以清楚地看到:跨国劳务打开了这些乡村农民的眼界,将他们带入了一个前所未有的广阔的生活世界,而迁移目的国的国际移民政策也活生生地融入这些乡村农民对未来的规划之中。

2. 生存策略与博弈悖论

纵观福建劳务人员前往以色列从事跨国劳务的状况,一个突出的特点是整个过程都游离于合法与非法之间,劳务人员在逐步了解、适应客观大环境的过程中,在与中以两国相关招聘者、中介者、雇用者的博弈中,努力谋求一种能够使自己及家庭从跨国务工获取最大边际效益的生存途径。

就以色列招聘方而言,根据以色列《人力中介公司雇员雇佣法》的规定,以色列劳务中介公司不得向外籍劳务收取任何中介费。[①] 然而,我们在调查中接触到花"4000 美元"向以色列中介公司购买一个工作配额的实例。中国对外承包工程商会也发现有"以色列中间商以 5000～8000 美金的高价向中国公司出售劳务指标"。[②] 这一切费用自然都以种种方式转嫁到中方底层劳务人员的身上。

以色列政府力图打击非法劳务的"关闭天空"政策,在实际执行中却直接导致劳务人员所承担的劳务成本被再度提高。以福建人在以色列主要涉猎的建筑部门为例。据以色列财政部的一项报告,以建筑商雇佣外籍工人的主要动机是外籍工人成本低于本国工人 40%。[③] 建筑行业是一个艰苦的行业,在以色列更是因为长期雇佣阿拉伯人而被贴上了"阿拉伯人工作"的标签。以色列"关闭天空"后,随即投巨资对大批失业的以色列人进行建筑

---

① 中华人民共和国商务部网站:《如何开拓以色列劳务市场》(http://hzs. mofcom. gov. cn/aarticle/Nocategory/200211/20021100049797. html)。

② 《中国对外承包工程商会副会长刁春和在大连市的讲话》(http://www. dxbhz. com/jl-2. htm)。

③ 以色列《国土报》(*Haaretz*)报道,转引自中华人民共和国驻以色列大使馆经济商务参赞处网站"经贸新闻":《以色列外籍建筑工人数量将减少》(2005-06-05 14:47)。

行业的技能培训,但"三分之二的受训者认为建筑行业工作又苦又累,最终放弃了"。[①] 2004 年的统计显示,是年约有 7000 以色列人在政府的鼓励下进入建筑业,但中途退出者超过半数。[②] 如前所述,面对以色列国内各方面尤其是建筑行业的强烈批评抗议,以色列政府于 2005 年实施了一系列以"提高使用外劳成本,提升本国劳动力就业率"为主旨的新政,可是,以色列政府旨在向雇主征收的各种费用,却几乎统统转嫁到了外籍劳务人员的身上。以福建为例,以色列紧缩外籍劳务政策后,福建朝向以色列的中介费用步步攀升,时至 2005 年,已经上涨到 9 万~12 万元。由于输出方的人力资源供大于求,劳务中介公司就有可能一再提高中介价格,超过合法范围征收的超额劳务费用在中、以双方相关中介人员或中介公司之间瓜分。

就中国方面而言,由于跨国迁移需要在两国相关部门中多方沟通,需要为中方应聘出国人员办理护照、签证,安排体检、公证,为其购置机票、保险等,故此,中国主理劳务输出的招聘或中介公司需要向应聘者收取一定费用。中国对外承包工程商会在于 2003 年 1 月 1 日开始正式实施的《以色列劳务合作业务协调管理暂行办法》中规定:"各经营公司每派出一名劳务人员向其收取的服务费及个人负担的各项费用总计不得超过每人 2.5 万元人民币。"[③]然而,由于中国本土劳务资源供大于求,上述规定形同虚设。在我们所调查的所有被访者中,实际付费最低 5 万元,最高 8 万元。究其原因,至少有如下三方面因素直接影响到中介费用长期居高不下。

其一,由于不少中国公司缺乏到国外直接开拓劳务市场的渠道及能力,故而只能靠向国外相关机构支付高额中介费用的方式开展业务,有时甚至经过三四次转手。如前文提及的花高额费用向"格罗巴公司"、"雅芳公司"购买"配额",即为例证。其二,中国的跨国劳务还存在因多头管理而使某些不法行为得以坐享渔利的弊端。中华人民共和国主管出国劳务的有两大部门——商务部及劳动部。据 2004 年的统计,商务部下属的境外就业公司有 2000 多家,而受劳动和社会保障部监管的境外就业公司也有 300 多家。由

---

①   中华人民共和国驻以色列大使馆经济商务参赞处网站"经贸新闻":《以色列建筑行业外籍劳务短缺》(2002-12-29 20:41)。

②   中华人民共和国驻以色列大使馆经济商务参赞处网站"经贸新闻":《以色列劳务市场近况》(2005-04-21 16:21)。

③   详见中华人民共和国商务部网站:《中国对外承包工程商会:以色列劳务合作业务协调管理暂行办法》(http://hzs.mofcom.gov.cn/aarticle/ztxx/h/l/t/200502/20050200343773.html)。

于两个系统之间在管理上的差异,有一些公司就想办法同时从两个系统拿到合法执照,哪边有利就往哪边靠,"既可以高收费,又可以逃避管理,还能获得两家渠道各自的好处"。^①再者,一些合法的境外就业公司在拿到项目后,或由于在规定期限内找不到合适的工人,或完全出于贪图方便,坐享其利,故而将招聘业务"转包"或曰"转售"给"下线"。一些没有劳务输出经营权的地方小公司甚至个人即抓住此类机会,以不同"代理"方式卷入跨国劳务的招聘活动。每一个卷入"中介"的公司或个人都要从中收取费用,层层加码,成为造成跨国劳务中介费大幅度上涨的又一重要因由。

总之,跨国劳务招聘与中介的运作,既受相关国家政策制约,又受市场规律之左右,在跨国招聘及收取中介费用的过程中,诸多行为都是博弈于合法与非法之间,终其结果,均转化为劳务人员所承受的出国成本。

绝大多数出国务工者的主要动机是获取较高经济收入,而以色列雇主雇佣外籍劳工的目的之一则是降低成本,这就形成了赴以劳务中劳资双方又一轮博弈。

以色列外籍劳务中无证或非法比例是比较高的。如前所述,实际前往以色列的中国劳务人员与以色列给予中国劳务人员的正式配额之间存在较大的差距。究其原因,一是不少劳务人员在签证期满后逾期居留,成为在当地无合法身份的无证居留者;二是有的中介公司直接以"旅游"或"商务"为名组织人员进入以色列,尔后进入当地劳务市场务工;三是劳务人员因种种原因离开原雇主成为非法劳务。由此,就出现了大批中国劳务人员虽合法入境,但非法居留或非法务工的状况。^②前两类现象在出国劳务中较为普遍,但第三类型则为以色列政策影响下的特殊现象。

以色列关于外籍劳务的重要规定之一是由原雇主掌控工作签证的有效性。根据我们的调查,该政策对入境劳务产生了多重相当负面的影响,其直接后果之一是非法劳务比例相当高。据以色列房屋和建筑部 2005 年 4 月公布的数字,全以色列外籍建筑劳务人员为 4.9 万名,其中 3.2 万名为非法

----

① 《中国劳务输出的窘境》(http://www.fqmen.com/ABROAD/ABROADNEWS/20050319053192017196970687.htm)。

② 笔者在调查中听说有非法中介者(或曰"蛇头")组织劳务人员从埃及、约旦等周边国家转道入境以色列。但在实际调查中没有接触到直接的案例。

劳务,高达总数的65%。^①

　　根据我们调查的情况,当支付了高额出国费用的福建劳务人员进入以色列后,大多数都面临不同程度的困境,较常见的现象是:一些"原雇主"利用掌控手下外籍劳务身份的权力,残酷剥削外籍工人,他们或拖延工资发放,或任意克扣工资,甚至拒不付酬;有些雇主与中介联手多次转售劳务配额,结果造成有的工人在抵达以色列后竟发现"原雇主"乃子虚乌有,人间蒸发,生计无着;有的工人则是在原雇主手下工作一段时间后,通过对当地市场的了解与比较,认为工薪太低,产生不满。由于福建劳务人员几乎全都身背沉重债务,迫切需要尽快赚钱还债、挣钱回家,因此,无论是遇到上述哪一种情况,其最终结果都是外籍劳务人员离开原雇主自谋出路,成为持有"自动失效"之工作签证的非法劳务人员。在早期(20世纪90年代)进入以色列的劳务人员中,多数是在原雇主手下务工一段时期后才被迫脱离原雇主而自行进入劳动力市场,但自90年代末后,新一轮进入以色列的劳工则在进入之前已对以色列的状况多少有所了解,先期去往以色列的亲戚同乡往往成为接应者(如前引CXY、GZY等人),因此后续者大多做好一去就进入劳动力市场自行谋生的准备。如此,在以色列劳动力市场上,就出现了一大批在当地劳动力市场上"非法"寻工的福建劳务人员。特拉维夫是以色列最大的工业城市,在那里有一个相对集中的劳务市场,每天早上天亮以后,许多外籍劳务即前往那里等待雇主。我们在调查中还了解到,由于以色列建筑市场需求量很大,而福建工人的要价相对较低,干活手脚麻利,在市场上比较受欢迎。在此类交易中,一切都以现金进行,因此雇主与受雇者双方都逃脱以色列的税务监控,这实际上是又一层"非法"行为。

　　以色列政府关于外籍劳务的另一项规定是每一工作签证的有效期为27个月。这一劳务期显然也无法满足福建劳务人员出国挣钱的愿望。根据笔者以往的调查,前往欧洲、北美的福建新移民多以取得当地身份为目的,但前往以色列的劳务人员则几乎没有在以色列定居的想法,他们的目标基本是在以色列务工五年以上,除还债外还能带回50万元人民币。换言之,在以色列工作前一两年的收入基本必须用于还债,在那之后挣的钱,才能算是"真正的收入"。如此,以色列所规定的27个月的劳务期显然太短了。在笔

----

①　中华人民共和国驻以色列大使馆经济商务参赞处网站"经贸新闻":《以色列将对外籍劳工提取指纹登记》(2005-04-08 14:47)。

者所访谈过的回归人员中,除一人强调自己是主动返回的以外,其他都是被遣送回国的。有一人甚至告诉笔者:"想回国了,就让以色列的警察抓吧,回国的机票都省了。"如此说法不乏调侃,但多少也是其生存状态的写照。

虽然近年来在以色列不断发生的各类自杀性爆炸震惊世人,但是,当笔者在调查中询问从以色列返回者是否担心受害于爆炸事件时,他们几乎都答道:在以色列我们是"怕抓不怕炸"。因为一被警察抓到遣送回国,就没钱赚了。但是在以色列,只要你遵守一定之规,尤其是在周五下午、周六晚上及周日早上不去热闹的地方,不搭公车,不去酒吧餐馆,只是打工,基本还是安全的。①

考察在以外籍劳务的生存问题,不能不提及的一个群体是活跃在以色列当地的律师、翻译等。据被访者介绍,由于对以色列社会不了解,存在语言、文化障碍,因此,在需要看病、办证、遇到纠纷或是被拘留需要保释时,都需要寻求当地翻译、律师的帮助。用被访者的话说:这是些赚"软钱"的人;是靠我们工人的血汗钱过活的人。在笔者所访问过的回归人员中,有五人明确提及他们在以色列有过被拘留的经历。其中一人在拘留所见到了愿意为其安排保释的以色列律师和翻译,在得到对方的承诺后向其交付了1000美元。但一周后还是被遣送回国了。他迄今仍对"黑心的以色列律师"愤愤不平。以色列媒体也对此类现象屡有揭发:一律师安排一位母亲探视被抓儿子就收取了300美元,而事实上每一位被拘留者都有权利要求面见亲属;一位律师仅仅为被抓劳务送了一次药就向劳务要了几百美元的费用;律师为被抓外籍劳务提供保释服务的收费为700~1000美元;有的被抓劳务需要借贷筹款交纳几万谢克尔的保证金,为其提供借贷担保的律师就从中收取400美元的代理费;虽然以色列政府规定为被拘留者提供翻译服务是不准收费的,但有些律师仍然向被抓劳务收取一大笔钱。如此等等,不一而足。②

在以色列有一个专门为移民工人服务的"移民工热线"志愿团体,他们义务为以色列境内的移民伸张正义,维护权益。近年来,已有越来越多的中

---

① 在以色列,周五下午是每周一次的安息日即将开始的时候,周六晚上是每周一次的安息日结束的时候,而周日早晨则相当于我们国内的周一,这些时段在外活动的人比较多,市场、酒吧、餐馆等地比较热闹,恐怖分子往往选择在这些时候制造袭击。

② 参阅中华人民共和国驻以色列大使馆经济商务参赞处网站"经贸新闻":《以色列律师利用外籍劳务被抓遣之机大发不义之财》(2003-05-19 16:39)。

国移民工人在遇到不合理遭遇时向他们寻求援助。在该组织的网站上，有特地为中国工人设计的救助表，有各种相关法律法规，该组织还将以色列外籍劳工的合法权益译成中文，公布在网站上。外籍劳工的合法权益需要中以双方共同维护。

综上所述，在朝向以色列的劳务迁移中，从招聘、迁移、务工到回归的整个过程，几乎都存在合法与非法的博弈。在此过程中，虽然相关国家的政府部门不断出台各类政策措施进行管束，但是，由于输出地潜在劳动力供大于求，输入地对外籍劳务求大于供，相关政策在与市场需求的博弈中往往在权力掌控者手中被"合理"扭曲，而位于运作底层的劳务人员则承受着一切合法与非法行为所造成的所有责任与负担。随着劳动力市场全球化进程不可逆转的发展趋势，中国劳动力应当更主动有效地加入国际劳务市场的合理合法竞争。在这一进程中，迫切需要相关政府部门更加积极主动地协助拓展、疏通跨国劳务输出的合法渠道，维护在外劳务人员的合法权益。

本节选择在移民政策上具有不同倾向的法国、俄罗斯、以色列三国，通过对当代中国新移民走向这三个国家的路径分析，说明移民群体如何在既适应又挑战接纳国移民政策的动态过程中，实现跨国迁移、谋生致富的愿望，同时也展示目的国移民政策如何在国家利益导向下对移民群体施加影响、约束与管制。

就移民自身的构成而言，因为这三个国家都属于劳动力相对短缺的国家，无论其承认与否，实际上都对年轻力壮的劳动人口网开一面。然而，法国的情况又不同，因为它从"人道主义"理念出发，多年来一直为"家庭团聚"开放特别通道，因此，在法国已经建立了移民网络的浙江籍群体，在移民年龄构成上就包括了中老年及未成年被抚养人口。反之，以色列的移民政策是完全不允许非犹太人长期居留，更不准移民工人带家属入境，因此，以色列劳动移民就显现出以男性单身汉为主的群体构成。

就移民的就业领域而言，外来劳工移民基本进入当地国底层，这是普遍规律。但是，不同国家依其经济需求而对移民就业划定的范畴，则会对移民就业形成某些特别约束。在法国，因为就业政策对本国工人的保护，只有那些在本国无法招到合适工人的岗位，才能开放给外籍工人，因此，中餐馆厨师就成为急需中国工人的"特殊行业"。在以色列，因历史原因，艰苦的建筑业被贴上"阿拉伯人工作"的标签，而巴以冲突加剧后，巴勒斯坦人难以进入以色列工作,来自中国及其他亚洲国家的移民工人就成为建筑业的生力军。在俄罗斯,当本国人纷纷希望离开生活条件艰苦的远东地区,到经济相对发达、生活条件相对舒适的地区生活时,相对艰苦的远东地区的发展就只能借助于来自近邻中国的移民,而农业经营的长期性,则使得当地政府不得不面对现实而认可中国人的定居性迁移。

最后,从对以上三国迁移流动途径的分析中我们还可以看到:"许多国家的入境体制恰如一座前后左右都有门的房屋,永久定居性移民从前门进去,临时性访客或短期工人从边门进去,而非正规移民则从后门进去,但不论走哪个门,一进屋就都汇合到了一起。临时性访客可能转为正式移民,也可能沦为非法;那些走后门的非正规移民则可能经由合法化途径而成为正式定居者;反之,那些定居性移民可能又会决定放弃迁移,回归本土。"①正因为如此,联合国开发计划署《2009 年人类发展报告》强调:移民身份是可以变化的,而且也处于变化之中,因此没有必要过于强调移民身份的不同,并据此提出了重要建议:"为了让更多工人能够实现跨国流动,应当进一步开放现有的入境渠道。"②

中国是世界人口大国,在"中国制造"走向世界的同时,民间力量也早已自发地加入了国际劳动力市场的竞争。就国家而言,审时度势,了解世界上主要国家国际移民政策的基本动态与走向,将有利于为中国走向世界排除障碍,也将更有利于维护中国公民在世界各地的合法权益。

第二节　走入中国的外国人

2009 年 7 月 16 日,一则关于"广州 300 非洲人冲击派出所"的新闻登上了中外诸多报刊的版面,事情的缘由是:2009 年 7 月 15 日下午,广州市越秀区分局矿泉路派出所民警到广园西路唐旗服装城二楼进行治安检查,两名尼日利亚男子为躲避检查,一人从二楼跳下,头部着地负重伤,另一人击破玻璃向窗外爬,腹背受伤。在商场的其他尼日利亚人看到出现流血事件,立

---

① 联合国开发计划署:《跨越障碍:人口流动与发展》,2009 年,第 26 页。
② 联合国开发计划署:《跨越障碍:人口流动与发展》,2009 年,第 V 页。

刻围拢在一起,又拥到警察局门前抗议,很快聚集了上百人,周围交通因此受堵。

该意外事件的发生,使得"广州的非洲人"、"中国的外国移民"等原本令当代大多数中国人颇为陌生的话题,以前所未有的高亮度,吸引了全社会的关注。当中国作为世界人口第一大国而仍然对本国人口增长实施世界上最为严格的控制手段时,如何制定妥善的政策以应对数以百万计的外来移民以及数量更大的境外潜在移民,已经尖锐地提到了政府的议事日程上。

一、"四远云来"的当代篇

在中国,早在汉唐盛世,就曾经出现过"四夷八蛮,咸来供职"的盛况,宋元时期,留下了"梯航万国,冠带诸酋,四远云来"的得意记载。盛唐时期,不仅在都城长安居住了十多万外国人,而且在扬州、广州等重要港口城市,也都居住着数以万计的外国人,出现了帝王自鸣得意的"万方来朝"的盛世景象。虽然如此渲染固有封建帝王的狂妄,但也在一定程度上折射出当时中外人士在中华大地上和平交往的事实。然而,当中华封建王朝走向衰落后,如此盛景即不复再现,取而代之的是对外闭关锁国,层层设防。

自进入 19 世纪后半叶,西方殖民者的坚船利炮摧毁了中华封建壁垒,积贫积弱的清政府在鸦片战争后走向穷途末路,面对咄咄逼人的西方列强一败再败,一退再退,签订了一系列丧权辱国的不平等条约,中华大地步步沦为西方列强的半殖民地。西方列强以中国是一个"未开化"的国家而没有能力做出公正审判为由,对其在中国的侨民实施强制性的单方面治外法权,使之得以长期在中国的土地上为所欲为。在治外法权的保护下,那些仗着洋枪洋炮闯入中国的各方"洋人"傲慢地自视为胜利者,趾高气扬,为所欲为。面对西方侵略者的武力入侵和文化渗透,中华民族拥有五千年悠久历史文明的民族自尊受到严重伤害,在民间社会,崇洋媚外与极度仇外心理既相互排斥,又相互碰撞。从世纪之交义和团揭竿而起,到艰苦卓绝的八年抗战,中国人民一直为反抗外来侵略者、维护祖国的独立统一而浴血奋战。

中华人民共和国成立后,在根除帝国主义在华特权的同时,对全国外侨进行详细登记,并制定了"打扫干净屋子再请客"的方针,由公安部按帝国主义国家和社会主义国家的区别,对外侨实施"逐步挤走大部,有意留下一部"的"驱挤"政策。这项工作首先从上海开始。1950 年 10 月 25 日,上海市公安局公布了《上海市外国侨民登记办法》。仅隔十余日,公安部又于 11 月 5

日转发经周恩来总理批示同意的《外侨管理外资处理意见》，要求各地公安机关全面开展侨民登记工作。至 1951 年 3 月，全国经普查登记的外侨共有273529 人，其中资本主义国家的侨民 26813 人，日侨 37809 人，苏联及其他人民民主国家的侨民 202903 人，无国籍侨民 5057 人，国籍未定者 947 人。[①]以当时外侨最集中的上海市为例。1949 年 12 月统计显示，当时在沪常住外国侨民共 55944 人，其中绝大多数即 5 万多人相继被"驱挤"出境，截至 1979年底，在沪常住外国人仅为 710 人，其中朝鲜、越南、蒙古等侨民约 300 多人。全国同期总计共遣返外侨 20 余万人。[②]

20 世纪 50 年代，面对国际资本主义阵营对社会主义新中国的封锁打击，中国政府相继颁布了一系列对外侨进行管理规范的法律法规，主要包括：1951 年《外国侨民出入境及居留暂行规则》、1954 年《外国侨民出境暂行办法》、1954 年《外国侨民居留登记及居留签发暂行办法》、1954 年《外国侨民旅行暂行办法》和 1964 年《外国人入境出境过境居留旅行管理条例》。中央政府紧急制定的这一系列法律法规的基调以规范限制为主，包括对外国人入境、出境、过境实行严格管理，规定其必须在签证注明的有效期限内，按照指定的入境出境口岸、交通工具和路线通行。入境的外国人只许前往签证注明的目的地，中途不得随意停留。外国人来华需有正式邀请单位并经相当一级主管部门审批。外国人在中国必须在指定地点住宿，一些需要长期在华工作的外交官员或专门人士，则被安排住在有武装警卫看守的外交公寓或友谊宾馆。外国人在中国境内旅行常有中国工作人员陪同，外国人必须在指定购物点——友谊商场购物，中国境内针对外国人的"禁行牌"比比皆是。

在冷战时期的特殊政治环境下，中国虽然将"屋子打扫干净了"，但请进来的客人则为数不多。从中华人民共和国成立后到改革开放初的数十年间，在中国长期居住的外国人除正式外交人员之外，其他人员主要有三部分。

其一，20 世纪 50 年代前来支持中国社会主义建设的苏联专家。中华人民共和国成立后，被尊为"老大哥"的苏联政府向百废待兴的中国雪中送炭，

① 中国警察学会出入境管理专业委员会：《公安出入境管理大事记》，群众出版社 2003年版，转引自梁治寇：《建国初期外侨管理工作述评》，《当代中国史研究》2006 年第 4 期。
② 柯卫、雷宏：《改革开放三十年上海外国人证件管理的变化》，《上海公安高等专科学校学报》2009 年第 2 期。

提供了从资金、技术、装备到人才的支持。根据最新揭秘的档案资料,20世纪50年代,苏联和东欧社会主义国家曾经参与援建新中国的156项重点工程,前来支援中国社会主义建设的苏联专家总计达2万余名。但是,自20世纪60年代中苏关系破裂之后,所有专家均被撤回。①

其二,各友好国家派往中国的留学生。中华人民共和国一成立,基于外交工作的需要,立即开始为东欧友好国家培养人才。1950年,中国教育部在清华大学成立了第一个"东欧交换生中国语文专修班",接收了来自匈牙利、罗马尼亚、保加利亚的第一批留学生,由著名物理学家周培源先生担任第一任班主任。此后,从1950年到1978年,全中国各高校累计接受留学生12800名,主要来自亚洲、非洲及东欧一些友好的社会主义国家。②

其三,遭受当地国政府迫害的政治难民。关于这部分人员的数字及构成,迄今未见到正式公布的资料,而且,中国政府也从不使用"政治难民"一词。但自新中国成立后,一些在当地国家遭受迫害的共产党人和"左派"人士,曾经长期得到中国政府的庇护,在中国学习、生活。如果参照联合国难民署的定义,则他们均为政治难民身份。例如原马来西亚共产党领导人及马华"左派",印尼1965年"9·30"事件后受到军事当局迫害的印尼共产党人及"左派"人士等,都曾经长期作为外国友人生活在中国。而20世纪70年代中期印度支那政治事变后,中国在短期内就接纳安置了约30万印支难民,他们大多是印支华人华裔。另一支基本不为社会所了解的难民则来自南亚。自1980年到1988年,在联合国难民署争取下,在欧美国家财政支持下,中国作为南亚难民中转站,接收了2万多印度锡克族难民和斯里兰卡泰米尔族难民。这批难民持联合国难民署难民证件,每月领取欧美等国认捐的生活费。③

中国实施改革开放政策后,在国门敞开之初,人口流动的潮流主要是从中国走向世界。同期进入中国长期居住的外国人数量有限,主要构成有三:

---

① 20世纪50年代我国实施"一五计划"、"二五计划"时期苏联共援建156个建设项目。其中斯大林决定了141项,赫鲁晓夫又追加了15项,最终落实了150项,其中军工项目44项。详见高凤英:《苏联援华知多少》,《党史文汇》2009年第6期。

② 崔希亮:《改革开放30年来华留学生教育事业的发展》,《北京教育(高教版)》2008年第9期。该文作者系北京语言大学校长。北京语言大学前身北京语言学院,是中国唯一一所以来华留学生教育为主要任务的高等学府。

③ 参阅胡贲:《如何解"难民"这道题》,《南方周末》2009年9月3日。

一是随外国投资而进入中国的企业管理人员和专业技术人员;二是留学生;三是逐年增加的以语言类教学为主的外教,以及各类访问学者、进修生等。仍以上海为例。1980 年,全上海常驻外国人只有 624 人,1985 年增加到大约 3000 人,1990 年再增加到 4110 人。①

进入 20 世纪 90 年代之后,常住中国的外国人数量直线上升,尤其进入 21 世纪后,更显现跳跃式增长,迅速演绎出了"四远云来"的当代篇。

首先,常住中国的外国人数量急剧增加,外来移民已经成为中国社会一个越来越引人注目的组成部分。

据 2004 年的统计,北京有 139 个国家的驻华使馆及众多国际组织代表机构,186 个外国新闻机构的代表处,80 多个跨国公司和金融机构设在中国的总部,13000 多个外商投资企业,6000 多个外国企业代表机构。2002 年临时入境在京停留住宿的外国人 213.5 万人次,港澳台胞及华侨 36.5 万人次,常住外国人 57000 余人,其中外交官员及家属约 7000 人,留学生 14516 人,科技专家 939 人,文教专家 1597 人,记者 309 人,侨民 160 人,外国企业代表机构人员 6315 人,三资企业外籍人员 11876 人。② 另一项报道显示:2007 年全年共有 5200 万外国人出入北京,当中 38 万为常住人士。③

上海的统计显示,1993 年上海地区常住外国人总数约 1.1 万人,2005 年超过 10 万人,2007 年达 13.8 万人。2007 年年底在沪外国、港澳台机构共 63303 家,其中领馆 62 家,三资企业 47520 家,股份制企业 109 家,新闻机构 102 家、国际学校 23 家,其他机构 15487 家。上海已成为大陆设立跨国公司地区总部最多的城市之一。目前在沪落户的跨国公司地区总部已达 204 家,外国投资公司中国总部 171 家,外国公司研发中心 196 家。2004 年 8 月至 2008 年 7 月,上海地区共有 639 个外国人申请中华人民共和国外国人永久居留证,其中 540 位外国人获公安部批准取得了中华人民共和国外国人

---

① 根据以下两篇文章的数据综合:(1)柯卫、雷宏:《改革开放三十年上海外国人证件管理的变化》,《上海公安高等专科学校学报》2009 年第 2 期;(2)中共上海市委统战部课题组:《世界宗教发展趋势对上海的影响及对策思考》,《上海市社会主义学院学报》2003 年第 3 期。

② 吴建设、王全淳:《加强首都外国人聚居管理工作的思考与对策》,《北京人民警察学院学报》2004 年第 3 期。

③ 《当世界走向中国:用第三只眼睛看北京》,《明日风尚》2008 年第 8 期。

永久居留证。①据《瞭望新闻周刊》2006 年的报道,在上海正式就业的"洋打工"约 51000 人,来自 152 个国家,他们中近 90% 持有大学本科以上学历。上海市税务部门统计,2004 年上半年共有 11 万人次外国人在上海缴纳个人所得税,总计 16 亿元人民币,同比增长 37.9%,纳税额占上海个税总量的 14.28%。②按上海人才国际化战略部署,2015 年外籍人占全市人口比例将达到 7%～10%,即增加到百万以上。③

在广东,2006 年全省持中国有关部门正式颁发专家证的外国专家 6000 多人,而实际上外国专家和高素质就业人员总数可能高达 10 万人。这一数字背后,是在广东登记注册的外商投资企业达 5.53 万家,世界 500 强企业已有 166 家在广东设立了 492 家企业。④

其次,外国移民从入境缘由到个人职业、身份构成等,也都向多样化拓展。

新中国成立之初进入中国的外国人,主要来自与中国友好的社会主义国家,来自资本主义国家的外国人则是与社会主义中国友好的进步人士,他们前来中国的原因相对比较单一,主要是援助中国的社会主义建设。20 世纪 70—80 年代进入中国的"难民",则是受外在战争灾难所迫,大多属被动迁移,因此,一旦形势许可,不少即移居他国。前文提及的南亚难民,后来绝大部分转往美国、加拿大、德国、意大利、西班牙,仅有一小部分换发无国籍护照,留在中国,主要集中在北京、广州、昆明三市。而来自印支的难民,虽然多为华裔,但后来亦有数万人通过投亲靠友等方式,转而移居北美、欧洲、澳洲等地的发达国家。

中国改革开放初期前来中国的外国人,许多受所在企业派遣,承担特定任务来到中国,他们对中国不了解,甚至战战兢兢。一位任职于欧洲一所大学的教授,曾于 1982 年春受其大学派遣,应邀到中国某大学短期工作。他

---

① 柯卫、雷宏:《改革开放三十年上海外国人证件管理的变化》,《上海公安高等专科学校学报》2009 年第 2 期。

② 肖文锋、张舵、刘爱民:《"新外口"逼出城市管理新对位》,《瞭望新闻周刊》2006 年第 30 期。

③ 中共上海市委统战部课题组:《世界宗教发展趋势对上海的影响及对策思考》,《上海市社会主义学院学报》2003 年第 3 期。

④ 肖文锋、张舵、刘爱民:《"新外口"逼出城市管理新对位》,《瞭望新闻周刊》2006 年第 30 期。

曾在与笔者的交谈中,描绘过他当时在中国的生活情景:"接待我的大学派来的代表直接从机场将我接到大学的'专家楼'。校方代表礼貌地告诉我,为了我的安全,如果没有专人陪同,不能私自外出。我总不能只待在房间里吧。还好专家楼前面有一小片空地,算是专家楼的院子,到那总不算外出吧。那一小块空地就成为我唯一可以'自由活动'的地方……简直像被关禁闭一样。因此,时间一到,我立刻迫不及待地离开中国。"

伴随着中国改革开放的深入,上述情形已经根本改变。近一二十年来移居中国的外国人,大多出于个人的自主选择。中国外国专家事务局新闻发言人曾在 2009 年对媒体的讲话中对外国人来华趋势做如下总结:以前是退休的多,现在是年富力强的越来越多;以前是一般性人才多,现在是高级人才越来越多;以前是短期工作的多,现在是长期工作的越来越多。① 外国企业家来投资,来创业;外国商人来寻找货源,来推销产品;外国白领来就业,来谋求职场提升的机遇;外国艺术家来寻找创作灵感,来寻找展示才华的机会;还有众多来求学,来教书,来传教,来打工,来养老,以及因为与中国人联姻而移居中国或来中国寻找配偶,不一而足。

就外国移居者个人身份而言,也呈现多元化发展。在常住中国的外国人当中,既有腰缠万贯的投资者,开店办厂的企业家,学有专长的科技、文教专家,高级管理人员,也有体育、演艺、美容等各业人才直至普通打工者,还有嫁到中国贫困山区、农村的外籍新娘,自然也少不了一些跨境犯罪团伙。

外国移居者的来源地遍及世界各大洲,仅就留学生而言,据教育部国际司在"2009 年中国政府奖学金来华留学工作会议"上提供的资料,1978 年在华留学生总计 1236 人,2008 年则达到 22.35 万人,比 1978 年增加了近 180 倍。这些留学生来自世界上 189 个国家和地区,分布在全国 592 所高等学校和机构。②

外国移居者在华身份也呈现多样分化,有持学习签证的留学生,有符合中国标准获得绿卡的外国友人,有持合法证件获准在中国长期或短期居留的外籍人士,与此同时,近年来也出现了越来越多的无证移民,其中,既有非法入境、非法居留、非法就业的"三非"人员,也有合法入境但无证居留,或合

---

① 黄秀丽、李耘耕:《大国崛起时代那些爱上中国的老外》,《南方周末》2009 年 9 月 3 日。

② 《来华留学生 30 年增加近 180 倍》,《国际人才交流》2009 年第 5 期。

法入境、合法居留,却没有获得工作准证而无证工作,情况多样而复杂。今天的中国,如同国际上主要移民接纳国一样,同样从政策到实务,都面临着如何应对多样化入境移民的众多问题。

再次,外国移民在分布上呈现大分散、小集中的居住态势。如今在全中国各省市自治区,都散布着来自不同国家的外国移民,呈现大分散的布局。但与此同时,入境外国人又依其个人职业、身份、来源国等不同,在若干城市社区,形成相对集中的外国人聚落。以下一节,将对此进行集中探讨。

二、中国境内的"外国人聚落"

进入 21 世纪,随着中国综合国力全面增强,人民生活水平大幅度提高,越来越多的外国人走入中国,并且留居中国,形成了数量可观的外侨群体。就国家构成而言,近年来移居中国的外国侨民,几乎来自全球各地,但主要群体包括来自中国周边的韩国人和越南人,来自中东西亚的阿拉伯人,以及以尼日利亚、利比里亚、刚果等为主的非洲人,同时还包括一部分持外国护照的华人,即中国人习惯所说的"海归"。虽然中国对外国人获得永久居留的"中国绿卡"控制非常严格,但事实上已经在中国形成了若干著名的外国人聚居地或"移民族群",如北京的"韩国城",义乌的"中东街",广州的"巧克力城",还有桂西北农村的"越南新娘"等,不一而足。

(一)北京的"韩国城"

韩国《文化日报》早在 2005 年就曾发表文章,题为"每年 10 万人移居,2008 年实现百万共同体"。该文提出:近年在华韩国人数量呈几何级递增,已发展成为韩国之外全球最大的韩国人共同体。根据"驻华韩人会"社长韩洪满估计:每年起码有 10 万韩国人来华长期居住,到 2010 年,在华韩国人可能超过 200 万。[①]

北京东北部的望京小区是一个新型的超大型社区,望京新城一期于1996 年交付使用,次年就有 200 多户韩国人作为第一批住户涌入望京。2009 年的统计显示,在望京社区约 15 万总人口中,外籍居住者达 6 万以上,其中韩国人约占 80%,因此被公认为是北京的"韩国城"。[②] 望京街道办事处的工作人员介绍,望京街道辖区内共有 17 个社区,韩国人主要集中在西园

---

① 袁瑛:《百万韩人入华》,《商务周刊》2007 年第 17 期。
② 李邑兰:《望京:韩国城的融合之路》,《中国新闻周刊》2009 年第 30 期。

三区和西园四区,大约占到小区人口总数的 80％～90％,并且这一数字还在逐年增长。另据"中国韩国商会"常务副会长金钟宅 2007 年的谈话,在中国的韩国人大约有 70 万左右。其中留学生有 15 万,经商的韩国人近 50 万。目前在华的韩国投资企业有 4.3 万多家,预计到 2007 年底累计投资额将达到 350 亿美元左右。15 年来韩商投资区域主要集中在东部沿海地区(如辽宁、天津、山东、上海地区、广东等)。① 因此,除了北京之外,在青岛的"城阳区"聚居的常住韩国人口逾 5 万人,流动人口 5 万余人,沈阳的"西塔街"也有常住韩国侨民约 1 万人。②

移民中国的韩国人可以大致分为四类:为跨国公司工作的白领,利用中国廉价劳动力而前来创业者,留学生,选择到消费水平较低的中国休闲、养老的群体。与此相应,韩国人选择移民中国的原因也是多样的。在中国,韩国商人不仅可以找到相对低廉的工人、厂房、办公室以及原材料,他们在中国的生活成本也比韩国低得多。相比韩国首都首尔贵得"令人咋舌"的水果和蔬菜,在中国,韩国主妇可以放心地往购物篮里放上一整个西瓜而不是一片,一捆葱而不是一根。尽管北京房价已经大幅飙升,但相比首尔的房价韩国人还是觉得便宜。韩国联合通讯社驻北京特派记者朴基成对望京"韩国城"的评价是:"好像不会说一句汉语,也能在望京生活下去。"③

走进望京小区,韩国特色一目了然。路旁的不少广告、餐厅、商场都标着中韩两种文字,韩国超市和韩国特色餐馆比比皆是,甚至还有专卖韩国泡菜的小店(如著名的"姨姨家泡菜店")。据韩国驻华协会透露,韩国人在望京地区经营的餐厅、超市、茶馆、美容院等超过了 500 家。④ 韩国家庭可以将孩子送到专为韩国子弟开办的望京韩国国际学校上课,同时还有专门为韩国人开办的课外辅导班。孩子在课余周末,既可以选择到地道的韩式围棋道场学棋,也可以到韩国人办的跆拳道馆习武。韩国人信教者众。在望京,既有比较正式的"北京韩人教会",也有若干家庭性质的聚会点,为韩国移民提供精神上的支持。

在中国的韩国人成立了自己的团体,最著名同时也最活跃的是"中国韩国商会"。该会于 1993 年在北京正式注册成立,是一个非营利的民间经济

---

① 张志:《50 万韩商在中国》,《小康》2007 年第 12 期。
② 袁瑛:《百万韩人入华》,《商务周刊》2007 年第 17 期。
③ 袁瑛:《百万韩人入华》,《商务周刊》2007 年第 17 期。
④ 华兹:《聚集望京"韩国村"》,《国际人才交流》2009 年第 5 期。

社团。该会自我标榜的办会宗旨包括对在华韩资企业提供指导、咨询、协调服务,引导企业之间公平竞争,促进韩资企业健康发展,增强中韩交流合作。该会成立十多年来,已经在韩商相对集中的上海、青岛、烟台、沈阳、哈尔滨、秦皇岛、威海等大中城市成立了地区性分会。商会经常为其会员发送经济资料,解读中国新出台的与韩商企业相关的法律法规,提供投资地域的环境分析,创建韩商之间交流合作的平台。

在华韩国人组建的另一个较有影响的社团是"驻华韩人会",该会有自己的会所,需要时可组织同胞聚会,讨论解决内部问题或协商如何携手对外。遇大型节庆假日时,则设法组织同胞们开展足球、垒球比赛等文体活动,该会曾经在望京体育场组织"韩国家庭运动会",邀请来自大连、青岛、广州等地韩国人共同参与。在华韩国人还出版韩文刊物《北京通讯》,每周一期,主要面向北京的韩国人发行,报道中国新闻,介绍风土人情,评述韩国每周要闻。

北京的韩国人社群已经吸引了北京银行的特别关注。2006 年 12 月 11 日,北京银行专门推出面向在华韩国人的专项金融服务,取名"韩情脉脉"。根据北京银行当时公布的调查数据,地处北京东北端的望京社区,辖内总人口近 30 万人,其中韩国人约 6 万,加上北京五道口等地区,在北京居住的韩国人约 10 万,是北京外籍居民中规模最大的族群。这部分人以工商、政界人士和留学生为主,很多韩国人已在望京社区购买了房产。北京银行正是看到这些韩国人士的大量金融需求而推出"韩情脉脉"专项业务。该业务包括在特定网点开设韩国客户的专门窗口,由精通韩语的专业员工为韩国客户提供双语服务,以韩国银行温情、温馨的服务态度为楷模,使北京的韩国客户能够享受"宾至如归"的尊贵体验。①

北京作为首都,是境外人士数量庞大的大都市。除了望京的"韩国城"之外,在长富宫和发展大厦附近还有日本人的聚集区,而以燕莎友谊商场、凯宾斯基饭店为中心的地区则成为多数在京常住德国人的首选。迈向国际化的北京同样面临如何接纳日益增长的不同国家、不同类别的外国移民人口的新问题。

(二)义乌的"中东街"

浙江义乌的小商品市场名闻世界。据义乌市政府网站介绍,义乌市是

①《北京银行首推"韩情脉脉"专项金融服务》,《卓越理财》2007 年第 1 期。

全世界拥有商品种类和数量最多的城市,是全中国最大的内陆港,每年出口的标准集装箱达 40 万个。境内外商品的大量流动,使义乌这个"县级市"拥有中国的多个"第一":第一个设立海关的县级市;全国入驻外商数量最多的县级市;全中国唯一可以办理外商签证的县级市;全中国唯一可以对外籍居民拥有终审权的县级市;全中国第一个开办涉外招生办学的县级市;而且,义乌还是全中国唯一可以让外国人参加人民代表大会的城市。

　　20 世纪 80 年代之前,还不过是一个名不见经传的内陆小城镇,然而,不过短短二三十年的发展,义乌就成为中国一个具有突出特色的国际化社区,成为中国与世界急速拓展交流的一个典范。据义乌市外经贸局统计,义乌与中东 24 国都有经贸往来,其中阿联酋、伊朗、沙特、阿尔及利亚等都是义乌的出口大国。2005—2007 年三年间,义乌向中东 24 国的出口额每年增速都在 20％以上,2007 年义乌出口中东商品总额达 3.7 亿美元。[①]

　　对外贸易的广泛拓展,使义乌成为外商云集的商贸城市。根据义乌市政府网站正式公布的数据,目前有来自 180 多个国家和地区的一万多名外商常住义乌。每年前来采购的境外客商达 20 万以上,商品出口到 215 个国家和地区。另据义乌工商部门 2009 年初的统计,外国企业设在义乌的常驻代表机构已经达到 2551 家,另外还有 580 家外资企业和 88 名港澳个体工商户落户义乌。[②]另据义乌外经贸局涉外服务中心统计,中东商人在义乌设立第一家代表处是在 1998 年,即黎巴嫩的 MA 贸易公司。随后,阿联酋、伊拉克等越来越多的中东国家都在义乌开设代表处,截至 2007 年底,中东商人设在义乌的代表处共有近 500 家,几占所有外商代表处数额的三分之一。[③]

　　在义乌长期居住的上万外商和常年流动的 20 万外商中,虽有不少来自西方国家和亚洲近邻韩国的商人,但其中最主要的群体是中东阿拉伯商人,义乌市政府网站除了设有简繁体中文版之外,还同时提供英文、韩文和阿拉伯文版,显示了该市国际化的大趋势。在义乌南门街,当阿拉伯餐馆在此地接连开张后,为尊重穆斯林习俗,义乌工商部门在审批新的营业项目申请时,有意避免在这里新开与穆斯林清真饮食习俗相冲突的酒家餐馆,因此这一带很快就形成了以阿拉伯餐馆为主的"异国风情一条街",当地人习惯称

---

　　① 骆晓亦:《五千中东客,改作义乌人》,香港《文汇报》2008 年 5 月 7 日。

　　② 《义乌外商采购机构数破两千,巩固国际采购中心地位》,中国新闻网 2009 年 3 月 17 日(http://www.chinanews.com.cn/cj/kong/news/2009/03-17/1606032.shtml)。

　　③ 骆晓亦:《五千中东客,改作义乌人》,香港《文汇报》2008 年 5 月 7 日。

之为"中东街"。与此相应的是,当地外商居住相对集中的鸡鸣山、五爱、东洲、江南、向阳等社区,也就被当地市民们形象地称为"国际社区"。

入夜之后,是中东街一天之中最热闹的时刻。许多餐馆的店名都带有明显的中东穆斯林意义,如:阿拉伯、优素福、阿卜杜拉、玛爱德、苏莱曼等等,即使中式店名也强调其清真特色,如"清真青海饭店"、"江河源穆斯林美食城"等。各家餐馆招牌大多以中文和阿拉伯文双语标识,也有少数以中、韩文标识。走在具有浓郁异域风情的中东街上,显示不同文字、不同文化象征的霓虹灯色彩斑斓,交相辉映,在大大小小的穆斯林餐厅内外,总有留着大胡子、穿着白色外袍的中东人,伴着弥漫于夜空的阿拉伯乐曲,就着清真食品,三五成群地边吃边聊,有的大型餐馆内还不时有凸显阿拉伯风情的文艺表演。

有调查显示,大约一半以上(55.5%)的义乌居民与外国居民之间有所交往,而其中半数以上(53.5%)为贸易伙伴之间的交往,14.3%是与房东和邻居交往,说明中外居民交往主要还停留于工具性层面。该调查还显示,当地居民自述与外国居民交往的最大障碍是语言(51.7%),其次是生活习俗(23.1%),而外国居民自述交往的最大障碍首先是生活习俗(43.2%),其次才是语言障碍(36.4%)。调查者在对中外双方对于交往障碍的不同表述进行分析时认为:"这表明,来义乌的外国人在语言上有所准备和积累,而在生活上的适应需要一个过程,对异域生活习俗的不适应是个较大障碍。"[①]此说有一定道理。因为一是外商为来中国做生意可能多少学过些中文,二是生意上的往来可以借助翻译,因此在外商一方,语言上的障碍可能不那么突出。但是,在本地居民一方,他们面对来自四面八方不同国家的外国人,可能即便掌握一定英语也无法与中东阿拉伯商人或韩国商人交流,因此对他们而言,语言的障碍就显得十分突出了。

然而,根据笔者本人在义乌的调查,伴随外侨到来而迅速拓展的伊斯兰教影响可能是义乌中外居民交往中一个更值得注意的问题。中华人民共和国建国之初的调查显示,义乌几乎是一个纯汉人社会,全义乌正式登记的少数民族仅有 2 名回族,而且,直到 20 世纪 80 年代之前,义乌仅有少量佛教和基督教活动场所,参加宗教活动的几乎都是义乌本地人,人数不过几千,且

---

　　① 李慧玲:《跨文化的互动与认同:义乌"国际社区"多元文化的考察与思考》,《广西民族大学学报》2008 年第 6 期。

大多集中在农村。自 20 世纪 90 年代中期之后,前来义乌的中东客商迅速
增加,并且集中租住于义乌的红楼宾馆。2001 年,几十名常住义乌的中东商
人在红楼宾馆包下一个房间,专门聚集做礼拜。很快,这里就容不下虔诚的
穆斯林了。第二阶段,中东商人转向由自己同胞开设的一家穆斯林餐馆,这
里地点较红楼宾馆宽敞,而且被视为"穆斯林自己人的地方",但仅仅百来平
方米的店面还是过于局促,尤其是每周五晌礼时间,①不仅餐馆内挤满了虔
诚的穆斯林,就连餐馆门口的人行道甚至外面大街上,都有穆斯林铺上垫席
虔诚礼拜。为适应穆斯林精神生活的需求,2004 年 8 月,义乌市政府专门将
城南的一座大型仓库及周边地块,划为义乌清真寺的专门用地。笔者于
2007 年夏到义乌调研时,几度搬迁、一再扩建的清真寺已经可以容纳 5000
人同时做礼拜,号称"全中国最大的清真寺"。据笔者亲眼所见,周五晌礼时
连清真寺外的平地上都是满满的做礼拜的人群。据清真寺阿訇向笔者介
绍,最多时有 8000 人在清真寺内外同时做礼拜。而且,穆斯林外侨仍在强
烈要求义乌政府为其划地扩建清真寺。②

　　除了清真寺之外,在义乌全市正式开放的宗教活动场所还有 66 处,包
括佛教 28 处、道教 1 处、天主教 1 处、基督教 36 处,其中于 2001 年底竣工的
基督教堂"新恩堂",也可容纳上千人。在义乌本市居民中,信奉伊斯兰教的
约 2 万人,基督教 1.5 万人,天主教 400 余人,佛教信众无法确切统计。义乌
全市有宗教神职人员 187 人,其中佛教有僧尼 94 名,基督教有牧师 7 名、教
师 3 名、长老 41 名,伊斯兰教有阿訇 1 名,天主教有神父 1 名,道教无专职教
职人员。③

　　由此可见,伴随着义乌国际社区的形成,当地政府和市民在迎接经济国
际化带来的经济利益的同时,也需要学习与不同民族、不同宗教文化和谐相
处,共谋发展。

　　(三)广州的"巧克力城"

　　进入 21 世纪以来,广州形成于东圃、登峰、永平等街区的城中村,及丽

---

　　① 　按照伊斯兰教的规定,穆斯林除了每天五时礼之外,最重要的是公历每周五的"主麻
日聚礼",即公历星期五晌礼时间(即正午刚过),凡成年、健康的男性穆斯林都必须到当地清
真寺,在阿訇的带领下,参加集体礼拜。

　　② 　笔者于 2009 年 10 月再度到义乌调查时了解到,该清真寺出现建筑上的问题,需要
维修。当地穆斯林正强烈要求政府为其划地重建更大更正规的清真寺。

　　③ 　根据义乌市政府网站正式公布的统计资料(http://www.yw.gov.cn/glb/ywgl/
mzzj/)。

江花园、天秀大厦、金麓山庄等小区，已经成为数万来中国寻梦的非洲黑人聚居的地段，因而被称为"巧克力城"。广州的非洲人问题虽然在民间议论已久，但 2009 年发生的"7·15"冲击派出所事件，方使该群体的生存问题真正引起全社会的广泛关注。

自近代以来，位于珠江口的广州一直是中国对外开放的门户。中国改革开放一开始，具有敏锐经济头脑的港澳和东南亚客商就走过罗湖桥进入广州，很快，来自欧美日的商人也成为广州土地上的贵客，并在这里掀起了当代中国对外开放引资引智的高潮。国门初开，貌似五彩缤纷的西方世界重又令某些国人崇洋媚外之情沉渣泛起。一时间，无论是衣锦还乡的海外侨胞，还是金发碧眼的"洋人"，所有踏上这片土地的"外宾"都被尊为贵客。在许多中国人眼里，这些老外们不是腰缠万贯的投资者，就是学富五车的专家，再不济也是因仰慕中华文化而前来求学，因而理应受到善待的外国留学生。中国人在那一特定历史条件下迸发出来的高度热情，时常令老外们受宠若惊，亦时常令其不解内中缘由而频生误解。

中国改革开放后出台的新政，使传统中华文化熏陶下成长起来的城乡劳动者的潜能得到充分发挥，数以亿计的中国普通劳动者以辛勤的劳作、低廉的消费托起中国综合国力迅速提升的坚实平台，令价廉物美的"中国制造"走向了全世界。这时，走入中国的外国人，在不期然中也发生了层层变化。位于对外开放前沿的广州，再度首当其冲。

从 20 世纪 90 年代中期开始，在广州的外来"打工仔"当中，开始出现了外国人的身影，他们住廉价旅馆，挤乘公交车，走入普通店铺，为一件小商品或几棵菜讨价还价，斤斤计较，全然没有了人们印象中老外手握美元英镑一掷千金的豪气。进入 21 世纪后，广州人又发现身边出现了越来越多皮肤黝黑、走起路来"手舞足蹈"的非洲人。他们从哪里来？到这来干什么？没等忙忙碌碌的广州人搞明白，广州已经出现了两三个迥异于当地社会，而且也迥异于早期欧美日移民群体的黑人小社区。

据笔者在广州和香港的调查，广州黑人移民群体的形成，是香港作为中非之间小商品贸易中介地向内陆延伸的结果。换言之，最早进入广州的黑人商贩，是从香港重庆大厦走入广州的，而且，今天广州的天秀大厦，似乎也正在一步步地演变为香港重庆大厦的模式。

位于香港尖沙咀的重庆大厦落成于 1961 年，由五栋联体大楼交错形成。虽然许多中国内地人可能对它不太了解，但重庆大厦早在 20 世纪 70—

80 年代就已经名声在外,几乎可以称得上是"享誉全球",无论是来自欧美的背包客,还是来自南亚、非洲的小商贩,无不对其了如指掌。①

　　据香港中文大学人类学系教授戈登·马修斯(Gordon Mathews)的调查,这座 17 层的大厦集廉价旅店、商铺、食肆为一体,大厦内总计约有 90 家廉价旅店,380 个大小不等的摊位,既出售南亚、非洲的特色食品,也出售从手机、手表到服装鞋帽等各色商品,既批发,也零售。每晚大约有 4000 名客人在这里投宿,每天有来自上百个国家的上万名客人进出这座大厦,成为一个"低端全球化的中心"。②

　　重庆大厦位于寸土寸金的香港弥敦道南端,时至今日,其破旧肮脏杂乱的外观与周边豪华气派的街景形成明显对照。笔者曾经于 2006 年在戈登·马修斯教授引导下到重庆大厦实地考察,并到楼内一家据说最地道的印度餐馆就餐。进楼后就见各式各样的小店铺一家紧挨着一家,到处堆满货物,中国内地习惯说的蓝红白相间的"民工包"拎在不同肤色人种的手中,你来我往,摩肩接踵。我们一行人挤入一部破旧的电梯,出电梯后又七拐八弯,楼道两旁数不清有多少风味各异的餐馆酒吧,只觉得走一段是一种味道,有时令人垂涎,有时令人作呕。既走过顶板不断滴水的过道,也爬过似乎一用力就会垮塌的楼梯,好不容易才走入餐馆。记得当时坐定之后的第一想法是:万一失火可往哪逃生?!

　　笔者在调研中了解到,20 世纪 90 年代大量销往非洲的商品正是通过重庆大厦的非洲商人中转的,据说当时他们还不太敢直接进入陌生的中国内地,只能坐镇香港接收中国内地的产品。然而,据说没过多长时间,一些非洲商人就发现大量"中国制造"产自珠江三角洲地区,而且,只要跨过罗湖桥,就可以直接到珠三角厂家以更为低廉的出厂价拿到所需货物。最初进入中国的非洲商贩并不太顺利,他们遭遇语言障碍,有些还因肤色和习俗遭遇歧视,在中国内地的生活也远不如香港方便。有的商人退缩了,他们还是

---

　　①　笔者曾对一位挪威教授谈起关于香港重庆大厦的研究。她十分兴奋地对笔者说起自己 20 世纪 90 年代初在中国内地留学时,每逢往返挪威中国,总要途经香港,那时,她就时常住在重庆大厦,"因为那里特别便宜,而且方便",她说,"那时在中国的欧洲留学生都知道香港的重庆大厦,很多人都在那住过。"20 世纪 70—80 年代欧美出版的旅游指南,在介绍香港的廉价旅馆时,几乎都会介绍重庆大厦。

　　②　Gordon Mathews, Chungking Mansions: A Center of "Low-End Globalization", *Ethnology*, 2008: ⅩⅥ (2).

回去坐镇重庆大厦,雇佣那些在中国留学的非洲学生为其打工。

渐渐地,非洲商人在香港与广州之间自然而然地形成分化。已经在香港建立基础、有一定实力的非洲商人,仍然留驻香港。他们认为:"你能在中国内地赚很多钱,但那里没有很好的法律","重庆大厦的好处在于,那里货物比较贵,但组织得比较好"。① 而且,更有意思的是,根据笔者的调查,由于英语在香港可以畅通无阻,而法语则不是香港的通用语言,因此,非洲英语区国家的商人仍习惯以香港为主阵地,而法语区的非洲人既然在香港也同样面对语言障碍,因此大多干脆直接进入广州。

建立于 20 世纪 50—60 年代的中非友谊,在新时期中非拓展商贸往来中发挥了特殊作用。中国政府长年为来自非洲的留学生提供奖学金,因此中国各主要高校都接纳了数目可观的非洲留学生。中国改革开放后迅速发展的经济形势,对生于动乱与饥饿国度的一些非洲国家留学生具有强劲的吸引力。那些拿着中国政府奖学金完成学业的非洲留学生,很快发现凭借自己能说汉语,并且多少了解中国的文化习俗,可以担任中非商家之间的翻译或掮客,其收入远胜于回到非洲。

在 21 世纪之交进入广州的非洲人,由于起步资金有限,不能像那些欧美大公司代表一样租住星级宾馆和豪华写字楼,就打起了广州廉租屋的主意,首选就是城中村住宅。而且,由于非洲几乎没有工厂,非洲民众总体的消费水平低,一般人对正版和冒牌没有什么概念,非洲商贩进货的首要原则一是价格低廉,二是外观漂亮新奇,对于是否假冒名牌、质量是否耐久相对不太在意。大量中小民营企业的低端产品正好适应非洲市场的需求,不少先期进入中国市场的非洲商人果然很快就通过中非转手贸易实现了发财致富的梦想。

进入 21 世纪,当中国大型国企进入非洲承接大型开发建设项目时,众多非洲人则反向进入中国,日益开放的中国使他们不再需要通过香港为中介,珠三角的廉价商品具有天然的吸引力,广州的城中村成为非洲人聚居的"巧克力城",而香港重庆大厦的故事则在广州的天秀大厦重新演绎,成为非洲商人耳熟能详的梦幻之地。

2009 年"7·15"事件发生后,关于广州非洲人的报道频频见诸报章。

---

① 彼得·夏伯特(Peter Shadbolt):《香港重庆大厦的故事》,英国《金融时报》2009 年 3 月 12 日(FT 中文网:http://www.ftchinese.com/story.php? storyid=001025239)。

《南都周刊》的报道提出:据中国官方统计,2003 年以后,在中非贸易热潮的带动下,赴广州的非洲人每年以 30%～40% 的速度递增。广州常住外国人数目前已达 5 万,其中可统计的非洲人就有 2 万多,并且这个数据还不包括数量不详的"隐居"非洲人,有报道称这个数字至少 20 万。① 广州市政协2007 年下半年提交了一份《对我市居住在出租屋外国人管理问题的调研报告》,根据其调研统计,2006 年从各口岸进入广州的旅游、探亲、留学、交流、做生意等的外国人总计 300 多万人次,在广州常住的外国人已达 5 万多人,且逐年增加,预计到 2010 年将超过 20 万人。②

广州的"巧克力大厦"是位于小北路的天秀大厦,这是一座 20 世纪 70年代的建筑,建成之初曾经是高档写字楼,但时过境迁,如今已显破旧,600多个单元房中约七成被中东和非洲人租用,每天出入该大厦的深色人种有600～700 人,如果在春、秋季广交会期间,出入人流量更会成倍增长。③ 在广州越秀区登峰街道办大约 5 平方千米的辖区内,2009 年 7 月登记在册的外国人超过 2000 人,未登记的流动人口更多,其中 70% 来自非洲各国。位于该处的登峰宾馆"近 300 间客房,几乎天天爆满,95% 都是非洲人","每个房间都堆满了货物,好些人长年住在这里"。在这一地段,广州警察为检查护照、签证而几乎天天都要与那些手续不完整的非洲商人、雇工来几场"猫捉老鼠"。④

笔者在欧洲华人社会做调查时,曾听来自中国的新移民慨叹:"如果有星期八,我们决不会只工作七天。"当搜索广州非洲移民的资料时,同样看到了为谋生而奋力拼搏的非洲移民相似的自白:"在这里,我们没有生活,只有生意。"⑤在广州的一些城乡接合处,众多来自非洲的打工者多人合住在每月一两百元的小房子里,甚至三人共一铺,轮流睡觉,因为缺乏合法工作证,有的连签证、护照也已过期,为了躲避警察,只能昼伏夜出,晚上为中东老板卖苦力扛货包,一个月收入仅有数百到上千元,有的人甚至为牟取暴利而从事走私贩毒等非法活动。

随着数万非洲人聚居广州,为这些非洲人服务的相关行业也已出现:适

---

① 《广州非洲人生活状态调查:多为漂泊跨国商贩》,《南都周刊》2009 年第 27 期。
② 刘刚:《广州求解外国人管理》,《中国新闻周刊》2009 年第 30 期。
③ 《零距离探访广州非洲部落》,《广州日报》2005 年 12 月 7 日。
④ 《非洲人在广州》,《三联生活周刊》2009 年第 28 期。
⑤ 《非洲人在广州》,《三联生活周刊》2009 年第 28 期。

应非洲不同族群口味的餐馆,专门为非洲人服务的理发店,为非洲人往来中非提供票务的旅行社,以震耳欲聋的非洲打击乐吸引同胞的酒吧。据闻广州的非洲人还按国别组织了足球队,在周末晚上相约到某球场踢上一场球,"650元的包场费由每人30元凑齐,有人专门负责收钱并记录,有时候还会跟不同国家的队伍来场小比赛"。[①]

当然,作为中国对外最开放的城市,选择居住在广州的外国人并不仅仅是非洲人。根据广州日报的调查,广州的外国人在地理上已经集结成四大部落群,分别为:(1)以广州市环市东路为中心的秀山楼、淘金路、花园酒店、建设六马路地段,以一些从事贸易的非洲商人和欧洲国家使领馆、日本使领馆及印度人为主;(2)以天河北路为中心的体育东路、天河路、龙口西路、林和中路等一带,因中信大厦内有大量外国公司办事处,所以大部分从事贸易的日本人、美洲人、欧洲人都居住在附近;(3)番禺区一些大型、配套设施较好的楼盘如祈福新村、丽江花园、星河湾,以日本和东南亚的泰国、马来西亚人居多;(4)以三元里为中心的白云区金桂村、机场路小区等地,主要是经营鞋类、服装生意的非洲人居住,近年来不少从事中韩贸易的韩国人也聚集在此。[②]

面对大量涌入的外籍人口,广州人的心态是复杂的。有人自豪地声称广州正在成为"第三世界的首都",有人却惊呼:广州何时成了个"黑人都市"?

(四)涉外婚姻与外籍配偶

改革开放30年来,中国的涉外婚姻伴随着中国的改革开放,发生了深刻的变化。在当代中国人跨国婚姻发展历程中,20世纪80年代初震动中法政界的"李爽案",是一个具有标志性的历史事件。

1979年,当时年仅22岁的自由画家李爽,与当时法国驻华大使馆文化处外交官白天祥相恋相爱。这一违背当时社会政治意识形态的跨国爱情,遭遇了来自社会各方的强大阻力。然而,个性倔强的李爽竟然不顾一切进入法国外交官公寓与其男友同居,度过了三个月"美丽的爱情囚徒"生涯。这一挑战权威的做法,被指责为"出卖国格"和"出卖人格"。北京公安局以

---

① 《非洲人在广州》,《三联生活周刊》2009年第28期。

② 《外国人在广州犯罪率增加,社区女警苦练阿拉伯语》,《广州日报》2007年6月25日。

李爽"向外国人出卖情报","有损国家尊严"为由,采取缉捕行动,判处李爽两年劳动教养,其法国情人则被驱逐出中国。这一事件见诸西方报章后,惊动了当时的法国总统密特朗,他在访华期间向中国领导人提出:"请允许这位小姑娘赴巴黎与其相爱的人团聚并结婚。"最后由当时中国最高领导人邓小平亲自批示,释放了李爽。1983年底,李爽抵达巴黎,并于1984年2月4日与白天祥在巴黎结婚,当时在任的巴黎市长亲自为其证婚,法国乃至西方许多主要媒体均以图文并茂的方式报道了这一不寻常的婚礼。

一桩简单的跨国婚姻,竟然惊动了中法两国最高领导,这在今天看来简直匪夷所思,但这的确就是当代中国人跨国婚姻所走过的历程。1983年,国务院批转民政部、外交部、公安部关于修订《中国人同外国人结婚问题的内部规定》的请示通知(国发[1983]128号文件),放宽了对中国人涉外婚姻的限制,以后又相继取消了对涉外婚姻的"政治审查"、"公安审批"等不符合时代发展的条条框框,"涉外婚姻"管理逐步走上正常化轨道。

伴随着改革开放不断深化、中外交往大幅度上升,中外跨国婚姻的数量也迅速增加。很快,跨国婚姻除去了政治意识形态的标签,取而代之的是,罩上了借以实现社会地位向上流动的光环。因此,20世纪80—90年代的跨国婚姻绝大多数都是中国女性与外方男性缔结婚约。上海华东师大人口研究所的一份调研报告表明,在1996—2002年登记的2.1万多对涉外婚姻中,"外男沪女"的婚姻占了88.9%。[①] 20世纪90年代中期关于福建、桂林及东北朝鲜族涉外婚姻的调查同样显示,女性外嫁基本上都达到涉外婚姻的90%。[②] 而且,绝大多数涉外婚姻的当事人在结婚之后,都移居到外方所在地区、国家居住。因此,当时涉外婚姻的连锁效应,基本是从中国向境外的人口流动。

然而,随着中国经济迅速发展,人民生活水平大幅度提高,涉外婚姻构成也出现了新的变化。一个引人注目的趋势是,跨国婚姻改变了早期"一结婚就出国",或曰"结婚就为了出国"的单一趋向,越来越多的涉外婚姻当事人选择在中国安家,婚姻移民也成为中国当代面对的移民现象之一,中国报

---

① 丁金宏等:《论新时期中国涉外婚姻的特征与走向:以上海市为例》,《中国人口科学》2004年第3期。

② 叶文振、林擎国:《福建省涉外婚姻状况研究》,《人口与经济》1996年第2期;张国钦:《桂林市涉外婚姻的现状、问题及对策》,《社会科学家》1994年第4期;李彬:《龙井市的跨国流动人口》,《民族研究》1999年第4期。

章上开始出现关于"洋媳妇"、"洋女婿"融入中国家庭的报道。与此同时更值得注意的是,近十多年来,在中国广西、云南等边境省份,出现了越来越多从中国周边相对贫困落后的国家进入中国的"外籍新娘"。她们中有的是出于自愿选择,办理了正式结婚手续,而相当大量外籍女性则是经由各类灰色中介机构安排,甚至被诱惑、欺骗进入中国,继而与中国贫困地区男子结成事实婚姻,成为既无身份证,亦无结婚证的"无证新娘"。以"越南新娘"相对集中的广西壮族自治区为例,据当地公安部门统计,1995 年广西查出未通过正规法律途径入境的越南无证新娘 1.2 万余人,2004 年的统计数字增加到4 万人以上。如果加上广西以外省区的无证新娘,滞留在中国的越南女子估计超过 6.5 万人。该调查显示,目前中越之间的跨国婚姻主要集中在广西的那坡、靖西、大新、龙州、凭祥、宁明、上思、防城和东兴等与越南接壤的县市,"几乎所有的边境村屯都有越南无证新娘,甚至有些村子的年轻媳妇全是越南无证新娘"。[①]

由此,婚姻移民也成为当代中国政府部门需要认真应对的入境移民问题。尤其是中越边境地区,存在着办理结婚登记手续难,申请加入国籍难等问题。在广西沿边城市崇左,自 1985 年以来,该市公民与越南通婚已有4436 对,均为越方女性嫁到中国。而且,这些婚姻基本都是采取民间方法嫁娶成婚,几乎都不到当地政府办理婚姻登记手续。据调查,大新县有中越婚姻约 150 对,但到当地办理婚姻登记手续的只有 2 对,而凭祥约 1160 对中越婚姻,正式办理登记手续的仅有 1 对。[②]

根据越南 2005 年通过的《民事法典》,个人长期下落不明就可能通过一定程序取消其户籍。这些越南女性与中国男性成婚后基本长期居住在中国,大多数都被取消了在越南的正式户籍,成为无国籍、无身份的特殊群体。[③] 而且,由于母亲没有户口,她们生下的孩子也无法上户口,如此无证婚姻和无证母亲无疑极不利于下一代的健康成长。

当今以"越南新娘"为主的外籍配偶移居中越边境中国一侧贫困农村山

---

① 罗柳宁、龙耀:《中越边境跨国婚姻的流变及其思考》,《百色学院学报》2007 年第 1期。

② 罗文清:《和平与交往:广西边境地区跨国婚姻问题初探》,《广西师范大学学报》2006年第 1 期。

③ 李碧华:《游离于社会之外的群体:广西天等县中越跨境非法婚姻调查》,《东南亚纵横》2008 年第 9 期。

区,已经对中国的入境管理、社会治安、计划生育等提出一系列前所未有的新问题,必须在进一步深入调研的基础上,在符合人权理念的前提下,制定相应的政策措施,以求既有利于边境社会安宁,也促进边境经济发展,实现睦邻友好。

还值得一提的是,伴随着人口跨境流动大量上升,中外通婚将越来越多地进入寻常百姓家,未来在中国大地上必定会出现越来越多的中外混血下一代。社会上出现越来越多不同族裔通婚的后代,在北美、欧洲已是司空见惯,近年美国人口普查时,在"民族"类别之下,开始出现专门为异族通婚后代设定的"多种族"选项。然而,这一新现象对于中国社会、中国传统观念可能带来的新冲击,尚未引起足够重视,还值得进一步追踪研究。[①]

第三节　移民与侨务

维护本国在海外侨民的利益,同时对进入本国的外国侨民依本国法律行使管辖权,这是近代以来世界政治版图上各民族国家利益日益明晰化的直接反映。由此,各独立民族国家的国籍法及相应的移民政策法规相继应运而生,并日趋丰富、完善。

一、中国特色的侨务政策

面向中国海外移民及国内归侨侨眷的"侨务政策",是中国特色移民政策的体现。百年来中国侨务政策的演化和发展趋势,是中国自身国力及中国国际地位演变的反映。

中国传统政治文化强调以农为本,重农抑商,历朝统治者大多试图将人口固着于土地之上,令其纳粮当差,永做顺民,形成所谓"安土重迁"的制度

---

① 在上海东方卫视 2009 年主办的《加油! 东方天使》选秀节目中,因"黑皮肤女孩娄婧"的出现,引发了网上的热烈争论。娄婧的母亲是上海人,因为与一位美籍黑人发生婚外情而生下娄婧。据娄婧自己说,她自小就要面对别人的质疑乃至鄙视的眼光。在她进入选秀上海赛区五强并与母亲一起公开亮明身世之后,许多网友发出对娄婧及其母亲极不友好的帖子,有些甚至是充满歧视的谩骂。由此可见,不少中国人还不能以开放的心态接受华人与黑人的混血后裔。

性文化。所谓"父母在，不远游"，是以亲情羁绊年轻人想要外出闯天下的脚步；而由官府严令颁布的"片板不许入海"的海禁政策，则是官方立法层面对国民流动的严格限制。[①] 然而，无论是亲情的羁绊或是政府的限令，从来就没有完全阻止过中国人流动以改变命运的追求。究其原因，那就是摆脱亲情羁绊、冲破官方限令者需要从流动中获取实际利益，改善生存状态。由此可见，"移民"或曰"流动"实际上一直是中国人的基本生存战略，民众的基本需求从来就不可能通过政令完全阻止。

纵观中国社会发展的漫漫历程，普通民众为谋生存、求发展而离乡背井，游走迁移，史不绝书。无论是为逃避迫害的被动性迁移，或是出于经济目的的自愿迁移，无论是长久性地移居他乡，或是季节性的往返流动，迁移者背负的往往是家庭乃至家族的振兴期待，他们的"家"始终扎根在那片生于斯、长于斯的土地上。也正因为如此，中国文化的"安土重迁"并不意味着固守乡土，而是表现为即便远离家乡千万里仍然保持着与故乡故土从情感到物质的关联。中国人所说的"一家人"，可能分别居住在相距千里万里的不同国度，但通过情感与经济的互助互惠仍互视为"一家人"。因此，中国人的迁移，往往不是与出生地和与生俱来之血缘群体的分离，而是既有联系的地域拓展。

既"守"又"走"，地域上的分离与情感和经济上的相连并存，这就是中国迁移文化的基本特征。传统中国人的生活取向是血缘高于一切，其价值的主要尺度存在于他终生归依的那个集团之中。尤其对于从传统乡村走向海外的第一代移民而言，无论立足于何处，其生命之根总是连接着故乡那个与生俱来的群体，而他的人生价值也总是希望在那个群体中得到确认。在前赴后继的流动中，不断有人脱颖而出，以经济、政治、文化上的成就显赫于他乡，于是，"安土重迁"的另一面，就是"衣锦还乡"。许多从故土家乡向异域他国迁移的中国人，其意愿多为在国外打拼一段时间后就荣归故里。而且，历史上数以百万计的"移民"也正是这么做的，从而形成了中国特殊的"侨居"文化。由此，"安土重迁"与"移民发展"一对看似对立的人生取向，在中

---

　　① 18世纪中叶发生的"陈怡老案"是为典型个案之一。陈怡老祖籍福建，18世纪初移居当时的荷属东印度，在当地发财致富。1749年，他携妻子（印尼本地人）孩子，并带上经年积累的财产，回福建看望老母亲。可是，他们一踏上中国土地，财产即被没收，陈怡老本人则被逮捕后发配边疆。这一典型案例充分展示当时清政府极端猜疑、排斥乃至打击国人的任何跨境迁移行为。

国人对于"家"和"家乡"之浓厚情感与执著认同的基础上,获得了统一。因此,"安土重迁"与"衣锦还乡",就成为中华文化相辅相成的两个方面。

正因为中华文化具有以上深刻内涵,具有中国特色的侨务政策,只有置于这一文化大背景下,方能正确解读。笔者以为,纵观近百年中国历史的发展,虽然海外华侨华人在每一个历史阶段都在祖籍国的革命与建设中发挥其特殊的作用,但最最重要,或曰如果没有海外华侨华人参与历史将可能重写的两个阶段,一是20世纪初由孙中山先生领导的资产阶级革命,二是20世纪末叶当代中国改革开放大潮兴起之时。

众所周知,当历史进入20世纪,由孙中山先生领导的辛亥革命终于推翻了历时千年的封建王朝,推动古老中国走上了近代化道路。由此,随着"华侨乃革命之母"这一孙中山先生的名言广为传颂,"侨务"被提升到了前所未有的高度,进入中国革命和建设的核心地位。华侨历史地位的空前提升,既是近代中国革命先行者孙中山先生的重要建树之一,也是海外华侨在这一决定中国命运与前途的伟大革命中发挥特殊作用的真实写照。

孙中山先生本人是华侨出身的革命家,他所领导的资产阶级民主革命,得到海外华侨的鼎力支持,在一定意义上可以说是一场以华侨为重要依托力量的革命。从中国资产阶级第一个革命组织兴中会的成立,资产阶级第一个政党中国同盟会的诞生,到武昌起义、建立民国,无不得到海外华侨在物力、财力、人力和舆论上的广泛支持。孙中山先生是中国有史以来第一位深刻认识到中国海外侨民的重要作用,并致力维护海外华侨合法权益,积极吸引海外华侨回国投资兴业的政治领袖。

中国共产党在领导新民主主义革命的初期,也认识到海外华侨的重要性。在抗日战争时期,中国共产党在延安成立了"海外工作领导小组",由朱德亲任组长。1940年,陕甘宁革命根据地从事革命工作的归侨成立了"华侨救国委员会"。1945年4月,在中国共产党第七次全国代表大会上,毛泽东主席在代表党中央所做的《论联合政府》报告中明确指出:"在中国八年的抗日战争中,海外华侨输财助战,对战争有所尽力",并提出"要求保护华侨利益,扶助回国的华侨"。①

中华人民共和国成立后,中国人民政治协商会议第一届全体会议于

---

① 毛泽东:《论联合政府》,《毛泽东选集》四卷合订本,人民出版社1964年版,第965~966页。

1949 年 9 月 29 日通过了《中国人民政治协商会议共同纲领》。在这部具有临时宪法意义的纲领中，新中国政府将"保护侨益"列入其中。1950 年 10 月 9 日，政务院（国务院前身）制定颁布《中华人民共和国中央人民政府华侨事务委员会试行组织条例》（后修订为《中华人民共和国华侨事务委员会组织条例》），确定在新生的中央人民政府之下设立专门的侨务机构。尽管新生的人民政府政务繁重，百废待兴，但还是就华侨在国外正当权益的维护、华侨回归祖国的安置、归侨侨眷权益保护和参政议政权益，以及如何保护归侨侨眷的侨汇收入、保护华侨回国投资等重要问题，及时做出了明确规定。

从中华人民共和国成立到"文化大革命"爆发之前，虽然侨务工作也不断受到一些极"左"思想的干扰，在土改、反右、四清等政治运动中，一些归侨侨眷受到伤害，但就总体而言，在中侨委的领导和关心下，侨务工作的基本方向是明确的，工作也是有成效的。新中国成立之初遭遇国际反华势力攻击的困难时期，许多海外爱国华侨尽其所能，为新中国的建设与发展作出了难能可贵的贡献。

从 1966 年到 1976 年十年"文革"期间，极"左"路线甚嚣尘上，中侨委被解散，"海外关系"几与"里通外国"同罪，其时最典型的事例，莫过于 1970 年在中国最大侨乡广东省出台的《处理有海外关系干部的六条规定》。根据该项规定，"凡是有港澳、海外关系的干部，不管亲属从事什么事业，如果经过教育，仍然保持政治、经济联系，要从严处理"，今后"一律不吸收有海外、港澳关系的人当干部，对干部的婚姻要把好关"。[①] 根据该项规定，从广东到全国，从地方政府机构到军队，都"清退"了许多有海外关系的人员，广大归侨侨眷对自己的"海外关系"噤若寒蝉，不少人还因此受到迫害，"海外关系"成为他们身上抹不去的污点。

20 世纪 80 年代改革开放之初，刚刚经历过"文革"的人们依然谈"侨"色变，"海外关系"虽然不再等同于"反革命"，但"海外关系复杂论"依然影响广泛。1977 年 10 月 2 日，邓小平在会见香港知名人士利铭泽夫妇时，就海外关系作了重要论述。他说："我们现在不是海外关系太多，而是太少。海外关系是个好东西，可以打开各方面的关系。"邓小平关于"海外关系是个好东西"的论述，彻底打破了"海外关系复杂论"的极"左"思想的禁锢，在侨务战

---

① 周南京主编：《华侨华人百科全书·法律条例政策卷》，中国华侨出版社 2000 年版，第 58 页。

线重新确立了解放思想、实事求是的思想路线。

广大海外华侨华人对中国当代改革开放作出的特殊贡献,有口皆碑。在改革开放初期,是广大海外侨胞拉开了我们国家对外开放的序幕,他们率先带着资金、技术和成熟的管理理念回到祖籍国,支持祖籍国经济建设,是当之无愧的"改革开放排头兵",对打破我们国家与世界隔绝的状态起到了极其重要的作用。据不完全统计,海外侨胞和港澳同胞投资创办的企业大概占我们国家外资企业的70%,投入的资金大约占我们国家实际利用外资总额的60%,海外侨胞还有遍布世界的商业网络,也为我们国家实施市场多元化、"走出去"的战略发挥了独特的作用。

1993年,邓小平又提出了"几千万海外侨胞是我国大发展的独特机遇"这一著名论断。在改革开放向纵深发展的形势下,邓小平第一次旗帜鲜明地把海外侨胞视为我们国家大发展的独特机遇,极大激发了海外侨胞参与我国改革开放和现代化建设的积极性。可以说,改革开放30多年来,海外侨胞是我们国家对外合作最积极、最热情的建桥人和直接参加者。

1999年,江泽民提出了"几千万海外侨胞是中华民族一个重要人才资源宝库"的重要论述。在我国实施科教兴国战略的大背景下,江泽民要求侨务部门率先改变重资金、轻人才的状况,把引进华侨华人人才放在一个更加重要的位置,有力推动海外华人华侨,特别是专业人士掀起来华创业、为国服务的热潮。

2005年,胡锦涛提出了著名的"侨务工作三个大有作为"的重要论述:"在凝聚侨心、发挥侨力,为实现全面建设小康社会的宏伟目标作贡献方面,侨务工作大有作为;在反对和遏制'台独'分裂势力,推动祖国和平统一进程方面,侨务工作大有作为;在开展民间外交,传播中华优秀文化、扩大中国人民与世界各国人民友好交往方面,侨务工作大有作为。"在我们国家走和平发展、和谐发展、科学发展道路这一新的历史时期,胡锦涛提出的关于"侨务工作三个大有作为"的重要论述,赋予侨务工作更加鲜明的政治意义和战略内涵,对侨务工作科学发展具有重要指导意义。

改革开放以来中国共产党三代领导人关于侨务工作指导思想的重要论述,是中国侨务政策的理论标杆。改革开放30多年来中国侨务政策,遵照"开展侨务工作要有利于海外侨胞的长期生存和发展,有利于发展我国同海外侨胞住在国的友好合作关系,有利于推进我国现代化建设和祖国统一"的"三有利"基本原则,以华侨华人能在当地长期地生存发展为侨务政策的根本。在国外侨务工作方面,注意通过侨务工作促进海外华侨华人与住在国民众的联系,互惠互利;通过侨务工作密切我国政府与华侨华人住在国政府的关系;开展侨务工作要着力侨务资源的可持续发展,慎用、善用侨务资源,涵养侨务资源。国内侨务政策则遵循对归侨侨眷"一视同仁、不得歧视,根据特点、适当照顾"的原则,注意到归侨侨眷是我国公民,但又具有其他公民所没有的一些特点,依法保护他们的合法权益,又要根据他们的特点,予以适当照顾。

改革开放的 30 多年,是中国特色社会主义侨务理论不断深化和发展的 30 多年,是侨务工作大有作为的 30 多年。在波澜壮阔的改革开放进程中,华侨华人与中国改革开放同进步、同发展、同奋进、共荣耀,他们是改革开放事业的开拓者、参与者和贡献者,为中国改革开放作出了独特贡献。侨务工作作为党和国家的重要工作领域之一,始终与时代发展的脉搏同频共振,发挥了重要而独特的作用。

二、中国移民政策新课题

相对于中国在建设具有中国特色侨务政策方面所取得的举世瞩目的业绩,中国在如何妥善应对进入中国的外国移民方面,却显得相对落后、被动。针对外国移民的政策法规滞后,甚至还留有诸多空白,存在许多亟待探讨解决的紧迫问题。

中华人民共和国成立初期,为彻底根除西方列强在华特权,公安部根据"打扫干净屋子再请客"的基本原则,"驱挤"了绝大部分外侨。在 20 世纪末之前,进入中国的外国人中,除了旅游者、留学生及少数因公务而需要比较长期居住在中国的外籍人士之外,因个人或家庭原因而希望或愿意长期移居中国的外国人几乎屈指可数。在此大背景下,中国涉外警务部门的管理对象有限,范围很窄,规模很小,界限分明。

然而,如前所述,进入 21 世纪,随着我国经济形势又好又快地向前发展,经济实力不断增长的中国正向世界展现其特殊的魅力。几乎与此同时,在国人尚未意识到何为入境移民潮之意义时,中国已经迅速地转变成为受到诸多外国移民青睐的一大目的国。如前所述,在中国许多大中城市,外国侨民群体及外国人社区已经出现,美国《华盛顿邮报》2007 年 10 月 23 日以"外国移民追逐中国梦"为标题,报道"对于来自全球各地的越来越多的移民者来说,中国(而不是美国)是一个有着无穷机遇的地方,一个私人企业能够获得回报的地方,一个普遍存在宽容的地方",而且,"中国虽然没有正式鼓励移民,不过外国人能够越来越容易地获得长期签证","在中国生活着45万外国人,他们持有一年到五年的居留许可,而且可以延期"。① 新加坡《联合早报》2009年11月2日以"中国大城市吸引日韩'打工仔'"为题,称"在上海长期居留的日本人约有5万",天津2009年6月的统计数据显示,共有10157名外国人在当地做"洋打工",涉及国家65个。②

与此同时,中国一些媒体也津津乐道"中国成为外国人实现梦想的'最佳乐园'","中国正成为非洲人心中的致富之地",一些地方官员以"吸引"大批外国人到来为"政绩",认为外国人到来表明其"热爱中国","热爱中华文化",以至于出现有些地方开会时竟然邀请"一些西方人扮成商人、医生或政治家,这样可以使活动具有国际情调"。③ 在这些似乎热热闹闹的表象背后,伴随大量外侨进入而产生的各类严峻的社会问题已经显现,中国正面临着日益强烈的外来移民潮的冲击。

2006年9月,公安部治安管理局在全国32个城市组织的调研表明,外国人来华居留事由日趋复杂,由以往主要从事旅游、探亲、留学,扩展为以在驻华机构任职,从事务工、经商、访问等活动为主,换言之,以任职、经商、务工为主要目的的外国人总数已经达到来华外国人总数的90%以上。自2003年中国取消了对外国人居住区的限制后,外国人在华住宿地点日益分散,据32个城市不完全统计,来华外国人中相当一部分散居在出租房屋、公寓、亲友住宅,甚至自购房屋,其中租房居住的外国人达到11万人,自购房屋的也有近3万人。④

更值得重视的是,由于中国没有形成如何甄别、接纳外国移民的明确的政策法规,在涉外警务方面仍然沿袭既往严格限制的基本原则,与当今世界人口大量流动的现实相去甚远,因此,中国的入境移民潮从显现开始,外国人非法入境、非法居留、非法就业的"三非"问题就十分突出。

中国公安部2006年的资料显示,前十年被遣送回国的"三非"外国人总

① 新华网消息(http://news.xinhuanet.com/world/2007-10/23/content_6928049.htm)。

② 《中国大城市吸引日韩"打工仔"》,新加坡《联合早报》2009年11月2日。

③ 安特奈·维威尔著,青木译:《在北京找运气》,原载德国《霓虹》周刊2006年2月22日,《环球时报》2006年3月2日译载。

④ 庄会宁:《中国的魅力:外国人纷至沓来》,《人民公安》2007年第5期。

数达 6.3 万人，且呈现迅速增长的趋势。据北京市公安局统计，2005 年的"三非"外国人数量比 2004 年增加了 75％。^①另据上海市人民政府网站"上海要闻"2009 年 7 月 30 日公布的信息，仅 2009 年上半年，上海市公安机关共查办外国人"三非"案件达 1800 余起，其中查办非法居留案件 1600 余起，查办非法就业案件 100 多起，查办非法入境案件 20 多起。共对近 2000 余名违法的外国人予以处罚，其中处以行政拘留的近 50 人。其中，2009 年 6 月 2 日凌晨在对静安区某知名酒吧进行的一次联合突击检查中，公安机关就查处各类违反出入境管理法律法规的外籍人员 60 余人，吸食毒品人员 2 人，查获各类毒品 30 余克，对其中有严重非法居留行为的 10 余人予以拘留审查，并罚款 20 余人。^②

伴随着大量外国移民进入中国所显现的问题，主要表现在以下三个方面：

其一，外国人涌入中国中心城市，与中国人争夺就业机会，已经引起一些中国民众的不满。按照中国法律，外国人在中国只能从事"有特殊需要，国内暂缺适当人选"的工作，但目前外国人在中国无证居住、无证打工的现象十分普遍，实际上是争夺中国人的工作机会。在中国年轻人中有广泛影响的"腾讯网"曾经就外国人来华问题做过网上调查，其中问题之一是："你觉得未来会不会有很多外国人移民中国？"据统计，共有 33368 名网民参加投票，其中 20016 人（60％）认为"会越来越多"。对此，网民的不满十分明显，有人写道："10 万韩国人在中国居住，那 10 万个中国家庭的计划生育努力就白费了。"更有广州的网民写道：中国政府怎么"一边控制本国人种，一边进口国外垃圾人种"。此类说法带有种族歧视倾向，是某些年轻人心中不满情绪的宣泄，值得关注。

其二，外侨社区与当地居民争夺生活空间的矛盾已经显现，若不采取适当措施加以规范引导，可能导致公开冲突。在北京望京西园三区和四区，韩国住户比例超过 50％，适应韩国人需求的商店、学校、教堂、酒吧一应俱全，韩国侨民成立"中国韩人会"等社团，出版《北京通讯》等韩文报纸。韩国报纸称：在望京不懂中文的韩国人可以生活得很好。韩国驻华使馆甚至反客

---

① 许民著，赵东国译：《"三非"外国人让中国伤脑筋》，《环球时报》2006 年 8 月 1 日（原题：《外国人犯罪让中国头疼》，载韩国《文化时报》2006 年 7 月 27 日）。

② 上海市人民政府网站"上海要闻"（2009 年 7 月 30 日）：http://www.shanghai.gov.cn/shanghai/node2314/node2315/node18454/userobject21ai353339.html。

为主,正式以"促进中韩居民沟通"的名义,在望京社区举行"韩国驻华大使与朝阳区市民见面会"。在广州,有的当地人公开叫黑人为"黑鬼",不愿与黑人往来,出租车拒载黑人之事时有发生,曾出现一幢楼中黑人住户增加后中国住户就搬走的情况,网上则有人警告中国女孩"别生个小黑鬼叫人看不起"。此类说法也带有种族歧视倾向。在北京,一些民众称望京那些只用韩文作为标识的餐馆"令人恶心",是中国土地上的"新殖民地"。如何参照国际惯例,对中国国内那些只有外文标识、只说外国话的酒吧、餐馆进行规范管理,是又一个值得认真研究的问题。

其三,外侨在中国结社,公开从事传教活动,影响迅速扩大。2007 年 7 月发生的韩国人在阿富汗被绑架一事,使韩国人狂热的传教活动再次引起世界关注。在中国,韩国人的传教活动也十分活跃。韩国牧师公开声称:"中国是上帝在 21 世纪显灵的地方……上帝 7～10 年后将在中国显示其无所不能的威力"。"中国有多达 10 亿个消费者,也有多达 10 亿个迷失的灵魂","上帝把你们(指韩国传教者)召唤到这里,希望你们完成祝福中国的使命"。伴随外侨到来而迅速拓展的伊斯兰教影响同样不容低估。在义乌,2001 年时还只有几十名中东商人在当地饭店租一小房间做礼拜,时至 2007 年,已经出现号称"全中国最大的清真寺",周五晌礼时连清真寺外的平地上都布满了做礼拜的人群,而且,穆斯林外侨还在强烈要求义乌政府为其划地扩建清真寺。

鉴于以上问题,笔者认为,采取有效措施制定中国的移民法及相关国际移民政策,加强对外侨的规范管理,已经迫在眉睫。

首先,目前急需对外侨的基本构成及发展趋势进行深入调研。一方面对外国侨民在我国境内的地理分布、职业构成、人员流动、宗教信仰、政治倾向、技术特长、社会联系等进行比较全面的调查研究,另一方面对其他国家在全球化背景下的外侨管理状况和历史经验进行比较分析,从中汲取可以参考借鉴的治理经验。

其次,应当在充分调研的基础上,加强外侨立法研究,加速相关立法进程,增强执法力度。目前急需加速对于外国人在华结社的立法。对非法传教的问题更是需要加强监管,一些激进的宗教派别以基金会等民间社团的形式存在,以教授外语、慈善帮困为名行传教之实,而我国相关部门对外国人结社实行"不承认、不接触、不取缔"的做法,则过于消极,实际上使非法活动有可以利用的政策空间,务必重视。

再次，就组织机构而言，在目前中国中央政府机构设置的框架内，应当可以在国务院侨务办公室内增设主要管理中国境内外侨的职能部门，以填补我国外侨管理的机构空白。由国侨办管理外侨，有其合理性，原因在于：外侨在中国出现的问题，与中国侨民在外国遇到的问题有相似之处。国侨办熟悉外国对于境内外侨管理的法律法规，有利于全面协调开展工作。国侨办在各省市的下设机构可以对外侨进行属地管理。

总之，在充分调研的基础上，加紧制定出吻合我国国情的外侨政策，既让外侨有可能通过专业特长、资金投入等途径为我国全面建设小康社会发挥积极作用，又防止因为外侨数量盲目增加、过度集聚而带来种种负面影响，是必须提上我国政府议事日程的重要问题。

余 论 全球化时代的新课题

在当今世界上,一方面,全球化浪潮势不可挡,以跨国公司为龙头的跨国利益追求已经取代国家市场成为经济活动的中心,人力资源的全球观相伴而生,走向"开放的社会"已成共识。但是,另一方面,众多民族国家却无不严格地固守甚至日益强化着自己"封闭的边界",民族国家的利益至高无上。因此,"走向开放的社会"与"固守封闭的边界"就成为当今一个严重的时代悖论,不同利益集团围绕国际移民政策形成的对立、争论甚至冲突,正是这一时代悖论的折射。

当今全球高达 2.14 亿的跨国迁移人口,已经形成对于民族国家边界的冲击,全世界绝大多数国家都面对人口流出、流入或流动过境三种形态并存的人口生态。这成为当今世界各国乃至从联合国到欧盟、东盟、非盟、海湾国家合作委员会等国际性、地区性跨国组织都必须认真应对的新课题。

世界各国制定的国际移民政策及相关具体实施细则,因为受人口、政治、经济、文化、族群等多重因素的直接、间接影响,从原则、文本到执行各有差异。但是,就宏观而言,各国当权者以国家利益为基准的考量,各国以企业家为主的移民雇佣者以追求最大经济利益为目标的抉择,迁移者为改善和提升个人及家庭生活境况而激发的主观能动性追求,三者之间交相碰撞,既可能彼此吻合,也可能相互冲突,形成了国际人口迁移进程的重重博弈,并贯穿当代国际舞台上跨国移民在进与出、走与留、居与归历程之始终。

本书是从政策层面对当今国际移民现象的宏观考察。在首先界定国际移民政策研究范畴的基础上,依次从人口、经济、政治、文化、族群等五个不同层面,剖析影响国际移民政策制定与执行的主要因素,比较不同国家国际移民政策的基本核心、关注要点及社会后果。本书的立意,旨在通过对不同国家国际移民政策的考察、比较与剖析,以宏观展示与个案解读相结合的方式,履行"移民研究者的重要职责",即"向公众舆论、政策制定者和政治家们提供全面的基础知识与批判性的分析"。①

通过有关各方的共同努力,实现移民个人、移民原居地和移民接纳地三方共赢的理想目标,是移民研究者、政策制定者、政策执行者三方共同的孜孜追求,也是本书的根本宗旨。

一、本土、区域与全球:国际移民与社会发展

迁移不仅是人类历史天然的组成部分,而且与人类自身的发展,与人类社会的现代化进程息息相关。纵观人口的跨国跨境迁移,具体动因可能千差万别,但就本书所主要关注的主动移民而言,其迁移的终极原因,基本可以归结到移民者主动追求与社会环境实现最佳有效结合。由于此处的"有效结合"及其可能衍生的利益,涉及超越国家主权边界的流动,因此,移民者个人或群体利益的实现,就融入了不同民族和国家的利益碰撞,它既可能是三方共赢的理想发展,也可能导致不可调和的矛盾。国际移民政策的热点与难点无不衍生于此。因此,国际移民的协调发展与国际移民政策的合理制定,必须由超越单一民族国家的地区性乃至全球性的组织领头协调,方有望得到推进。

有鉴于此,近十余年来,以"我联合国人民,团结起来,争取更美好的世界"为口号的联合国组织,②已经将"国际移民与发展"提上了联合国的议事日程,并不断凸显其特殊意义与重要性。联合国领衔协调,已经召开了一系列重要会议,力图在全球范围内实现国际移民与社会发展相得益彰的美好愿望。

1990 年 12 月 18 日,联合国大会通过了《保护全体移民工人及其家庭成员权利国际公约》(*International Convention on the Protection of the Rights*

---

①　Stephen Castles, Guestworkers in Europe: A Resurrection? *International Migration Review*, No. 4, 2006, p. 763.

②　联合国网站英文首页的口号是"We the peoples⋯ A stronger UN for a better world";中文首页的相应口号是:"我联合国人民,团结起来,争取更美好的世界。"中英文两个口号的意思并不完全一致。此处援引的是中文网页的口号。

of All Migrants Workers and Members of Their Families）。这是以联合国名义制定的首个直接以"全球移民工人"为保护对象的重要公约。该公约开宗明义指出,由于移民涉及全球各地数以千万计的人口,并且影响到整个国际社会,因此,有必要由联合国制定一项全面的、可以普遍适用的公约,以协调各成员国的移民政策。该公约以联合国此前制定通过的六大人权公约为基本规范,[①]并参照国际劳工组织(ILO)围绕移民工人就业权益保障所制定的相关公约,[②]就各国应如何尊重并确保移民工人及其家庭成员权利,国际社会应如何提供相应保护,制定了详尽的规则。公约共 9 章 93 条款,要求所有缔约国必须承诺尊重并确保所有在其境内或受其管辖的移民工人及其家庭成员享有基本权益,而不分其在性别、种族、肤色、语言、宗教或信念、政治见解或其他观念、民族或族裔、国籍、年龄、经济地位、财产、婚姻状况、出身或其他身份地位可能存在的客观差异。公约重申建立全球人权基本规范的必要性,进一步对歧视作了更广泛的界定,并制定了更有效的保障措施以反对集体的和随意的驱逐,要求确保正规移民有选举权和被选举权。该公约还要求各国携手打击鱼肉移民工人的任何不法行为,要求雇主及移入国民众尊重移民工人,要求移民工人遵守相关国家的法律法规,鼓励相关国家和地区在双边或多边合作的基础上保护移民工人及其家庭成员的权利,强调联合国各部门应当发挥的作用。

1994 年 9 月,联合国在开罗召开"联合国人口与发展大会"(the UN Population and Development Conference)。该会提出的重要行动计划之一,就是关注国际人口跨国流动在经济、知识、技术方面产生的影响,强调正常有序的国际迁移将同时对原居地和目的地社区产生积极影响,要求各国务必加以重视。

2000 年 12 月 4 日,联合国正式作出决议:将上述《保护全体移民工人及其家庭成员权利国际公约》通过的日子,即 12 月 18 日定为"国际移民日"(International Migrant's Day),因为,"在我们这个不断缩小的世界上,国际迁移是一个具有实质性的特征。如何以大众利益为主导对国际人口迁移实

---

① 相关人权公约主要包括:《世界人权宣言》、《经济、社会、文化权利国际公约》、《公民及政治国际公约》、《消除一切形式种族歧视国际公约》、《消除对妇女一切形式歧视公约》和《儿童权利公约》。一般称为"人权六公约"。

② 相关公约主要包括:《移民就业公约》(第 97 号)、《废止强迫劳动公约》(第 105 号)、《恶劣情况下的迁移和促进移民工人机会和待遇平等公约》(第 143 号)等。

施有效管理,是我们这个时代面临的巨大挑战之一。每年的'国际移民日',既是提请大家关注这一挑战,也是希望借此机会,对国际移民为我们的社会、文化、经济发展所作出的巨大贡献,表示敬意"。[①]

2003 年 12 月 9 日,在时任联合国秘书长的安南先生的直接倡导与推动下,"国际移民全球委员会"(Global Commission on International Migration,GCIM)在日内瓦正式成立。该委员会由 19 位来自不同国家的移民专家组成,是一个受命于联合国,但又具有相对独立职权的委员会。该委员会的具体职责包括对全球移民问题进行广泛、深入研究,分析移民政策与其他相关社会政策之间存在的鸿沟与不协调之处,探讨移民问题与当今其他社会问题之间的相互关联与影响,并就如何在全球层面上应对国际移民问题提出建设性的对策框架。该委员会成立后,规划并资助了大量国际移民问题的大规模调研项目,并以联合国秘书长的名义,组织了多次地区性、全球性的专题研讨会,应邀与会者包括相关国家政府的高层官员,也包括国际组织、民间非政府组织、移民社团、工会及移民专家。经过近两年的工作,该委员会于 2005 年 10 月向联合国秘书长提交了总结报告,题为"互相关联的世界中的移民:新的行动方向"(Migration in an Interconnected World: New Directions for Action)。该报告对当代国际移民基本状况及存在问题进行了全面梳理,明确指出国际移民对于经济发展具有积极的推动作用,移民对原居地减少贫困,对移入国经济发展都作出了重要贡献,因此,国际移民应当成为相关国家、地区乃至全球性社会发展战略的有机组成部分。该报告建议联合国应进一步推动国家间的对话与合作,协调移民法规,弥合政策鸿沟,提高移民效益。2005 年 12 月 31 日,该委员会在圆满完成任务后解散。

"国际移民全球委员会"(GCIM)存在时间虽然不长,但是,以此为标志,由联合国推动的关于国际移民问题的全球性探索,继续在更广泛的层面上展开。

在经济领域,2005 年底,世界银行将其新一期年度报告聚焦于当代国际移民的经济意义。该年度报告的题目是:"2006 年全球经济展望:汇款与移民的潜在经济意义"。该报告以探讨"国际移民的经济效益"为主旨,以宏微观经济学为立论基础,通过大量数据推演论证:"国际移民可以给移民自身、移民的家庭、移民的来源国和目的国都创造具有实质性的福利效益。"世界

---

①　摘自联合国前秘书长安南 2005 年 12 月 18 日的"国际移民日献词"。

银行行长为该报告撰写的前言中也明确指出："向贫困开战是世界银行的首要职责，而移民则是战胜贫困的重要力量。"报告选择"从发展中国家流向高收入国家的跨国移民"为核心问题，列举大量数据，说明国际移民对于当今全球经济发展具有举足轻重的意义。[①]

在人口生态领域，2006 年 4 月 3—7 日，联合国人口与发展委员会以"国际移民与发展"为主题，召开第 39 届会议。按照委员会的要求，联合国秘书处经济与社会事务部人口司向大会提供了主题文件：《世界人口监测：聚焦国际移民与发展》(World Population Monitoring：Focusing on International Migration and Development)。该报告的主要特点是以当代世界人口发展态势为背景，审视国际移民人口在地区分布上的变化与发展趋势，分析移民人口的年龄、性别、教育、从业构成，并就未来国际社会如何在国家、区域及全球等三个不同层面上，有效制定国际移民的相关政策法规，提出意见建议。该报告的基本观点是：应当在全球层面应对国际移民带来的新挑战。联合国人口与发展委员会理应为拟议中的"国际移民与发展高层对话"提供实质性的帮助，旨在通过国际合作，切实有效地协调解决国际移民中存在的种种问题。

2006 年 5 月 18 日，以秘书长安南的名义，联合国正式发布 A/60/871 号文件，题为"全球化与相互依存：国际移民与发展"(Globalization and Interdependence：International Migration and Development)。该报告反复强调的主旨是：在当今这个相互依存度日益上升的世界上，国际移民已经成为政治、经济、文化存在差异的国家之间具有重要意义的联系纽带。通过移民流动，移出地和移入地之间能够相互取长补短，同步实现经济上的良性发展。国际迁移在全球发展战略中具有不容忽视的重要地位，是促进共同发展的一大理想途径。该报告首先以前引世界银行、人口基金会等分析报告提供的数据为基础，对当代国际移民的构成、流向、途径、特点、发展趋势进行全景扫描。报告强调移民为目的国和原居国双方所创造的积极效益，同时亦逐项分析在移民的权益保护、社会福利及共处融合等方面值得关注的问题。该报告最重要的特点，是以联合国秘书长的名义，敦促各相关国家政府充分履行管理与保护移民的职责义务，倡导在地区乃至国际层面建立规范性的国际移民管理框架，充分发挥联合国协调国际移民问题的共享平台作用。

① 本书第一章第一节对世界银行报告有较详细的评析。

报告反复强调联合国在协调国际移民问题上的重要作用。报告以安南秘书长的名义特别指出："我坚信,在(国际移民)这个最典型的全球问题上,联合国的作用无可替代。"由于国际迁移涉及的国家至少在两个以上,任何单个国家的移民政策多多少少都具有跨国乃至全球性的影响,因此,只有联合国才能构建当今处理国际移民问题的最佳平台。从打击跨国人口贩运,到移民养老金、福利费的跨国携带,都只有通过国际性协商方有望达成必要共识。联合国鼓励世界各国建立有效的数据信息分享机制,对劳动力市场的结构性需求作出前瞻性的预测,实现全球劳动力的有序流动,使国际迁移成为造福于全球的长期性事业。

2006 年 9 月,联合国人口基金会新一期年度报告,也将国际移民与发展列为主题。以玛丽娅·约瑟·阿尔卡拉(Maria Jose Alcala)为首的一个专家小组,在全面综合考察当今世界数千万跨国谋生普通女性生存状况的基础上,发布了新一年度的世界人口报告(State of World Population 2006),题为"通向希望之路:妇女与国际移民"(A Passage to Hope:Women and International Migration)。该报告指出:伴随着当代国际移民的滚滚浪潮,国际移民女性化成为一个引人注目的现象。目前全球移民人口中的女性总数约 9500 万,比例高达 49.6%,真正成为全球移民的"半边天"。该报告强调:数十年来,女性移民犹如一条虽日益拓宽,却一直在悄无声息中滚滚流淌的大河。因为,如果说跨国移民因为是新世界里的陌生人而面对各种潜在风险与障碍的话,那么,进入异国劳动力市场的女劳动者,则是跨国移民群体中更为弱势,也更易受到伤害的群体。从长远看,妇女在迁移中,而且还将继续迁移。报告呼吁,女性移民的辛苦付出应当得到承认,她们的权益应当得到保障,女性移民的权益与要求,应当提上联合国的议事日程。

2006 年 9 月 14 日,根据"国际移民全球委员会"(GCIM)在总结报告中的建议,在联合国各专门委员会进行充分调研并相继发布一系列重要报告的基础上,联合国首届"国际移民与发展高层对话会"在纽约总部成功举行,共计 127 个成员国派出了包括一位副总统、47 位部长级代表在内的大批高层官员与会。正如会议文件所明确指出的:此次会议旨在通过会员国之间多方位、多层面的广泛对话,探讨如何有效制定相关政策,以求最大限度地减少国际移民的负面影响,提高效益。安南在致辞中高度评价国际移民,指出:"移民是个人希望战胜逆境、追求更美好生活的大无畏行动。"接着,他意味深长地提及:"仅仅几年之前,许多人还无法想象这样一个以国际移民为主题的会议能够在联合国召开,因为各国政府都不敢将这个本国国民极为敏感的问题提到国际讲坛上。可是,现在你们都坐到了这里,我感到人们的态度正在发生变化……越来越多人因移民能够帮助移入国和原居国同时改变面貌而欢欣鼓舞;越来越多人理解各国政府可以合作营造移民自身、移民原居国、移民接纳国三方共赢的局面。"①这次高层对话会被视为世界各国在国际移民问题上开始进行认真合作的重要标志。会议决定建立每年一度的"移民与发展全球论坛",为国际社会交换意见、促进各国政府加强合作提供一个常设性平台。

2007 年 7 月 10 日,第一届"移民与发展全球论坛"(Global Forum on Migration and Development,GFMD)在比利时首都布鲁塞尔召开,会议的主题是:"移民对社会和经济发展的影响"(The Impact of Migration on Social and Economic Development),来自 120 多个国家的代表相聚一堂,围绕国际移民的热点问题展开热烈讨论。2008 年 10 月 29—30 日,第二届"移民与发展全球论坛"在亚洲移民大国菲律宾的首都马尼拉举行,会议的主题是"保护移民,赋权移民,促进发展"(Protecting and Empowering Migrants for Development)。第三届"移民与发展全球论坛"回师欧洲,于 2009 年 11 月 4—5 日在希腊首都雅典召开,会议主题是:"为建立各方共同受益的发展战略而整合移民政策"(Integrating Migration Policies into Development Strategies for the Benefit of All)。迄今业已召开三届的"移民与发展全球论坛"为世界各国共同探讨如何使国际移民实现效益最大化提供了一个重要的平台,并得到世界各国政府的高度重视。② 布鲁塞尔会议的参会国约为 120 国,后两届会议的参会国都增加到 160 国以上,同时还有 30 多个全球性国际组织派出代表与会。虽然在一些具体问题上,不同国家之间还存在不同看法,但是,各国政府普遍认识到,只有携手合作,方能有效应对国际移民问题,实现各方共赢。

2009 年岁末,联合国开发计划署(United Nations Development Programme,UNDP)发布了"2009 年人类发展报告",该报告再度将国际移民作

---

① Address of Mr. Kofi Annan, Secretary-General, to the High-Level Dialogue of the United Nations General Assembly on International Migration and Development, New York, September 14, 2006, in *International Migration Review*, Vol. 40, No. 4, Winter 2006, p. 963.

② 第四届"移民与发展全球论坛"将移师拉美,于 2010 年在移民大国墨西哥召开。

为关注焦点,其主题是:"跨越障碍:人口流动与发展"(Overcoming Barriers: Human Mobility and Development)。该报告更明确地提出:流动是当事人选择如何生活、在哪里生活之愿望的本能反应,流动对于人类发展具有至关重要的意义,那些加剧人类社会不平等的移民政策理应受到批判和排斥。虽然移民不是万能的,但是,为了提高全人类的发展水平,应当将移民纳入民族、国家、地区乃至全世界发展战略的全面考量之中。

显然,只要人类社会继续发展,国际移民问题就会与民族、国家共存。移民是本土的,同时也是区域的,是世界的。国际移民政策的制定与实施,必须越出一地、一国,方能获得准确定位。在可以预见的将来,国际移民人数还会继续上升,与这一最具活力之人口现象密切相关的机遇和挑战也将层出不穷。

二、国家、人权与实利:多元认同与跨国族群

然而,值得注意的是,尽管联合国一直力图在跨国层面上推动相关国家相互协调国际移民政策,以求更有效地维护移民者的合法权利,增进移民的经济和社会效益,但是,迄今为止,联合国的影响力似乎还局限于广泛搜集整理国际移民资料,详细论证移民贡献,剖析存在问题,举办各类政府论坛与学术会议。这些工作固然重要,而且,联合国组织的政府间高层对话也能够吸引上百个国家派出政府代表团与会,但是,往往当联合国会议结束之际,几乎也就是各国政府回归本国实际之时。一个典型的例证是,联合国自1990年就制定并通过的《保护全体移民工人及其家庭成员权利国际公约》,截至2009年7月,全世界总计仅有41个国家成为签约国,而且,几乎所有发达国家都不是该公约的签约国。此外,由国际劳工组织(ILO)制定的一系列保护移民工人就业机会的公约,在国际社会得到的认可度更低。究其原因,正是这些条约以保护外来移民工人为主旨,而绝大多数发达国家在接纳外来移民时,仍然坚持从本国利益出发,信守本国标准,不愿接受国际组织的约束。因此,正如联合国2009年人类发展报告所指出的:"我们已经有了一系列的公约、条约和习惯法,因此,我们目前所面临的主要挑战不是缺乏保

护移民权利的法律框架,而是不能有效地执行它们。"①

　　国家建构是人类文明史的产物,如果说历史上曾经有过完全可以自由迁徙的时代,那么,进入 20 世纪之后,随着国家制度的完善化和民族国家观念的强势化,已经没有哪一个国家可以允许非本国公民自由出入,因此,跨国迁移是涉及国家主权及公民权的复杂的国际性问题。那么,影响一个主权国家对移民控制力的主要因素是什么? 移民、国家安全及国家对外政策之间的关系如何? 国家在将移民整合到本土社会中能够或应当发挥什么样的作用? 移民作为一个利益群体,可能对移出、移入国的社会公共政策制定产生什么影响? 随着那个游走于全球各地、个人却不完全认同于任何一国的所谓"弹性公民"群体的出现,公民与国家之间的关系发生了哪些根本性的变化? 笔者以为,在这一系列问题的背后,实际上是单一(或集团性、地区性)国家利益与普世人权理念的矛盾。正如英国著名社会学家所指出的那样:全球化已经导致"许多国家失去了大部分他们曾一度拥有过的主权,而政治家也丧失了他们对事情施加影响的大部分能力",传统的国家主权正在从根本上被重塑。② 因为,"全球化使在场与缺场纠缠在一起,让远距离的社会事件和社会关系与地方性场景交织在一起……在一种时空分延的关系中,一极的事件会在另一极上产生不同甚至相反的结果",这就是当今全球化时代"地方与全球之间的辩证法"。③

　　要解读当前不同国家移民政治中的焦点,需要抓住国家战略、人权信条及实利驱动三大关键因素,并解读全球化时代促成的三者之间的辩证关系。国家战略导向下的移民政治,使"专业人才"(尤其是"国际级人才")获得游刃有余的跨国空间;世界各国都不得不公开承认的人权信条,使移民政治为人道主义移民留下通道;而资本追逐利润的本质,则使无证或非法移民作为得不到任何权益保障的廉价劳动力换取生存空间。因此,只有抓住相关国家中不同利益群体各自追逐利益最大化这一根本,才能解读移民政治中"国

---

　　① 联合国开发计划署(UNDP):2009 年人类发展报告《跨越障碍:人口流动与发展》,纽约:联合国,2009 年,第 101 页。

　　② Anthony Giddens, *Runaway World: How Globalization Is Reshaping Our Lives*, London: Profile Books, 2002. 此处译文参考范可:《全球化时代的公民意识与认同政治》,《云南民族大学学报》2009 年第 3 期。

　　③ 安东尼·吉登斯著,赵旭东、方文译:《现代性与自我认同》,三联书店 1998 年版,第 23~24 页。

家立法"与"国家执法"两者为何或如何背离的矛盾,也才能理清如同联合国这样当今最重要的国际组织为协调移民政策而不断出台的公约条规,却在许多国家(而且是联合国重要成员国)被束之高阁的缘由。

进入 21 世纪,尤其是震惊世界的"9·11"事件之后,在某些发达国家,如何面对蜂拥而至的跨国移民,已经被提到了危及国家安全的空前高度。美国著名政治学家塞缪尔·亨廷顿就指出:在后冷战时期,美国边界失控是对美国国家安全的最严重威胁,继《文明的冲突》之后,这位著名政治学家又出版了《我们是谁》一书,为美国国民意识弱化而痛心疾首。他认为,在美国,两大群体冲击着传统的美国国民意识。一是越来越多的精英人士,即那些操纵权力、财富和知识的人,他们以多元文化主义理论为圭臬,从内心深处轻视国民身份而重视自己所拥有的特殊的全球身份或跨国身份,成为双重乃至多重国籍的人,或者简直就是世界公民,在这些人眼里,国籍、国民、认同都不过是追求个人利益最大化的工具,他们是超国家主义者,不需要对国家有什么忠诚,认为国界是碍事的障碍,认为国家政府是历史的残留之物。虽然这一群体在美国总人口中仅占大约 4%,然而,恰恰是这些人,因为其特殊的精英身份,所以能够对美国政坛施加影响,成为自上而下解构美国国民意识的力量。

亨廷顿认为,另一个解构美国国民意识的群体则来自底层,即自 20 世纪 60 年代以降来自拉美、亚洲的数以千万计的移民。他引用"哥本哈根学派"奥勒·韦弗等人的解释,指出"社会安全"是指"社会在经历变化、遭受可能的或实际的威胁的条件下坚持其固有特性的能力",它包括"在可接受的演变的条件下保持传统模式的语言、文化、社交、宗教信仰、民族特性和习俗的能力"。依此定义,那么,在当今世界上,对社会安全的最大威胁来自移民。由于 20 世纪下叶美国所接纳的移民群自身固有的文化与美国主流文化相去甚远,加之当代科技的迅速提高,交通便利,信息手段发达,移民们可以既享受在美国能够得到的机会、财富和自由,又保留自己原来的文化、语言、传统、家庭和社会关系网络,两者兼得。当代移民美国,并不一定是想当美国人。他们可以脚踏两只船,既当美国国民,又继续当自己原籍国的国民,直接拥有双重甚至多重国籍,有双重或多重居留地,具有双重忠诚或是对哪个都不忠诚,于是成为自下而上解构美国国民意识的力量。

由此,以精英为主的自上而下的影响力和以普通移民为主的自下而上的两股力量会聚,就成为冲击美国国民意识的强大力量。而美国"一人一票"的政治制度,促使那些民选官员和想当民选官员的人为其政治利益而垂青于这些群体,政府机关公务员为扩大活动范围、募集经费也置选民的国家认同于不顾,美国政治日益成为各移民社群及其祖国政府较量的舞台,跨国社群成为美国政治中不容低估的重要力量。

虽然亨廷顿的担忧是基于美国政治立场的考量,他对移民问题的解析是基于美国国家利益的评判,其作为美国政治家的国家主义立场彰显无疑,然而,其理论在以美国为主的发达国家政界学界引起的一定程度的共鸣,无疑值得我们深思。

伴随着全球化浪潮一浪高过一浪,社会科学领域出现了弹性认同(flexible identity)、跨国主义(transnationalism)、跨国社会空间(transnational social space)、跨国虚拟空间(transnational virtual space)、跨国共同体(transnational communities)、流散族群(diaspora)等理论,并引起广泛关注,在一定程度上是传统民族国家及相应的传统民族国家认同观在全球化时代受到严峻挑战的反映。

斯蒂芬·卡斯尔斯(Stephen Castles)在分析影响国际移民政策制定因素的著名长文中对移民的认同问题作过深刻剖析。[①] 他指出,在相当长的历史时期内,移民一般被简单地分为两大类:定居移民,或短期移居(如短期跨国劳务),与此相应,移民接纳国的移民政策也就呈现出一方面同化定居移民,另一方面则将临时性移民置于主流社会之外两大取向。如此国家政策的理论基础是所有人只能隶属于一个国家,即必须在祖籍国和移入国之间择一而从。但是,当代的流动与信息的便捷却使许多人得以跨越边界,同时生活在两个甚至多个国家,他们跨越边界的意义可能是经济、政治、社会或文化的,他们的活动领域是"跨国社会空间",他们的认同属于"跨国主义",这一群体因而也就被称为"跨国共同体"。值得注意的是,如果跨越边界的经济、社会、文化和政治成为其生活的必然构成,那么,势必具有冲破国家障碍的强大动力。

在移民政策的主导理论上,民族国家与跨国主义所遵循的理论模式是不同的。控制移民所遵循的是单一国家的利益,但推动移民的力量遵循的则是跨国的逻辑。无数实践证明,狭隘的民族主义最容易在国民中激起反

---

① Stephen Castles, The Factors that Make and Unmake Migration Policies, *International Migration Review*, Vol. 38, No. 3, 2004, pp. 852~884.

移民的情绪,而大众媒体为了形成轰动效应,也往往以引向极致的报道激起反移民的敌意。在民主政体的国家,政治家为争取选票,往往口是心非:表面上反对移民以迎合本国公民,实际上又为适应经济发展需求而执行引入更多移民的政策;表面上反对无证移民,私底下却认可无证迁移。尤其当移民及其后裔的选票达到一定规模时,如何左右移民与非移民群体的利益,更成为政治家们拿捏不定的因素。国家的作用,虽然总是以本国利益为基点,但也需要在不同程度上平衡各利益集团的利益。本书第五章援引的美国移民政治博弈,即为明证。

移民人口的流动,其影响力之深远绝不可与商品、资本、信息的流动相提并论。因为,每个移民身上都烙着一定的文化标记,积淀着与生俱来的经验与记忆,所以,人口的跨国迁移,必然涉及不同文化的碰撞。虽然国家政府或许可以利用政权强势,要求移民改变其文化表征(如印度尼西亚、泰国华人曾被强迫放弃其"中国式姓名"而按当地习俗取姓起名),但其作用只能是边际量的改变。而且,在公众道义上,这种明目张胆的制度性种族歧视已为人所不齿。正是在这一意义上,多元文化主义突破了民族国家单一文化的神话,承认各族群保持文化传承、共同组建和谐社会的合理性,并由此关联到社会平等与反歧视,曾经彰显了历史的进步。必须强调的是,多元文化主义并没有突破国家的地域观,没有突破移民应当忠诚于一个国家的首要原则,其对"多元文化"宽容的首要前提,仍然是不容置疑的国家忠诚。

然而,跨国主义则不同。依据当代跨国主义理论,对跨国移民而言,一个人可以同时拥有两个乃至多个国籍,其公民权也可能具有不同意义,即可能在政治上认同一个国家,在经济上认同另一个国家,在文化上又认同第三个国家。就个人的认同归属而言,此类跨国移民群大致可分为三类:第一类"四海为家"(feel at home everywhere),主要包括那些生意遍布全球的企业家商人和高级专业人才,他们走到何处都受欢迎,落足哪里都可安身立命。第二类则"有民族观而无国家观"(nations without states),他们往往因政治原因而背井离乡,身居外国却仍在为改变自己祖国的政治格局而搏击,并且期待着能够胜利重返、重建祖国的那一天。第三类可以说是处于前两类人群之间,但总量远在前两类人之上,他们不是单纯地认同某一国,而是一直在回归、同化或建构非此非彼的社群之间彷徨。①

　　跨国主义理论同样对当代移民政策产生重要影响,其中最典型的就是对双重或多重公民权的认可。据国外学者统计,近年来,全世界已有大约半数国家承认双重国籍。以移民外出为主的国家希望通过接受双重国籍,使其在外移民与祖籍国保持更密切的关系,使国家从中获取更大利益;而以移民接纳为主的国家则希望通过这一政策,帮助外来民族摆脱其孤立无援的处境,增进对本国社会的亲近感,进而融入本国社会。在正式认可双重国籍的澳大利亚,持双重国籍者大约有 300 万～500 万人,约占人口总数的四分之一。而尚未正式认可双重国籍的德国,估计也有大约 200 万人持双重国籍。② 虽然就总体而言,持双重国籍者仍是少数,但该群体的数量无疑正在高速增长中,其深远影响不容低估。与此相关的另一项重要政策是公民权的多层分隔,即将移民所享有的居住权、工作权、福利权相互区隔的政策,实施所谓"半市民制"(quasi-citizenship)或"居民制"(denizenship),限制非单一公民者只能享有不完全的公民权。例如,持双重国籍者不得担任公务员,不能从事与国家机密相关的工作,对双重国籍者个人的选举权和被选举权也设置不同限制。③

　　在后现代语境中,跨国主义是对家和家国的解构,并被视为人权理念的现实体现。在当代西方著名后现代学者萨林斯的笔下,今日巨大的移民流动现象正在创造出一种新的文化构成,即一个没有实体的虚拟社区,此类社区,可能"从第三世界的一个农村中心,跨文化地,并常常跨国界地延伸到大都市的'国外的家',整个社区靠商品、思想和人的往来运动联合起来",其结果是"一个地理的村庄很小,但其社会的村庄则伸展到千里之远"。另一位著名的后现代学者格尔兹(C. Geertz)强调,当今时代,居住在近邻的人群常常不享有共同的文化,反而与分散远离的人群相互联系,结果呈现出一个不

　　① Stephen Castles, Migration and Community Formation under Conditions of Globalization, *International Migration Review*, Vol. 36, No. 4, 2002, p. 1158.

　　② Stephen Castles, Migration and Community Formation under Conditions of Globalization, *International Migration Review*, Vol. 36, No. 4, 2002, p. 1162.

　　③ 例如,有的国家规定永久居民只能参加地方政府选举,不能参与国家级选举;而在欧盟国家,在欧盟内部迁移的欧盟成员国移民,可以参加欧盟选举,但不能参加地方选举。

断扩展的相互联系的世界。① 因写作《想象的共同体》(*Imagined Communities*)而在国际学术界享有盛名的本尼迪克特·安德森(Benedict R. O'G Anderson)在论述当代资本主义与认同政治时,提出了"远距离民族主义"(long-distance nationalism)这一论题,他认为:现代科技的发展使移民即使在地理上远离故国家乡千万里,也能通过电话、传真等现代通讯手段而"与家同在",现代金融手段更是使移民能够将在他乡挣到的钱随时随地汇回家乡兑现以赡养家眷,盖屋起楼。与此同时,相对宽容的政治环境,则允许越来越多的异民族移民加入其移入国国籍,在政治上成为其国民,由此,移民们的国家认同可能在不同国家之间徘徊。如果说安德森此说只是点出当代跨国主义之端倪,并没有超出"民族国家"之传统语境的话,那么,关于"本土跨国主义"(local transnationalism)的提出,又将这一"跨国虚拟空间"(transnational virtual space)的意义推进了一步,那就是:随着民族国家的边界越来越显得百孔千疮,"去地域化"认同将成为一种新的趋势,伴随着移民流动而在未来可能出现的,将会是"在本土地域上出现世界主义的跨国社群的杂交化",当世界以"杂交化"(hybridization)取代传统"民族主义"之时,跨国跨境流动也就成为常态而不复成为问题。②

笔者以为,就绝大多数第一代移民而言,他们永远只能生活在原居地与移入地两个世界之间。在他们的生活中,一方面是从政治到经济都演绎着在场(presence)与缺场(absence)的交叉,即"相距遥远"的社会事件、社会关系与本土的具体环境交织一体;另一方面则是社会系统"剥离"(disembedding)的演进,即社会系统从本土的互动范围中剥离出来,跨越时间和空间重新结合,社会过程脱离了社会关系建构及人际互动需要必然在场这一先决条件,在无限的时空分隔中再度重组。在跨国主义理念中,与跨境移民共生

---

① 转引自翁乃群:《全球化背景下的文化研究及其思考》,《社会学研究》1999 年第 6 期。

② 相关论述可参阅:(1) Benedict R. O'G. Anderson, *Long-distance Nationalism, World Capitalism and the Rise of Identity Politics*, Amsterdam: CASA-Centre for Asian Studies Amsterdam, 1992;(2) Ine Ang, Beyond Transnational Nationalism: Questioning Chinese Diasporas in the Global City, *International Conference on Transnational Communities in the Asia-Pacifc Region*, Singapore: Centre for Advanced Studies, National University of Singapore and Transnational Communities Program ESRC UK, 2000;(3) Stephen Castles, Migration and Community Formation under Conditions of Globalization, *International Migration Review*, Vol. 36, No. 4, 2002, pp. 1143~1168.

的跨界文化的特点,就是人在旅途,家在心中,国家概念化,认同多重化,影响跨界化。

三、理想、现实与未来:移民政策的未来走向

全球化进程不可阻挡,国际移民浪潮将长期延续,这已是国际上从政界到学界的普遍共识。面对新的时代,越来越多人清楚地意识到,有必要对传统以民族国家为中心处置国际移民问题的习惯思维方式进行反思。

联合国开发计划署"2009 年人类发展报告"尖锐指出:"当国际社会夸耀已经对如何处置国家间的贸易和金融关系建立起一个制度框架时,国际社会对于如何治理人口跨国流动却只能说是'尚未成型'(non-regime)。"有鉴于此,"以人类自由度和行为能力的拓展为透视镜,将对我们深刻理解人口流动的潜在意义,大有裨益。因为,甚至在我们探讨自由流动是否有益于人们的收入、教育和健康之前,我们就必须认可迁移是当事人为实现他们的人生规划而有权采取的基本行动之一。换言之,迁移是自由的一个维度,自由是人类发展的组成部分,并具有本质性和潜在工具性的价值"。[①]

本书探讨了影响移民政策制定的因素,同时,从对移民政策发展历程的回溯中可以清楚地看到,当代主权国家"控制移民"的各种作为,或许可以在一个特定时期内奏效,但从长远看,从总体看,却大多以政策失灵而告终。澳大利亚政府 1901 年制定排斥非白人移民的所谓"白澳政策",虽然曾经迫使许多非白人不得不离开澳大利亚,但从来就没有能够完全制止非白人移民进入澳大利亚,自 20 世纪 50 年代后更是在此伏彼起的抗议浪潮中渐渐名存实亡,最终在 1973 年被明令废除。又如本书在第二章详细分析过的 20 世纪 50—60 年代西欧国家精心设计的"客工"政策,接纳国政府居高临下,自以为设计了一个完美的框架,能够随心所欲地将外籍移民工人招之即来,挥之则去,其结果同样事与愿违,控制"移民流动"不是可以任意开关的"水龙头",正是许多政策制定者们在若干年后发出的慨叹。同理,一些主权国家制止本国人口外迁的政策,即便是像民主德国那样筑起高高的柏林墙,并

---

① 联合国开发计划署:《跨越障碍:人口流动与发展》,2009 年,第 11、14 页。

配置武力防卫,同样未能如愿奏效。

　　看似设计完美的国际移民政策为何一再失灵?这是当代国际上诸多学者孜孜不倦探索的一大课题。笔者以为,失灵的根本原因,是当今以发达国家为利益主体设计的移民政策,在最根本的立意上,违背了人类社会发展的主潮流,也与发达国家自身的社会经济需求背道而驰,因而是行不通的。虽然靠强大的边防、警察力量或许可以推行于一时,但最终仍会被历史发展的强大规律所打破。立墙、破墙,建壁垒、破壁垒之间的博弈,实际上呈现的是国家一方不断被动防守,而移民一方步步进逼的态势。可以说,如果破除壁垒的行为源自人的生存与发展的本能,并因此而得到人权理念的默认,那么,任何建构迁移壁垒的努力都只会不断以失败告终。

　　正因为如此,有学者尖锐指出,尽管国家不断加强对边界的控制,但收效甚微,甚至,国家控制移民的能力实际上随着控制意愿的上升而下降。①亦有学者认为,在主要发达国家,国家所着力推行的移民政策的目的与实际结果之间不仅存在差异的鸿沟,而且出现鸿沟日益扩大化的明显趋向。②

　　国际移民潮流对民族国家疆域管辖权的冲击,一定程度上可以从贝克对"全球化时代民主"现象的理论阐释中得到解释。贝克认为:"人生的多地域性、个人生活的跨国特征是民族国家主权遭到侵蚀的另一个原因……迄今为止,人们总是把社区、家庭、朋友或其他各种能够感受得到的共同体与地域联系起来,而现在我们却日益生活在这样一种状况中,即不能再说我们所经历的共同体存在于某个地方。相反,我们所处的地方未必与共同体有关。我们可以完全游离式地共存,但同时又是不受地域局限的网络的成员"。正因为如此,"从民族国家霸权的观点看来似乎是分崩离析的现象,从世界社会的观点来看则是参照框架的转变:从一体化的、整体性的、限于地域的文化集团('民族')观念,转向作为无法管理的多样性"。③

　　探讨政策之成败,不能就事论事,需要从全局性、制度性上层面查找原因。本书从多角度、多层面的剖析,提供了解读国际移民政策失灵的大背景。本书第一章分析当今世界不同国家人口结构的基本生态,表明在可以

---

① J. Bhagwati, Border beyond control, *Foreign Affairs*, No.1, 2003.

② Wayne A. Cornelius, Philip L. Martin & James F. Hollifield, *Controlling Immigration: A Global Perspective.* Stanford: Stanford University Press, 1994.

③ 乌尔里希·贝克:《全球化时代民主怎样才是可行的?》,载贝克、哈贝马斯等著,王学东、柴方国等译:《全球化与政治》,中央编译出版社2000年版,第52~53页。

预见的将来,近数十年来业已凸显的全球人口不平衡发展趋势将进一步延续,即发达国家人口总量下降、老龄化加剧、青壮人口短缺,而多数发展中国家以青壮人口为主体的人口总量还将持续上升,因此,人口生态自身的惯性动力,从根源上制约着当今国际移民的客观走向。本书第二章分析移民与经济发展的关系,论证了经济发展的客观需求如何推动活生生的人的流动,而移民的流动又如何融入国际劳动力大市场的需求洪流中,从而推动社会的发展。本书第三、四、五章依次从政党政治、多元文化和族群关系所进行的分析,解读的是左右国际移民政策的非经济因素,同时强调指出不同利益集团之间的博弈如何贯穿移民政策制定与执行之始终。

那么,面对多重因素的碰撞与纠结,什么才是真正有效、有益的国际移民政策呢?

当今围绕公平合理之国际移民政策而提出的最激进的口号是:"没有人是非法的!"最先提出这一口号的是诺贝尔和平奖获得者艾利·威谢尔(Elie Weisel),他本人是从德国纳粹集中营幸存下来的犹太人,对种族歧视深恶痛绝。1985年,当他在美国亚利桑那州就难民在美国的权利作辩护发言时,提出了这一名言。支持这一主张者,从全球普世人权的基本理念出发,认为全球利益理应由地球人共享,对迁移的任何控制都不可能是公平的,因此也不可能完全摆脱种族歧视的阴影,不可能是完全正义的。[1]

由于意识到当今世界各国不平衡的人口构成与不平等的经济机会对人口流动之不可逆转的推动力,许多学者也在不同程度上提出了"开放边界"的主张,认为唯有如此方能从根本上改变当前移民政策制定与执行中存在的重重悖论。值得注意的是,提出和支持这一主张的学者分别来自两个相互对立的学派:一方是新自由主义经济学家,另一方是对政府移民政策持批判态度的左翼群体。

众所周知,新自由主义经济学的核心观点是市场化、自由化(非调控化)和私有化,他们崇拜市场经济力量,将市场规律和个人自由主义奉为至高无上的信条,认为通过市场经济自身的运转实现对社会资源的调配乃最佳途径,他们反对政府的干预,认为个人自由是保证市场制度和市场机制充分发挥作用的基础。以此为圭臬,在国际移民问题上,他们认为市场的力量将自

---

① Steve Cohen, *No One Is Illegal: Asylum and Immigration Control, Past and Present*, Stoke on Trent, UK & Sterling, USA: Trentham Books, 2003.

行左右移民流动,因应人力资源的需求,填补劳动力市场的空缺,从而使移出国、移入国同时受益,从长远看,人口的自由跨境流动,将会引导到拉平移出国、移入国之间的工资乃至生活水平,并催生新的国际经济平等。

左翼学者则认为,迁徙与人类历史并存,流动是地球人的基本权利。无论是经济移民还是政治移民,人们总是为追求更美好的生活而迁移,因此,唯有允许自由迁移,严禁对移民的拘留、遣返等不人道的措施,方能有效根除歧视,维护移民的基本人权。对于自由迁移可能引发人口无序动乱的质疑,他们的观点是,按照人之本性,在基本正常的生活环境中,绝大多数人还是愿意留在家乡,因为迁移毕竟需要承受从体力到心理的社会成本,所以即便开放迁移,移民数量也不会上升到令人无法容忍的程度。他们据此认定,容许自由迁徙将最终使移出国、移入国同时从移民的付出中受益,是达到世界大同的必由之路。

联合国开发计划署"2009 年人类发展报告"提出了改革当代国际移民治理的六项政策性建议,主要包括:为了让更多劳动者可以实现流动,应当进一步开放现有的准入渠道;确保移民的基本权利;降低迁移的交易成本;探寻能够使目的地社会和移民共同受益的路径;使国内的人口异地流动更便捷;将人口流动纳入国家的发展战略。[①] 在这些措辞谨慎的建议中,同样隐含了开放边界的潜台词。

然而,虽然"开放边界"描绘了人类社会未来的美妙图景,是长远性的理想目标,但在当今时代显然还只是天方夜谭,如果付诸实施,完全可能导致意想不到的灾难性后果。因为在当今世界上,国家边界实际上已经对经济富豪、知识精英全面开放,但其结果除了对这一群体自身有利之外,更大的获益者是当今世界的发达国家和高收入国家。大企业家们通过资本的跨国流动寻求劳动力成本的最小化,而中小企业主们则是劳动力自由流动的推手,因为他们可以从雇佣外来廉价劳动力中最大获益。如果拓展如此之自由流动,其结果将会是对最弱势群体的更大剥夺,将可能使发达国家劳工阶级经过多年奋斗方才获得的社会基本保障,在面对来自更贫困国家之移民工人的竞争中,丧失殆尽。来自不同国家劳动者之间的恶性竞争,将可能赋予剥削以更合理合法的空间。与此同时,某些别有用心之恶势力的挑动,则可能导致种族对抗加剧。因为某些原本以国家边界分割在不同地域的民

---

①　联合国开发计划署:《跨越障碍:人口流动与发展》,2009 年,第Ⅴ页。

族、种族矛盾，将可能随着人口跨境流动而成为面对面的冲突，进而激化升级。

正如本书第三、四、五章业已剖析的那样，源自不同主权国家之间存在的政治、文化及民族因素的深层影响，与人口流动交错作用，使得移民问题已经远远超出了纯粹人口生态或经济利益的范畴，成为多方位、多层次的综合性、国际性社会问题。而国际移民政策的制定，自然也就不能只着眼于人口生态与经济发展，而必须将几乎当今世界所有涉及民族国家的矛盾与对抗统统置于考量范畴之内。国际移民政策的复杂性、尖锐性和广泛性，有目共睹。

正因为国际移民是在跨越国界的领域内运作，国际移民的治理也就只有在跨越国家的宏观框架内才有望恰当定位，所以，超国家组织的作用将日显其特殊的重要性。西方学者曾经建构过如此设想：必须如同在经济领域制定具有一定约束力的"关贸总协定"（GATT）及其后继者"世界贸易组织"（WTO）那样，就"国际人口流动"建立一个真正有权、有钱、有地位的"世界移民组织"（World Migration Organization）。按其设想，应当将现已存在的国际移民组织、国际劳工组织、联合国人口委员会、联合国难民事务委员会、联合国教科文组织等相关组织中涉及国际移民的次级机构及社会功能融为一体，综合统筹，在联合国框架内成立"世界移民组织"，主持确立各国必须共同遵守的移民治理基本准则，协调人口流动与各国相关政策的关系，推动合理有效的国际移民立法，并监督国际移民立法的有效执行，真正维护移民基本权益，实现国际移民合理、公正、有效的全面治理，使全世界共同获益。①

如此设想的确美妙，是国际移民学者为实现国际移民的妥善治理开出的一剂良方。可以说，每年一度的联合国"国际移民全球论坛"的设立，正是朝这一目标作出的尝试与努力。然而，当民族国家仍然是当今国际政治的权力主体时，超国家层面的运作仍然只能在有限的范围内起作用，学界的诸多应对策略大多还只能停留在学者们的书斋里，著作中。

然而，绝不能因为不可为即不为之。实现人类大同是人类的美好理想，人口的合理、合法、顺畅流动是通向世界大同的必经之途，国际移民政策的制定与实施势必在与客观现实和移民之主观意愿的反复博弈中，共同推进

---

① Stephen Castles, The Factors that Make and Unmake Migration Policies, *International Migration Review*, Vol. 38, No. 3, 2004, pp. 852~884.

人类社会的历史进程。

　　本书是笔者多年来在关于国际移民的研究中,在无数次参与跨国学术研讨中形成的思考,提炼的观点,是笔者立足中国,参与国际移民政策之国际学术对话的尝试。由衷希望在与各国同行学者的不断交流中,与时俱进。学术无国界,学者有祖国。立足中国,对当今涉及全球范围不同国家之纷繁复杂的国际移民政策进行钩稽爬梳,思辨考量,阐述其基本构架、动向及影响,收以简驭繁之效,为我国政策制定者提供参考,与各国学界同仁坦诚交流,是为本书之追求。

　　路漫漫其修远兮,吾将上下而求索,孜孜不倦!

附录一　国际移民专有名词中英对照[①]

Ancestry-based settlers　依据祖籍血缘定居者

由于跨国迁移的外国人与移入国具有历史、种族或其他特殊关系,因此一移民到目的国就被接纳为长期居民;或者,由于以上特殊关系而在移入国居住一个短时期后即被接纳加入移入国之国籍。

Assimilation　同化

处于少数地位的族群或社会群体完全采纳另一社会群体的语言、传统和行为举止,乃至认同其根本利益,并形成归属感。

Assisted migration　受助移民

得到一国政府或国际组织援助的移民行为。

Assisted voluntary return　受助自愿回归

那些在移入国遭到拒绝的庇护申请人、人口贩运的受害者、遇到困难的留学生、其他无法或不愿继续留居移入国的外国人,自愿返回原常住国,并获得移入国政府或非政府组织的资金援助,得以返回原常住国。

Asylum-seekers　寻求庇护者

向非本人常住国递交庇护申请的人。在其申请获得最后裁定之前,该身份不变。

---

① 本附录依英文名词的首个字母排序。所搜集整理的国际移民专有名词主要根据如下资料编译:(1)国际移民组织 (International Organization for Migration,IOM):《移民术语》(*Glossary on Migration*),Geneva:IOM,2004。(2)联合国经济与社会事务部统计司 (Department of Economic and Social Affairs Statistics Division,UN):《国际移民统计建议》(*Recommendations on Statistics of International Migration*),New York:United Nations,1998。(3)《保护所有移民工人及其家庭成员权利国际公约》(*International Convention on the Protection of the Rights of All Migrant Workers and Members of Their Families*),New York:United Nations,1990 年联合国大会通过,2003 年 7 月 1 日起正式生效。(4)《世界人权宣言》(联合国大会 1948 年 12 月 10 日正式通过)。(5)《中华人民共和国国籍法》(1980 年 9 月 10 日第五届全国人民代表大会第三会议通过,1980 年 9 月 10 日全国人民代表大会常务委员会委员长令第八号公布施行)。(6)联合国开发计划署(UNDP):2009 年人类发展报告《跨越障碍:人员流动与发展》(*Human Development Report* 2009, *Overcoming Barriers:Human Mobility and Development*),New York:UNDP,2009 年(该报告最先以英文出版,不久亦在网上发表了报告的中文译文。本书取自该报告相关术语的翻译,既参考其中文版译文,亦根据作者的理解有所修正)。

Biometrics 　生物识别

一些国家政府为确定是否向某移民申请人发放护照、身份证或居留许可，通过采集指纹，进行视网膜、声音检测等生物性方法（简称 BIs），对申请人进行识别。

Birth certificate 　出生证

由政府或宗教机构签发的证明出生地点及相关情况的原始证件。

Border management 　边境管理

为合法出入境的商务人员、旅游者、移民及难民提供方便，检查并阻止非法入境的外国人。相关措施包括查验身份证件，查验入境国签证，对海陆空运输工具进行检查以防范非正规地运送外国人进入本国。按照国际惯例，各国边境管理既要对合法旅行者提供方便，也要阻止不恰当或持无效证件的旅行者，两者不可偏废。

Border workers（**Frontier worker**） 　边境工人

保持自己在本国国境内的居住地，但一般每天或至少每周一次往来穿梭于在邻国边境地区的工作地点与家庭所在地之间。

Brain drain 　智力流失

因相当数量受过较高教育者或专业技术人员移民另一国家，从而使其原居国的社会发展受到损失。

Brain gain 　智力获得

通过接纳移民而获得来自他国的专业技术人才。

Burden of proof 　举证责任

为证明或指控提供证据的责任。在移民术语中，当一名外国人要进入非本人隶属国时，必须提供证据，以证明其依据该国法律拥有进入该国的权利。这一责任是不言而喻的。

Carrier liability law 　承运人责任法

该法律规定，把不具备合法证件的人员送入一国领土的相关责任人，将被处以罚款。如航空、车、船公司责任人都得遵从这一法律。

Change of status 　身份转变

在非祖籍国合法居住的外国人寻求改变身份的过程。例如，持学生签证的外国留学生在学业完成之后，可以寻求将学生身份改为工作身份。

Citizens deported from abroad 　遣返回国公民

被另一个国家遣返回其祖籍国的公民。

Citizens in transit 　过境公民

在前往另一国家的途中路经某一国家,但并不正式进入该国。

Clandestine migration　偷渡

违背移民条例的秘密迁移行为,可能是违背相关移民规定秘密入境,也可能是合法入境,但违背移民条令非法滞留。

Consular functions　领事职责

在接受国内保护其派遣国及国民之利益,并促进双方国家的商业、经济、文化和科学技术交往。

Consular protection　领事保护

在国际移民语境中的领事保护指的是移民祖籍国的外交、领事机关或领事官员,在国际法允许的范围内,在移民接纳国保护本国公民合法权益的行为。当本国公民、法人的合法权益在驻在国受到不正当侵害时,驻当地国使领馆依据公认的国际法原则、有关国际公约、双边条约或协定及派遣国和驻在国的有关法律,反映有关要求,敦促驻在国当局依法公正、友好、妥善处理。还包括向本国移民提供必要的帮助,如提供国际旅行安全方面的信息,协助聘请律师和翻译,探视被羁押人员,协助撤离危险地区等。当移民被逮捕、被拘留、被送审或因某种原因被扣押时,领事有责任对其提供及时援助,移民有权在第一时间要求与本国使领馆联系。

Contract migrant workers　合同移民工人

根据合同安排前往非祖籍国工作者,相关合同对其所从事工作的种类、时间均有明确限制,即合同工人不得在未获移入国主管当局批准的情况下自行改换雇主,也不可以自行更换工作。合同到期后,无论其所从事项目是否结束,均必须回国。如果延期,则必须在到期之前就完成合同延期的相关手续并获得主管当局批准。

Country of usual residence　常住国

经常居住的国家。因旅游度假、探访亲朋、经商公务、治病疗养或宗教朝拜等短期出国行为,不属于改变其常住国。

Dependants　依附者

一般指主要独立移民的直系亲属,可能在经济上需要依靠主要独立移民的支持,也可能不需要其支持。其移民申请能否被批准,完全取决于其所依附的独立移民能否被接纳。尽管不同国家对于"直系亲属"的定义不同,但主移民的配偶、未成年子女通常都被视为依附者。

Deportation　驱逐

在外国人的居留申请被拒绝或原居留期满之后,主权国家依据其国家权力将该外国人从其领土上驱逐出境。

DESASD（Department of Economic and Social Affairs Statistics Division，UN）

联合国经济与社会事务部统计司

Detention　拘留

政府当局通过强制手段限制个人的行动自由。拘留有两种不同类型：一类是罪犯拘留，即对犯有罪行的人进行惩罚性拘留；另一类是行政拘留，即为了保证另一行政措施（如遣返或驱逐出境）能够有效实施而对当事人进行拘留。在大多数国家，非正规移民会受到"行政拘留"，因为他们虽然违反了移民法规，但并不是犯罪。在许多国家，当外国人在等候难民身份审核，或等候是否可以继续在该国居留或必须离开时，也会被拘留。

Diplomats and consular personnel　外交领事人员

在本国驻外使领馆工作的本国公民，或持外交护照在外履职的人员。此类人员虽然可能长期在另一国居住，但不属于移民。

Discrimination　歧视

在没有充分理由说明为何厚此薄彼的情况下，不能平等对待所有人。严禁因"种族、肤色、性别、语言、宗教、政治或他种主张、国籍或门第、财产、出生或他种身份"而歧视他人。

Domestic employees　私人雇员

为外交使领馆工作人员提供私人服务而获得特别准许，随其雇主移居的外国人。此类人员虽然可能长期在另一国居住，但不属于移民。

Dublin Convention　都柏林协议

欧盟成员国之间的协议（1990 年通过，1997 年实施）。欧盟签约国有义务对在其边境或国家主权领土的外国人提出的每一份避难申请进行调查。当欧盟的一个成员国拒绝了某一避难申请之后，其他所有成员国都不再受理该申请。协议旨在防止同一申请同时递交欧盟不同国家，也防止申请人在申请不被受理的情况下，不断地从欧盟的一个成员国转往另一个成员国继续提出同一申请。

Economic migrant　经济移民

为提高其生活质量而离开祖籍国前往另一国家居住的移民，他们不同于逃避迫害的难民，不同于那些在没有合法身份情况下进入他国，或以不实理由申请政治庇护的移民，也不同于那些在特别季节或特定时段跨国务工的移民工人（季节工人）。

Emigration rate　出国移民率

在某一特定时间统计的一国出国移民总数与该国人口总数(包括出国人口在内)的百分比。

Emigration　出国移民

以定居为目的离开一个国家前往另一国家居住者。根据世界人权公约,人人有权离开任何国家,包括其本国在内,仅在某些有限的特定情况下,国家有权限制个人离境的权力。

Employment-based settlers　受雇居留者

由于具有移入国劳动力市场所需要的特殊技能而在该国长期居住者。

ESCUN(Economic and Social Council,UN)

联合国经济和社会理事会

Established migrant workers　定居的移民工人

移民工人在受雇国家工作一定年限后,获准在该国无限期居留,并可自由选择工作,即使失业亦无需离开该国。如果符合收入、住房等相关条件,其直系亲属也可通过家庭团聚移民。

Extradition　引渡

被某国指控为犯罪,但此人当下又在他国居住,根据其居住国与犯罪行为发生国双方国家之间的协议或相关安排,将犯罪嫌疑人移交给指控国审理或处罚的一种国际司法行为。

Family unity,right to　家庭团聚权

家庭是基本的社会单元,家庭成员拥有一起居住的权利,这一权利应当得到尊重、保护、帮助和支持。而且,这一权利不仅限于居住在其祖籍国的公民,也得到国际法律的保护。相关国际公约如:《世界人权宣言》(1948年)第16条、《欧洲保护人权与基本自由协议》(1950年)第8条、《欧洲社会宪章》(1961年)第16条等。

Family-based settlers　家庭类定居者

家庭成员中已经有人在另一国定居,其他家庭成员通过家庭纽带到亲人的定居国团聚并定居。

First asylum principle　难民第一国申请原则

该基本原则规定:寻求庇护者必须在其抵达的第一个安全国家提出庇护申请。

Forced migration　强迫移民

由于存在强制性因素而产生的迁移活动。此类因素可能因自然或人为原因造成,例如因自然灾害、冲突战争或开发项目而引发的人口流动。

Forced return 强迫回归

通过行政或司法手段强迫某人返回其祖籍国、中转国或第三国。

Foreign border workers 外国边境工人

长期受雇于邻近国家的工人,其家人仍在原籍地,因此这些工人定期(每天或每周)返回其原籍地居住。

Foreign business travelers 外国商务旅行者

获准在移入国内从事商业或专业活动的外国人,他们不在移入国获得收入,在移入国居留的期限不得超过 12 个月。

Foreign excursionists(also called "same-day visitors") 外国旅行者(亦被称为"同日访问者")

到另一国访问却不在该国过夜的外国旅行者。包括那些乘游轮到外国旅行但回到外籍船上居住的游客,也包括那些在远洋轮船上工作的船员,还包括居住在本国边境地区,到另一国购物、游览、寻医、休闲但不在另一国过夜者。

Foreign migrant workers 外国移民工人

获得接纳国允许而到该国从事特定经济活动,并由接纳国支付工资收入的外国人。他们居留的期限取决于其受雇佣的类型及相关规定。

Foreign military personnel 外国军事人员

外国驻军士兵、军官、顾问,有时还允许他们带家属及私人雇员。

Foreign population of a country 外国居民

在一国境内长期居住的外国籍人士。

Foreign retirees(as settlers) 定居性的退休移民

已超过退休年龄,获准在其祖籍国之外的另一国家定居,接纳国的前提条件是退休移民者必须享有独立的充足收入,不成为移入国的负担。

Foreign students 外国留学生

获准在其祖籍国之外另一国家学习的学生,需要获得在接纳国正式授权机构修习专门课程的许可或签证。

Foreign tourists 外国旅游者

以休闲、娱乐、度假、访亲问友、治病或宗教朝拜为目的获得旅游签证入境的外国人,必须在移入国居住至少一个晚上,其居留不得超过 12 个月。

Foreign trainees 外国受训人员

获准在非祖籍国接受在职培训以掌握专门技能的外国人,他们只能在指定的机构工作,其接受培训的时间通常受到严格限制。

Foreign-born population of a country 外国出生人口

本人出生地是当下常住国之外的另一国家。

Foreigners admitted for family formation or reunification 因家庭团聚而获准居住的外国人

作为该国公民，或已在该国定居之外国人的外籍直系亲属而获准居住该国；或是作为该国公民的外籍未婚配偶、被收养的外籍儿童而居住该国。

Foreigners admitted for humanitarian reasons（other than asylum proper or temporary protection） 非难民类的人道主义移民

未被正式接纳为难民，但依据人道主义原则认为其处于类似于难民情境的外国人。

Foreigners admitted for settlement 获准定居的外国人

在接纳国获准定居的外国人，他们的居留时间、经济行为均不受限制，他们的直系亲属在获得批准后也被包括在此类移民中。

Foreigners granted temporary protected status 获得临时性保护的外国人

一旦回归原籍国将可能遭遇危险，故而被允许在移入国暂时居留的外国人，他们被允许居留的时间依情况而定。

Foreigners having the right to free establishment 有权自由活动的外国人

根据其原籍国和移入国国家之间的协议或合约，有权在移入国疆域内自由居住、工作的外国人。

Foreigners in transit 过境外国人

抵达非祖籍国，但因为正在前往另一国家的途中，故而不进入该国的外国人。

Foreigners seeking asylum 寻求庇护的外国人

既包括那些已经正式进入庇护申请审查程序的外国人，也包括那些因为受到生命威胁而迁移的外国人，这些人的庇护申请当下尚未正式进入审查程序，但被允许在移入国暂时居住，直到他们能够安全返回其原籍国。后者等同于"受到临时性保护的外国人"。

Foreigners whose entry or stay is not sanctioned 被拒绝入境或居留的外国人

违反相关入境与居留条例而进入另一国家故而要被遣返的外国人，也包括提交了庇护申请但因不符合条件而不被允许在该国居住的外国人。

Foreigners whose status is regularized 身份获得合法化的外国人

那些原本属于无证或非法居留，但却被允许实现身份合法化的外国人。尽管此类移民大多在实现身份合法化之前已经在移入国居住过一段时间，但从其获得身份合法化开始，他们才成为正式的国际移民。

Freedom of movement　迁徙自由

　　迁徙自由的权利由三方面构成：人人有权在一国境内自由迁徙和居住；人人有权离开任何国家，包括其本国在内，并有权返回他的国家；人人有权在其他国家寻求和享受庇护以避免迫害。

GCIM（Global Commission on International Migration）　国际移民全球专门委员会

Green border　绿色国界

　　指国家边界穿越的土地。国界穿越的水域（河流或海岸线）则称为"蓝色国界"。

Highly skilled migrant workers　高技术移民工人

　　掌握了符合接纳国相关规定的高技术移民工人，能够得到比其原居国更优惠的待遇，在居住期限、改变工作及家庭团聚等方面均享有优惠待遇。

Holding centre　拘留中心

　　庇护申请人或非正规移民抵达接纳国后，其身份或申请必须接受审查，以确定是接收其为难民或将其遣返回国。在此期间，这些人受到活动限制、集中居住的地方即为"拘留中心"。

Human Development Index（HDI）　人类发展指数

　　从相关人群的寿命与健康、受教育权利、体面生活水平等三个方面测量人类综合发展水平的指数。HDI 值介于 0～0.499 之间属低人类发展水平国家；0.500～0.799 之间为中等人类发展水平国家；0.800～0.899 之间为高人类发展水平国家；0.900 及以上为极高人类发展水平国家。

Human mobility　人员流动能力

　　个人、家庭或群体选择其居住地的能力。

Human movement　人员流动

　　个人改变其居住地的行为。

Immigrating investors　投资移民

　　因为在接纳国投入了相关国家所规定数额的资金，或在该国创业并提供规定数额的工作机会而获准在该国长期居住的外国人。

Integration　融合

　　移民作为个人或群体被主流社会接纳的过程。不同接纳国对于移民融入的要求各不相同，相关各方对融合所承担的职责义务也不同。移民自身、移入国政府、相关机构和社区，都对移民融合负有职责。

International civil servants　国际公务员

在其祖籍国之外为国际组织工作的公务员。他们通常持特别签证或特许证在特定国家工作。他们的亲属及私人雇员通常可以获准随同居住在其工作的国家。

International Convertion on the Protection of the Rights of All Migrant Workers and Members of Their Families 《保护所有移民工人及其家庭成员权利国际公约》

联合国于 1990 年 12 月 18 日签订的正式国际公约,并按规定于 2003 年 7 月 1 日正式生效,旨在保护全世界所有移民工人及其家庭成员的正当权利。截至 2009 年 7 月,共计 41 个联合国成员国成为该公约的签约国。

International migration 国际移民

离开祖籍国或此前的常住国,跨越国家边界,为了定居性的目的而永久性地或在一定时期内生活于另一国家的人。[①]

International movement rate 国际移民率

一国出境移民与入境移民总量占该国总人口(包括出境移民)的百分比。

Involuntary repatriation 非自愿归国

接纳国在没有其他选择的情况下将难民送回其祖籍国。驱逐出境是国家主权行为,但归国是基本人权。因此,无论是主权国或难民的临时居住国、拘留地当局,都不能在违背难民或战俘本人意愿的情况下,强迫其回国。根据现行国际法原则,尤其是如果战俘或难民担心在回国后有可能遭到政治迫害,更不能强行遣返,可能的话还必须为其提供临时性乃至永久性的难民保护。

IOM（International Organization for Migration） 国际移民组织

IRCA（Immigration Reform and Control Act，USA） 美国移民改革管理条例(1986 年)

Irregular migrant 非正规移民

在本人所属国之外,不持有合法入境证件,或正式入境、居留签证已经失效。既包括违反相关法律入境者,也包括没有合法身份留居他国者。

Irregular migration 非正规迁移

在移出、中转或移入国发生的非正规迁移活动。就目的国而言,包括在没有合法证件的情况下入境、居留或工作的移民。就移出国而言,包括没有法律规定所需护照或证件即自行出国者。虽然目前对"非正规迁移"与"非法移民"

---

① 关于"国际移民"各不同组织给出的定义有所不同。此处依据的是国际移民组织(IOM)《移民术语》(*Glossary on Migration*，Geneva：IOM，2004)的定义。

之间尚无确切的区分,但当前的趋势是将"非法移民"限定于涉及"人口贩运"的案件。

Itinerant worker　流动工人

因工作职业关系,虽然在一个国家有固定住所,但经常需要前往另一国家或另一些国家短期工作的人。

Labour migration　劳动迁移

离开其祖籍国前往另一国家工作。绝大多数国家都制定了关于劳动迁移的相关法律。有的国家还采取措施积极推动本国劳动力到国外就业。

Livelihood　生计

生计指的是维持生存的手段。此类手段既包括各类资源,如家庭财产、资本、社会机构、社会网络,也包括能够通过其在当地或跨国共同体获取资源的策略。移民不仅是和平时期的一种"生存策略",而且是在遭遇冲突或冲突之后的生存策略。

Long-term migrant　长期移民

迁移到其祖籍国以外的另一个国家至少一年(12 个月)以上,因此,迁移的目的国实际上成为其新的常住国。就其移出国而言,此人是"长期外迁的国际移民";就其移入国而言,此人则为"长期迁入的国际移民"。

Migrant stock,annual rate of growth　移民年增长率

国际移民在特定时段呈现的平均增长百分比。

Migrants for settlement　定居性移民

获准在非祖籍国长期或无限期居住的外国人,其经济活动不受任何限制。

Nationality　国籍

个人与国家之间的法律关系。各主权国家对本国国籍的获得、退出、恢复等均制定了专门法律。

根据《中华人民共和国国籍法》规定:父母双方或一方为中国公民,本人出生在中国,具有中国国籍;父母双方或一方为中国公民,本人出生在外国,具有中国国籍;但父母双方或一方为中国公民并定居在外国,本人出生时即具有外国国籍的,不具有中国国籍。外国人或无国籍人,愿意遵守中国宪法和法律,并具备必要条件,经申请可以被批准加入中国国籍。中华人民共和国不承认中国公民具有双重国籍。

Naturalization　归化入籍

外籍当事人提出申请,通过法定程序归化获得新的国籍。国际法没有关于归化入籍的详细规定,但承认各国有权受理外国人的归化入籍申请。

Net international migration rate　国际移民净迁移率

一国在特定时期内所接纳的外来移民总人数,减去本国向外移民的总人数,再与同期生活在该国之人口总数相比较,即为国际移民净迁移率。通常表示为每千人中的净移民人数或净移民百分比。

Nomads　游民

居无定所,往往沿着习惯性的地理线路不断迁徙的人群。当他们的迁徙路线穿越了当今的国界时,他们就成为国际移民的一部分。由于没有一个固定的居住地,在他们途经的任何一个国家都可能不被承认为该国的公民,因此,其中一部分人也就可能成为无国籍者。

Poverty migrant　贫困移民

因经济困境而被迫迁移的个人。

Prima facie　初始印象

最初得到的基本印象。在移民事务中,移民申请人往往需要接受移民官面试。移民官对申请人的初始印象时常直接影响到移民申请能否进入正式审核程序,乃至能否获得批准。

Primary inspection　初审

在跨境实践中,边境审核分为"初审"和"再审"。大多数人在获准入境之前,只需接受海关官员的初审即可通过。海关官员认为有疑问者将被送往再审。"二审制"是为了减少过关等候时间,使大多数符合条件的跨国旅行者顺利入境。

Principal migrant　主移民人

被移民主管当局视为一家之长的那个人,此人能否被接纳为移民决定其他家庭成员能否被接纳。

Project-tied migrant workers　项目移民工人

由移民工人的雇主带往他国、在一定时期内、为特定项目工作的工人。雇主必须负责提供完成项目所需的资源。雇主或项目中介机构必须保证在项目完成后,所有因该项目而进入该国的移民工人必须离开该国。

Protocol to Prevent，Suppress and Punish Trafficking in Persons，Especially Women and Children，Supplementing the UN convertion against Transnational Organized Crime　《联合国打击跨国有组织犯罪公约关于预防、禁止和严惩贩运人口尤其是严禁贩运妇女儿童的补充议定书》

联合国于 2000 年 12 月在意大利巴勒莫(Palermo)召开的"反对有组织跨国犯罪大会"并通过的对《打击跨国有组织犯罪公约》作重要补充的议定书。截至 2009 年 7 月,共有 129 个联合国成员国成为该议定书的签约国。

Push-pull factors　推拉因素

移民研究经常使用的专门用语,指推动其人口离开家乡向外国流动,或拉动其他国家人口向本国流动的因素。

Quota　配额

在移民语境中指相关国家对于每年接纳移民数量的具体限制。

Refugees　难民

被承认为难民的外国人,其难民身份的获得可能是在获准入境前,也可能是在获准入境之后。有的可能是在某一非祖籍国被承认为难民,然后再进入定居国;也有可能是在抵达定居国之后,以其与某一难民群体有同等遭遇为由,被承认为难民。有些时候,当事人可以在其原居国通过"国内申请程序",被接纳为难民。认证难民身份所依据的主要是 1951 年的《国际难民公约》或相关的地区性文件。

Regularization　正规化

国家允许没有合法身份的外国人通过法律程序获得该国的合法身份,又称为"合法化"。典型做法是允许在本国业已居住一定时间,但处于非正规状态的外国人获得法律上的合法身份。

Remittances　汇款

国际移民从自己在移入国获得的收入中汇回其祖籍国的那部分钱款。必须区分通过正式银行渠道汇回,因而在国家正式统计数据中记录的钱款,也必须注意移民通过非正式的私人钱庄或通过个人的亲朋好友带回家乡的钱款。

Repatriating asylum-seekers　被遣返的寻求庇护者

在外国寻求庇护未果后被遣返者。此类人员原则上包括其申请被否决者,或曾经受到过暂时性保护但未能申请庇护者。

Repatriating refugees　被遣返的难民

作为难民在国外生活一段时间后返回祖籍国者,包括由国际社会协助安排的返回者,也包括自愿回国者。

Returning migrants　回归移民

作为短期或长期国际移民在国外生活一定时期后返回原籍国,并打算在其原籍国至少生活一年以上者。

Schengen Agreement　申根协定

为了在欧洲内部建立无海陆空边境控制的自由旅行区而于 1985 年签订的政府间协定。为了维护欧盟内部安全,在成员国外围边境采取各成员国合作管理签证等多种措施。尽管申根协定在欧盟(EU)正式成立之前签订,但随后被纳入 1997 年欧盟《阿姆斯特丹条约》的总体框架内。

Seasonal migrant workers   季节性移民工人

因为工作的季节性限制,故而仅在一年中的某个季节受雇于外国雇主并到外国工作,是外国移民工人的一部分。

Short-term migrant   短期移民

迁移到其祖籍国以外的另一个国家至少 3 个月以上、一年(12 个月)以下。但如果出国的目的是休闲度假、探访亲朋、外交公务、治病疗养或宗教朝拜,则不包括在内。

Sponsorship   担保

为申请进入某一国家的移民提供经济支持的承诺。有些国家对于移民担保人的收入有一定的要求。

Stateless persons   无国籍者

不拥有任何一个国家之正式国籍的人,因此也就无法得到任何一国对本国国民所实施的保护。

Temporary migrant workers   临时性移民工人

在一定时期内,受雇于本人常住国以外的另一国家,担任某一特定职务,或从事某一特定工作。临时移民工人可以更换雇主,可以在不离开受雇国的情况下延长雇佣期限。

Tertiary emigration rate   大专学生移民率

在某一国家中,年龄在 15 岁以上,且接受过高等教育的总人口当中,出国移民所占比例。

Transnational networks   跨国网络

因跨境迁移而在祖籍国或原居国与移入国之间形成的多重文化、政治、社会及经济纽带。

Unaccompanied minors   无人陪伴未成年人

没有父母、监护人或其他得到法律或习俗认可之成年人陪伴的未成年人。在国家边境管理中,时常会遇到无证跨境迁移的无人陪伴未成年人,这是国家边境管理中的一大难题,因为边境地区临时拘留无证移民的机构往往不适合拘留未成年人。

Undocumented alien   无证外国人

没有合适证件而进入或居住在一个国家的外国人,包括:

(1)没有入境许可但偷渡入境;

（2）使用仿造证件入境；

（3）使用合法有效证件入境，但在证件失效后仍然留居该国；

（4）既无证入境又无证居留。

Visa   签证

领事官员审核后，认为申请人符合相关法律规定，可以进入该国，在其护照或身份证件上签发的正式证明。签证还区分为旅游、公务、学习、工作、移民等不同类型。签证持有者只能从事签证所允许范围内的活动。在需要时可以申请改变签证性质，在获得批准之前仍必须遵守原签证规定。

附录二 发达国家移民计分标准①

加拿大独立移民计分标准

类别	内容	得分
最高受教育程度	大学 　　博士或硕士学位,且至少有 17 年的全日制或等同的学习 　　两个或两个以上学士学位,且至少有 15 年的全日制或等同的学习 　　两年制大学学历,且至少有 14 年的全日制或等同的学习 　　一年制大学学历,且至少有 13 年的全日制或等同的学习 大专或培训证明 　　三年制大专或三年培训证明,且至少有 15 年的全日制或等同的学习 　　两年制大专或两年培训证明,且至少有 14 年的全日制或等同的学习 　　一年制大专或一年培训证明,且至少有 13 年的全日制或等同的学习 　　一年制大专或一年培训证明,且至少有 12 年的全日制或等同的学习 高中	最高 25 分 25 22 20 15 22 20 15 12 5
语言	第一官方语言(英或法)流利 16 分,良好 8 分 第二官方语言(法或英)流利加 8 分,良好加 4 分	最高 24 分
工作经验	必须具有符合加拿大职业列表中 O 类、A 水平或 B 职业要求的工作经验: 　　(1)过去 10 年中有 4 年以上工作经验 　　(2)过去 10 年中有 3 年以上工作经验 　　(3)过去 10 年中有 2 年以上工作经验 　　(4)过去 10 年中有 1 年以上工作经验	最高 21 分 21 19 17 15
年龄	21～49 岁之间 　　(如果小于 21 岁或大于 49 岁,每超过一年减少 2 分)	10
雇佣证明	经加拿大人力资源部核准的雇佣证明,或在加拿大境内申请并持有一个临时的工作许可,或持有基于 NAFTA/GATS/CCFTA 或其他经济互利条约的工作许可	10
配偶	教育程度: 　　硕士以上学位,并且有 17 年以上全日制或相当教育背景 　　2 年以上文凭并且有 14 年以上教育背景 　　1 年以上文凭并且有 12 年以上教育背景 工作经验: 　　在加拿大有 1 年以上被认可的全日制工作经验,或在加拿大有 2 年以上全日制高中以上受教育经历,或有人力资源部认可的工作证明,或在加拿大有亲属	最高 10 分 5 4 3 5
	最高总得分	100
	基本合格分	67

---

① 附录二所搜集整理的各发达国家移民计分标准系根据相关国家移民网站提供的资料绘制而成。资料截止时间为 2008 年底。因为各国移民政策处于不断调整变化中,此处仅为参考。

澳大利亚独立移民计分表

类别	内容	最高得分
专业技能	"澳大利亚认可职业表"按专业程度分为三类,申请人: 　　具有 60 分类技术职业工作经验 1 年以上 　　具有 50 分类技术职业工作经验 2 年以上 　　具有 40 分类技术职业工作经验 2 年以上	60 50 40
年龄	18～29 岁 30～34 岁 35～39 岁 40～44 岁	30 25 20 15
英语	雅思 6 分以上 雅思 5 分以上	20 15
工作经验	(1)60 分类职业并在过去 4 年中有 3 年相关工作经验 (2)50 分类职业并在过去 4 年中有 3 年相关工作经验	10 5
专业需求	(1)所申报职业为澳大利亚高需求技术职业,并已获得澳大利亚雇主聘用(该雇主在过去 2 年内需聘用不少于 10 名全职雇员) (2)申报职业为澳大利亚高需求技术职业	15 5
澳大利亚资历	在澳大利亚完成不少于 1 年的全日制学习并获得澳大利亚大学学位、大专文凭或专业证书者,在毕业后半年内提出申请,可豁免最低工作经历要求	15
特定地区	申请人曾在澳大利亚特定地区居住及学习最少 2 年高中以上课程	5
配偶	申请人之配偶同时具备如下条件:年龄 45 岁以下,雅思 5 分以上,申报职业在技术职业表中并通过澳大利亚专业机构评估;申报职业为 60 分类并具有 1 年以上工作经验或申报职业为 40 或 50 分且具有 2 年以上工作经验	5
额外加分	以 10 万澳元购买指定之省政府债券 或过去 4 年内曾在澳大利亚受聘做技术工作最少六个月 或申请人能够说及写一种英语以外之另一种外语 或有澳大利亚认可的大学学位 或有澳大利亚特定语言的三级翻译资格	5
亲属担保	申请人或其配偶是担保人的成年子女,或父母,或叔伯姨婶,或舅父舅母,或兄弟姐妹,或侄甥	15
	最高总得分	180
	基本合格分	110

新西兰移民计分基本规定

对主申请人基本要求：

年龄	56 岁以下
学历	具备相当于新西兰的 3 年高等教育或以上学历
技能/资历	拥有新西兰认可的技能或新西兰认可的学历
英语水平	雅思平均成绩 6.5 分以上
健康条件	无重大传染疾病
品行	过去 10 年内无犯罪记录,不构成对新西兰的危害

类别	内容	得分
年龄	20～29 岁	30
	30～39 岁	25
	40～44 岁	20
	45～49 岁	10
	50～55 岁	5
学历	新西兰认可的学历： 三年大专或本科学士学历	50
	硕士、博士学位	55
	另外加分： 拥有 2 年以上的新西兰学历	10
	拥有未来确定发展领域的学历或紧缺行业学历	5
	配偶具备被认可的学历	10
工作经验	在大型跨国公司工作经验： 2 年	10
	4 年	15
	6 年	20
	8 年	25
	10 年	30
	在新西兰的工作经验可加分： 2 年	5
	4 年	10
	6 年或以上	15
	在未来确定发展领域或紧缺行业从业资历可加分： 2～5 年	5
	6 年或以上	10
雇佣证明	已经在新西兰从事技术工作超过 12 个月	60
	获得新西兰雇主技术雇佣担保或已在新西兰从事技术工作但少于 12 个月	50
	其他加分： 以上雇佣工作属于确定未来发展的领域或紧缺行业	5
	在新西兰奥克兰以外地区工作	10
	配偶获得新西兰雇佣担保或已在新西兰工作	15
合格	基本合格分	100

英国移民计分

类别	内容	得分
教育	学士学位	15
	硕士学位	25
	博士学位	30
工作经验	28 岁以上申请人： 　　大学毕业 5 年以上工作经验或博士毕业 3 年以上工作经验	25
	符合上一条且工作经验中有 2 年高级经验	35
	大学毕业 10 年以上工作经验且有 5 年高级经验	50
	28 岁及 28 岁以下申请人： 　　大学毕业 2 年以上工作经验	25
	大学毕业 4 年以上工作经验	35
	符合上一条且工作经验中有 1 年高级经验	50
	（高级经验指在公司担任总经理、主任、部门经理、主管、项目负责人等重要职务）	
上一年收入	28 岁以上申请人： 　　年收入 12500 英镑以上	25
	年收入 31250 英镑以上	35
	年收入 78125 英镑以上	50
	28 岁及以下申请人： 　　年收入 8450 英镑以上	25
	年收入 12500 英镑以上	35
	年收入 18750 英镑以上	50
成就	本领域重大成就	15
	本领域优异成就	25
	（需要提供支持文件证明其在所在领域获得之成就已经为同行所承认并显著推动了该领域之发展）	
合格	28 岁及以下申请人基本合格分	65
	28 岁以上申请人基本合格分	75

附录三　美国移民优先规定①

美国移民优先分类表

类别	申请条件	每年限额
第一优先	三类（不需向美国劳工局申请许可）： （1）具有特优、特殊或特异技能：在科学、艺术、教育、商业、运动方面表现特别优秀，享誉国内或国际，并希望来美国继续发展此方面的专业人才。 （2）杰出教授或研究人员：在学术领域至少有三年的执教或研究经验并获国际认可，来美从事终身教职或同等的研究工作。 （3）跨国企业经营管理人员：申请移民前三年中至少一年在该公司美国以外部门担任经理级以上职位，且来美国后将在美国的该公司从属企业中担任经理级以上的职位。	40000
第二优先	具有高学位（硕士以上）或特殊能力的专业人士。具有高学位者须先有美国雇主聘用，并先申请劳工纸。具特殊能力者可以不需雇主提供工作机会，但须证明其职业中自我雇用情形相当普遍（如计算机咨询业），且其移民美国符合美国的国家利益。	40000
第三优先	具有专业技术（须具有学士学位或两年以上的职业技能培训或工作经验）及非技术性劳工的移民。一定要有美国雇主提供工作，并先申请劳工纸。	40000 其中非技术性劳工限额为 10000
第四优先	神职人员或宗教工作者。	10000
第五优先	投资移民：投资金额可从高失业区的50万美元到一般地区的100万美元。投资方式可以是开创全新企业也可以是购买或重组现有企业，但投资者必须提供10个新的全职工作岗位至少两年，或投资在即将破产的现有美国企业中，维持全部原有员工至少两年。申请人在获准移民后只能先取得两年暂时居留。两年后移民局要重新审核投资企业经营状况及是否继续保持新创造的10个工作机会，才决定是否发给永久绿卡。	10000

①　附录三依据2008年的数据。

附录四　全世界发达国家与不发达国家人口结构比较

全世界发达国家与不发达国家人口结构比较：统计与预测（1980—2020 年）

地区类别	统计类别	1980	1985	1990	1995	2000	2005	2010	2015	2020
全世界	人口总量统计与预测（千人）	4441210	4842776	5278248	5690970	6084114	6463203	6841291	7217721	7576105
	男性人数（千人）	2233338	2436359	2657653	2864822	3059610	3248148	3436035	3622695	3799584
	男性比例（%）	50.3	50.3	50.4	50.3	50.3	50.3	50.2	50.2	50.2
较不发达国家	总人口数量（千人）	3359028	3728570	4130078	4517406	4891195	5252382	5616066	5981620	6332157
	占世界人口总数比例（%）	75.6	77.0	78.2	79.4	80.4	81.3	82.1	82.9	83.6
	男性人数（千人）	1710140	1896562	2101035	2295260	2480969	2660736	2841729	3023194	3196373
	男性比例（%）	50.9	50.9	50.9	50.8	50.7	50.7	50.6	50.5	50.5
发达国家	总人口数量（千人）	1082182	1114406	1148170	1173564	1192919	1210821	1225225	1236101	1243948
	占世界人口总数比例（%）	24.4	23.0	21.8	20.6	19.6	18.7	17.9	17.1	16.4
	男性人数（千人）	523198	539397	556618	569562	578641	587412	594306	599502	603211
	男性比例（%）	48.3	48.4	48.5	48.5	48.5	48.5	48.5	48.5	48.5
较不发达国家	15 岁以上人口总量（千人）	2041476	2343299	2653778	2952913	3281984	3637538	3982963	4312329	4628593
	15 岁以上人口占人口总数比例（%）	68.9	69.0	69.2	68.8	67.9	67.2	66.9	66.6	65.9

续表

地区类别	统计类别	1980	1985	1990	1995	2000	2005	2010	2015	2020
发达国家	15岁以上人口总量(千人)	839126	875759	912231	943566	974637	1005031	1024327	1035509	1044770
	15岁以上人口占人口总数比例(%)	77.5	78.6	79.5	80.4	81.7	83.0	83.6	83.8	84.0
较不发达国家	参与经济活动人口总数(千人)	1406873	1615879	1836787	2031315	2229305	2445899	2665986	2869878	3048307
	参与经济活动人口比例(%)	68.9	69.0	69.2	68.8	67.9	67.2	66.9	66.6	65.9
发达国家	参与经济活动人口总数(千人)	522683	544271	568832	573626	589151	604521	613388	611392	602977
	参与经济活动人口比例(%)	62.3	62.1	62.4	60.8	60.4	60.1	59.9	59.0	57.7
较不发达国家	65岁及以上人口总数(千人)	137956	158120	181954	212390	250288	290613	331683	389693	477681
	65岁及以上人口比例(%)	4.1	4.2	4.4	4.7	5.1	5.5	5.9	6.5	7.5
发达国家	65岁及以上人口总数(千人)	125912	129358	143359	159270	170954	184985	194861	214699	236913
	65岁及以上人口比例(%)	11.6	11.6	12.5	13.6	14.3	15.3	15.9	17.4	19.0
较不发达国家	15岁以下人口总数(千人)	1317552	1385070	1476299	1564493	1609211	1614844	1633102	1669291	1703564
	15岁以下人口比例(%)	39.2	37.1	35.7	34.6	32.9	30.7	29.1	27.9	26.9
发达国家	15岁以下人口总数(千人)	243056	238647	235939	229997	218282	205790	200898	200592	199177
	15岁以下人口比例(%)	22.5	21.4	20.5	19.6	18.3	17.0	16.4	16.2	16.0

资料来源：根据国际劳工组织(ILO)网站数据库(http://laborsta.ilo.org/)提供资料统计整理制表。

附录五　欧洲主要国家穆斯林移民

欧洲主要国家穆斯林人口及民族宗教文化政策一览表

类别 国家	英国广播公司网数据			欧洲穆斯林网数据			穆斯林人口主要来源地与民族宗教文化政策
	总人口 （万）	穆斯林 人口 （万）	％	总人口 （万）	穆斯林 人口 （万）	％	
法国	6230	500~600	8~9.6	6200	612	10	法国穆斯林主要来自阿尔及利亚、摩洛哥、突尼斯等前法属北非殖民地国家。法国曾经实施多元文化政策，欢迎他们入籍并融入法国。但近年来政府的宗教多元文化政策遭遇批评、挑战，逐步转向。
德国	8250	300	3.6	8220	305	3.7	德国穆斯林主要是20世纪60—70年代来自土耳其的移民工人及其家属。政府长期奉行的基本政策是希望其回归原籍国，但数十年来大多数移民工人已经在德国定居。德国政府被迫对相关政策进行调整。
英国	5880	160	2.7	6130*	151*	2.8*	英国的穆斯林主要来自南亚、土耳其、伊朗、伊拉克、阿富汗、索马里、马来西亚等国家或地区。2001年人口普查显示，穆斯林人口中16岁以下占三分之一，是英国最年轻的社群。英国实施多元文化政策，穆斯林文化享有与其他族群文化同等地位。

393

续表

类别 国家	英国广播公司网数据			欧洲穆斯林网数据			穆斯林人口主要来源地与民族宗教文化政策
	总人口（万）	穆斯林人口（万）	%	总人口（万）	穆斯林人口（万）	%	
波黑	380	150	40	380	234	61.6	1992年4月—1995年7月波黑战争，1995年7月波黑塞族军队和警察部队攻占斯雷布雷尼察市后，曾杀害7000余名男性穆斯林。宗教民族矛盾比较尖锐。
西班牙	4310	100	2.3	4650	55	1.2	西班牙现代穆斯林人口主要是20世纪70年代从摩洛哥进入西班牙务工者及其家属。西班牙实行多元文化政策，允许伊斯兰教进课堂，允许穆斯林庆祝自己的宗教节日。但2004年马德里爆炸案后，西班牙政府已不再提多元文化政策。
阿尔巴尼亚	310	220	71	320	224	70	阿尔巴尼亚自20世纪90年代后正式承认伊斯兰教为本国主要宗教之一。绝大多数穆斯林系本地人口，属于逊尼教派。
意大利	5840	82.5	1.4	5990	142	2.4	意大利穆斯林人口以摩洛哥移民为主，其余来自阿尔巴尼亚、北非、南亚、中东的不同国家。大约有16万穆斯林出生于意大利。政府没有明确的穆斯林政策。

续表

类别\国家	英国广播公司网数据			欧洲穆斯林网数据			穆斯林人口主要来源地与民族宗教政策
	总人口（万）	穆斯林人口（万）	%	总人口（万）	穆斯林人口（万）	%	
科索沃	270*	180*	90*	220	200	91	2008年2月17日科索沃议会表决通过从塞尔维亚独立议案，单方面宣布独立。宗教民族矛盾尖锐。
荷兰	1630	94.5	5.8	1640	89	5.4	荷兰穆斯林人口主要来自苏里南、印度尼西亚等前荷属殖民地国家，20世纪70年代后增加了来自土耳其、摩洛哥、索马里等国的移民工人。荷兰曾经实施多元文化政策，欢迎穆斯林融入。自2005年后已经放弃多元文化政策。
马其顿	210	63	30	200	60	30	马其顿穆斯林占总人口近三分之一，是该国仅次于东正教的第二大宗教社群。穆斯林以阿尔巴尼亚族人口为主，民族宗教矛盾有上升态势。
塞尔维亚	810	40.5	5	740	30	4	穆斯林是塞尔维亚的七大传统宗教社群之一，伊斯兰教是该国仅次于东正教的第二大宗教。宗教与民族问题相互交织，是该国的主要社会矛盾所在。

续表

类别 国家	英国广播公司网数据			欧洲穆斯林网数据			穆斯林人口主要来源地与民族宗教文化政策
	总人口 （万）	穆斯林 人口 （万）	%	总人口 （万）	穆斯林 人口 （万）	%	
奥地利	820	33.9	4.1	840	19	2.3	奥地利的穆斯林移民主要来自土耳其，20世纪90年代后增加了巴尔干战争难民。伊斯兰教是奥地利正式承认的宗教，伊斯兰课程可以进课堂。
比利时	1030	40	4	1070	38	3.6	比利时的穆斯林人口主要是摩洛哥、土耳其、阿尔巴尼亚移民及其后裔。伊斯兰教是比利时正式承认的七大宗教之一。
瑞士	740	31	4.2	760	23	3.0	瑞士穆斯林大多于20世纪60—70年代从土耳其、南斯拉夫、阿尔巴尼亚到瑞士务工者及其家属。瑞士政策对外来移民人籍控制极其严格，穆斯林移民工人几乎难以人籍。
瑞典	900	30	3	920	28	3.0	瑞典的穆斯林社群分别来自土耳其、波斯尼亚、伊朗、伊拉克、黎巴嫩和叙利亚。瑞典实施多元文化政策，穆斯林群社群活动可以得到政府资助。但近年来对该政策的批评明显增多。

续表

类别 国家	英国广播公司网数据			欧洲穆斯林网数据			穆斯林人口主要来源地与民族宗教文化政策
	总人口 （万）	穆斯林 人口 （万）	%	总人口 （万）	穆斯林 人口 （万）	%	
丹麦	540	27	5	550	16	3	丹麦的穆斯林人口主要是20世纪70年代后从土耳其、巴基斯坦、摩洛哥及南斯拉夫进入丹麦务工的移民工人及其家属，80—90年代后增加了来自伊朗、伊拉克、索马里、波斯尼亚的难民及其家属。丹麦曾实行多元文化政策，国家正式承认穆斯林享有少数民族权益。自2005年后已放弃多元文化政策。
俄罗斯	缺	缺	缺	14190	2704	15	俄罗斯的穆斯林大都居住在北高加索地区、伏尔加—乌拉尔一带、莫斯科市、圣彼得堡市，以及西西伯利亚地区。

说明：

(1)本表格关于穆斯林人口统计的数据分别引自两个网页。一是"英国广播公司(BBC)数据"，详见：http://news.bbc.co.uk/2/hi/europe/4385768.stm；二是"欧洲穆斯林人口数据"，详见：http://www.islamicpopulation.com/Europe/europe_islam.html。英国广播公司在每一国数据之下均加注出处；欧洲穆斯林人口网页则说明其所引用人口数量由高到低排序。

(2)本表格国别顺序系依照一国内穆斯林绝对人口数量由高到低排序。

(3)在相关统计数据之后加注*号，是笔者在对数据进行复核时发现统计存在明显不相符合之误。但原数据如此，且无法辨别是哪个数据出了差错，因此均未作更动。

(4)在欧洲国家中，挪威、希腊、爱尔兰、芬兰、冰岛、爱沙尼亚、罗马尼亚、拉脱维亚、捷克、斯洛伐克、匈牙利、波兰、乌克兰、葡萄牙等国的穆斯林人口都在该国总人口的1%左右或1%以下，因此未将其列入本表格之内。

欧洲主要城市穆斯林人口及来源地(2007年统计)

国家	城市	城市总人口	穆斯林人口	穆斯林人口主要来源地
法国	巴黎	2100000	155000	马格勒布地区100000人,撒哈拉非洲50000人,土耳其5000人。
	马赛	1500000	700000~1000000*	马格勒布地区大约370000人,其余主要来自土耳其。
德国	柏林	340000	200000(5.9%)	土耳其117736人,波黑10403人,黎巴嫩7915人。
	汉堡	173000	>110000(6.4%)	土耳其59000人;阿富汗14000人;巴尔干,巴基斯坦,印尼等。
荷兰	阿姆斯特丹	750000	180000(24%)	摩洛哥63000人;土耳其38000人;苏里南70000人;以及埃及,巴基斯坦等。
	鹿特丹	600000	80000(13%)	土耳其40000人;摩洛哥20000人;以及苏里南,波黑,印尼,巴基斯坦等。
英国	沃尔瑟姆福雷斯特(大伦敦东北部)	218341	>32000(15%)	主要来自巴基斯坦。
	莱斯特	280000	>30000(11%)	印度,索马里,巴基斯坦。
比利时	安特卫普	>450000	>30000(6.7%)	摩洛哥21000人,土耳其7000人。
瑞典	斯德哥尔摩	771038	>155000(20%)	主要来自土耳其,同时也有部分来自阿拉伯国家,伊朗,巴尔干等地。
丹麦	哥本哈根	500000	63000(12.6%)	土耳其,巴基斯坦,巴尔干各约8000人,伊朗约5000人。

说明:

(1)本表系根据"开放社会研究院"(Open Society Institute)网页(http://www.eumap.org/topics/minority/reports/eumuslims/methodology/cities)所提供数据翻译整理。

(2)加*号的是法国PACA地区的统计数据。PACA地区是普罗旺斯—阿尔卑斯—蓝色海岸(Provence Alpes Cte dAzur)大区法文首字母的缩写,马赛是位于该地区的重要城市。

附录六　保护国际移民权益的国际法律文件及签约国总数一览表

保护国际移民权益的国际法律文件及签约国总数一览表

类别	法律文件	制定年份	生效年份	签约国	
				签约国家数	签约国/联合国成员国(%)
移民工人	移民就业公约(国际劳工组织)	1949	1952	45	23
	关心处于恶劣环境中的移民及促进移民工人获得平等机会与公平待遇公约(国际劳工组织)	1975	1978	19	10
	保护所有移民工人及其家庭成员权利国际公约(联合国)	1990	2003	34*	17
反对人口贩运	打击跨国有组织犯罪公约关于预防、禁止和严惩贩运人口尤其是严禁贩运妇女儿童的补充议定书(联合国)	2000	2003	97*	50
	关于打击通过陆、海、空贩运人口的议定书(联合国)	2000	2004	89	46
难民	国际难民公约(联合国)	1951	1954	143*	73
	关于难民地位的议定书(联合国)	1967	1967	143	73

* 根据联合国开发计划署(UNDP)2009年人类发展报告《跨越障碍:人口流动与发展》(Overcoming Barriers: Human Mobility and Development)提供的较新数据。截至2009年7月,《保护所有移民工人及其家庭成员权利国际公约》的签约国增至41个;《打击跨国有组织犯罪公约关于预防、禁止和严惩贩运人口尤其是严禁贩运妇女儿童的补充议定书》的签约国增至129个;《国际难民公约》的签约国增至144个。

资料来源:《全球化与相互依存:国际移民与发展》(Globalization and Interdependence: International Migration and Development,联合国第60届大会2006年5月18日正式公布)第68页(原资料关于签约国的统计系截至2006年4月19日的数据)。

后 记

　　本书是在国家社科基金项目"国际移民政策比较研究"结题报告的基础上再历时半年进行修改、补充而成的。中华人民共和国国务院侨务办公室领导,尤其是政法司对本研究的全力支持,深化了我对中国侨务政策的理解。厦门大学公共事务学院"211项目"的资助使我能更顺利地将结题报告修改提炼成书。厦门大学《南强丛书》编委会将本书选入厦门大学2011年九十周年校庆出版计划,使本书得以顺利付梓。在此谨一并致以诚挚谢意!

　　2004年,当我发现是年国家社科基金指南中有一项我长期关注的"国际移民政策比较研究"时,可谓喜出望外,随即兴致勃勃地申请了这一课题,并顺利获得立项。然而,几乎就在我为能够如愿以偿而颇为兴奋之时,立刻就感受到了沉甸甸的责任。虽然我自20世纪80年代中期以来,一直致力于从中国跨国移民的视角切入国际移民研究,投入的心血不可谓不多,可是,历经20多年的实践使我越发深刻地体会到:要在全球范围内搜集、整理有关国际移民政策的资料,谈何容易!全球大大小小国家200多个,千差万别,要逐一充分了解根本不可能,因此,当初我在做课题论证时,即有意将研究范围缩小为"发达国家国际移民政策比较研究"。但是,当我真正进入系统研究后,却又意识到发达国家与发展中国家的移民政策其实无法截然分开,移出与移入之间的博弈,是影响政策制定的重要因素,不可偏废。因此,本研究最终还是将发达国家与发展中国家同时置于研究视野之内,所涉及的工作量之大,远远超出我最初的设想。

　　进入课题研究的第一年,我曾按当初论证时的设想,利用自己的国际学术网络,邀请美、英、法、日、西等不同国家的学术同仁,共同参与研究,并在2005年于新加坡举行的一次国际学术研讨会上和同仁们立下君子协定:各位不同国家学者将就本国移民政策作文,一年后交稿,随后,我将与一位美国教授担纲，主编一本国际移民政策文集，并同时在中国和美国分别出版该书的中、英文版。

遗憾的是，如此美好的设计最终未能如愿。由于所约请的学者几乎个个重任在肩，跨国合作虽有良好愿望但缺乏制度保障，结果只能付诸东流。不过，依然令我感到欣慰的是，一些学者虽然未能提供完整的论文，但还是热忱地提供了相关资料，尤其是一些非英语国家学者无私提供从其本国文字翻译为英文的移民政策资料，令我受益匪浅。在此要特别感谢法国的卡琳娜·盖哈西莫夫（Carine Guerassimoff）博士、西班牙的孙歌迪（Gladys Nieto）博士、移民荷兰原籍以色列的巴拉克·卡里尔（Barak Kalir）博士、芬兰的亚诺·塔纳（Arno Tanner）博士、日本的田岛淳子博士和奈仓京子博士，他们所提供的资料，多方拓展了我的视野，大大丰富了本研究的内容。

尽管得到国外诸多同仁的支持，但进行不同国家国际移民政策的比较研究，需要搜集、研读的资料实在太多了。而且，由于种种原因，当初申请课题时组织的团队成员最终都无法真正参加本课题的研究，大量研究工作只能主要由我个人承担。

且不论既往 20 年研究的积累，近五年来，我本人几乎将授课之外的所有精力都致力于本课题的研究之中。而且，由于这是一个必须跨国研究的课题，而国家社科基金不可能提供出国研究的经费，因此，本研究的主要资料来源，除了各国学术同仁友情提供协助之外，还通过两大途径获得。

一是借助于当今发达的互联网信息系统。当代科技的发达及资讯透明度的增强，使得网上各类资料数据既空前丰富，亦鱼龙混杂。运用网上资料，重要的是如何去伪存真。我所采取的方法，主要是选择从相关权威机构网站下载其正式公布的统计数据。国际移民与国际移民政策是当今国际上的热点问题，并且已经引起联合国组织的高度重视。伴随着 2006 年联合国围绕国际移民问题高层对话会的召开，以及由联合国前秘书长安南倡议的每年一度的"国际移民全球论坛"于 2007 年正式建立，联合国下属机构及国际移民组织（IOM）、国际劳工组织（ILO）等，围绕国际移民问题的各类调研报告、统计资料源源不断在网络上发布。与此相应，欧美不少国家政府统计局或移民局也不定期地公布关于移民的统计资料。这一切既使我的研究能够不断获得新鲜资讯，但也使研究处于需要不断与时俱进的动态运作中。

二是利用每年应邀出访讲学的机会，进行实地调研。近年来，我有幸得到荷兰阿姆斯特丹大学、挪威奥斯陆大学、法国巴黎七大、加拿大西门·非沙大学、新加坡国立大学、南非斯坦陵布什大学、印度发展研究中心等数十所高等院校、研究机构的邀请与资助,得以在数十个国家对当地华人社会进行实地考察,并有机会与不同国家移民官员、移民学者直接交流,为本研究提供了重要的第一手信息,奠定了必不可少的资讯基础。

2010年初,本书初稿作为国家社科基金课题的结题报告提交审核,5月接到评审结果,五位匿名评审专家均对本研究给予高度评价。专家指出"该研究尽管难度很大,但作者善于把握宏观规律之布局,论述严谨,重点突出,中外文参考文献丰富,引用准确、适当,分析方法科学,章节、段落之间递进、关系清晰,做到前呼后应,不失为一个既有分量又有质量的优秀成果"(摘自匿名评审意见一);认为"是一份罕见的高水平之作。作者显然接受过严格的社会科学训练,无论从论文的立意、资料的收集与整理、信息量等,都达到了这一研究领域中的国际上乘水准,整体学术话语体现了当今国际学术界在文化、族群、人口、政治学诸领域的前沿水准"(摘自匿名评审意见三)。本课题研究以鉴定结果"优秀"顺利结项。

评审专家的肯定,对我是极大的鼓励与鞭策。与此同时,我高兴地得知,本书稿入选厦门大学2011年度《南强丛书》。为了进一步提高书稿质量,我又历时近半年,结合不断获得的新资讯,参考匿名评审专家提出的意见建议,再度对文稿进行修改与增删,力图精益求精,尽可能减少失误。

"国际移民政策"是一个宏大的课题,如何从浩繁复杂的资料中梳理出清晰的脉络,归纳总结出要点特性,并提升到一定的理论层面进行解读,是为不易。虽然我在探索中致力于实现全球性宏观概览与国别性个案解读相映衬,历史性追溯与现实性跟踪相印证,事实性分析与理论性探索相结合,但书成之际,反复读之,总还有诸多难以满意,却又一时无法再行推进之处。所幸,尽管这是一部凝聚了我五年探索的记录,但终究还只是学术历程中的一个阶段性小结。课题有结项的时限,书稿有定稿的节点,但学术探索没有终结。

谨以此抛砖引玉,恳切希望得到专家学者的批评意见,以获取日后继续完善之动力。

李明欢谨识
2010年10月1日

图书在版编目(CIP)数据

国际移民政策研究/李明欢著.—厦门:厦门大学出版社,2011.3(2018.12重印)
(南强丛书.第5辑)
ISBN 978-7-5615-3868-5

Ⅰ.①国…　Ⅱ.①李…　Ⅲ.①移民-政策-研究-世界　Ⅳ.①D523.8

中国版本图书馆 CIP 数据核字(2011)第 034163 号

厦门大学出版社出版发行

(地址:厦门市软件园二期望海路 39 号　邮编:361008)

http://www.xmupress.com

xmup @ public.xm.fj.cn

厦门集大印刷厂印刷

2011 年 3 月第 1 版　2018 年 12 月第 2 次印刷

开本:787×1092　1/16　印张:25.75　插页:3

字数:428 千字　印数:2 001～3 000 册

定价:76.00 元

本书如有印装质量问题请直接寄承印厂调换